해커스공무원

신 민 숙
쉬운국어

독해 강화
200제

해커스

여러분의 합격을 응원하는
해커스공무원의 특별 혜택

FREE 공무원 국어 **특강**

해커스공무원(gosi.Hackers.com) 접속 후 로그인 ▶ 상단의 [무료강좌] 클릭하여 이용

해커스 매일국어 **어플 이용권**

BKAQNNS1JT7U735H

구글 플레이스토어/애플 앱스토어에서 [해커스 매일국어] 검색 ▶
어플 다운로드 ▶ 어플 이용 시 노출되는 쿠폰 입력란 클릭 ▶
쿠폰번호 입력 후 이용

▲ 어플 다운로드

* 등록 후 30일간 사용 가능(ID당 1회에 한해 등록 가능)
* 해당 자료는 [해커스공무원 국어 기본서] 교재 내용으로 제공되는 자료로, 공무원 시험 대비에 도움이 되는 유용한 자료입니다.

해커스공무원 온라인 단과강의 **20% 할인쿠폰**

6DD595DB76A5D3AA

해커스공무원(gosi.Hackers.com) 접속 후 로그인 ▶ 상단의 [나의 강의실] 클릭 ▶
좌측의 [쿠폰등록] 클릭 ▶ 위 쿠폰번호 입력 후 이용

* 등록 후 7일간 사용 가능(ID당 1회에 한해 등록 가능)

합격예측 온라인 모의고사 응시권 + 해설강의 수강권

48265D369378F8EA

해커스공무원(gosi.Hackers.com) 접속 후 로그인 ▶ 상단의 [나의 강의실] 클릭 ▶
좌측의 [쿠폰등록] 클릭 ▶ 위 쿠폰번호 입력 후 이용

* ID당 1회에 한해 등록 가능

쿠폰 이용 관련 문의 **1588-4055**

단기 합격을 위한 해커스공무원 커리큘럼

입문
탄탄한 기본기와 핵심 개념 완성!
누구나 이해하기 쉬운 개념 설명과 풍부한 예시로 부담없이 쌩기초 다지기

TIP 베이스가 있다면 **기본 단계**부터!

▼

기본+심화
필수 개념 학습으로 이론 완성!
반드시 알아야 할 기본 개념과 문제풀이 전략을 학습하고
심화 개념 학습으로 고득점을 위한 응용력 다지기

▼

기출+예상 문제풀이
문제풀이로 집중 학습하고 실력 업그레이드!
기출문제의 유형과 출제 의도를 이해하고 최신 출제 경향을 반영한
예상문제를 풀어보며 본인의 취약영역을 파악 및 보완하기

▼

동형문제풀이
동형모의고사로 실전력 강화!
실제 시험과 같은 형태의 실전모의고사를 풀어보며 실전감각 극대화

▼

최종 마무리
시험 직전 실전 시뮬레이션!
각 과목별 시험에 출제되는 내용들을 최종 점검하며 실전 완성

▼

PASS

단계별 교재 확인 및
수강신청은 여기서!

gosi.Hackers.com

* 커리큘럼 및 세부 일정은 상이할 수 있으며,
자세한 사항은 해커스공무원 사이트에서 확인하세요.

목차

책의 특징과 구성

01 '유형 접근 방법'과 '대표 예시 문제'로 신유형 독해 집중 공략!

최신 출제경향에 맞춰 자주 출제되는 독해 유형을 8가지로 정리하고 유형별 문제 풀이 방법을 수록하였습니다. 이를 최신 기출문제를 활용한 대표 문제에 적용해보면서 유형별 특징을 파악할 수 있습니다.

유형 02 세부 내용 파악하기

▶ 유형 접근 방법

1. 지문 읽기 전

① 글의 구조 파악 → 어떤 부분에 주의를 해서 읽을 것인지를 파악한다.
② 선택지 읽기 → 포인트 단어(작은 따옴표 등)를 파악한다.
③ 지문 훑어보기: 문단의 첫 문장 확인 → 글의 구조를 파악한다.

2. 지문을 읽으면서

주요 개념, 내용, 선택지에 있는 단어 등에 표시한다. → 틀린 그림 찾기

3. 지문을 읽은 후

① 선택지에서 요구하는 내용을 지문에서 찾는 방식으로 접근한다.
② 선택지의 근거를 지문에서 찾을 때 아래의 방식을 활용한다.
  · 두 개념의 차이점을 나타내는 경우, 서로 다른 표시를 하면서 읽는다.
  · 3개 이상의 대상을 분류하는 경우, 서로 다른 표시를 하면서 읽는다.
  · '달리, ~에 비해와 같은 표현은 ( )로 표시하여 내용을 이해하는 데 헷갈리지 않게 한다.
  · 예를 드는 문장은 [ ]로 표시하여 글의 구조가 잘 보이게 한다.
  · 내용 일치를 묻는 경우, 예를 드는 부분보다는 추상적, 일반적 설명에 대한 옳고 그름을 판단하는 문제가 많기 때문에 예시 문장을 표시한 [ ]를 제외하면 글의 양을 줄일 수 있는 효과가 있다.

> **합격 TIP! 내용 일치 풀이 방식 3가지**
> 1. 첫 번째 방식
>   · 각 문단의 첫 문장을 확인하여 글의 구조를 파악한다.
>   · 선택지를 확인하여 주요 단어를 표시한다.
>   · 확인한 용어들을 지문에서 찾아 표시한다는 생각으로 지문을 읽는다.
> 2. 두 번째 방식
>   · 선택지를 확인하여 주요 단어를 표시한다.
>   · 확인한 용어들을 지문에서 찾아 표시한다는 생각으로 지문을 읽는다.
> 3. 세 번째 방식
>   · 각 문단의 첫 문장을 확인하여 글의 구조를 파악한다.
>   · 지문을 읽으면서 주요 단어, 주요 내용을 표시한 이후, 선택지를 보고 문제를 푼다.

▶ 대표 예시 문제

다음 글을 이해한 내용으로 가장 적절한 것은?
2025년 국가직 9급

20세기에 접어들면서 우리는 새로운 시대의 변화를 다양한 영역에서 확인할 수 있게 되었다. 문학 영역도 마찬가지였다. 이전과 뚜렷이 구별되는 유형과 성격의 문학작품이 등장하였고, 이에 따라 다양한 독자층이 새롭게 형성되었다. 20세기 초 우리나라의 문학 독자층은 흔히 두 가지로 구분되었다. 하나는 구활자본 고전소설과 일부 신소설의 독자인 '전통적 독자층'이고, 다른 하나는 이 시기 새롭게 등장하여 유행하기 시작한 대중소설, 번안소설, 신문 연재 통속소설을 즐겨 봤던 '근대적 대중 독자층'이다. 전통적 독자층에는 노동자와 농민, 양반, 부녀자 등이 속하고, 근대적 대중 독자층에는 도시 노동자, 학생, 신여성 등이 속한다.
그런데 20세기 초 문학 독자층 중에는 전통과 근대의 두 범주에 귀속시키기 어려운 독자층도 존재했다. 이 시기 신문학의 순수문학 작품, 일본을 비롯한 외국의 순수문학 소설 등을 향유했던 사람들이 바로 그들이다. 문자를 익숙하게 다루고 외국어를 지속적으로 습득한 지식인층은 근대적 대중 독자층과는 다른 문학적 향유 양상을 보여 주었던 것이다. 이들은 '엘리트 독자층'이라고 부를 수 있다.

① 근대적 대중 독자층에서 엘리트 독자층이 분화되어 나왔다.
② 20세기 초의 문학 독자층을 구분하는 기준은 신분과 학력이었다.
③ 엘리트 독자층에 속한 사람들은 우리나라 문학작품 외에도 외국 소설을 읽었다.
④ 근대적 대중 독자층에 속한 사람들은 전통적 독자층에 속한 사람들보다 경제적으로 부유했다.

정답 설명 2문단을 보면, 엘리트 독자층은 신문학의 순수 문학 작품과 일본을 비롯한 외국의 순수 문학 소설 등을 향유했다고 하였다. 그러므로 엘리트 독자층에 속한 사람들은 우리나라 문학 작품 외에도 외국 소설을 읽은 것을 알 수 있다.

오답 분석 ① 2문단 1번째 줄에 따르면 전통과 근대의 두 범주에 귀속시키기 어려운 독자층이 존재한다고 하였고, 2문단 마지막 부분을 보면 그들이 바로 엘리트층이라고 하였다. 따라서 근대적 대중 독자층에서 엘리트 독자층이 분화되어 나온 것은 아님을 확인할 수 있다.

② 1문단에 보면, 20세기 초 우리나라 문학 독자층을 '전통적 독자층'과 '근대적 대중 독자층'으로 나누고 있다. 일단 두 가지 독자층으로 구분한 내용을 보면 독자들이 즐겨봤던 문학 작품을 기준으로 하고 있다. 1문단 마지막 부분에서 '전통적 독자층'과 '근대적 대중 독자층'을 신분과 학력 자체로 구분하는 내용이 있는 것 같이 보이지만, 양쪽 모두에 '노동자'가 있기 때문에 신분과 학력 자체가 구분의 기준이 된다고 할 수 없다.

④ 근대적 대중 독자층에 속한 사람들이 전통적 독자층에 속한 사람들보다 경제적으로 부유했다는 내용은 제시문에 나오지 않는다.

● 유형 접근 방법

선생님만의 강의 노하우를 가득 담은 유형별 문제 접근 방법을 수록하여 각 유형별 지문을 읽는 방법과 선택지 구성 방식을 익혀 보다 쉽게 문제를 풀어나갈 수 있습니다.

대표 예시 문제 ●

2025년 국가직 9급 기출문제와 출제기조 전환 예시문제를 활용한 각 유형별 대표 문제를 수록하여 유형을 탐구하고, 유형 접근 방법을 문제에 적용해보는 훈련을 할 수 있습니다.

02

'독해 강화 200제'로 신유형 독해 실력 완성!

공무원 9급 최신 출제경향에 따라 필수적으로 학습해야 하는 신유형 독해 문제를 풀어보면서 유형별 문제 접근 방법을 익히고, 문제풀이 시간을 단축하여 실전에 완벽 대비할 수 있습니다.

실전 학습 문제

자주 출제되는 유형의 독해 문제를 풀어 봄으로써 신유형 문제를 반복 학습하고 실전 감각을 극대화할 수 있습니다.

정답 및 해설

• 한눈에 확인이 가능한 정답표를 제공하여, 자신이 맞힌 문제와 틀린 문제가 무엇인지 빠르게 파악할 수 있습니다.

• 정답 해설뿐만 아니라 오답의 이유까지 명확하게 설명해 주는 상세한 해설을 통해 문제를 완벽히 이해할 수 있습니다.

주제문, 중심 내용 찾기

유형 접근 방법

1. 지문 읽기 전

선택지를 통해 중요 용어, 구절, 필요한 개념, 작은 따옴표 등을 확인한다.

2. 지문을 읽으면서

① 핵심어를 파악한다. 주제문에는 반드시 핵심어가 있어야 한다.

② 역접 접속어(그러나, 그런데, 하지만)에 주의한다.

③ 내용을 정리하는 단어에 주의한다. '중요한 것은, 그러므로, 이처럼, 따라서'를 가진 문장이 주제문이 되는 경우가 많다.

④ 질문이 나타난 글은 질문에 대한 '답'에 집중한다.

⑤ '원인과 결과'를 나타내는 글에서는'결과'에 집중한다.

3. 지문을 읽은 후

① 주제문에는 핵심어가 반드시 포함되어야 한다.

② 내용 일치가 되지 않는 것은 주제문이 되지 않는다.

③ 주제문은 글 전체를 관통하는 내용이어야 한다. 부분적인 내용은 주제문이 아니다.

④ 주제문은 글의 끝에 나타나는 경우가 많다.

대표 예시 문제

다음 글의 중심 내용으로 가장 적절한 것은?

2025년 국가직 9급

　동물이 신체의 내부 온도를 정상 범위 안에서 유지하는 과정을 '체온조절'이라고 한다. 체온조절을 위하여 동물은 신체 내부의 물질대사를 통해 열을 발생시키거나 외부 환경에서부터 열을 획득한다. 조류나 포유류는 체내의 물질대사에 의하여 생성된 열로 체온을 유지하기 때문에 '내온동물'이라고 부른다. 대부분의 내온동물은 외부 온도가 변화해도 안정적으로 체온을 유지한다. 추운 환경에 노출되어도 내온동물은 충분한 열을 생성해서 주변보다 더 따뜻하게 체온을 유지할 수 있다.

　이와 달리 양서류나 많은 종류의 파충류와 어류는 열을 외부에서부터 획득하기 때문에 '외온동물'이라고 부른다. 외온동물은 체온조절을 위한 충분한 열을 생성하지는 않지만 그늘을 찾거나 햇볕을 쬐는 것과 같은 행동을 통해 체온을 조절한다. 외온동물은 열을 외부에서 얻기 때문에 체내의 물질대사를 통해 큰 에너지를 생성할 필요가 없어서 동일한 크기의 내온동물보다 먹이를 적게 섭취한다.

　한편 체온의 안정성을 기준으로 동물을 '항온동물'과 '변온동물'로 구분하기도 한다. 주위 환경과 관계없이 비교적 일정한 체온을 유지하는 동물을 항온동물, 주위 환경에 따라서 체온이 변하는 동물을 변온동물이라고 부른다. 한때는 내온동물과 외온동물을 각각 항온동물과 변온동물이라고 부르기도 했다.

　그런데 체온조절을 위해 열을 획득하는 방식과 체온의 안정성을 유지하는 것은 별개의 문제이다. 외온동물에 속하는 많은 종류의 해양 어류는 일정한 온도가 유지되는 물에서 서식하기 때문에 체온이 크게 변하지 않는다. 반대로 어떤 내온동물은 체온의 변화가 급격하게 일어나기도 한다. 예컨대 박쥐 중에는 겨울잠을 자면서 체온을 $40^{\circ}C$나 떨어뜨리는 종류도 있다. 내온동물과 외온동물을 구분하는 방식과 항온동물과 변온동물을 구분하는 방식 사이에는 어떠한 상관관계도 없다.

① 내온동물과 외온동물의 특징을 통해 항온동물과 변온동물의 특징을 밝힐 수 있다.

② 체온조절을 위한 열 획득 방식과 체온의 안정성은 동물을 분류하는 서로 다른 기준이다.

③ 동물을 내온동물과 외온동물로 구분하는 기준은 항온동물과 변온동물로 구분하는 기준보다 모호하다.

④ 체온조절을 위한 열 획득 방식보다 체온의 안정성을 유지하는 방식이 동물을 분류하는 더 적합한 기준이 된다.

정답 설명　② 체온조절을 위해 열을 획득하는 방식에 의한 동물의 구분과 체온의 안정성을 기준으로 동물을 구분하는 방식에 대해 설명한 후, 4문단에서 이 두 방식 사이에는 어떤 상관관계도 없다고 마무리하고 있다. 따라서 '체온조절을 위한 열 획득 방식과 체온의 안정성은 동물을 분류하는 서로 다른 기준이다.'가 중심 내용으로 가장 적절하다.

오답 분석　① 체온조절을 위해 열을 획득하는 방식에 의한 동물의 구분과 체온의 안정성을 기준으로 동물을 구분하는 방식에는 상관관계가 없다고 결론 내리고 있다. 그러므로 체온 조절을 위해 열을 획득하는 방식에 의한 동물 구분 방식인 내온 동물과 외온 동물의 특징을 통해 체온의 안정성을 기준으로 동물을 구분하는 방식인 항온 동물과 변온 동물의 특징 사이에는 어떠한 상관관계도 없기 때문에 적절하지 않은 내용이다.

　③ 동물을 내온동물과 외온동물로 구분하는 기준이 항온동물과 변온동물로 구분하는 기준보다 모호한지에 대한 설명은 제시문에 나타나지 않는다.

　④ 체온조절을 위한 열 획득 방식보다 체온의 안정성을 유지하는 방식이 동물을 분류하는 더 적합한 기준인지는 제시문에 나타나지 않는다.

실전 학습 문제

정답 및 해설 2p

01 다음 글을 쓴 필자가 비판하는 주장으로 가장 적절한 것은?

'모래언덕'이나 '바람' 같은 개념은 매우 모호해 보인다. 작은 모래 무더기가 모래언덕이라고 불리려면 얼마나 높이 쌓여야 하는가? 바람이 되려면 공기는 얼마나 빨리 움직여야 하는가?

그러나 지질학자들이 관심을 갖는 대부분의 문제 상황에서 이런 개념들은 아무 문제 없이 작동한다. 더 높은 수준의 세분화가 요구될 만한 맥락에서는 그때마다 '30m에서 40m 사이의 높이를 가진 모래언덕'이나 '시속 20km와 시속 40km 사이의 바람'처럼 수식어구가 달린 표현이 과학적 용어의 객관적인 사용을 뒷받침한다.

물리학 같은 정밀과학에서도 사정은 비슷하다. 물리학의 한 연구 분야인 저온물리학은 저온현상, 즉 초전도 현상을 비롯하여 절대온도 0도인 -273.16℃ 부근의 저온에서 나타나는 흥미로운 현상들을 연구한다. 그렇다면 정확히 몇 도부터 저온인가? 물리학자들은 이 문제를 놓고 다투지 않는다. 때로는 이 말이 헬륨의 끓는점(-268.6℃) 같은 극저온 근방을 가리키는가 하면, 질소의 끓는점(-195.8℃)이 기준이 되기도 한다.

과학자들은 모호한 것을 싫어한다. 모호성은 과학의 정밀성을 훼손할 뿐만 아니라 궁극적으로 과학의 객관성을 약화시키기 때문이다. 그러나 모호성에 대응하는 길은 모든 측정의 오차를 0으로 만드는 데 있는 것이 아니라 대화를 통해 그 상황에 적절한 합의를 도출하는 데 있다.

① 정밀과학에서도 측정상 오류는 불가피하다.

② 과학적 언어는 반드시 엄밀하고 보편적인 정의를 필요로 한다.

③ 과학적 언어는 시대에 따라 달라진다.

④ 지질학과 물리학이 사용하는 과학적 언어는 반드시 일치한다.

02 다음 글의 주제로 가장 적절한 것은?

직업을 선택할 때, 현실적인 제약과 자아개념에 맞는 선택을 할 수 있도록 돕기 위해서는 진로 탐색에서 최상의 진로 선택을 목표로 삼는 것보다, 개인이 만족할 수 있는 수준의 선택을 하는 것이 중요하다. 즉, 이상적이고 완벽한 직업을 추구하기보다, 자신이 가능한 범위 내에서 만족스러운 직업을 선택하는 것을 진로 선택의 목표로 삼아야 한다.

직업 선택은 단순히 경제적 보상이나 사회적 지위에 맞는 직업을 고르는 과정이 아니라, 개인의 자아개념에 부합하는 직업을 찾는 과정이다. 사람들은 자신이 가진 자아개념, 즉 자신이 누구이며 어떤 사람인지에 대한 인식을 기준으로 직업을 선택해야 한다. 자아개념은 나이가 들수록 점차 명확해지며, 사회적 경험과 개인적 가치관에 영향을 받는다. 예를 들어, 어떤 사람은 돈이나 사회적 명성을 중요한 가치로 여겨 이상적인 직업을 추구할 수 있으나, 또 다른 사람은 자신이 좋아하는 일을 통해 삶의 의미를 찾고자 할 수 있다. 후자의 경우가 더 중요하며, 각 개인이 자기 자신을 잘 이해하고 그에 맞는 직업을 선택하는 것이 진로 탐색의 핵심이다.

또한 사람들이 직업을 선택할 때 겪는 제약을 중요하게 보아야 한다. 현실적인 제약, 즉 경제적 여건, 교육 수준, 사회적 환경 등은 개인이 선택할 수 있는 직업의 범위를 제한한다. 그러나 이러한 제약 속에서도 개인은 자신이 가질 수 있는 직업 중에서 가장 만족스러운 선택을 할 수 있다.

① 현실적인 제약들은 개인이 선택할 수 있는 직업의 범위를 한정시킨다.

② 자아개념은 직업을 선택하는 데 영향을 미치는 중요한 요소 중의 하나이다.

③ 이상적인 직업을 갖기 위해 최상의 진로를 선택할 수 있도록 노력해야 한다.

④ 개인의 현실적 여건과 자아개념을 고려하여 만족할 수 있는 진로를 골라야 한다.

03 다음 글의 주제로 가장 적절한 것은?

내셔널리즘은 민족의 독립과 통일을 가장 중시하는 사상으로 19세기 이래 근대 국가 형성의 기본 원리가 되었다. 내셔널리즘의 목표는 분열되어 있는 민족의 정치적 통일을 목표로 하는 형태와 외국의 지배로부터의 해방을 목표로 하는 형태가 있다. 이러한 내셔널리즘 출현은 두 가지 요소로 설명할 수 있다.

첫째, 근대 인쇄술의 발전이다. 인쇄술이 문서와 책을 대중에게 보급함으로써 언어의 표준화와 함께 민족적 의식이 확립되었다. 특히, 특정 언어로 된 책들이 같은 언어를 사용하는 사람들 간의 연결감을 증진시켰고, 이러한 언어적 일체감은 사람들에게 자신이 속한 민족 공동체를 상상하게 만들었다.

둘째, 근대 국가의 형성이다. 근대 국가는 전통적인 왕국과는 달리, 법률, 세금, 군대 등의 조직적 기능을 통해 전국적으로 사람들을 통제하고 관리하기 시작했다. 이러한 국가의 기능은 내셔널리즘의 태동을 자극했으며, 사람들이 동일한 국가의 일원으로서 정체성을 느끼게 만들었다. 국가의 기구와 제도는 상상적 연결에 입각하여 단일한 민족과 국가라는 개념을 창조하였으며, 이를 통해 내셔널리즘이 더욱 강하게 자리 잡을 수 있었다.

① 인쇄술의 발전은 민족적 의식을 확립하는 데 기여하였다.
② 근대 인쇄술의 발전과 전국적인 국가의 통제가 내셔널리즘을 낳았다.
③ 내셔널리즘 목표는 정치적 화합과 자주독립의 형태로 나눌 수 있다.
④ 전통적인 왕국과 근대 국가는 조직적 기능을 통한 통제와 관리에 차이가 있다.

04 다음 글의 주제로 가장 적절한 것은?

국가는 하나의 유기체이며, 군주는 이 유기체의 머리와 같은 존재이다. 머리는 모든 신체 기관이 조화롭게 작동하도록 조정하고 이끌어야 하는 역할을 맡고 있듯이, 군주 또한 국민 전체의 이익을 위해 각 구성원을 조화롭게 통합하고, 국가를 번영의 길로 인도해야 한다는 것이다. 이를 위해 군주는 자신의 사적 욕망이나 특정 집단의 이익에 매몰되어서는 안 되며, 공익과 정의의 원칙에 기반한 통치를 실행해야 한다.

따라서 통치의 목적을 세 가지 측면에서 설명할 수 있다. 첫째, 국민의 기본적인 삶의 질을 보장하는 것이다. 이는 경제적 안정과 치안 유지, 그리고 국민의 생존권을 보호하는 것을 포함한다. 둘째, 공정하고 효율적인 제도를 통해 사회적 불평등을 완화하고, 모든 계층이 공평하게 대우받는 사회를 만드는 것이다. 셋째, 국가의 외교적 위상을 강화하여 국제적 안정과 평화를 유지하는 것이다. 이러한 목표들이 달성될 때 비로소 통치가 성공적이라 평가될 수 있다.

군주의 통치권은 신성한 것이 아니므로 군주의 권력은 본질적으로 국민의 신뢰와 지지에 의존한다. 군주가 국민의 지지를 잃는 순간, 국가의 기초가 흔들리고 결국 혼란과 파멸로 이어질 것이다. 따라서 군주는 국민과의 신뢰를 유지하기 위해 끊임없이 공정한 정책을 펴고, 국가의 모든 자원이 국민 전체의 이익을 위해 사용되도록 노력해야 한다.

① 군주는 자신의 신성한 권력을 국민을 위한 봉사의 목적으로 사용할 의무를 지닌다.
② 국가는 국민이 하늘로부터 부여받은 인권을 수호해야 할 보편적인 당위를 지닌다.
③ 국민의 지지에 의존하는 군주의 통치권은 국가와 국민 전체의 후생 증진을 위한 도구이다.
④ 군주가 공익과 정의의 원칙에 기반해 정책을 펼치더라도 국민과의 신뢰를 쌓을 수 없다.

05 다음 글의 중심 내용으로 가장 적절한 것은?

2015년 한국직업능력개발원이 발표한 보고서를 보면 전체 대졸 취업자의 전공 불일치 비율이 6년에 걸쳐 3.6%p 상승한 것을 알 수 있다. 이는 우리나라의 대학 교육이 급속히 변화하는 취업 환경에 좀처럼 따라가지 못하고 있다는 사실을 시사한다. 기존의 교육 시스템이 오늘날의 직업 생태계의 빠른 변화에 대응하지 못한 것으로 보인다. 그렇다면 중고등학교 때부터 직업 선택을 염두에 둔 맞춤 교육 과정을 실시하는 것이 어떨까? 그것은 두 가지 점에서 어리석은 방안이다. 첫 번째 이유는 한 사람의 타고난 재능과 역량이 드러나는 데는 훨씬 더 오랜 시간과 경험이 필요하다는 것이고, 두 번째 이유는 사회가 필요로 하는 직업 자체가 빠르게 변하고 있다는 사실에 있다.

그렇다면 학교는 우리 아이들에게 무엇을 가르쳐야 할까? 교육이 아이들의 삶뿐만 아니라 한 나라의 미래를 결정한다는 사실을 고려하면 이것은 우리 모두의 운명을 좌우할 물음이다. 여기서 가장 주목해야 하는 것은 세계의 환경이 급속히 변하고 있다는 것이다. 많은 전문가들이 2030년에는 현존하는 직종 중 절반 이상이 사라질 것이고, 2011년에 초등학교에 입학하는 어린이 중 65%는 아직 존재하지도 않는 직업에 종사하게 될 것이라 예측하고 있다. 이런 상황에서 교육이 가장 먼저 고려해야 할 것은 변화하는 직업 환경에 성공적으로 대응하는 능력에 초점을 맞추는 일이다.

이미 세계 여러 나라가 이런 관점에서 교육을 개혁하고 있다. 핀란드는 2020년까지 학교 수업을 소통, 창의성, 비판적 사고, 협동을 강조하는 내용으로 개편한다는 계획을 발표했다. 이와 같은 능력들은 빠르게 현실화되고 있는 '초연결 사회'에서의 삶에 필수적이기 때문이다. 말레이시아의 학교들은 교육 과정에 문제 해결 능력과 네트워크형 팀워크 등을 포함시키고 있으며 아르헨티나는 초등학교와 중학교에서 코딩을 가르치고 있다. 우리 교육도 개혁을 생각하지 않으면 안 된다.

① 미래에는 현존하는 직업 중 대부분이 사라지는 큰 변화가 있을 것이다.
② 세계 여러 국가들이 변화하는 환경에 맞춰 개혁하는 교육 방식에 주목해야 한다.
③ 우리의 교육 방식은 사회 환경의 변화에 대응하는 데 필요한 역량을 함양하는 방향으로 바뀌어야 한다.
④ 빠르게 변하는 불확실성의 세계에 대응하여 미래의 유망 직업을 예측하는 일이 중요하다.

06 다음 글의 주제로 가장 적절한 것은?

민주주의가 자유를 보장하는 데 중요한 역할을 하지만, 그 자체로는 자유를 위협할 수 있다. 특히, 과도한 민주주의가 시장의 자생적 질서를 위협하고 전체주의로 이어질 수 있다. 의회나 다수의 의사가 결정을 내리는 민주적 절차는 중요한 정치적 가치이지만, 그것이 무제한적이고 제약 없이 이루어질 경우, 사회 전체의 자유가 침해될 위험이 커진다. 의회가 국민의 요구를 그대로 반영하려고 할 때, 그 결정이 시장의 자율성과 질서를 파괴할 수 있다. 즉 시장 경제는 각 개인의 자율적인 선택과 경쟁에 기반하여 자생적으로 질서를 이뤄 가는데, 이를 무시하고 국가의 간섭이 지나치면 시장 질서는 붕괴될 수 있다.

이러한 상황을 '구성주의적 이성과 집단주의적 본능'으로 설명할 수 있다. 즉, 인간은 본능적으로 사회적 질서를 계획하고자 하며, 이는 종종 중앙집권적이고 계획적인 해결책을 추구하는 방향으로 나타난다는 것이다. 그러나 이런 접근법은 자유 시장에서 자발적으로 이루어지는 질서를 무시하고, 결국 전체주의적 통제로 이어질 수 있다. 이는 자유와 개인의 선택을 억압하는 방향으로 나아가게 된다.

따라서 헌법의 역할을 강조하여, 의회가 가진 민주적 권한을 일정 부분 제약해야 한다. 헌법은 의회가 국민의 의도를 반영하는 것에만 국한되지 않고, 개인의 자유와 시장의 자율성을 보호하기 위해 존재해야 한다. 이러한 헌법적 제약이 없다면, 민주주의는 결국 전체주의적 위험을 내포하게 되고, 자유는 심각하게 위협받을 수 있다.

① 민주주의는 자유를 보장하지만 위협한다.
② 국가의 통제가 심해지면 시장 질서가 파괴된다.
③ 사회적 질서를 계획하고자 하는 인간의 본능은 자유를 억압한다.
④ 의회가 가진 민주적인 권한을 헌법으로 일정 부분 제약해야 한다.

07 다음 글의 중심 내용으로 가장 적절한 것은?

오늘날의 청소년들은 과거 어느 때보다 긴 기간을 부모 밑에서 의존 생활을 한다. 엄밀하게 말하자면, 그것은 단지 좀 더 길어지는 정도가 아니다. 안네트와 타베르(Annett, J and Taber, S)는 『청소년기는 끝이 있는가, 없는가?』에서 오늘날의 상황은 청소년기를 정의하는 것 자체가 곤란할 정도로 장기화되었다고 말한다. 예전 같으면 성인기로 이행하고도 남았을 나이의 젊은이들이 청소년기의 생활패턴과 특징들을 벗어나지 못하면서 사실상 청소년기와 성인기의 구분이 모호해지고 있는 것이다.

청소년기가 역사적으로 얼마나 길어졌는지는 치솜과 후렐만(Chisholm, L and Hurrelmann, K)의 『근대 유럽의 청소년』에서 확인할 수 있다. 그들이 1890년과 1990년의 성인기로의 이행에 대해 역사적으로 비교한 바에 따르면, 정규교육을 시작하는 시기가 7세에서 3세로 빨라진 반면, 정규교육을 마치는 시기는 16세에서 19세로 늦추어졌다. 가장 크게 차이가 나는 것은 노동시장으로의 진입이다. 1890년에는 17세였는데, 1990년에는 28세가 되어서야 노동시장에 진입했다. 대부분의 청소년들은 정규교육을 마친 후, 다시 직업교육을 받거나 고등교육기관으로 진학했고, 그런 후 거의 서른이 다 된 나이에 비로소 노동시장으로 이행했다. 노동시장으로 진입하기 전까지의 거의 30년 가까운 세월을—더러는 노동시장에 진출한 후에도 상당 기간—부모 밑에서 의존 생활을 하는 것이다.

- 박민영, '인문학, 세상을 읽다' -

① 정규교육의 목표와 효과
② 청소년 노동의 역사 일지
③ 과거 청소년들의 범죄 문제
④ 현대 사회의 청소년 문제

08 다음 글의 중심 내용으로 가장 적절한 것은?

다원주의 사회 내에서는 불가피하게 다양한 가치관들이 충돌한다. 이러한 충돌과 갈등을 어떻게 해결할 것인가? 자유주의는 상충되는 가치관으로 인해 개인들 사이에서 갈등이 빚어질 경우, 이러한 갈등을 사적 영역의 문제로 간주하고 공적 영역에서 배제함으로써 그 갈등을 해결하고자 했다.

그러나 한 집단이 다른 집단에게 자신의 정체성을 '인정'해 달라고 요구할 때 나타나는 갈등은 그렇게 해결되기가 쉽지 않다. 예컨대 각료 중 하나가 동성애자로 밝혀졌을 경우, 동성애를 혐오하는 사람들은 그의 해임을 요구할 것이다. 각료의 사적 영역의 문제로 국한하고 회피할 수 있는 것이 아니다. 더구나 이 상황에서 발생하는 갈등은 시민들의 자유로운 합의, 대의원의 투표, 여론조사, 최고 통치자의 정치적 결단 등의 절차적 방식으로는 잘 해결되지 않는다. 동성애자들도 자신들도 사회의 떳떳한 구성원이라는 사실을 다른 구성원들이 인정해 주기를 바라며 목소리를 높일 것이기 때문이다.

이처럼 오늘날 자유주의가 직면한 문제는 단순히 개인과 개인의 갈등에 그치지 않는다. 집단과 집단의 갈등의 문제도 맞닥뜨린다. 사회 내 소수 집단들은 주류 집단에게 사회적 재화 중에서 자신들의 정당한 몫을 요구하고, 더 나아가 자신들도 하나의 문화공동체를 형성하고 있는 구성원이라는 사실을 인정하라고 요구한다. 그들이 저항을 통해, 심지어는 폭력을 사용해서라도 자신의 정체성을 인정하라고 요구한다는 사실은 소수 문화가 얼마나 불평등한 관계에 처해 있는지를 여실히 보여준다. 자유주의가 채택하는 개인주의나 절차주의적 방법으로는 소수자들의 불평등을 실질적으로 해결하지 못한다. 그 해결은 오직 그들의 문화적 정체성을 인정할 때에만 가능할 것이다.

① 오늘날 모든 갈등은 투표와 자유로운 합의를 통해 해결할 수 있다.

② 다원주의와 자유주의는 양립하기 어렵다.

③ 문화적 정체성을 인정받기 위해 폭력을 사용하는 것을 허용해야 한다.

④ 다원주의 사회에서 갈등 해결을 위해 서로 다른 문화적 정체성을 인정할 필요가 있다.

09 다음 중 글쓴이의 주장으로 가장 적절한 것은?

하이에크가 말하는 자생적 질서란 어떤 개인이나 기관이 의도적으로 설계한 것이 아니라, 수많은 사람들이 각자의 목표를 이루기 위해 행동하는 과정에서 저절로 형성되는 사회적 질서를 뜻한다. 하이에크는 자생적 질서가 인간의 자유를 보장하는 핵심 원리로 작동한다고 주장한다. 그의 관점에 따르면, 자생적 질서는 사회 구성원들 간의 상호작용과 교환을 통해 형성되며, 이를 통해 사람들은 자유롭게 행동할 수 있는 환경을 얻게 된다.

그러나 자생적 질서가 자연스럽게 형성된다고 해서 반드시 정의롭거나 바람직한 사회적 결과를 가져온다고 보기는 어렵다. 사회적 규범과 질서가 진화의 산물이라고 해서 그것이 항상 공정하고 모두에게 이로운 것은 아니다.

또한 자생적 질서는 그것이 특정한 사회적 맥락에서 어떻게 적용되느냐에 따라 그 효과가 크게 달라질 수 있다는 문제가 있다. 경우에 따라 자생적 질서는 기존의 권력 구조나 불평등을 유지하거나 심화시키는 데 기여할 가능성도 있다.

이러한 자생적 질서의 한계를 고려할 때, 자생적 질서만으로 사회가 긍정적으로 발전한다고 보기는 어렵다. 인간의 의도적 행동과 계획적인 사회적 개입이 필요한 이유는 바로 여기에 있다. 불평등과 억압을 해소하고 더 나은 사회적 질서를 형성하기 위해서는 자생적 질서를 그대로 따르는 것만으로는 부족하다. 오히려 자생적 질서를 비판적으로 검토하고, 필요한 경우 이를 개선하거나 대체하려는 의도적인 노력이 필요하다.

① 자생적 질서가 적용되는 다양한 사회적 맥락을 바르게 이해해야 한다.
② 자생적 질서를 자연스럽게 형성하여 바람직한 사회적 결과를 만들어야 한다.
③ 자생적 질서는 한계가 있으므로 의도적 행동과 계획적인 사회적 개입이 필요하다.
④ 인간은 사회 구성원들로부터 독립적으로 생겨나는 자생적 질서를 통해 자유를 얻는다.

10 다음 글의 중심 내용으로 가장 적절한 것은?

물론 정도전이 처음부터 혁명 열망을 품었던 것은 아니다. 그는 공민왕이 내정 개혁의 일환으로 유학 부흥을 추진할 때 성균관에 들어가 정몽주, 이승인 등과 교류하기 시작했다. 당시 성균관에서는 정몽주가 중심이 되어 성리학 연구를 이끌고 있었고, 정도전은 정몽주의 명성을 듣고 직접 찾아가 가르침을 받았다. 이때부터 둘은 사제이자 친구의 정을 나누는 사이가 되었으며 1370년에는 정도전이 성균관 박사에 제수되면서 함께 성리학을 강의했다.

성균관을 중심으로 이어가던 정도전의 초기 관직 생활은 1374년에 공민왕이 시해되면서 흔들리기 시작했다. 이때 정도전은 정몽주와 함께 공민왕 시해 사실을 명나라에 보고하자고 주장했다. 당시 권력자였던 이인임은 정도전의 주장을 일단 수용하긴 했지만, 그가 선택한 외교 정책 기조는 친명 정책을 버리고 친원 정책으로 회귀하는 것이었다. 그리고 마침내 1375년 북원이 사신을 파견해 명나라 협공을 제안하자, 이인임은 정도전에게 북원 사신을 영접하라는 명령을 내렸다. 그러자 정도전은 사신들의 목을 베거나 명나라로 압송하겠다며 이인임과 논전을 벌였고, 이인임의 노여움을 산 끝에 전라도 나주의 회진현에 유배되었다.

정도전이 유배되어 2년간 살았던 곳은 회진에서도 부곡 마을인 거평 땅이었다. 이곳에서 그는 천민들과 부대껴 살면서 성리학에 기대어 그렸던 개혁의 꿈은 잠시 접었다. 하지만 이 기간은 그에게 자신을 돌아볼 소중한 성찰의 기회였다. 그는 이곳의 농부, 야인들과 대화를 나누며, 능력과 시기를 헤아리지 못한 채 설익은 이상을 함부로 드러냈다는 것을 통절히 깨달았다. 정치적 시련을 겪으며 지식인의 꿈을 현실에 맞춰가는 법을 배운 셈이다.

- 최연식, '조선 지식인의 국가경영법' -

① 정도전과 정몽주의 우정이 조선 건국에 끼친 영향
② 시련의 세월 끝에 현실적 변화를 꿈꾸게 된 정도전
③ 친명 정책을 지지하는 자와 친원 정책을 지지하는 자
④ 고려 멸망 과정에서 전라도 나주의 회진현이 가지는 가치

11 다음 글의 주제로 가장 적절한 것은?

미국과 소련이 대립하는 냉전 체제의 이념적 대립 속에서도 동서(東西) 무역이 가지는 경제적·정치적 중요성을 깊이 통찰할 필요가 있다. 동서 무역이 단순한 경제적 거래의 차원을 넘어 냉전이라는 국제 질서 속에서 지속 가능한 평화와 협력을 이루는 핵심 수단이 될 수 있기 때문이다.

우선 동서 무역을 통해 이념적 대립과 상호 불신이 완화될 수 있다. 무역이 지속적으로 이루어질 경우, 양측은 경제적 안정과 번영을 위해 상대방을 파괴하기보다는 협력할 동기를 가지게 된다. 특히 경제적 상호 의존성이 높아질수록 전쟁이나 군사적 갈등의 발생 가능성은 낮아진다. 또한 사회주의 진영은 자본주의 진영으로부터 기술과 자본을 수입하여 경제를 현대화할 수 있으며, 자본주의 진영은 사회주의 진영으로부터 저렴한 자원과 노동력을 확보할 수 있다.

무역 단절이 가져올 경제적 부작용 역시 무시할 수 없다. 동서 간 경제적 교류가 중단될 경우, 자급자족 체제가 강화되며 양측은 더욱 폐쇄적이고 적대적인 방향으로 나아갈 위험이 있다. 이는 경제적 낭비를 초래할 뿐만 아니라, 긴장을 고조시키고 군비 경쟁을 가속화할 가능성이 높다.

마지막으로 동서 무역이 정치적 교류와 상호 이해를 증진시키는 계기가 될 수 있다. 무역이 활성화되면 양측은 단순히 경제적 관계를 넘어 문화적·사회적 교류를 확대할 기회를 얻게 된다.

① 문화적·사회적 교류가 확대되면 냉전 체제의 긴장이 완화될 수 있다.

② 동서 무역은 지속 가능한 평화와 협력의 세계 질서를 구축할 수 있다.

③ 동서 무역은 자본주의와 사회주의의 군사적 통합을 가능하게 할 수 있다.

④ 냉전 체제에서의 무역 단절은 경제적으로 심각한 부작용을 가져올 수 있다.

12 다음 중 글쓴이의 주장으로 가장 적절한 것은?

우리 미합중국 내 인종별로 분리된 교육이 수정 헌법에 보장된 평등 보호 조항을 위반하는가? 현재 우리나라의 여러 주의 공립학교에서는 흑인과 백인 학생들이 분리되어 교육을 받고 있다. 이 제도는 '분리되었지만 평등한(separate but equal)' 원칙을 근거로 했으나, 실제로는 흑인 학생들에게 제공되는 교육의 질이 백인 학생들과 비교해 현저히 떨어지는 경우가 많았다. 또한 흑인 학생들이 교육받는 환경도 시설 면에서나 교육 자원 면에서 심각하게 불평등한 상황이다.

흑인 학생들은 백인 학생들과 같은 학교에 다닐 권리가 있다. 그런데 '분리된 교육'이 평등을 보장한다고 볼 수 없으며, 헌법에 명시된 평등 보호 조항을 위반한다. 공립학교에서의 인종적 분리는 본질적으로 불평등하다. 이전의 연방 대법원 사건에서는 '분리되었지만 평등한' 원칙을 인정하여 공공시설에서의 인종 분리가 합법적이라는 판결이 내려졌으나, 그러한 분리가 '불평등하다'고 명확히 선언한다.

학교에서의 인종적 분리가 학생들에게 심리적 상처를 주며, 그들의 교육적 발전을 저해하고 사회적 통합을 방해한다. 특히 분리된 교육은 흑인 학생들에게 열등함의 느낌을 부여하고, 그들이 사회적으로 동등하다는 감각을 발전시키는 데 장애물이 된다.

① 흑백 분리 교육은 헌법의 평등 보호 조항에 어긋난다.

② '분리되었지만 평등한' 원칙에 흑인에 대한 불이익 조항이 있다.

③ 학교에서의 인종적 분리 교육은 학생들에게 부정적 영향을 끼친다.

④ 공공시설에서의 인종적 분리는 합법적인 판결이므로 이를 따라야 한다.

13 다음 글의 주제로 가장 적절한 것은?

폭력 선동을 헌법상 표현의 자유에 비추어 허용할 수 있는가? 다음 사건을 통해 나의 견해를 밝히고자 한다. 우리 주에 사는 A는 극단적 인종차별단체의 집회를 주도했다. 이 집회에서 그는 백인 우월주의와 같은 폭력적인 내용을 담은 발언을 했는데, 정부에 대한 폭력적인 전복을 선동하는 발언도 포함되어 있었다. 우리 주 법에서는 사람들에게 폭력적 행동을 선동하는 발언을 금지하고 있었으며, A는 이 법률을 위반하여 기소되었다. 그는 법정에서 이 법이 헌법상 보장된 표현의 자유를 침해한다고 주장했다.

내가 생각하기에 A의 발언이 단순히 폭력적인 선동이라고 해서 그것이 자동으로 처벌의 대상이 되는 것은 아니다. 즉, A에게 보장된 표현의 자유를 우리 주의 법률이 부당하게 제한한다는 것이다.

이 사건에서는 특정 발언을 처벌하기 위한 조건이 설정되어야 한다. 즉각적인 폭력적 행동을 선동할 위험이 있어야 한다는 것이다. 발언이 실제로 폭력을 일으킬 가능성이 있거나, 즉각적으로 폭력을 유발할 위험이 있을 때만 처벌이 가능하다. 이 기준은 표현의 자유를 보호하면서도 사회질서를 보호하려는 균형을 찾기 위한 것이다. 정치적 집회에서의 폭력적 발언이나 선동이 실제로 폭력적인 사건으로 이어질 가능성이 있으면 처벌될 수 있지만, 그렇지 않으면 표현의 자유가 보호된다는 원칙이 확립되어야 한다.

① 폭력 선동은 헌법상 보장된 표현의 자유가 보호하는 법익이 아니다.
② 표현의 자유와 사회질서를 모두 보호할 수 있는 법률을 제정하여야 한다.
③ 폭력적 발언은 실제로 사건으로 이어질 가능성이 없는 한 처벌할 수 없다.
④ 즉각적으로 폭력을 유발할 위험이 없더라도 폭력적 발언만으로 처벌이 가능하다.

14 다음 글의 주제로 가장 적절한 것은?

삼권분립 원칙은 국가 권력의 상호 견제와 균형을 위해 입법, 행정, 사법의 기능을 분리하는 데에 그 의의가 있다. 이러한 원칙에 따라 통치행위는 사법심사의 대상에서 제외한다. 통치행위란 행정부의 최고 정책적 결정을 포함하는 행위로, 주로 외교, 국가안보 또는 국가의 중대한 정책 결정을 의미한다. 이러한 행위는 고도의 정치적 성격을 가지며, 정치적 책임이 강하게 요구된다.

통치행위를 사법심사의 대상으로 삼지 않는 이유는 법원이 정치적 중립성을 유지하기 위해서이다. 사법부가 정치적 문제에 관여할 경우, 권력분립의 원칙이 훼손될 우려가 있다. 사법부의 고유한 역할이 법에 대한 해석과 판결임에도 불구하고, 행정부와 입법부의 모든 행위를 사법적 판단의 대상으로 삼을 경우 사법부가 다른 부 위에 군림하는 형상이 되어 삼권분립이 위협받을 수 있다. 따라서 적법한 통치 행위는 법리적 판단 대상이 아니다.

두 번째 이유는 사법부의 전문성과 판단 능력의 한계 때문이다. 통치행위는 국가의 정책 방향과 같은 고도의 정치적, 외교적, 또는 군사적 판단을 필요로 하는데, 이는 법원이 가진 법적 해석 능력의 범위를 넘어설 수 있다. 이러한 판단은 국민의 의사를 대변하는 정치적 기구에 의해 이루어져야 하며, 법원이 개입할 경우 민주적 정당성이 약화될 위험이 존재한다.

① 삼권분립 원칙은 국가 권력의 상호 견제와 균형을 위한 것이다.
② 법에 대한 해석은 행정부의 몫이므로 통치행위를 사법부가 판단할 수 없다.
③ 행정부와 입법부의 모든 행위는 법원의 판단 대상이 되면 삼권분립이 약화된다.
④ 사법부의 정치적 중립과 판단력을 감안하여 통치행위는 사법심사의 대상이 되지 않는다.

15 다음 글의 핵심 내용으로 가장 적절한 것은?

아리스토텔레스가 말한 완전한 사랑의 요소 중 가장 중요한 것은 유사성이다. 아리스토텔레스는 이 유사성에 대해 길고 상세한 설명을 덧붙였는데, 요약하자면 마음을 다해 사랑하는 두 사람의 관계는 차이성에서 동일성으로 향하는 줄기찬 노력의 과정이어야 한다는 것이다. 여기서 그는 동일성이 목표가 아니라 방향이라는 점을 강조한다. 완전히 같아진다는 것은 가능한 일도 아니거니와 가능하다 하더라도 그것은 완전한 사랑에 모순되는 현상이다. 하나만으로는 사랑이 불가능하기 때문이다.

그러므로 같아지는 것은 사랑의 완성이 아니라 파국이다. 비록 사랑이 두 사람 사이의 차이에서 비롯된 동화에의 열정이고 다름 속에서 같음을 만들어가는 긴장 넘치는 과정이라고는 하나, 차이를 모두 제거해 버린 동화는 마침내 사랑마저 제거해 버릴 것이다.

① 처음부터 유사성이 있는 사람들끼리 사랑에 빠지게 된다.
② 진정한 사랑을 위해서는 서로 차이를 제거해야 한다.
③ 사랑은 두 사람을 하나로 동화되게 만드는 일이다.
④ 사랑은 서로 다른 두 사람이 같은 방향을 향해 가는 것이다.

16 다음 글의 제목으로 가장 적절한 것은?

법의 주관적 해석 이론은 법을 해석할 때 문자적인 의미를 넘어서서, 법을 제정한 입법자의 의도와 목적을 중심으로 해석하는 이론이다. 이 이론은 그 법을 만든 당시의 사회적, 정치적 맥락을 반영하며, 특히 입법자가 추구한 목적이나 해결하고자 했던 문제를 중심으로 법을 해석한다.

법의 주관적 해석 이론은 법이 제정된 역사적 배경과 입법자가 가졌던 목적을 분석함으로써, 법의 의미를 좀 더 정확하고 의도에 맞게 해석하려는 접근이다. 예를 들어, 특정 법률이 제정된 목적이 사회적 정의 실현이라면, 그 법을 해석할 때 법의 제정 취지와 목적을 반영하려고 한다. 따라서 법의 해석은 문언에 갇히지 않고, 법이 제정된 배경과 입법자의 의도에 맞춰 유연하게 이루어진다.

그러나 이 이론은 법의 해석을 지나치게 해석자의 주관성에 의존한다는 한계가 있다. 해석자는 자신만의 해석을 주장할 수 있기 때문에 법의 일관성이나 예측 가능성이 떨어질 수 있다. 또한 입법자의 의도나 목적을 정확히 파악하기 어려운 경우가 많아, 해석자에 따라 법의 의미가 달라질 수 있다. 이런 점에서 법의 주관적 해석 이론은 예측 가능성을 중시하는 법적 안정성을 중시하는 입장과 충돌할 수 있다.

① 주관적 해석 이론의 유연한 법 해석
② 법문에 예속되어 이해해서는 안 되는 주관적 해석 이론
③ 주관적 해석 이론의 특징과 한계점
④ 해석자에 따라 의미가 달라지는 주관적 해석 이론의 한계점

17 다음 글의 주제로 가장 적절한 것은?

혐오 표현이 사회적 피해를 초래할 수 있다는 점에서 이에 대한 규제가 필요하다. 혐오 표현이 단순히 불쾌감을 주는 언어나 이미지로 끝나는 것이 아니라, 대상이 되는 집단이나 개인의 사회적 존엄성을 심각하게 훼손한다. 혐오 표현은 특정 집단을 경멸하고, 그들을 사회의 바깥으로 내몰며, 그들의 사회적 존재와 가치가 인정되지 않는 것처럼 느끼게 만든다. 예를 들어, 인종차별적인 발언이나 성차별적인 발언은 해당 집단의 구성원들이 사회에서 평등한 대우를 받지 못하고 있다는 메시지를 전달한다. 이는 단순히 개인의 감정에만 영향을 미치는 것이 아니라, 그 집단의 사회적 위치와 인권을 침해하는 심각한 문제로 이어질 수 있다. 따라서 혐오 표현이 일으키는 이러한 해로운 영향을 막기 위해 법적 규제가 필요하다.

혐오 표현을 허용하는 것이 일견 민주주의의 자유로운 표현을 보호하는 것처럼 보일 수 있지만, 기실 민주주의의 가치를 위협하는 것이다. 표현의 자유가 중요한 기본적인 권리라는 점은 누구도 이견을 제시하지 못할 것이다. 하지만 이 자유가 타인의 권리와 존엄을 침해하는 경우에는 제한될 수 있다. 다시 말해 표현의 자유가 무조건적으로 보호되어야 하는 것은 아니며, 표현의 자유가 타인의 인권이나 평등한 대우를 침해할 수 있는 상황에서는 그 자유를 제한할 수 있다. 표현의 자유를 무제한적으로 보장하는 것이 민주주의의 핵심이라면, 그 자유가 사회 내에서 유발할 수 있는 해악적인 결과에 대해서도 고려해야 한다. 즉 표현의 자유는 사회의 존엄성을 침해하지 않는 범위 내에서만 보장되어야 한다.

① 혐오 표현은 인권을 침해하는 심각한 문제를 야기한다.
② 혐오 표현을 법적으로 규제해 사회의 존엄성을 수호해야 한다.
③ 혐오 표현에 대한 경각심을 갖고 스스로 자제하도록 노력해야 한다.
④ 혐오 표현에 대한 금지는 민주주의의 핵심인 표현의 자유를 위협한다.

18 다음 글의 제목으로 가장 적절한 것은?

법률의 유추적용은 법적으로 규정되지 않은 상황에 대해 유사한 규정이나 법규를 적용하여 그 법적 공백을 메우는 방법이다. 유추적용의 핵심은 법률이 없거나 명확하지 않은 경우, 기존의 법적 규범이나 원칙을 적용하여 해결책을 찾는 것으로, 주로 법령이 특정한 문제나 상황에 대해 명시적인 규정을 두지 않았을 때 유추적용이 발생한다.

유추적용을 적용하려면 우선 법적 규율이 없는 사안과 이미 규율이 있는 사안 사이에 유사점이나 공통점이 있어야 한다. 예를 들어, 법적으로 정의된 특정 범죄와 비슷한 행위가 있지만 그에 대한 명확한 규정이 없는 경우, 기존 법규의 범죄 유형과 유사성을 근거로 유추하여 법을 적용할 수 있다. 이때 중요한 점은 단순히 유사점이 존재한다고 해서 무조건 유추적용을 인정할 수 있는 것은 아니라는 것이다.

유추적용이 정당하게 인정되기 위해서는 몇 가지 조건이 필요하다. 첫째, 유추적용이 이루어질 법적 규범의 체계에 맞아야 한다. 즉, 유추적용이 해당 법체계의 전체적인 구조와 일관성에 부합해야 한다. 둘째, 입법자의 의도와 목적을 고려해야 한다. 법률이 규정한 원칙이나 목적을 반영하여 유추적용이 이루어져야 한다는 점이다. 셋째, 유추적용이 법적 안정성과 예측 가능성을 해치지 않도록 주의해야 한다. 지나치게 넓은 범위로 유추적용을 할 경우, 법의 일관성과 예측 가능성이 떨어질 수 있기 때문에 신중하게 판단해야 한다.

① 법률의 유추적용에 정당성을 부여하기 위한 조건

② 법의 일관성과 예측 가능성을 해치는 법률의 유추적용

③ 입법자의 의도를 배제한 유추적용을 인정할 수 있는 조건

④ 특정한 문제에 대해 명시적인 규정을 두는 유추적용의 문제점

19 다음 글의 중심 내용으로 가장 적절한 것은?

과학과 예술이 무관하다는 주장에는 크게 두 가지 근거가 있다. 첫 번째는 과학과 예술이 인간의 지적 능력 중 각각 다른 영역을 반영한다는 것이다. 이는 과학은 분석·추론·합리적 판단과 같은 지적 능력에 기인하는 반면에, 예술은 종합·상상력·직관과 같은 지적 능력에 기인한다고 여기기 때문이다. 두 번째 근거는 과학과 예술이 다루는 대상이 상이하다는 것이다. 과학은 인간 외부에 실재하는 자연의 사실과 법칙을 다루기에 과학자는 사실과 법칙을 발견하지만, 예술은 인간의 내면에 존재하는 심성을 탐구하며, 미적 가치를 창작하고 구성하는 활동이라고 본다. 그러나 이렇게 과학과 예술을 대립시키는 과정에서 우리는 과학과 예술의 특성을 지나치게 단순화시키게 되므로 이는 바람직하지 않은 태도다. 과학은 단순한 발견의 과정이 아니며 예술도 순수한 창조와 구성만으로 이루어진 과정이 아니다. 과학에는 상상력을 이용하는 주체의 창의적 과정이 개입하며, 예술 활동은 전적으로 임의적인 창작이 아니라 논리적 요소를 포함하는 창작이다. 새로운 과학 이론이 만들어지기 위해서는 냉철한 이성과 객관적 관찰에 더불어 상상력과 예술적 감수성이 필요하다. 반대로 최근의 예술적 성과 중에는 과학기술의 발달에 의해 뒷받침된 것이 많다.

① 과학과 예술은 사용하는 지적 능력과 다루는 대상이 서로 다르다.

② 과학의 발전을 위해서 과학자들도 예술적 감수성을 길러야 한다.

③ 과학과 예술은 서로 완전히 독립적인 분야라고 볼 수 없다.

④ 현대에는 과학기술이 적용되는 분야가 더욱 넓어지고 있다.

20 다음 기사문의 주제로 가장 적절한 것은?

원래 최고경영자는 고독한 자리다. 의논할 사람이 없고 참조할 사례도 적다. 결국 책임은 전부 자신의 몫이다. 이런 시대의 경영자는 더욱 스스로를 담금질해야 한다.

외부의 고수들, 특히 다른 업종의 경영자들을 만나 교류하고 외국의 동향에도 안테나를 세워야 한다. 그 과정은 결코 쉽지 않다. 아무리 열심히 해도 매일 매일이 살얼음판을 걷는 듯할 것이다.

불교에서는 그렇게 깨달은 경지를 백척간두라고 부른다. 남이 볼 때는 어마어마하게 높은 대나무 위에 올라가 있는 것이지만 스스로는 조마조마하기가 이를 데 없는 그런 곳 말이다. 그 경지에 이른 사람이라야 한 걸음을 떼도 평지와는 다른 경지가 되는 것이고, 거기에서 역사를 바꾸는 진일보(進一步)가 일어나는 것이다. 한국을 넘어서는 글로벌 CEO의 등장, 올해 승진한 CEO들에게 거는 우리의 기대다.

① 최고경영자가 가지고 있어야 할 덕목
② 우리나라에서 글로벌 CEO들이 겪는 한계
③ 역대 글로벌 CEO들의 공통점
④ 새로운 경지에 올랐을 때의 희열

21 다음 글의 주제로 가장 적절한 것은?

인간은 도시 생활보다는 자연에서의 생존을 위한 고군분투에 더 적합하게 설계되어 있다. 이로 인해 인간은 상황에 대해 끊임없이 탈출이 필요하거나 접근이 허용되는지를 판단하게 된다. 일상에서 이는 손실에 대한 회피가 이익에 대한 끌림보다 약 두 배가량 강하다는 것을 의미한다. 즉 인간은 나쁜 소식을 우선시하도록 설계된 본능적 메커니즘을 가지고 있다.

인간의 뇌는 포식자를 알아차리는 데 몇 분의 1초가 걸리며, 이 속도는 인간이 실제로 포식자를 인지했다고 깨닫는 시간보다 훨씬 빠르다. 그래서 우리는 의식적으로 행동하고 있다고 알기도 전에 반응할 수 있다. 위협이 기회보다 우선시되는 것이다. 이러한 경향 때문에 인간은 원자력 사고와 같은 희박한 사건을 과대평가하게 된다.

① 인간은 도시에서의 생존을 위해 고군분투하도록 더 적합하게 설계되어 있다.
② 도시의 일상에서 손실 회피 경향이 이익에 대한 끌림보다 더욱 약하다.
③ 위험을 회피하려는 경향은 희박한 사건을 과대평가하게 만든다.
④ 인간은 기회보다는 위협을 우선시하는 경향이 있다.

22 다음 글의 주제로 가장 적절한 것은?

헌법이 존재하는 이유는 다양한 가치관과 세계관이 공존하는 사회를 유지하기 위해 공적 영역에서 일정한 제약을 가하는 데 있다. 이러한 맥락에서 헌법이 단순히 민주주의와 정합성에 기반한 것이 아니라, 오히려 민주적이지 않은 요소를 내포하고 있다.

헌법은 민주적 정당성보다는 사회와 국가의 근본 원칙을 장기적으로 유지하고 보호하기 위한 장치라는 데 초점이 맞추어져 있다. 헌법은 민주주의적 절차에 의해 선택된 다수결의 원칙만을 따르는 것이 아니라, 때로는 이를 초월하여 더 큰 공익을 지키기 위한 제약과 규정을 포함하고 있다는 것이다. 예를 들어, 헌법재판관이나 대법관과 같은 헌법기관이 민주적으로 선출되지 않은 구성원으로 이루어져 있음에도 불구하고, 이들이 법률의 합헌성을 판단하고 무효화할 권한을 가진다는 점이 이러한 관점을 뒷받침한다.

헌법은 다양한 가치관과 세계관이 충돌하는 현대사회에서 필연적으로 요구되는 제도적 균형 장치이다. 민주주의는 본질적으로 다수결 원칙에 기반하지만, 다수의 결정이 항상 소수의 권리를 보장하거나 사회 전체의 이익에 부합한다고 보장할 수는 없다. 따라서 헌법은 다수의 힘을 견제하고 소수의 권리를 보호하며, 동시에 사회적 통합과 공존을 가능하게 하는 역할을 한다는 것이다.

① 헌법은 현대사회에서 다수의 힘을 견제하기 위해 반민주적 요소를 내포한다.

② 본질적으로 다수결 원칙에 기반하는 민주주의는 소수의 권리를 보장하지는 못하더라도 사회 전체의 이익에 부합하는 것은 맞다.

③ 민주적으로 선출된 헌법기관이 법률을 무효화할 권한을 가지는 점은 민주주의를 뒷받침한다.

④ 헌법은 민주주의적 절차에 의해 선택된 다수결의 원칙을 고수하여 사회 전체의 후생을 증진한다.

23 다음 글의 제목으로 가장 적절한 것은?

미국의 사법적극주의는 법원이 헌법과 법률의 해석과 적용에 있어 입법부와 행정부 또는 주 정부의 권한에 대해 얼마나 적극적으로 개입할 수 있는지를 둘러싼 논쟁과 관련된다. 사법적극주의적 견해는 법원이 단순히 법을 해석하는 역할을 넘어, 때로는 입법부나 행정부의 정책 결정에 영향을 미칠 수 있는 권한을 가진다고 주장한다. 이는 헌법이 법원에 명시적으로 사법심사의 권한을 부여하지 않았더라도, 법원이 헌법적 원칙과 시민의 권리를 보호하기 위해 개입해야 한다는 입장을 포함한다. 이러한 견해는 법원이 정부의 권력 남용을 제한하고, 민주적 절차가 올바르게 이행되도록 보장하는 중요한 역할을 해야 한다는 믿음에서 출발한다.

그러나 일부는 법원이 과도하게 권한을 행사하는 것이 민주적 원칙을 훼손할 수 있다고 우려하며, 법원의 권한 행사가 입법부나 행정부의 독립적 권한을 침해할 수 있다고 주장하기도 한다. 이처럼 사법적극주의는 법원과 다른 국가 기관 간의 권력 분립을 둘러싼 중요한 관점으로는 미국 사법 제도의 특성과 민주주의에 대한 심도 있는 논의와 관련이 깊다.

① 미국의 사법적극주의에 대한 논쟁: 법원의 타 기관 개입을 중심으로

② 법원의 과도한 권한 행사가 삼권분립에 미치는 악영향: 사법적극주의를 중심으로

③ 미국 사법 제도의 특성과 민주주의에 대한 법원의 역할: 사법적극주의를 중심으로

④ 헌법적 원칙 보호를 위한 사법부 독립권 보장의 필요성: 법원의 정부 개입을 중심으로

24 다음 글의 핵심 내용으로 적절한 것은?

경상남도 거의 전 지역에는 대나무가 널리 분포하는데 이 지방의 대나무는 비교적 굵고 단단하므로 이를 세로로 자르고 잘 다듬으면 갈대나 수숫대에 비해 더 단단한 심벽을 만들 수 있다. 그러므로 경제적으로 여유가 있는 집에서는 대나무를 이용하는 경우가 적지 않았다. 필자는 1998년 2월 답사 중 창녕읍 하병수 씨 댁에서 재건축 중인 사랑채 공사 광경을 목격하게 되었는데, 이 건물의 심벽은 모두 대나무로 짠 스크린으로 되어 있었으며, 이러한 건물은 산청·초계·함양 등지에서도 여러 채 확인되었다. 부유층 가옥은 벽의 하단부를 돌로 쌓아 두껍게 만들고 윗부분에 백회를 발랐으나 경상남도에는 이러한 건물들이 중부지방이나 안동 일대에 비해 적은 편이다.

돌은 디딤돌 기둥을 받치는 주춧돌·축대·디딤돌·장독대·우물·구들장·담벽 등에 많이 사용되었다. 그런데 반듯하게 다듬은 돌은 조선 조정에서 사용을 규제하였을 뿐 아니라 가격도 비쌌기 때문에 서민층 가옥에는 별로 쓰이지 않았다. 경상남도의 경우 울산 웅촌면 석천리 학성 이씨 마을, 밀양시 교동의 손씨 마을, 부북면 퇴로리 여주 이씨 마을, 산외면 다죽리의 손씨 마을, 창녕읍, 고성군 대가면 송계리의 함안 이씨 마을, 진주군 하용봉면 승산동의 능성 구씨 마을, 고성군 하일면 학림리의 전주 최씨 마을, 산청군 단성면 남사 마을, 함양군 지곡면 개평리 등지에서 잘 다듬은 돌을 석주·주춧돌·계단·우물 등에 사용한 저택들을 일부 목격할 수 있다. 그러나 대부분의 가옥은 다듬지 않은 돌을 골라 적절히 사용하고 있다.

부유층 가옥에 가장 널리 사용된 석재는 화강암인데, 경상남도에서 화강암 분포 지역은 서부산지의 안의군·거창군을 비롯한 산청·함양 일대이며, 동부산지의 밀양군 동북부와 울산시 서부, 거제도 중앙부, 남해도 남부 등지이다. 그러나 양질의 석재 산지는 주로 서부산지에 분포하기 때문에 화강석은 중부지방에 비해 보편적으로 사용되고 있지 않다. 따라서 저명한 반촌(班村)에 일반적으로 나타나는 잘 다듬은 돌로 아름답게 꾸며진 고샅이 경남에서는 드물게 나타난다.

- 최영준, '개화기의 주거생활사' -

① 경남형 전통가옥에 사용된 건축재의 종류
② 중부지방과 경남지방의 전통가옥의 비교
③ 우리나라 최고의 석재산지에 대한 소개
④ 대나무와 돌이 건축재로 많이 사용된 이유

25 다음 글의 주제로 가장 적절한 것은?

디지털 입헌주의는 디지털 기술이 사회 전반에 미치는 영향력이 확대됨에 따라 그에 따른 권력의 집중과 남용 문제를 민주적으로 교정하려는 접근법이다. 디지털 기술은 단순히 정보 처리와 통신을 넘어, 사회 구조와 개인의 삶에 심대한 영향을 미치고 있다. 그러나 일부 기업이나 기관은 디지털 환경에서 비대칭적인 권력을 행사하며, 그 영향력이 지나치게 커지고 있다. 예를 들어, 대형 기술 기업들은 개인 정보와 데이터를 수집하고, 이를 기반으로 사용자들의 행동을 추적하거나 조작하는 등의 권력을 행사할 수 있다. 이러한 상황에서 디지털 사회는 불투명하고 비민주적인 권력 구조를 형성할 위험이 있다.

디지털 입헌주의가 제시하는 해결책의 하나는 디지털 기술과 관련된 권력 행사가 민주적 절차와 공정한 법적 틀 내에서 이루어지도록 하는 것이다. 헌법이 규정하는 기본적인 권리와 자유를 디지털 환경에 맞게 확장하고, 디지털 기술이 그 권리를 침해하지 않도록 제도적 장치를 마련하는 것이다. 이를 통해 디지털 사회에서 발생할 수 있는 권력 남용을 방지하고, 시민들이 기술에 의해 불리한 처우를 받지 않도록 보호할 수 있다.

① 기술을 통제하는 기관들이 기업의 기본적인 권리와 자유를 존중하도록 해야 한다.

② 디지털 기술과 관련된 힘의 행사는 대형 기술 기업의 틀에 예속되어야 한다.

③ 디지털 기술이 사회 전반에 미치는 영향력이 확대됨에 따라 그에 따른 권력의 집중을 민주적으로 확대해야 한다.

④ 디지털 기술과 관련된 권력 행사가 민주적 절차와 공정한 법적 틀 내에서 이루어지도록 디지털 입헌주의에 충실해야 한다.

정답 및 해설 2p

세부 내용 파악하기

유형 접근 방법

1. 지문 읽기 전

① 글의 구조 파악 → 어떤 부분에 주의를 해서 읽을 것인지를 파악한다.

② 선택지 읽기 → 포인트 단어(작은 따옴표 등)를 파악한다.

③ 지문 훑어보기: 문단의 첫 문장 확인 → 글의 구조를 파악한다.

2. 지문을 읽으면서

주요 개념, 내용, 선택지에 있는 단어 등에 표시한다. → 틀린 그림 찾기

3. 지문을 읽은 후

① 선택지에서 요구하는 내용을 지문에서 찾는 방식으로 접근한다.

② 선택지의 근거를 지문에서 찾을 때 아래의 방식을 활용한다.

- 두 개념의 차이점을 나타내는 경우, 서로 다른 표시를 하면서 읽는다.
- 3개 이상의 대상을 분류하는 경우, 서로 다른 표시를 하면서 읽는다.
- '~달리, ~에 비해'와 같은 표현은 ( ) 로 표시하여 내용을 이해하는 데 헷갈리지 않게 한다.
- 예를 드는 문장은 [ ] 로 표시하여 글의 구조가 잘 보이게 한다.
- 내용 일치를 묻는 경우, 예를 드는 부분보다는 추상적, 일반적 설명에 대한 옳고 그름을 판단하는 문제가 많기 때문에 예시 문장을 표시한 [ ]를 제외하면 글의 양을 줄일 수 있는 효과가 있다.

🏆 **합격 TIP!** 내용 일치 풀이 방식 3가지

1. 첫 번째 방식
- 각 문단의 첫 문장을 확인하여 글의 구조를 파악한다.
- 선택지를 확인하여 주요 단어를 표시한다.
- 확인한 용어들을 지문에서 찾아 표시한다는 생각으로 지문을 읽는다.

2. 두 번째 방식
- 선택지를 확인하여 주요 단어를 표시한다.
- 확인한 용어들을 지문에서 찾아 표시한다는 생각으로 지문을 읽는다.

3. 세 번째 방식
- 각 문단의 첫 문장을 확인하여 글의 구조를 파악한다.
- 지문을 읽으면서 주요 단어, 주요 내용을 표시한 이후, 선택지를 보고 문제를 푼다.

대표 예시 문제

다음 글을 이해한 내용으로 가장 적절한 것은?

2025년 국가직 9급

> 20세기에 접어들면서 우리는 새로운 시대의 변화를 다양한 영역에서 확인할 수 있게 되었다. 문학 영역도 마찬가지였다. 이전과 뚜렷이 구별되는 유형과 성격의 문학작품이 등장하였고, 이에 따라 다양한 독자층이 새롭게 형성되었다. 20세기 초 우리나라의 문학 독자층은 흔히 두 가지로 구분되었다. 하나는 구활자본 고전소설과 일부 신소설의 독자인 '전통적 독자층'이고, 다른 하나는 이 시기 새롭게 등장하여 유행하기 시작한 대중소설, 번안소설, 신문 연재 통속소설을 즐겨 봤던 '근대적 대중 독자층'이다. 전통적 독자층에는 노동자와 농민, 양반, 부녀자 등이 속하고, 근대적 대중 독자층에는 도시 노동자, 학생, 신여성 등이 속했다.
>
> 그런데 20세기 초 문학 독자층 중에는 전통과 근대의 두 범주에 귀속시키기 어려운 독자층도 존재했다. 이 시기 신문학의 순수문학 작품, 일본을 비롯한 외국의 순수문학 소설 등을 향유했던 사람들이 바로 그들이다. 문자를 익숙하게 다루고 외국어를 지속적으로 습득한 지식인층은 근대적 대중 독자층과는 다른 문학적 향유 양상을 보여 주었던 것이다. 이들은 '엘리트 독자층'이라고 부를 수 있다.

① 근대적 대중 독자층에서 엘리트 독자층이 분화되어 나왔다.
② 20세기 초의 문학 독자층을 구분하는 기준은 신분과 학력이었다.
③ 엘리트 독자층에 속한 사람들은 우리나라 문학작품 외에도 외국 소설을 읽었다.
④ 근대적 대중 독자층에 속한 사람들은 전통적 독자층에 속한 사람들보다 경제적으로 부유했다.

정답 설명 ③ 2문단을 보면, 엘리트 독자층은 신문학의 순수 문학 작품과 일본을 비롯한 외국의 순수 문학 소설 등을 향유했다고 하였다. 그러므로 엘리트 독자층에 속한 사람들은 우리나라 문학 작품 외에도 외국 소설을 읽은 것을 알 수 있다.

오답 분석 ① 2문단 1번째 줄에 따르면 전통과 근대의 두 범주에 귀속시키기 어려운 독자층이 존재했다고 하였고, 2문단 마지막 부분을 보면 그들이 바로 엘리트층이라고 하였다. 따라서 근대적 대중 독자층에서 엘리트 독자층이 분화되어 나온 것은 아님을 확인할 수 있다.

② 1문단에 보면, 20세기 초 우리나라 문학 독자층을 '전통적 독자층'과 '근대적 대중 독자층'으로 나누고 있다. 일단 두 가지 독자층으로 구분한 내용을 보면 독자들이 즐겨봤던 문학 작품을 기준으로 하고 있다. 1문단 마지막 부분에서 '전통적 독자층'과 '근대적 대중 독자층'을 신분과 학력 자체로 구분하는 내용이 있는 것 같이 보이지만, 양쪽 모두의 독자층에서 '노동자'가 있기 때문에 신분과 학력 자체가 구분의 기준이 된다고 할 수는 없다.

④ 근대적 대중 독자층에 속한 사람들이 전통적 독자층에 속한 사람들보다 경제적으로 부유했다는 내용은 제시문에 나오지 않는다.

01 다음 글에서 알 수 있는 내용으로 적절하지 <u>않은</u> 것은?

우산혁명은 홍콩 시민들이 자신들의 권리를 주장하며 중국 정부에 맞서 싸운 사건이다. 이 시위는 중국 제12기 전국인민대표대회 상무위원회의 결정에 의해 촉발되었다. 이 결정은 홍콩 행정장관 선거에 관한 새로운 규정을 담고 있었는데, 이 규정에는 홍콩 시민들의 예상과 달리 선거에서 후보자 자격을 제한하는 내용을 포함하고 있었다. 이에 홍콩 시민들은 중국 정부의 정치적 개입을 받아들일 수 없다고 판단하고, 대규모 시위를 벌였다.

보편적 참정권의 핵심은 시민들이 자유롭게 후보자를 선택할 수 있는 권리를 보장하는 것이다. 그러나 중국 정부는 이를 제한적으로 해석하여, 홍콩 행정장관 후보는 반드시 후보추천위원회에서 추천받아야 한다는 조건을 붙였다. 후보추천위원회는 친중 성향의 인사들로 구성되었으며, 사실상 친중 인사들만 홍콩 행정장관 후보로 나설 수 있도록 만들었다.

홍콩은 1997년, 영국으로부터 중국으로 반환되면서 '일국양제(一國兩制, 하나의 국가 두 가지 체제)' 원칙에 따라, 50년 동안 중국으로부터 고도의 자치권을 유지하도록 보장받았다. 그러나 중국 정부가 2014년 홍콩 행정장관 선거에 대한 엄격한 중앙정부의 통제를 명시한 규정을 제정하자 홍콩 시민들은 자유로운 정치적 선택을 보장받지 못한다고 느껴 강력히 반발했던 것이다.

① 홍콩은 일국양제 원칙에 따라 중국 정부로부터 고도의 자치권을 보장받고 영국에서 중국으로 반환되었다.

② 중국은 명문화된 규정을 통하지 않고 홍콩 행정장관 선거에 개입함으로써 홍콩에 대한 통제를 강화하려고 했다.

③ 친중파로 구성된 후보추천위원회에서 홍콩 행정장관 후보를 추천한다면 홍콩 시민들은 보편적 참정권을 침해받게 된다.

④ 홍콩 시민들은 중국 제12기 전국인민대표대회 상무위원회에서 홍콩 행정장관 입후보 자격에 대해 제한이 가해지리라고 예상하지 못했다.

02 다음 글에서 알 수 있는 것은?

구글은 전 세계의 모든 정보를 취합하고 정리한다는 목표하 하에 '디지털 도서관' 프로젝트를 시행하며, 현재 약 1,500만 권의 도서를 디지털화하여 온라인을 통해 제공하고 있다. 여기에는 셰익스피어 저작집 등 저작권 보호 기간이 지난 책들도 포함되어 있으며 저작권 보호 기간이 경과된 책들은 무료로 제공하고 있다.

이에 대해 미국 출판업계가 소송을 제기하였고, 2008년에 구글이 출판업계에 1억 2,500만 달러를 지급하는 것으로 양자 간 합의안이 도출됐다. 그러나 연방법원은 이 합의안을 거부하였는데, 이는 디지털도서관이 많은 사람들에게 혜택을 줄 수 있음에도 불구하고 구글의 시장독점과 저작권 침해의 소지를 우려한 결과이다.

구글의 지식 통합 작업이 많은 이점을 가져오는 것은 부정할 수 없는 사실이지만, 모든 지식을 한곳에 집중시키는 것이 옳은 방향인가에 대해서는 숙고가 필요하다. 문명사회를 지탱하고 있는 사회계약이란 시민과 국가 간의 책임과 권리에 관한 암묵적 동의이며, 집단과 구성원 간, 또는 개인 간의 계약을 의미한다. 이러한 계약을 위해서는 쌍방이 서로에 대해 비슷한 정도의 지식을 가지고 있어야 한다는 전제 조건이 충족되어야 한다. 허나 지식 통합 작업은 한쪽의 지식의 독점을 가져와 지식의 비대칭성을 강화할 수 있다. 따라서 사회계약의 토대 자체가 무너질 수 있는 것이다. 또한 지식 통합 작업은 지식의 수집뿐만 아니라 선별하고 배치하는 편집 권한까지 포함하게 되는데, 이는 사람들이 알아도 될 것과 그렇지 않은 것을 결정하는 막강한 권력을 구글이 갖게 되는 상황을 초래할 수 있다.

① 구글의 지식 통합 작업은 사회계약의 전제 조건을 위협한다.
② 구글의 지식 통합 작업은 모두에게 정보의 접근성을 높여 보다 평등한 권력관계를 확대할 것이다.
③ 구글의 디지털도서관은 지금까지 스캔한 1,500만 권의 책을 무료로 서비스하고 있다.
④ 구글의 지식 통합 작업은 적절한 선별과 배치를 통해 더욱 질 높은 정보를 제공할 것이다.

실전 학습 문제

03 '펠릭스 가타리'의 견해를 이해한 내용으로 적절하지 <u>않은</u> 것은?

펠릭스 가타리는 자본주의가 개인의 욕망을 시장의 법칙에 맞게 소비적 형태로 국한시켜 사회적 행동의 규범을 만들고, 이를 통해 사람들의 자유와 창의력을 제한한다고 본다.

가타리는 자본주의가 단순히 물질적인 통제에만 의존하는 것이 아니라, 정신적 수준에서도 인간을 지배한다고 주장했다. 그는 사람들이 자본주의 시스템 안에서 '자유'와 '개인주의'를 추구한다고 생각하는 동안, 실은 그들이 시스템에 의해 강력히 조종되고 있다고 보았다.

그런데 가타리는 자본주의 사회에서의 욕망은 단지 억압되는 것이 아니라, 생산적이고 창조적인 형태로도 존재한다고 믿었다. 그래서 가타리는 욕망을 억제하고 규격화하는 자본주의적 방식에 반대하며, 새로운 형태의 욕망을 창출하고, 그것이 사회적, 정치적 변화를 이끄는 힘이 될 수 있다고 주장했다. 이를 통해 가타리는 새로운 사회적, 정치적 영역을 열 수 있다는 가능성을 제시했다.

특히 가타리는 '리좀적 구조'를 강조했는데, 이는 자본주의와 같은 고정된 체제와는 달리, 탈구조적이고 탈중심적인 사회 시스템을 구축하는 데 중요한 이론적 틀이 되었다. 특히 리좀적 구조는 상호 연결된 네트워크처럼 조직된 사회를 의미하며, 이는 중앙집중된 권력 구조와 대립되는 형태이다.

① 인간은 욕망을 통해 사회적 관계와 정치적 실천을 변화시킬 수 있는 잠재력을 지니고 있다.

② 자본주의로 인해 인간의 욕망은 경제적 활동과 연결되면서 소비적인 형태로 제한될 수밖에 없다.

③ 인간이 스스로 자유를 추구한다고 보는 일종의 자각 행위 역시 자본주의 시스템의 통제에서 비롯된다.

④ 리좀적 구조는 자본주의의 탈구조성을 극대화하여 상호 연결된 네트워크처럼 조직된 사회를 구축한다.

04 다음 글에서 알 수 있는 내용으로 적절하지 <u>않은</u> 것은?

중화민국 정부가 중국 본토에서 패배하여 대만으로 철수하면서 대만은 국민당 정권의 지배를 받게 되었다. 국민당은 장제스 아래에서 억압적 통치를 시행했다. 이 시기에는 마르크스주의자들에 대한 탄압이 이루어졌으며, 언론·표현의 자유가 제한되었다. 장제스는 아들 장징궈에게 총통 권력을 물려준 뒤 1975년 사망하였다.

1987년, 대만 정부는 마르크스주의자와의 접촉을 허용하면서 정치적 긴장이 완화되었고, 장제스의 아들이었던 장징궈 총통의 사망과 함께 새로운 시대의 전환을 맞았다. 장징궈의 후임으로 부총통 리덩후이가 1988년에 총통직을 이어받았고, 그는 대만의 정치적, 사회적 개혁을 추진하게 된다.

리덩후이는 초기에는 대만의 국민당 정권을 유지하는 동시에 민주적 개혁을 추진하기 시작했다. 1991년에는 야당이 비로소 인정되었고, 1992년에는 민주적인 대만 총선을 통해 선출된 의회가 결성되었다. 이러한 과정에서 대만 사회는 정치적 변화와 민주적 선거 제도를 확립해 나갔다.

리덩후이의 주도로 대만은 1996년 첫 직선제 총통 선거를 실시하게 되어 리덩후이를 재선시키게 되었다. 이로써 비로소 대만은 민주주의 체제를 완전히 갖추게 되었고, 아시아의 민주주의 국가로 자리매김할 수 있었다.

① 리덩후이의 총통 취임은 대만 사회가 민주적 선거 제도를 확립하는 계기가 되었다.

② 장징궈 총통 시기에 들어서 마르크스주의자에 대한 대응에 변화가 일어나기 시작했다.

③ 리덩후이는 장징궈 총통 사망 직후 직선제로 총통에 집권하며 국민당 정권을 유지하였다.

④ 중화민국 정부가 중국에서 대만으로 이주한 뒤 대만에서 한 차례의 총통직 세습이 있었다.

05 다음 글에서 알 수 있는 것은?

현재 다수의 국가들이 채택하고 있는 소년 사법 제도는 대부분 영국의 관습법에 근간을 두고 있다. 영국 관습법은 7세 이하 소년들은 범죄 의도가 없다고 간주하며, 가해자가 8세 이상 14세 미만일 경우 형사 책임을 면하고, 14세 이상일 경우에만 형사 책임을 지게 된다.

이와 유사하게 우리나라의 소년 사법 역시 나이에 따라 세 그룹으로 구분하여 그들의 범죄 의도 소유 가능 여부와 형사 책임 여부를 결정한다. 다만 그 나이의 기준이 9세 이하, 10세 이상 14세 미만, 그리고 14세 이상 19세 미만으로 영국 관습법과 차이가 있다. 우리나라 『소년법』에서 규정하고 있는 촉법소년은 10세 이상 14세 미만의 소년 중 형벌 법령에 저촉되는 행위를 한 자로, 소년 사법의 규제를 받게 된다. 부가적으로 우리나라 소년법에선 10세 이상 19세 미만의 소년 중 이유 없는 가출을 하거나 술을 마시는 행동을 하는 등 일탈을 지속하는 소년들을 장래에 범법 행위의 소지가 있다고 판단하고 이들을 우범 소년으로 규정하여 소년 사법의 범위 내에서 관리를 하고 있다. 이에 대해 단순히 불량성이 있을 뿐, 실질적인 범죄를 저지르지 않았음에도 불구하고 소년 사법의 대상에 포함시키는 우범 소년 제도에 의문을 제기하는 의견들이 존재하기도 한다.

자기 책임주의를 엄격히 적용하는 성인 사법과 달리, 소년 사법은 범죄를 저지르지 않은 소년까지도 사법의 대상으로 한다. 이는 아동의 궁극적 보호자를 국가로 보는 국친 사상에서 비롯된 것으로, 과거 봉건 국가 시대엔 친부모로부터 양육·보호가 제대로 보장되지 못할 경우 왕이 그 책임을 진다고 믿은 것이 이어져 온 것이다. 이런 사상이 오늘날까지 이어졌기 때문에 비록 죄를 범하지는 않았더라도 장차 범행을 할 가능성이 있는 소년까지 소년 사법의 대상으로 보는 것이다.

① 영국의 관습법은 7세의 소년은 범죄 의도는 소유할 수 있지만, 형사 책임이 없는 것으로 간주한다.

② 우리나라의 사법 제도는 국친 사상을 기반으로 하기 때문에 성인 또한 범행할 가능성이 있으면 처벌을 받는다.

③ 우리나라 소년법상 촉법소년은 범죄 의도를 소유할 능력이 없는 것으로 간주된다.

④ 우리나라의 10세 이상 19세 미만 청소년들은 범죄를 저지르지 않아도 그러할 우려가 있을 경우 소년 사법의 적용을 받을 수 있다.

06 다음 글에서 알 수 있는 내용으로 적절하지 <u>않은</u> 것은?

맥아담(McAdam, 1999)은 시위가 발생하려면 시위대가 이를 실행할 수 있는 기회를 제공받아야 하며, 이 기회는 그들이 처한 정치적 환경이나 제도적 틀에 따라 달라진다고 보았다. 그리고 기회는 시위대가 실질적으로 행동에 나설 수 있도록 소수의 핵심 집단이나 세력과 결합할 때 실현된다고 주장한다. 정치기회는 시위대가 이를 어떻게 인식하고 이해하는지에 따라 그 효과가 달라진다. 시위대가 자신들의 상황에 대해 공동의 이해를 형성하고, 이를 토대로 행동을 취할 때 정치기회가 실질적인 시위로 이어지는 것이다.

또한, 맥아담은 정치과정모델에서 사회운동의 성공이나 실패는 정치기회의 변화에 크게 의존한다고 주장한다. 그는 시위 발발을 제도적 변화와 이데올로기적 힘의 변동과 관련짓는다. 제도적 변화는 기존의 정치적, 사회적 구조에서 발생하는 변화로, 예를 들어 정부의 정책 변화나 사회적 규범의 변화를 의미할 수 있다. 이데올로기적 힘의 변동은 사회 내에서 지배적인 가치관이나 믿음의 변화가 시위로 이어질 수 있는 중요한 동력임을 나타낸다. 이러한 것들이 시위대를 결집시키고, 기존의 정치적 제도나 이데올로기에 도전하는 시위로 전환될 수 있다. 결국, 집단시위의 발발은 단순히 시위대의 불만이나 요구에서 비롯되는 것이 아니라, 구조적, 인식적, 제도적 변화들이 복합적으로 작용하면서 시위로 이어지는 과정이다.

① 사회적 집단행동의 성공 여부는 정치적 환경이나 제도적 틀에 영향을 받는다.

② 정치기회는 공유된 인식에 영향을 받으며, 집단 내부에서의 인식 변화나 상호작용을 통해 구체적인 행동으로 전환된다.

③ 제도적 변화는 지배적인 가치관의 변동이나 행정부의 정책 변화 등 신구조에 기반한 이데올로기적 힘에서 발생하는 변화이다.

④ 여러 변화들이 복합적으로 작용하여 시위로 이어질 수 있으며, 시위대는 소수의 핵심 집단이나 세력과 결합하여 종래의 제도에 도전한다.

07 다음 글에서 알 수 있는 내용으로 적절하지 않은 것은?

무인정변 이후 집권층의 권력 쟁탈이 심해져 지방에 대한 통제력이 약화되었고, 이로 인해 지배층의 수탈이 더욱 심화되자 백성들은 이에 저항하는 민란을 일으켰다. 이들은 당시 사료에 '산적'이나 '화적', 또는 '초적'이라는 이름의 도적으로 일컬어졌다. 최우는 집권 후 야별초를 편성하여 이들을 진압하고자 했다. 야별초는 정적을 제거하거나 민란을 진압하는 집권자의 사병이 되었는데, 그 대가로는 월등한 녹봉과 상여금 또는 진급에서의 특혜가 주어졌다. 이들을 통해 최씨 정권은 더 안정적으로 집권할 수 있었으며, 이후 야별초는 규모가 방대해짐에 따라 좌별초와 우별초로 나뉘었고 신의군이 합해져 삼별초로 계승되었다.

1231년 몽고의 공격이 시작되자 최우를 중심으로 한 무인 정권은 항전을 주장하였으나, 왕과 문신 관료들은 몽고와의 강화(講和)를 통해 왕권을 회복하기를 희망했다. 대몽 항전을 정권 유지를 위한 방책으로 활용하려 했던 최우는 다수의 반대를 무릅쓰고 강화도 천도를 결행하였으나 이는 지배 세력 내의 불만을 증폭시켰으며 백성들에게는 권력자들의 안전만을 도모하는 일종의 배신행위로 받아들여졌다.

이후 무인 정권은 붕괴되고 고려 정부는 개경으로 환도하였으나, 삼별초는 정부에 불복해 강화도에서 반란을 일으켰다. 삼별초의 난이 일어나자 전쟁 중에 몽고 침략 및 지배층의 과중한 수탈에 맞서 싸워 왔던 일반 백성들의 호응이 뒤따랐다.

1270년 봉기하여 1273년 진압될 때까지 약 3년에 걸쳐 진행된 삼별초의 난에는 서로 다른 두 가지 성격이 양립하고 있었다. 하나는 지배층 내부의 정쟁에서 패배한 무인 정권의 잔존 세력이 일으킨 정치적 반란이고, 다른 하나는 민란의 전통과 대몽 항쟁의 전통을 계승한 백성들의 항쟁이다. 전자는 무너진 무인 정권을 회복하고자 했으며, 정치적 보복에서 벗어나기 위해 고려 정부와 몽고에 항쟁하던 삼별초의 반란이다. 후자는 집권층을 되찾은 고려 정부와 침략자 몽고의 결탁 속에서 가중되는 수탈에 저항하던 백성들이 때마침 삼별초의 난을 만나 이에 합류하는 형태로 일으킨 민란이었다.

① 최우의 강화도 천도는 백성과 지배 세력의 지지를 얻지 못하였다.

② 야별초는 주로 지배층의 수탈에 저항하던 백성들을 진압하는 데 동원되었다.

③ 삼별초의 난에 참여한 세력들은 모두 동일한 항전의 대상과 목적을 가지고 있었다.

④ 설립 이후 진압될 때까지 삼별초는 무인 정권을 옹호하는 성격을 지닌 집단이었다.

08 다음 글에서 알 수 <u>없는</u> 것은?

지금까지 공영(公營) 방송은 크게 세 번의 위기를 거쳐 왔다. 첫 번째 위기는 사영(私營) 방송의 등장이었다. 1920년대 서유럽에서의 방송은 탄생 초기부터 일반적으로 공영으로 운영되었으나 1950년대 이후 사영 방송이 등장하며 공영 방송이 사영 방송과 경쟁하게 되었다. 그러나 이러한 사영 방송의 등장은 공영 방송에 '위협'이 되었을 뿐, 진정한 '위기'를 불러오지는 않았다. 왜냐하면 지속적으로 발전하던 경제적 상황에 맞물려 공영 방송과 사영 방송이 함께 시장을 장악할 수 있었기 때문이다.

두 번째 위기는 케이블 TV와 같은 다채널 방송의 등장과 함께 찾아왔다. 서구에서는 1980년대, 한국에서는 1990년대 후반에 상용화된 다채널 서비스의 등장은 사용자들로 하여금 공영 방송의 존재에 큰 회의를 품게 하였다. 이제껏 공영 방송이 제공해 온 뉴스, 다큐멘터리, 어린이 프로그램 등 차별적인 장르를 다채널 방송은 훨씬 더 전문적인 내용으로, 그리고 더 많은 시간 동안 제공할 수 있었기 때문이다. 이와 같은 경쟁의 결과로 공영 방송은 양질의 프로그램 제작을 위해 상대적으로 더 많은 재원을 필요로 하게 되면서 수신료 인상이 불가피해졌지만, 시청자들은 이에 동의하지 않았다. 그러나 이러한 위기에도 불구하고 공영 방송은 여전히 주류 방송으로서의 지위를 굳건히 지켜내며 어느 정도의 시청률을 유지할 수 있었다.

최근 들어 디지털 융합형 미디어의 발전이라는 세 번째 위기가 시작되었다. 이는 수용자의 미디어 소비 패턴 자체가 완전히 달라지는 변화이기 때문에, 단순히 채널 제공 경쟁자가 늘어나는 것이었던 이전의 사례들과 비교하여 훨씬 더 위협적이다. 디지털 미디어에 익숙한 젊은 시청자들은 채널을 통해 제공하는 일방향 서비스에 의존적이지 않다. 유튜브와 팟캐스트 등, 국경을 넘나드는 새로운 플랫폼의 활약으로 개별 국가의 정체성 형성을 담당하던 공영 방송은 속수무책인 상황에 처하게 되었다.

① 공영 방송은 일방향 서비스를 제공해 왔다.

② 공영 방송은 국가의 정체성과 관련되는 개념이다.

③ 다채널 방송은 공영 방송 프로그램과 차별화되는 독자적인 장르를 구축하였다.

④ 새로운 플랫폼이 등장하기 전까지 공영 방송은 주류방송의 위치를 차지하고 있었다.

09 다음 글에서 알 수 있는 내용으로 적절하지 <u>않은</u> 것은?

파이어챗은 그물망 네트워크(Mesh Network) 방식으로 설계되어, 각 스마트폰이 네트워크의 노드(Node) 역할을 하며, 서로 간에 데이터를 전송하고 수신할 수 있다. 이는 기존의 중앙집중형 네트워크 구조와 달리, 각 단말기들이 동등한 위치에서 상호 작용하는 분산형 네트워크를 형성한다.

파이어챗의 각 스마트폰은 다른 스마트폰들과 직접적으로 연결되어 데이터를 주고받는다. 파이어챗의 그물망 네트워크에서는 스마트폰이 라우터(Router) 역할을 수행한다. 이렇게 네트워크에 참여한 스마트폰들이 상호작용함으로써, 점차 네트워크 범위가 확장되고, 스마트폰의 밀도가 높아질수록 더 넓은 지역을 커버할 수 있는 강력한 네트워크가 형성된다. 파이어챗은 애드혹 네트워크(Ad-hoc Network)를 기반으로 하여 운영된다. 애드혹 네트워크는 기존의 기지국을 비롯한 인프라나 중간 서버 없이 각 단말기가 직접적으로 서로 통신하는 구조이다.

파이어챗의 주요 장점은 인터넷이 불안정하거나 차단된 상황에서도 지역 내에서 자유롭게 통신할 수 있다는 점이다. 시위대가 모일수록 스마트폰들이 서로 연결되어 일시적으로 자체적인 인터넷망을 형성할 수 있다. 파이어챗은 이렇게 분산형 네트워크를 구축함으로써, 인터넷 서비스가 차단된 상황에서도 효과적인 통신이 가능하다.

① 파이어챗 체계에서는 스마트폰의 밀도가 낮을 때 보다 높을 때 네트워크가 강력해진다.

② 종래의 중앙집중형 네트워크 구조에서는 각 단말기들이 동등한 위치에서 상호작용하지 않았다.

③ 파이어챗은 사람들이 많이 한곳에 운집할수록 기지국들이 서로 연결되어 자체적인 인터넷망을 구축한다.

④ 애드혹 네트워크를 사용한다면 단말기와 단말기를 연결하는 체계 없이도 각 단말기 사이의 통신이 가능하다.

10 다음 글에서 알 수 있는 내용으로 적절하지 않은 것은?

약한 연계(Weak Link) 이론은 사회적 네트워크 내에서 사람들 간의 관계가 정보의 흐름과 사회적 이동에 어떻게 영향을 미치는지 설명하는 중요한 개념이다. 강한 연계는 가족, 가까운 친구, 친밀한 동료 등 서로 신뢰하고 자주 소통하는 관계를 의미한다. 이들 간의 관계는 높은 빈도의 상호작용과 높은 수준의 신뢰를 기반으로 한다. 강한 연계 내에서 정보는 대개 중복되고 비슷한 내용에 국한된다. 약한 연계는 친밀도가 낮거나 자주 교류하지 않는 사람들과의 관계를 의미한다. 이 관계들은 일상적으로 자주 교류하지 않지만, 사회적 네트워크에서 중요한 역할을 한다. 약한 연계는 두 사람 간의 관계가 적당히 먼 거리—예를 들어 얼굴만 아는 지인—에 있을 수 있으며, 서로의 정보와 자원을 많이 공유하지 않기 때문에 강한 연계보다 더 다양한 정보를 제공할 가능성이 높다.

그래노베터의 연구에서 핵심적인 점은 약한 연계가 더 넓은 네트워크에 접근할 수 있는 다리 역할을 한다는 것이다. 우리가 이미 잘 아는 사람들과의 정보는 종종 중복되거나 그 네트워크 내에서만 통용되는 경우가 많다. 반면, 약한 연계는 다양한 사회적 집단과 연결될 수 있는 기회를 제공한다. 예를 들어, 구직자들이 새로운 직업을 얻을 때, 기존의 가까운 친구보다는 덜 친밀한 지인이나 과거의 동료가 제공하는 정보가 더 유용할 수 있다.

약한 연계는 사회적 이동성을 촉진하는 중요한 요소로 작용한다. 예를 들어, 구직 활동을 할 때, 강한 연계에 의한 정보는 종종 이미 알고 있는 것들이나 제한적인 범위의 정보일 수 있다. 그러나 약한 연계는 다른 사회적 집단이나 조직, 지역 사회 등에서 다양한 정보를 가져올 수 있다. 이 과정에서 사람들은 사회적 계층을 넘어서거나 다른 분야로 이동할 수 있는 기회를 얻을 수 있다. 그래노베터는 특히 경제적 이동성과 직업 변화에서 약한 연계의 역할을 강조했다. 약한 연계를 통해 새로운 기회와 아이디어가 상호작용하면서, 전체 사회적 네트워크의 정보가 더욱 풍부하고 다채로워진다. 약한 연계가 사회적 집단 간의 정보 차단을 해소하여, 정보의 흐름을 촉진하는 역할을 하는 것이다.

오늘날의 사회에서는 다양한 배경과 특성을 가진 사람들이 서로 연결되어 있고, 약한 연계를 통해 이들 간의 정보가 자유롭게 교환된다. 기술 발전과 소셜 네트워크 서비스(SNS)의 등장으로, 물리적 거리와 상관없이 사람들이 약한 연계를 통해 정보를 교환하는 일이 많아졌다.

① 강한 연계는 새로운 정보를 얻는 데 한계를 지니고 있다.

② 약한 연계는 전체 사회적 네트워크의 정보를 더욱 풍부하게 만든다.

③ 약한 연계는 다양한 정보와 기회를 발견하는 데 중요한 역할을 한다.

④ 소셜 네트워크 서비스는 의견이 비슷한 사람들 간의 소통에 집중하게 한다.

11 다음 글에서 알 수 있는 내용으로 적절하지 <u>않은</u> 것은?

1960년대 후반, 미국의 대도시들에서는 흑인 거주 지역에서 폭력적인 시위와 폭동이 발생하였다. 이러한 폭동의 원인으로 에이싱어는 경제적 불평등, 인종 차별, 경찰의 폭력 등을 지목하는 한편, 정치적 기회구조 이론을 통해 폭동의 발생과 관련된 외적 요인들을 분석하였다.

지방정부가 사회적 불만을 해결하지 않고, 다양한 집단의 요구를 정치적 과정에 반영할 수 있는 기회를 제공하지 않을수록, 갈등은 폭력적인 형태로 표출될 가능성이 높아진다는 것이다. 특히 지방정부가 폐쇄적인 태도를 취할수록, 그리고 사회구조가 불평등할수록 폭동의 발생 가능성이 올라간다고 보았다. 예를 들어, 경제적 불평등과 인종 차별이 심화된 상황에서 지방정부가 시민들의 요구를 반영하지 않거나 적절히 대응하지 못하면, 갈등은 점차적으로 폭력적 시위로 변질될 위험이 커진다고 분석하였다.

사회적 자원의 동원 가능성 역시 폭동에 영향을 준다고 보았다. 종교 단체를 비롯한 강력한 지역 조직은 불만을 공유하는 사람들을 모으고 집단의 행동을 조율하는 데 중요한 역할을 하는데, 이러한 네트워크는 폭동이 발생할 수 있는 기반을 제공한다는 것이다.

① 종교 단체는 지역 조직으로서 집단행동을 조율할 수 있는 능력을 지니고 있다.

② 지방정부가 사회적 불만을 부적절하게 처리하면 폭동이 발생이 가능성이 높아진다.

③ 경찰이 폭력적으로 대응하면 갈등은 점차적으로 폭력적 시위로 변질될 위험이 커진다.

④ 중앙정부가 시민의 요구를 수용할 수 있는 개방적 구조를 제공하면 폭력적 시위는 줄어든다.

12 다음 글에서 알 수 있는 내용으로 적절하지 <u>않은</u> 것은?

반자본주의와 무정부주의의 입장은 자본주의는 법률, 경찰력 등 국가의 강제적 권력을 통해 지탱되며, 그로 인해 경제적 불평등과 착취가 심화된다고 본다. 대표적인 무정부주의자 프라우돈은 자본주의에서 말하는 자유가 사실은 부유한 계층이 소시민을 착취할 특권적 권력과 돈을 보장하는 수단에 불과하다고 봤다. 프라우돈은 이러한 문제가 국가와 밀접하게 연관되어 있음을 지적하며, 정부는 자본주의 체제를 지탱하는 도구로 작용한다고 보았다.

프라우돈은 자본주의가 실제로는 자본을 가진 소수의 계층이 시장에서의 경쟁을 지배하고, 이는 대중의 노동을 착취하는 구조로 귀결된다고 보았다. 그가 제안한 해결책은 자율적인 노동자 협동조합이나 상호 부조의 원리를 통해 재산의 분배를 공정하게 이루어지도록 하는 것이었다.

또 다른 무정부주의자 이구알라는 정부가 존재하는 한 자본주의는 결코 사라지지 않으며, 자본의 착취는 계속될 것이라고 보았다. 이구알라는 자본주의 체제에서 정부가 자본의 축적을 보호하는 주요 역할을 한다고 보았다. 예를 들어, 정부는 법을 통해 자산을 보호하고, 군대나 경찰을 통해 자본주의적 질서를 유지한다. 이로 인해 자본가는 법적, 군사적 보호를 받으며, 그들의 재산을 지키기 위해 노동자들은 착취당한다.

① 프라우돈은 자본주의로 인해 노동자는 착취당하게 된다고 보았다.

② 프라우돈은 부유층 중심의 자본주의 체제에 의해 정부 권력이 지속된다고 보았다.

③ 이구알라는 자본주의 체제에서 정부는 자본가 계층의 이익을 지키는 일을 수행한다고 보았다.

④ 이구알라는 자본주의 체제가 유지되는 한 자본이나 노동의 착취는 지속될 수밖에 없다고 보았다.

실전 학습 문제

13 다음 글에서 알 수 있는 내용으로 적절하지 **않은** 것은?

안토니오 그람시의 독창성은 전통적인 마르크스주의 이론을 뛰어넘어 정치적 지배 방식을 물리적 강제력과 이념적 지도력이라는 두 가지 방식으로 설명하는 데 있다. 특히 지배계급의 "헤게모니" 개념을 중심으로 한 이론적 전개에 있다. 그람시는 정치적 지배를 크게 두 가지 방식으로 구분했다. 첫 번째는 국가의 물리적 강제력으로, 이는 법과 질서를 유지하고 폭력적 수단을 통해 지배를 실현하는 전통적인 국가의 역할이다. 두 번째는 지배계급의 "헤게모니", 즉 이념적 지도력으로, 이는 지배계급이 사회의 여러 계급을 향해 이념적·도덕적 우위를 주장하고, 피지배계급이 이를 자발적으로 받아들이도록 만드는 과정이다. 이 두 가지 방식은 서로 보완적이나 그람시는 후자의 중요성을 강조하였다.

또한 그람시는 '시민사회'와 '국가'를 구분하여 생각한 이론가였다. 전통적인 마르크스주의에서는 국가를 경제적 지배계급의 도구로 보았고, 시민사회는 이를 보완하는 역할을 한다고 이해했다. 그러나 그람시는 시민사회를 하나의 독립적인 영역으로 보고, 국가와는 구별되는 자율적이고 중립적인 공간으로 간주하였다. 국가라는 것은 공적 영역의 대표이며 시민사회는 사적인 영역의 대표로써 시민사회에서 형성된 질서가 국가를 매개로 공식화된다고 보았다. 즉 시민사회가 국가영역을 지배한다고 본 것이다. 국가 기능이 점차 확대되면서 시민사회는 국가의 사적 네트워크가 된다. 그 시민사회를 통해 국가는 모든 의식과 조직에 침투할 통로를 확보하는 것이며, 그런 속에서 국가는 통합국가일 수밖에 없다. 시민사회 내에서 여러 계급은 상호작용하며, 그 속에서 이데올로기 경쟁이 이루어진다. 지배계급은 이 공간에서 자신들의 이데올로기를 통해 헤게모니를 구축하고, 이를 통해 피지배계급이 자신의 지배를 자발적으로 수용하도록 한다. 이러한 과정에서 언론, 교육 등의 사회적 기구들은 지배계급의 가치와 관점을 사회에 확산시키는 중요한 기능을 한다.

① 피지배계급이 지배계급의 우위를 자발적으로 수용하는 이념적 지도력도 정치적 지배이다.

② 자율적이고 중립적인 공간인 시민사회 내에서는 지배계급과 피지배계급의 구분이 존재하지 않는다.

③ 그람시는 시민사회를 국가를 보완하는 개념으로 상정하지 않았다는 점에서 전통적 마르크스주의자와 구별된다.

④ 지배계급은 사회적 기구를 통해 피지배계급의 의식을 변화시키고, 자신들의 지배를 정당화할 수 있도록 만든다.

14 다음 글에서 알 수 있는 내용으로 적절하지 <u>않은</u> 것은?

> 하우저는 예술 양식의 변화를 사회적 조건의 변화와 긴밀히 연결하여 해석했다. 그는 특정 예술 양식이 특정 계층의 이데올로기와 취향을 반영한다고 보았다. 하우저의 연구는 특히 예술 작품이 생산되고 소비되는 맥락에 주목한다. 그는 르네상스와 바로크 시대의 예술이 각각 부르주아 계층과 절대주의 군주제의 요구에 부응하며 발전했다고 보았다. 예를 들어, 바로크의 극적인 감각과 웅장한 양식은 가톨릭교회의 반종교개혁과 절대주의 국가의 권위 강화라는 맥락 속에서 이해될 수 있다. 이러한 관점에서 하우저는 예술의 역사적 발전을 사회적 투쟁과 변혁의 일부로 간주했다.
>
> 뵐플린은 예술 양식을 외적 맥락보다 예술 자체의 내적 논리와 심리적 원리로 설명하고자 했다. 그의 대표작 미술사의 기초 개념에서 그는 예술 양식의 변화가 반복적으로 나타나는 형식적 대비를 통해 이루어진다고 주장했다. 뵐플린에 따르면, 르네상스는 조화와 질서를 강조하는 선형적이고 고전적인 미감을 특징으로 하며, 이는 인간 중심의 이성적 세계관과 연관된다. 반면, 바로크는 운동과 감각적 풍부함을 중시하는 회화적이고 역동적인 특성을 지닌다. 그는 이런 변화가 당대 사회적 환경보다는 인간의 지각과 표현 욕구의 보편적 변화에서 기인한다고 보았다.

① 하우저는 바로크 양식의 대두를 교회나 국가의 사회적 요소가 개입된 결과로 이해하였다.

② 뵐플린은 르네상스는 선형성과 고전적인 미감이, 바로크는 회화성과 역동성이 특징이라고 평가하였다.

③ 하우저는 르네상스에서 바로크로의 전환을 부르주아 계층의 등장에 부응하여 나타난 사건으로 보았다.

④ 하우저가 예술 작품을 사회적 맥락 속에서 탐구하였다면 뵐플린은 예술 자체의 내적 논리에서 탐구하였다.

15 다음 글에서 알 수 있는 내용으로 적절하지 <u>않은</u> 것은?

> 플라톤에 따르면, 정신은 이데아와 접촉할 수 있는 유일한 도구로서, 참된 진리와 선에 접근할 수 있는 능력을 지닌다. 반면, 신체는 감각적 경험과 욕망에 사로잡혀 정신의 고귀한 활동을 방해하는 요소로 간주되었다.
>
> 주요 근대 철학자들은 플라톤의 이분법적 틀을 바탕으로 정신과 신체, 이성과 감각의 분리를 이어 갔다. 이러한 경향은 인간을 이해하고 해석하는 방식에 있어 이분법적 사고를 더욱 공고히 하였으며, 이는 서구 문화와 예술, 과학 전반에 걸쳐 중요한 패러다임으로 자리 잡았다.
>
> 정신적이고 관념적인 요소를 중시하는 예술은 높은 가치를 부여받았으나, 신체성과 감각적 경험을 기반으로 한 예술은 종종 열등하게 여겨졌다. 이러한 근대의 철학 및 예술적 맥락에서 무용예술은 철학적 논의에서 배제될 수밖에 없었다. 무용은 플라톤적 기준에서는 변덕스럽고 일시적인 '가변성'의 영역에 속하였다. 따라서 무용은 불변의 이데아나 영원한 진리를 추구하는 전통적 예술 기준에서 배제되었다.
>
> 문학, 회화, 조각과 같은 예술 형태는 물리적 형상으로 남아 후대에 전해질 수 있지만, 무용은 그러한 물리적 증거를 남기지 않는다. 이는 무용을 영속적인 가치를 지닌 예술로 간주하기 어렵게 만들었으며, 철학자들로 하여금 이를 진지하게 연구하거나 논의하는 것을 꺼리게 하였다.

① 플라톤은 정신은 참된 진리에 접근할 수 있으나 신체가 정신의 활동을 방해한다고 보았다.

② 근대 철학에서 무용은 관념적인 예술에 비해 열등한 예술로 평가받았다.

③ 물리적 증거를 남기지 않는 무용은 영속성이 없는 예술로 간주되었다.

④ 전통적 예술은 불변적 이데아를 통해 진리의 가변성을 추구하였다.

16 다음 글에서 알 수 있는 내용으로 적절하지 <u>않은</u> 것은?

<그람시 모뉴멘트> 프로젝트를 주재한 예술가 허쉬혼은 지역 주민들을 직접 만나면서, '공존과 협업'이라는 프로젝트의 핵심 가치를 공유할 수 있는 사람들을 모았다. 이 과정에서 그는 주민들과 긴밀한 대화를 나누며, 그들이 프로젝트에 자발적으로 참여하고 공감할 수 있도록 이끌었다.

허쉬혼의 작업은 그람시의 사상에서 많은 영향을 받았다. 그람시는 인간이 모두 지성을 가지고 있으며, 이를 발휘할 기회를 가질 때 사회적 불평등을 극복할 수 있다고 주장했는데 허쉬혼은 이를 바탕으로 미술계 내부의 전문가와 외부의 일반 시민 사이에 존재하는 장벽을 허물고자 했다. 한편 랑시에르는 모든 지식의 위계를 해체할 수 있다고 주장했는데, 허쉬혼은 이에 영향을 받아 미술이 누구나 접근하고 경험할 수 있는 과정임을 강조했다.

<그람시 모뉴멘트>를 통해 주민들은 워크숍, 강연, 토론회, 그리고 일상적인 대화의 장에서 예술적·지적 교류를 경험했고, 허쉬혼은 공공미술이 사회적 상호작용을 촉진하고 사람들 간의 연대와 이해를 강화하는 역할을 할 수 있음을 입증했다. 허쉬혼은 모든 사람들에게 열려 있는 지적이고 미학적인 경험을 만들어내고자 했다. 이 과정에서 그는 참여자들의 목소리를 적극적으로 수용하며, 공동 창작 과정을 통해 공존과 협업의 가치를 실현했다.

① 허쉬혼은 <그람시 모뉴멘트>를 통해 사람들 간의 연대와 이해를 강화하는 공공미술의 역할을 보여주었다.

② 허쉬혼은 지식의 위계는 없다는 랑시에르의 견해를 바탕으로 미술에 대한 참신한 접근 방법을 시도하였다.

③ 허쉬혼은 <그람시 모뉴멘트>를 통해 모두에게 열려 있는 공유의 장을 만들어낼 수 있다는 비전을 제시했다.

④ 허쉬혼이 미술 전문가와 일반 시민 사이의 경계를 희미하게 만들려고 한 것은 그람시의 영향이라고 할 수 있다.

17 다음 글에서 알 수 있는 내용으로 적절하지 않은 것은?

최근의 전쟁은 전통적인 전쟁의 양상과는 확연히 다른 특성을 보인다. 이러한 변화를 설명하려면, 전쟁의 동기와 목적이 단순한 약탈적 행위에 국한되지 않음을 이해해야 한다. 칼리바스나 뉴먼과 같은 학자들은 현대 전쟁이 단순히 자원을 빼앗기 위한 약탈적 동기에서 비롯된다고 보는 시각을 비판한다. 그들은 최근의 전쟁에서 나타나는 복잡한 정치적, 사회적, 경제적 요소들을 강조하며, 전쟁이 단지 물리적인 충돌을 넘어서는 다층적인 과정임을 주장한다.

최근 전쟁의 중요한 특징은 민족적, 종교적, 또는 이념적인 갈등이 주된 원인으로 작용한다는 것이다. 이는 국가 내부의 갈등에서부터 국제적인 충돌까지 다양한 형태로 나타난다. 예를 들어, 이슬람 국가(ISIS)와 같은 극단주의 집단의 등장이나, 국가 간의 영토 분쟁에서 종교나 민족 정체성이 중요한 역할을 하게 된다.

또 다른 최근 전쟁의 특징은 비대칭 전쟁의 증가이다. 전통적인 전쟁은 국가 간의 군대가 정규 전투를 벌이는 형태였지만, 최근의 전쟁은 비정규군, 게릴라, 테러리즘, 그리고 사이버 공격 등의 다양한 형태로 나타난다. 예를 들어, 아프가니스탄 전쟁이나 이라크 전쟁에서 나타난 대로, 비대칭 전쟁에서는 기술력이나 자원이 부족한 집단이 전략적 사고와 비정규 전술을 통해 강력한 상대와 싸운다.

사이버 전쟁 또한 최근 전쟁의 중요한 측면으로 떠오르고 있다. 사이버 공간은 새로운 전쟁터로, 국가 간의 정보전과 해킹 공격은 전통적인 전쟁 방식과는 다른 차원의 위협을 발생시킨다. 사이버 공격은 상대방의 중요한 정보를 탈취하거나 사회적 혼란을 일으키는 방식으로 전개되며, 군사적 충돌 없이도 국가 안보에 큰 위협이 된다. 예를 들어, 2007년 에스토니아의 사이버 공격이나 2016년 미국 대선 개입 사건은 사이버 전쟁이 최근 전쟁에서 중요한 역할을 하고 있음을 보여준다.

마지막으로 최근 전쟁에서는 국제적인 패권 다툼이 중요한 역할을 한다. 경제적, 군사적, 정치적 영향력을 확대하려는 주요 강대국들이 전 세계적으로 충돌하면서, 전쟁의 양상은 단순히 한 국가 간의 충돌을 넘어서는 글로벌한 차원으로 확장된다.

① 비대칭 전쟁에서는 승패가 단순히 전통적인 군사적 힘에 의해 결정되지 않는다.

② 최근 전쟁의 주요 동기는 특정 집단의 정체성이나 이념을 지키려는 노력으로 설명할 수 있다.

③ 주요 강대국들 간의 세력 균형을 둘러싼 충돌은 제3국을 배제하는 패권적 충돌로 나타나기도 한다.

④ 미국 대선 개입 사건에서는 군사적 충돌이 일어나지 않았음에도 불구하고 국가 안보에 큰 위협이 되었다.

18 다음 글에서 알 수 있는 내용으로 적절하지 <u>않은</u> 것은?

> 알랭 바디우의 '비미학'은 미학적 전통의 해체와 재구성을 통해 예술을 철학적 사유의 장으로 재위치시키려는 시도이다. 바디우는 예술을 미적 판단이나 감성의 영역으로 제한하는 전통적인 미학적 틀을 거부하며, '진리의 절차'로서 예술을 재정립하고자 한다.
>
> 모더니즘은 예술을 형식적 자기반성의 과정으로 설정하며, 예술 자체의 고유한 언어를 탐구하려는 시도이다. 이 과정에서 예술은 점차 외부의 종교적, 도덕적, 사회적 기능으로부터 해방되어 독립적인 진리의 장으로 자리 잡게 된다. 바디우의 '비미학'은 예술을 초월적 가치나 숭배의 대상으로 간주하지 않는 무신론적 사유를 통해 이러한 모더니즘의 종착점을 비판적으로 검토한다. 예술은 종교적 숭배나 미적 향유의 대상으로 이해되기보다는, 진리를 생성하는 과정으로 간주된다. 여기서 진리는 초월적 이상이 아니라, 물질적 현실과의 역동적인 관계 속에서 새롭게 구성되는 것이다.
>
> 바디우는 예술을 현재의 물질적 현실 속에서 진리를 생성하는 실천으로 본다. 그에게 예술은 진리 사건이 발생하는 장소이며, 이러한 사건은 기존의 이해를 해체하고 새로운 세계를 열어주는 역할을 한다. 그의 사유는 예술을 물질적 현실과의 역동적인 상호작용을 통해 진리를 구성하는 행위로 이해하게 한다는 점에서 독창적이다.

① 바디우는 모더니즘적 전환이 예술을 새로운 종교적 맥락으로 자리 잡게 만드는 위험성을 지적하였다.

② 바디우는 예술을 미적 향유의 대상보다는 현실과의 관계 속에서 진리를 생성하는 개념으로 이해하였다.

③ 예술 자체의 고유한 언어를 탐구하려는 모더니즘적인 시도로 예술은 외부의 기능으로부터 자유로워졌다.

④ 바디우는 예술을 기존의 이해를 무너뜨리고 새로운 세계를 열어주는 사건이 일어나는 장소로 파악하였다.

19 다음 글의 내용으로 옳은 것은?

서구 사회의 기독교적 전통에 속하는 이들은 이에 속하지 않는 이들과 자신들을 구분 지었다. 자신들은 정상적인 존재로, 기독교적 전통에 속하지 않는 이들은 비정상적인 존재로 본 것이다. 후자에 해당하는 대표적인 예로 적그리스도, 이교도들, 그리고 나병과 흑사병에 걸린 환자들이 있다. 그들이 전통 바깥의 존재라는 주장의 근거는 그들의 형상에 있었다. 그들에게 부과된 비정상성이 구체적인 형상으로 재현되었으므로 그들이 전통 바깥의 존재라는 논리였다.

기독교에서 가장 큰 적은 당연히 사탄의 대리자인 적그리스도였다. 적그리스도의 모습은 추악하고 외설스럽다고 여겨졌다. 기독교 초기에 몽티에랑데르나 힐데가르트 등이 쓴 유명한 저서들은 물론이고, 적그리스도의 얼굴을 설명한 모든 종류의 텍스트에서 그의 모습은 충격적으로 외설스러우며 수용하기 어려울 정도로 추악하게 그려진다.

두 번째는 이교도들이었는데, 서유럽과 동유럽의 기독교인들은 이교도들을 추악한 얼굴의 악마로 묘사했다. 또한 이교도들이 즐겨 입는 의복이나 진미로 여기는 음식도 끔찍하게 그려냄으로써, 이교도들과 자신들을 분명하게 구분 지었다.

마지막으로, 나병과 흑사병에 걸린 환자들이 있다. 이러한 질병은 당시 의료 수준으로는 치료할 수 없었고 전염을 막기도 어려웠다. 따라서 자신이 정상이라고 생각하는 사람들은 해당 질병에 걸린 이들을 신에게 버림받은 존재이자 공동체에서 쫓아내야 할 공공의 적으로 생각하였다. 그들의 외모나 신체 또한 실제 여부와는 상관없이 항상 뒤틀어지고 흉측한 형상으로 그려졌다.

정리하자면, 서구의 기독교적 전통에 속하는 이들은 그 전통에 속하지 않는 이들을 흉측한 외모로 형상화함으로써, 자신들의 신앙에 부합하는 집단과 그렇지 않은 집단을 구분 지었던 것이다.

① 나병 환자는 비록 기독교적 전통에 속하기는 하지만, 그 질병의 특성 때문에 공동체에서 배척되었다.

② 북유럽의 기독교인들은 이교도들의 의복과 음식 문화를 폄하하였다.

③ 비정상적인 존재는 흉한 외모를 갖는다고 믿는 사람들이 있었다.

④ 적그리스도의 개념은 기독교 역사에서 중기에 들어서야 등장하였다.

20 다음 글에서 알 수 있는 것은?

중국의 화폐 사용 역사는 기원전 8~7세기경 주나라에서 청동전이 유통되면서 시작되었다. 이후 진시황이 중국을 통일하면서 가운데 네모난 구멍이 뚫린 청동 엽전을 만들어 화폐를 통일했고, 중국 통화의 주축으로 자리 잡았다. 그러나 금화와 은화가 주조되기 이전, 엽전의 가치는 높지 않았기 때문에 고액 거래를 위한 지폐의 필요성이 높아졌다. 결국 11세기경 송나라에서 최초의 법정 지폐인 교자(交子)가 발행되었다. 또한 13세기 원나라에서는 강력한 국가 권력을 이용하여 엽전의 사용을 억제하고 교초(交鈔)라는 지폐를 유일한 공식 통화로 삼아 재정 문제를 해결했다.

유럽 사회에서 지폐의 등장과 발달 과정은 아시아와는 다른 양상을 보인다. 이는 금의 민간 유통을 제한했던 아시아와는 달리, 유럽 사회는 금화의 사용이 비교적 자유로워 대중들 사이에서 널리 유통되었던 환경에서 비롯하는데, 두 사회 모두 금의 아름다움과 금이 상징하는 권력을 즐겼다는 점은 같지만 아시아의 통치자들은 비천한 사람들이 화폐로 사용하기에는 금이 너무 소중하다고 보았고, 나아가 금의 방출을 허가하면 권력이 약화된다고 생각한 것이다. 때문에 일찍부터 지폐가 널리 통용되었다.

마르코 폴로는 몽골 제국의 쿠빌라이 칸이 모든 거래를 지폐로 이루어지게 하는 것을 보고 깊은 인상을 받았다. 사실상 종잇조각에 불과한 지폐가 그렇게 널리 통용되었던 이유는 무엇 때문일까? 칸이 발행한 지폐에는 그의 도장이 찍혀 있었고, 그것은 금이나 은과 같은 권위가 있었다. 이것은 지폐의 가치를 확립하고 유지하는 데 국가 권력이 핵심 요소라는 사실을 보여준다.

유럽의 지폐는 그 초기 형태가 민간에서 발행한 어음이었으나, 아시아의 지폐는 처음부터 국가가 발행권을 갖고 있었다. 실질적 가치가 없는 지폐가 화폐로서 인정받고 사용되기 위해서는 신뢰가 필수적이다. 중국은 강력한 왕권이 이 신뢰를 담보할 수 있었지만, 유럽에서 지폐가 사람들의 신뢰를 얻기까지는 그보다 오랜 시간과 성숙된 환경이 필요했다. 서로 잘 아는 일부 동업자들끼리 신뢰를 바탕으로 자체 지폐를 만들어 사용하는 방식으로 발전해 나갔지만 민간에서 발행한 지폐는 신뢰 확보가 쉽지 않았고 주기적으로 금융 위기를 초래했다. 17~18세기가 되어서야 지폐의 법정화와 함께 중앙은행의 설립되면서 정부의 개입이 이루어졌다. 중앙은행이 금을 보관하는 대신 증서를 발행해 화폐로 사용하기 시작했고, 그것이 오늘날의 지폐로 발전하게 되었다.

① 유럽에서 금화의 대중적 확산은 지폐가 널리 통용되는 결정적인 계기가 되었다.

② 유럽에서는 지폐가 민간 거래의 신뢰를 바탕으로 발전했기 때문에 중국에 비해 일찍부터 통용될 수 있었다.

③ 아시아와 유럽에서 금화의 사용은 권력을 상징했기 때문에 금화의 유통이 제한적으로 이루어졌다.

④ 중국에서 지폐 거래의 신뢰를 확보할 수 있었던 것은 강력한 국가 권력이 있었기 때문이다.

21 「에스테티카(Aesthetica)」에 대해 이해한 내용으로 적절하지 <u>않은</u> 것은?

바움가르텐은 「에스테티카(Aesthetica)」에서 감각적 경험이 단순히 이성적 사고의 보조적 역할을 한다는 기존의 관점을 비판하며, 감성적 인식 자체가 독자적인 가치와 중요성을 지닌다고 주장했다. 그는 감성적 인식이 혼란스럽고 불완전하다는 데 동의하면서도, 그것이 지닌 풍부한 표현성과 미적 경험의 기반으로서의 역할을 강조했다. 이러한 관점에서 미학은 감각과 감정이 인간의 인식 과정과 세계 이해에 기여하는 방식을 탐구하는 학문으로 자리 잡게 된다.

「에스테티카」는 철학 체계 속에서 감성과 취미가 차지하는 위치를 명확히 하며, 미학을 단순히 예술과 아름다움에 관한 논의가 아니라 감각적 지식과 표현의 가능성을 연구하는 광범위한 학문으로 확대했다. 특히 예술 작품을 통해 구현되는 '완전한 감성적 인식'이라는 개념을 제시했는데, 이는 감각과 이성이 조화를 이루는 상태를 지향한다. 바움가르텐에게 미학적 경험은 감각적 요소와 이성적 요소가 상호작용하여 인간의 총체적 인식을 풍부하게 만드는 과정이다. 이러한 관점은 이후 칸트와 헤겔 같은 철학자들에게 영향을 주었으며, 미학을 철학적 탐구의 핵심 분야로 자리매김하게 했다.

결론적으로, 바움가르텐의 「에스테티카」는 미학이라는 독립적 학문을 창시하고, 감성과 취미를 철학적 체계 안에 통합함으로써, 인간 경험의 새로운 측면을 조명한 중요한 저작이다. 이는 미와 예술이 단순히 감각적 즐거움을 넘어서 인간의 사고와 문화를 형성하는 핵심적 요소로 작용함을 보여주는 철학적 기반을 제공했다.

① 미학을 감각적 지식과 표현의 가능성을 연구하는 광범위한 학문으로 넓혀 갔다.

② 감성적 인식이 그 자체로 완전하다는 것을 전제로 하여 미학에 대해 탐구하였다.

③ 감성과 취미를 철학적 체계 안에 통합하여 인간 경험에 대한 새로운 측면을 바라보았다.

④ 감각과 이성이 조화를 이루는 상태를 지향하는 '완전한 감성적 인식'이라는 개념을 제시하였다.

22 다음 글에서 알 수 있는 내용으로 적절하지 <u>않은</u>
것은?

> 인간 감정의 자유로운 표현과 자연에 대한 탐구를 중시한 낭만주의 정신은 발레의 형식과 내용에도 강한 영향을 미쳤다. 독일의 유명 철학자 헤겔의 사망으로 헤겔식 이성주의의 한계를 지적하는 낭만주의 사조가 확산되었다. 이 시기 '낭만 발레'의 특징은 바로 감성적이고 신비로운 요소들을 중심으로 한 춤사위와 이야기 구성에 있었다.
>
> 낭만 발레의 시초로 손꼽히는 작품은 마이어베어의 「악마 로베르」이다. 이 작품에서 발레는 극의 중요한 요소로 자리 잡았으며, 무용수들은 극의 주요 감정선과 내러티브를 이끌어가는 중심적인 역할을 맡게 되었다.
>
> 「수녀들의 발레」는 낭만 발레의 또 다른 중요한 이정표로 여겨진다. 탈리오니는 당시 발레의 신비로움과 감성적인 깊이를 새로운 차원으로 끌어올린 인물로, 이 작품에서 그녀는 공중을 나는 듯한 춤을 통해 무용의 새로운 미학을 창조했다. 특히, 그녀의 가벼운 동작들은 무용을 환상적인, 초현실적인 존재로 만들어 관객을 감동시켰다.
>
> 그 당시 발레에서는 여성 무용수가 남성보다 더 신비롭고 고귀한 존재로 묘사되었다. 특히 여성 무용수들이 보여주는 춤사위는 관객들에게 깊은 인상을 남겼고, 이로 인해 발레는 그 자체로 매혹적이고 환상적인 예술 장르로 확립되었다. 이렇듯 낭만주의 발레는 고전 발레의 엄격한 규칙을 넘어서 감정의 자유로운 표현을 허용하고, 춤이 극적인 내러티브를 전개하는 중요한 매개체로 기능하는 모습을 보여주었다.

① 마이어베어의 「악마 로베르」에서 무용수들은 극의 주요 감정선과 내러티브를 선도하였다.

② 낭만주의 발레는 자연에 대한 탐구를 중시한 고전 발레와 달리 인간 감정의 표현만을 허용하였다.

③ 탈리오니는 공중을 나는 듯한 춤을 통해 고전 발레와는 구별되는 무용의 새 미학을 만들어냈다.

④ 발레를 그 자체로 매혹적이고 환상적인 예술 장르로 확립하는 낭만주의 확산과 헤겔은 긴장 관계에 놓였다.

23 다음 글에서 알 수 있는 내용으로 적절하지 <u>않은</u> 것은?

스피노자의 코나투스 개념은 그의 철학에서 중심적인 역할을 하는 중요한 요소로, 모든 존재가 자신의 존재를 유지하고 보존하려는 내적인 힘을 의미한다. 이 개념은 단순히 생리적 본능에 국한되지 않으며, 존재 자체의 본질적인 특성으로서 각 존재의 힘(potentia), 또는 능력의 발현과 관련이 있다. 스피노자에 따르면, 모든 존재는 자신의 존재를 보존하려는 본능적인 성향을 지니고 있다. 이 성향은 단순히 생존을 넘어서, 존재가 자신을 계속 유지하고 확장하려는 노력을 포함한다. 코나투스는 존재가 자신의 본질을 유지하고, 그에 따른 힘을 행사하려는 방향으로 나아가는 역동적인 의지와도 같다. 이는 세계의 모든 존재, 즉 인간을 포함한 자연의 모든 존재가 지니고 있는 공통적인 특성이다.

스피노자는 코나투스가 정신과 신체에 모두 관련될 수 있다는 점에서 이를 세 가지 개념으로 설명한다. 의지란 정신에만 관계되는 코나투스로, 인간이 자신의 존재를 보존하려는 의식적인 노력을 의미한다. 의지는 우리가 내리는 선택과 결정 속에서 나타난다. 욕구란 정신과 신체가 동시에 관련될 때 나타나는 코나투스이다. 욕구는 인간이 자신을 보존하기 위해, 또는 자신의 존재를 개선하기 위해 필요로 하는 것에 대한 갈망이나 요구로 나타난다. 이 욕구는 인간이 본능적으로 자신의 존재를 유지하려는 노력의 표현이다. 욕구가 인간의 의식에 드러날 때, 그것은 욕망이라는 형태로 나타난다. 욕망은 우리가 자신의 존재를 유지하고자 하는 노력을 인식하는 상태로, 그 자체로 인간 본질의 핵심적 요소로 작용한다.

코나투스는 단순히 외적인 생명 유지의 요구를 넘어서, 인간 존재가 스스로를 발전시키고, 더 나은 상태로 나아가려는 내적 동력을 포함한다. 따라서 스피노자에게 코나투스는 인간의 본질적인 특성이며, 인간은 자신의 존재를 유지하려는 노력을 통해 끊임없이 자아실현을 추구하는 존재이다.

① 존재가 스스로를 더 나은 상태로 나아가게 만드는 내적 동력은 인간의 고유한 특성이다.

② 모든 존재가 자신의 존재를 향상시키려는 지속적인 노력은 코나투스에 해당한다.

③ 욕망은 욕구가 인간의 의식에 드러날 때 발현되며 인간 본질의 핵심이다.

④ 정신적 측면에서의 자아 보존의 노력은 의지로 나타난다.

실전 학습 문제

24 다음 글에서 알 수 <u>없는</u> 것은?

광장의 기원은 고대 그리스 문헌에 등장하는 '아고라'에서부터 찾을 수 있다. 호메로스의 작품에 처음 나오는 이 표현은 사람들이 모이는 곳이란 뜻을 담고 있으며, 물리적 장소만이 아니라 사람들이 모여서 하는 각종 활동과 모임의 의미를 포함하기도 한다. 아고라는 사람들이 모이는 도심 한복판에 위치하며, 주변에는 사원, 가게, 공공시설, 사교장 등으로 둘러싸여 있다. 물론 그 안에 분수도 있고 나무도 있어 휴식 공간이 되기는 하지만 그것은 부수적 기능일 뿐, 광장의 주요 기능은 시민들이 모여 행하는 다양한 활동 그 자체에 있다.

르네상스 이후 유럽의 여러 제후들은 도시를 조성할 때 광장을 일차적으로 고려하게 된다. 제후들이 권력 의지를 실현하는 데 광장이 중요한 역할을 수행했기 때문이다. 즉, 고대 그리스 이후 자연스럽게 발전해 오던 광장이 의식적으로 조성되기 시작한 것이다. 광장의 위치와 넓이, 기능은 도시를 설계할 때 제후들의 목적에 따라 결정됐다.

『광장』을 쓴 프랑코 만쿠조는 유럽의 역사가 곧 광장의 역사라고 말한다. 그에 따르면, 유럽인들에게 광장은 일상생활의 통행과 회합, 교환의 장소이자 동시에 권력과 그 의지를 실현하는 장이고 프랑스 혁명 이후 근대 유럽에서는 저항하는 대중의 연대와 소통의 장이라는 의미도 갖게 된다. 우리나라의 역사 속 마당과 장터 역시 그와 같은 공간이었다. 마당이나 장터는 유럽의 광장과 그 형태는 다를지라도, 만쿠조가 말한 광장의 기능과 의미를 담당해 왔기 때문이다.

이처럼 광장은 인류의 모든 활동이 수렴되고 확산되는 공간이자 문화와 예술이 구현되는 장이었다. 또한 더 많은 자유를 향한 열정들이 집결하는 곳이기도 했다. 특히 근대 이후 광장을 이런 용도로 사용하는 것이 시민의 정당한 권리로 여겨지면서, 광장은 권력의 의지가 발현되는 공간인 동시에 시민에게는 그것을 넘어서고자 하는 자유의 열망이 빚어지는 장이 되었다.

① 근대 이후 광장은 시민의 자유에 대한 열망이 모이는 장으로 발전했다.
② 우리나라의 역사에도 유럽의 광장과 동일한 역할을 수행한 공간이 있었다.
③ 유럽의 여러 제후들이 광장을 중요시한 것은 거주민의 의견을 반영하기 위해서였다.
④ 프랑스 혁명 이후 유럽에서 광장은 '연대를 쌓고 소통하는 곳'이라는 의미가 추가되었다.

25 '이사야 벌린'의 견해를 이해한 내용으로 적절하지 <u>않은</u> 것은?

이사야 벌린(I. Berlin)은 자유를 '소극적 자유'와 '적극적 자유'의 두 가지로 구분하였다. 소극적 자유는 개인이 다른 사람이나 국가로부터 간섭을 받지 않고, 자신이 원하는 대로 선택하고 행동할 수 있는 자유를 말한다. 반면 적극적 자유는 '자기 지배' 또는 '자기실현'의 개념과 연관된다. 적극적 자유는 단순히 외부의 간섭이 없는 상태가 아니라, 개인이 자신의 삶을 주체적으로 결정하고, 자신의 목적을 추구할 수 있는 능력과 기회를 갖추는 것을 의미한다. 이는 '자유를 어떻게 실현할 수 있는가?'라는 질문에 답을 제공한다.

벌린은 적극적 자유는 종종 외부에서 정의된 목적을 추구하게 만들 수 있다고 지적했다. 예를 들어, 어떤 지도자나 집단이 자신들의 이념이나 가치에 부합하는 '자기실현'의 모습을 제시하면서, 이를 강제하려 할 수 있다. 즉, 전체주의 정부가 '자기실현'을 위한 길을 제시하면서, 자신들의 정치적 이념이나 비전을 정당화할 수 있다는 것이다. 이때 지도자들은 자신들의 비전을 구현하기 위해 개인의 자유를 제한하는 정책을 도입할 수 있으며, 이를 '적극적 자유'의 실현으로 포장할 수 있다. 따라서 벌린은 자유를 존중하는 사회에서는 소극적 자유와 적극적 자유 간의 균형을 찾아야 한다고 주장했다.

① 전체주의 정권은 개인의 자유를 제한하는 정책을 적극적 자유의 실현이라고 국민들을 기만할 수 있다.

② 개인은 '자기실현'이라는 명분하에 특정한 외부의 방식에 얽매이지 않아야 한다는 압박을 받을 수 있다.

③ 개인이 외부의 간섭 없이 원하는 대로 사는 자유와 주체적으로 자아를 실현하는 자유가 조화를 이루어야 한다.

④ 개인이 스스로 자신의 목적을 추구할 수 있는 능력과 기회를 구비하는 것은 자유의 실현 방안이라 할 수 있다.

정답 및 해설 7p

03 순서 배열 찾기

유형 접근 방법

1. 지문 읽기 전

① 선택지를 통해 첫 문단이 될 수 있는 단락을 확인한다.
② 첫 단락에 접속어나 지시어는 올 수 없다.

2. 지문을 읽으면서

① 첫 문단을 찾는다.
  > 예 일반적, 포괄적, 일반적 사회 현상, 개념 정의 등
② 첫 문단의 끝과 다음 단락은 꼬리잡기를 하면서 확인한다.

3. 지문을 읽은 후

① 첫 문단을 찾지 못하는 경우
  - 중간에 선후 관계가 명확하거나 일반적 설명 – 예시 등을 먼저 찾는다.
  - 제시된 내용을 2가지로 분류한다.
    > 예 긍정/부정, 원칙/효과
  - 중간 꼬리잡기를 할 수 있는 콘텐츠를 먼저 확보한다.
  - 단락 중에서 자연스럽게 연결될 수 있는 글을 먼저 최대한 찾는다.
② 마지막 단락을 먼저 확인하는 것도 방법이 된다.
  > 예 해결책, 미래에 대한 예측, 내용 정리

대표 예시 문제

(가) ~ (라)를 맥락에 맞추어 가장 적절하게 나열한 것은?

2025년 국가직 9급

(가) 그 원리를 알려면 LCD와 OLED의 차이를 이해해야 한다. LCD는 다른 조명 장치의 도움을 받아 시각적 효과를 낸다. 다시 말해 스스로 빛을 내지 못한다는 것이다. 따라서 LCD는 화면 뒤에 빛을 공급하는 백라이트가 필요하다는 특성을 갖는다.

(나) 자유롭게 말았다 펼 수 있는 '롤러블 TV'가 개발되었다. 평소에는 말거나 작게 접어서 간편하게 가지고 다니다가 필요할 때 펴서 사용하는 태블릿이나 노트북이 상용화될 날도 머지않았다. 기존에 우리가 생각하는 텔레비전 화면이나 모니터는 평평하고 딱딱한 것인데, 어떻게 접거나 말 수 있을까?

(다) OLED 기술은 모양을 자유롭게 변형할 수 있는 모니터 개발을 가능하게 하였다. 딱딱한 유리 대신에 쉽게 휘어지는 특수 유리나 플라스틱을 이용함으로써 둥글게 말았다가 펼 수 있는 화면을 생산할 수 있게 된 것이다.

(라) 반면 OLED는 화소 단위로 빛의 삼원색을 내는 유기 반도체로 구성되어 있어 스스로 빛을 낼 수 있다. OLED 제품은 화면 뒤에 백라이트를 설치할 필요가 없기 때문에 얇게 만들 수도 있고 특수 유리나 플라스틱으로 제작할 수도 있다.

① (나) - (가) - (다) - (라)
② (나) - (가) - (라) - (다)
③ (다) - (가) - (라) - (나)
④ (다) - (나) - (라) - (가)

정답 설명 ② '(나) - (가) - (라) - (다)'의 순서가 가장 자연스럽다. (나)는 '롤러블 TV의 개발'에 대한 화제를 제시하고 있기 때문에 첫 문단으로 적절하다. (나)의 마지막 부분에 '기존에 우리가 생각하는 텔레비전 화면이나 모니터는 평평하고 딱딱한 것인데, 어떻게 접거나 말 수 있을까?'라는 원리에 대한 궁금증을 말하고 있는데, 이에 대해 (가)는 '그 원리를 알려면 LCD와 OLED의 차이를 이해해야 한다.'라며 그 원리에 대한 설명을 시작하기 때문에 (나) 뒤에 와야 한다. (가)의 마지막에 LCD의 원리를 설명하고 있기 때문에 (가) 이후에는 '반면'이라는 접속어를 사용하고 OLED의 원리를 설명하는 (라)가 오고, 그에 대해 좀더 구체적으로 서술하고 있는 (다)가 오는 것이 적절하다.

01 다음 글을 문맥에 맞게 배열한 것으로 가장 적절한 것은?

(가) 리케르트는 학문적 탐구를 자연과학과 인문과학이라는 두 개의 대립적인 영역으로 구분하였다. 그는 자연과학이 '무의미 영역의 자연'을, 인문과학이 '의미 영역의 문화'를 다룬다고 보았다. 이 구분은 학문적 접근 방식과 대상에 있어 본질적인 차이를 설명하는 리케르트의 핵심 개념이다.

(나) 인문과학은 본질적으로 개별성과 가치 연관성을 중시한다. 리케르트는 인문과학이 인간이 살아가는 문화적 세계를 이해하는 데 초점을 맞추며, 여기에는 가치가 필연적으로 개입된다고 주장하였다. 그는 현실적 대상이 인간에게 의미를 인정받을 때만이 인문과학의 탐구 대상이 될 수 있다고 보았다. 이러한 의미를 형성하는 것이 바로 가치 연관성이다.

(다) 리케르트는 가치 연관성을 인문과학의 개념 형성에 있어 중요한 원리로 간주하였다. 가치 연관성은 단순히 대상을 선택하는 기준에 그치지 않고, 실재로부터 본질적인 것을 선택하는 지도 원리로 작용한다. 이를 통해 인간은 단순한 물리적 실재를 넘어선, 문화적 의미를 지닌 대상을 추출하고, 이를 이해하려고 한다. 예컨대, 자연 속에 존재하는 단순한 물체라 하더라도, 그것이 특정한 문화적 가치와 연관되었을 때 비로소 '문화재'로 전환될 수 있다. 이는 단순히 실재 그 자체가 아니라, 실재와 가치를 연결 짓는 인간의 행위와 인식이 문화과학을 가능하게 한다는 것을 뜻한다.

(라) 자연과학은 일반적이고 몰가치적인 영역에서 작동한다. 이는 자연과학이 보편적 법칙을 발견하고, 가치 판단과 무관한 객관적 진리를 탐구하는 데 중점을 둔다는 점을 의미한다. 자연과학의 관심은 개별적인 사건이나 대상보다는 이를 포괄하는 일반적인 규칙성을 찾아내는 데 있다. 따라서 자연과학은 가치와 분리된 채 객관적인 세계를 설명하려고 한다.

① (가) - (나) - (라) - (다)
② (가) - (라) - (나) - (다)
③ (다) - (가) - (나) - (라)
④ (다) - (가) - (라) - (나)

02 다음 글을 문맥에 맞게 배열한 것으로 가장 적절한 것은?

(가) 라이프니츠는 '이 세상은 최선의 세상'이라는 주장을 통해, 인간 존재와 세계의 고통이나 결함도 궁극적으로는 더 나은 목적을 위한 것이라고 보았다. 즉, 우리가 겪는 모든 고통과 어려움도 궁극적으로는 이 세계가 가장 완벽한 형태임을 증명한다고 생각했다. 그는 또한 '악'이나 '고통'이란 일시적인 현상일 뿐이며, 세계가 최상의 상태에 도달하기 위한 과정으로 간주했다.

(나) 쇼펜하우어는 이러한 라이프니츠와 칸트의 낙관적 세계관에 대해 깊은 비판을 가했다. 그는 특히 라이프니츠의 '최선의 세상'이라는 개념을 강하게 반박했다. 쇼펜하우어는 세상은 결코 최선의 세상이 아니며, 인간 존재는 본질적으로 고통과 갈망으로 가득 차 있다고 보았다. 그는 인간의 삶에서 경험하는 고통이 단순하고 일시적인 불행이 아니라, 존재 자체의 근본적인 특성이라고 주장했다.

(다) 쇼펜하우어는 인간 존재의 근본적인 힘을 '의지'라고 정의하며, 이 의지는 끊임없는 욕망과 갈망을 일으킨다고 말했다. 인간은 항상 무엇인가를 원하는 존재로, 욕망이 충족될 때에도 새로운 욕망이 발생한다. 이 끝없는 욕망은 인간에게 지속적인 불만족과 고통을 안겨준다고 그는 주장했다. 결국 쇼펜하우어는 인간이 이성이나 도덕적 의무를 통해 궁극적인 행복이나 만족을 찾을 수 없다고 보았다.

(라) 한편, 칸트는 그의 비판이성철학에서 인간이 인식할 수 있는 범위를 설정하고, 인간 이성의 한계를 강조하였다. 칸트에 따르면 인간은 '물자체'를 인식할 수 없고, 오직 우리가 경험하는 '현상'만을 이해할 수 있다고 하였다. 그럼에도 불구하고, 칸트는 인간 이성이 이 세계를 질서 있고 합리적으로 인식할 수 있다고 믿었다.

① (가) - (나) - (라) - (다)
② (가) - (라) - (나) - (다)
③ (다) - (가) - (나) - (라)
④ (다) - (가) - (라) - (나)

03 다음 글을 문맥에 맞게 배열한 것으로 가장 적절한 것은?

(가) 직관지는 이성적 통합을 지향하는 반면 종교적 직관은 비합리적이고 감정적인 측면에서 신과의 관계를 느끼는 경험이기 때문이다. 슐라이어마허의 종교적 직관은 종종 범신론적 성격을 띤다고 비판받지만, 그의 종교적 직관이 단순한 범신론적 접근이 아니라 신과 인간의 깊은 직관적 통합을 지향하는 유신론적 관점임에 주목해야 한다. 슐라이어마허에게 있어 종교적 직관은 인간의 이성을 넘어서는, 신과의 직접적이고 비합리적인 만남을 통해 진정한 종교적 경험을 이룰 수 있음을 보여준다.

(나) 야코비는 스피노자주의를 범신론이자 무신론으로 간주하였다. 그는 스피노자의 전일성 개념을 받아들이면서도, 그 개념이 신을 초월하는 원리로서 존재한다고 보았다. 즉, 스피노자에게 신은 단지 세계와 동일시되는 자연의 법칙에 불과하며, 이는 신앙의 차원에서 무신론적인 성격을 띠고 있다는 것이다.

(다) 슐라이어마허에게 중요한 영향을 미친 것은 스피노자의 직관지 개념이다. 직관지는 상상력과 오성의 범위를 뛰어넘는 최고의 지식으로, 인간의 유한한 이성으로는 온전히 이해할 수 없는 무한자와의 통합을 지시한다. 이는 스피노자에게 있어 세계와 신의 통합을 직관적 차원에서 이해하려는 시도였다. 슐라이어마허는 이를 종교적 직관과 연결시키며, 종교적 직관 역시 유한자와 무한자의 통합을 의미한다고 본다. 다만 두 개념은 구분할 필요가 있다.

(라) 그러나 슐라이어마허는 야코비와 달리 스피노자의 전일성 사상을 수용하면서 이를 유신론적으로 재해석한다. 슐라이어마허에게 스피노자의 사상은 단순히 범신론에 그치지 않으며, 인간과 우주의 직관적 통합을 통해 신과의 관계를 이해하는 진정한 종교적 경험으로 발전할 수 있다. 그에게 있어 종교는 단지 이성적 이해를 넘어서, 직관적이고 비합리적인 방식으로 이루어지는 신과의 통합이다.

① (다) - (라) - (나) - (가)
② (라) - (가) - (나) - (다)
③ (나) - (라) - (가) - (다)
④ (나) - (라) - (다) - (가)

04 다음 글을 문맥에 맞게 배열한 것으로 가장 적절한 것은?

(가) 아리스토텔레스의 논의에 따르면, 프로네시스는 이러한 특수자들을 이해하고 이를 바탕으로 적절한 결정을 내리는 능력이다. 단순히 이론적 원칙을 따르는 것이 아니라, 구체적인 맥락에서 무엇이 최선인지 판단하는 통찰력과 관련된다. 예컨대, 특정한 상황에서 '정의로운 행동'의 의미는 보편적 원칙으로는 설명할 수 없는 요소들에 의해 좌우될 수 있다. 따라서 프로네시스는 인간적인 특성을 구현하는 데 있어 유연성과 상황적 민감성을 핵심으로 삼는다.

(나) 그러나 실천추론의 과정이 프로네시스를 전적으로 설명하지는 못한다. 실천추론이 분석의 틀을 제공하는 데 의의가 있음에도 불구하고, 아리스토텔레스는 프로네시스가 요구되는 특수자들(particulars), 즉 구체적이고 특수한 상황들에 대한 직관적 이해와 통찰을 더욱 강조하였다. 특수자들은 이론적 원칙만으로는 포괄할 수 없는, 상황의 미묘한 차이를 담고 있다.

(다) 아리스토텔레스의 철학에서 프로네시스(phronesis)는 이론적 지식을 축적하거나 일반적인 원칙을 이해하는 것을 넘어, 특정한 상황에서 적절하게 행동할 수 있는 실천적 지혜를 의미한다. 아리스토텔레스는 이를 통해 인간이 윤리적으로 탁월한 삶을 영위하기 위해 갖추어야 할 능력을 탐구하였다.

(라) 프로네시스는 흔히 실천추론(practical reasoning)과 연결되어 논의되며, 특정한 상황에서 올바른 결정을 내리는 과정으로 이해된다. 실천추론은 일반적으로 보편적인 원칙을 설정하고, 해당 원칙을 특정 상황에 적용한 뒤, 구체적인 행동을 도출하고 실행하는 3단계로 구성된다.

① (라) - (나) - (가) - (다)
② (라) - (가) - (나) - (다)
③ (다) - (라) - (가) - (나)
④ (다) - (라) - (나) - (가)

05 다음 글을 문맥에 맞게 배열한 것으로 가장 적절한 것은?

(가) 두 철학자 모두 전통을 존중하면서도 이를 넘어서는 새로운 사유를 모색한 것이다. 야스퍼스에게 세계철학은 단순히 동서양 철학의 통합이 아니라, 인간의 근본적 질문과 초월에 대한 탐구를 통해 시대와 문화의 경계를 초월하려는 시도였다. 이를 통해 그는 세계철학이 단일한 사유 체계가 아니라, 인간 존재와 진리 탐구의 다원적 가능성을 담은 개방적 과정임을 보여주었다.

(나) 야스퍼스는 현대 철학에서 '세계철학' 개념을 심도 있게 탐구한 철학자로 알려져 있다. 그의 철학은 칸트의 실존철학적 전통에서 기인하지만, 동시에 신플라톤주의와 깊은 연관성을 지닌다. 이는 철학자 X와 보헨스키의 평가에서도 드러난다. 철학자 X는 야스퍼스를 신플라톤주의자로 이해했으며, 보헨스키는 그를 '플로티누스의 제자'라고 불렀다.

(다) 플로티누스는 다양한 사상적 전통을 통합하며 초월적 일자(一者)를 중심으로 철학을 전개했는데, 야스퍼스 역시 초월적 진리에 대한 탐구를 그의 철학적 기획의 핵심으로 삼았다. 야스퍼스와 플로티누스의 비교는 세계철학의 근본 특징을 이해하는 데 중요한 단서를 제공한다.

(라) 이러한 평가는 야스퍼스가 세계철학이라는 주제를 다룸에 있어 플로티누스적 통찰을 어떻게 수용했는지 보여준다. 야스퍼스의 세계철학은 단순히 다양한 철학적 전통을 비교하거나 종합하는 것을 넘어, 전통과 현대의 대화를 통해 새로운 철학적 가능성을 모색하는 작업이다. 그는 철학적 전통을 단순히 재현하는 것이 아니라, 이를 현대적 맥락 속에서 재해석하여 현재의 문제와 연결했다. 이러한 태도는 신플라톤주의자인 플로티누스의 세계관에서도 유사하게 발견된다.

① (가) - (나) - (다) - (라)
② (나) - (라) - (다) - (가)
③ (다) - (라) - (나) - (가)
④ (라) - (가) - (나) - (다)

06 다음 글에서 (가)~(다)의 순서를 자연스럽게 배열한 것은?

마부르크학파는 칸트 철학을 기반으로 삼아 발전한 신칸트주의의 한 학파로, 철학 체계의 기본을 논리로 설정하면서 독특한 인식론적 관점을 전개하였다.

(가) 이들은 칸트의 인식론을 더욱 단순화하여 발전시키는 데 중점을 두었으며, 특히 감각적 경험을 인식의 출발점으로 삼지 않고 사고 과정이 선험적 인식을 가능하게 한다고 주장하였다.

(나) 마부르크학파는 개별 학문적 요소들 안에서 이루어지는 사고 과정에 주목하며, 이를 통해 인식의 선험적 가능성을 모색하였다. 따라서 마부르크학파의 관점에서는 주체와 객체의 구분이나 이들 사이의 인과적 관계 역시 철학적 의미를 상실하게 된다. 이들은 인식의 초점을 외적 경험이 아닌 논리적 사고와 학문적 탐구에 두며, 철학을 일종의 과학적 활동으로 간주하였다.

(다) 감각 경험에 의존하지 않기 때문에 어떠한 소여(所與)*도 인식의 대상으로 전제하지 않았다. 이와 같은 접근에서 칸트 철학의 핵심 개념인 물자체(Ding an sich)는 불필요한 것으로 간주되어 배제되었다.

이는 칸트 철학의 논리적 측면을 더욱 극대화한 것으로 평가된다.

*소여: 사유에 의하여 가공되지 아니한 직접적인 의식 내용

① (가) - (나) - (다)

② (가) - (다) - (나)

③ (나) - (다) - (가)

④ (다) - (나) - (가)

07 다음 글에서 (가)~(다)의 순서를 자연스럽게 배열한 것은?

가다머는 인간이 세계를 이해하는 방식이 단순히 객관적 사실을 파악하는 것이 아니라, 해석적 과정을 통해 자신의 존재와 관계를 조명하는 것이라고 본다. 이러한 관점에서 자기이해는 가다머 해석학의 핵심 개념이라고 할 수 있다.

(가) 가다머에 따르면, 인간의 모든 이해는 역사적 맥락 속에서 형성된 선이해에 의해 가능하다. 선이해는 개인이 속한 문화적, 역사적 전통에 의해 형성된 것으로, 이해의 출발점이 된다. 해석 과정은 이 선이해를 바탕으로 새로운 경험과 만나는 대화적 사건으로 이루어진다.

(나) 다시 말해 예술 작품을 해석하는 과정에서 관람자는 자신의 기존 관점을 재구성하고, 이를 통해 자신을 보다 깊이 이해하게 된다. 결론적으로, 가다머 미학의 해석학적 원리는 이해를 단순한 지식의 습득이 아니라 자기이해의 실현으로 본다.

(다) 이 대화는 단순히 정보의 교환이 아니라, 해석자가 대상과 관계를 맺으면서 자신의 이해를 확장하고 갱신하는 과정이다. 특히 가다머는 예술 작품과의 만남을 통해 이루어지는 자기이해를 강조한다. 예술 작품은 단순히 미적 쾌락을 제공하는 것이 아니라, 관람자가 자신의 삶과 세계에 대한 새로운 통찰을 얻게 하는 매개체가 된다.

즉, 자기이해란 인간이 끊임없이 자신과 세계를 해석하고 새롭게 의미를 부여하는 존재임을 강조하는 원리이다.

① (가) - (나) - (다)

② (가) - (다) - (나)

③ (나) - (가) - (다)

④ (다) - (나) - (가)

08 다음 글을 문맥에 맞게 배열한 것으로 가장 적절한 것은?

(가) 야스퍼스와 매슬로는 인간의 존재와 성장에 대한 깊은 성찰을 통해 문명의 표준에 대해 독창적인 견해를 제시하였다. 이들에 따르면, 문명의 이상적 기준은 개인이 자기 존재를 실현하는 동시에 실존적 상호 소통, 즉 진리의 공유가 이루어지는 인간 공동체에 있다. 야스퍼스는 철학적 실존주의 관점에서 인간이 자신의 한계를 자각하고 이를 초월하려는 노력을 통해 진정한 존재의 의미를 찾을 수 있다고 보았다.

(나) 매슬로는 인간의 욕구 위계 이론을 통해 자기실현을 최고 단계로 설정하였다. 그는 자기실현을 이루는 과정에서 인간은 자신의 잠재력을 최대한 발휘하고, 고차원적 욕구를 충족시키며, 진정한 자아를 발견할 수 있다고 보았다. 이러한 개인적 성장은 단순히 개인의 차원에 그치지 않고, 타인과의 상호작용 속에서 더욱 깊이 실현될 수 있다. 매슬로는 자기실현이 이루어진 개인들이 모인 공동체야말로 진정한 인간다움을 구현하는 문명의 표준이라고 강조하였다.

(다) 야스퍼스와 매슬로의 관점에서 문명은 단순한 물질적 발전이나 제도적 구조에 의해 규정되지 않는다. 그것은 개인이 자기 자신을 발견하고 실현하며, 동시에 타인과 진리를 나누는 상호 소통의 관계 속에서 이루어지는 것이다. 이러한 인간 공동체는 각 개인의 존엄성과 가능성을 존중하며, 진정한 인간다운 삶을 가능하게 하는 문명의 핵심이라 할 수 있다.

(라) 그는 이러한 실존적 성찰이 타인과의 진실된 대화를 통해 이루어질 때, 인간다운 공동체가 형성될 수 있다고 주장하였다. 야스퍼스에게 진리란 개인과 공동체가 함께 추구해야 할 핵심 가치로, 이는 상호 존중과 이해 속에서만 확보될 수 있는 것이다.

① (가) - (나) - (라) - (다)
② (가) - (라) - (나) - (다)
③ (나) - (라) - (가) - (다)
④ (다) - (가) - (라) - (나)

09 다음 글을 문맥에 맞게 배열한 것으로 가장 적절한 것은?

(가) 그는 인간이 행위할 때, 그 행위가 어떤 외부의 필연성에 의해 결정되는 것이 아니라, 내적인 의지에 의해 목표를 향해 나아간다고 보았다. 이러한 점에서 칸트의 자유 개념은 기존의 자연법칙을 초월하는 것으로, 인간의 행동은 그 자체로 목적을 지닌 의지적 행위로 이해되었다. 그는 자유를 인간의 도덕적 행위의 기초로 보았으며, 자유로운 선택이 가능할 때 비로소 인간은 도덕적 책임을 지게 된다고 주장했다. 칸트는 이처럼 자유를 인간 행위의 근본적인 출발점으로 설정함으로써 목적론적 사고가 여전히 중요한 역할을 한다고 주장했다.

(나) 그러나 칸트는 이러한 자연과학의 발전에도 불구하고 인간의 자유와 의지에 대해서는 목적론적 사고가 여전히 유효하다고 주장하였다. 칸트는 그의 철학적 체계에서 인간의 자유 의지를 중요시했으며, 이는 자연 세계의 인과율에서 벗어나 독립적인 영역을 차지한다고 보았다. 그는 인간이 선택할 수 있는 자유로운 행위를 통해 새로운 인과법칙이 존재할 수 있음을 밝혀냈다. 이 과정에서 칸트는 인간의 행위가 목적을 지향한다고 주장했다.

(다) 자연과 인간의 행위를 목적론적으로 이해하려는 시도는 고대 그리스 철학에서 뚜렷하게 나타나며, 특히 아리스토텔레스의 철학에서 그 정초를 찾을 수 있다. 아리스토텔레스는 그의 철학적 체계에서 모든 존재가 고유한 목적(telos)을 가진다고 주장하였다. 그는 세상에 존재하는 모든 것들이 고유한 목적을 지닌 결과로 존재한다고 보았으며, 이를 '목적론적 형이상학'이라 부를 수 있다. 예를 들어, 나무가 자라나는 것은 나무가 성장하여 꽃을 피우고 열매를 맺는 등 특정한 목적을 향한 과정으로 이해되었다.

(라) 아리스토텔레스의 목적론적 사고는 중세까지도 영향을 미쳤지만, 근대 계몽주의 시기로 접어들면서 자연과학의 발전과 함께 점차 그 자리를 잃게 되었다. 근대 과학자들은 자연 현상의 변화와 존재는 우연이나 목적이 아닌, 법칙적이고 필연적인 원인에 의해 설명되어야 한다고 보았기 때문이다. 이 시기에 물리학자 아이작 뉴턴은 자연 세계가 확립된 법칙에 의해 지배된다고 주장하며 목적론적 해석을 거부하였다. 이로 인해 자연과학은 목적론을 배제하고 순수한 인과율의 세계로 전환되었다.

① (라) - (가) - (나) - (다)
② (라) - (나) - (가) - (다)
③ (다) - (가) - (나) - (라)
④ (다) - (라) - (나) - (가)

실전 학습 문제

10 다음 글을 문맥에 맞게 배열한 것으로 가장 적절한 것은?

(가) 보브로프스키는 나치 시대와 그 이후의 독일 문학에서 중요한 위치를 차지하는 작가이다. 그의 시에서 나타나는 나치 과거에 대한 자기반성은 그가 전쟁의 참화와 독일의 역사적 상처에 대해 깊은 성찰을 하도록 만든다. 특히, 그의 시는 독일인의 역사적 책임을 인정하는 동시에 그들의 과거를 직시하는 태도를 강조한다.

(나) 보브로프스키의 작품에서 중요한 점은 그가 단지 나치의 악행을 비판하는 데 그치지 않고, 독일 국민 스스로가 그 과거를 어떻게 받아들이고 극복할 수 있을지에 대한 질문을 제기한다는 것이다. 그는 역사적 죄책감이 단지 외부의 비판을 받는 것이 아니라, 내부적인 성찰과 자기반성의 과정을 통해 치유될 수 있다는 점을 강조한다.

(다) 보브로프스키의 시에서 반복적으로 나타나는 자기반성은 핵심 주제이자 독일 문학에서 나치 과거와 관련된 깊은 성찰을 위한 중요한 장치이다. 그가 제시하는 것은 나치 과거의 진지한 성찰을 통한 치유의 과정이며, 이는 단지 독일인들에게만 해당되는 문제가 아니라, 전 세계적으로도 반성과 회복을 위한 중요한 메시지로 읽을 수 있다.

(라) 보브로프스키는 자신의 시에서 나치 시대의 폭력과 야만성을 직접적으로 비판하면서도, 독일 국민의 내면에 자리 잡은 그 역사적 상처와 죄책감을 인식한다. 그는 독일이 겪은 전쟁의 참상과 그것이 남긴 정신적, 도덕적 유산에 대한 반성적 태도를 취한다. 그의 시에서, 나치 과거는 단순히 과거의 사건에 그치지 않고, 여전히 현재에 살아 숨 쉬는 중요한 문제로 다뤄진다. 그는 독일이 나치 시대에 저지른 범죄와 그에 따른 책임을 고백하면서, 이를 통해 독일인의 정체성과 역사에 대한 깊은 이해와 반성을 촉구한다.

① (가) - (다) - (라) - (나)
② (가) - (라) - (나) - (다)
③ (다) - (가) - (나) - (라)
④ (다) - (가) - (라) - (나)

11 다음 글을 문맥에 맞게 배열한 것으로 가장 적절한 것은?

(가) 즉, 외교와 전쟁은 정치적 목적을 실현하기 위한 중요한 수단으로 사용된 것이다. 특히 프랑스의 리슐리외 재상은 국가이성에 기반을 두고 국가의 이익을 추구하는 외교적 전략을 펼쳤다. 리슐리외는 프랑스의 국익을 강화하기 위해 복잡한 국제 정세에서 다양한 외교적 수단을 동원했으며, 합스부르크 왕가의 세력 확장을 저지하는 것을 가장 중요한 목표로 삼았다.

(나) 1620년대 프랑스와 합스부르크 왕가는 이탈리아 북부를 둘러싸고 치열한 패권 다툼을 벌였다. 당시 전쟁은 더 이상 단순한 영토 확장이나 왕조의 세력 다툼을 위한 전근대적인 전쟁이 아니라, 국가의 이해관계를 반영한 합리적인 전략적 결정의 일환이었다. 이 시기의 외교적 및 군사적 상황은 클라우제비츠가 말한 '전쟁은 정치의 연장선'이라는 개념을 잘 보여준다.

(다) 예를 들어, 프랑스는 스웨덴과의 동맹을 통해 합스부르크 왕가에 대한 군사적 압박을 강화하였고, 동시에 프랑스 자체의 국경 방어를 위한 전선을 유지했다. 이러한 외교적 접근은 전쟁이 단순히 전통적인 왕조의 세력 확장을 넘어서, 각국의 국가 이익을 추구하는 방향으로 전개되었음을 보여준다.

(라) 프랑스 재상 리슐리외는 외교적 기회를 최대한 활용하면서, 전쟁을 통해 합스부르크 세력의 확장을 제어하고, 프랑스의 정치적 입지를 강화하려 했다. 리슐리외의 외교 정책은 국제 정세의 여러 변수를 능동적으로 이용하는 전략적 접근을 특징으로 한다. 그는 합스부르크 왕가와의 직접적인 충돌을 피하면서도, 오스트리아와 스페인 등 합스부르크 왕가의 여러 가지 분파에 맞서 프랑스를 유리한 위치로 이끌어가려 했다.

① (나) - (가) - (라) - (다)
② (나) - (라) - (가) - (다)
③ (다) - (나) - (가) - (라)
④ (다) - (나) - (라) - (가)

12 다음 글에서 (가)~(다)의 순서를 자연스럽게 배열한 것은?

한스 켈젠(H. Kelsen)의 순수법이론은 법의 본질 논의에 있어 혁신적인 관점을 제시한 이론이다.
(가) 그러나 이러한 입장은 법의 이념이라는 차원에서 비판적으로 검토될 수밖에 없다. 법의 이념은 정의, 자유, 평등과 같은 윤리적·철학적 가치 기준으로, 법이 단순히 형식적 타당성을 넘어 내용적 정당성을 지녀야 한다는 요구를 포함한다.
(나) 실증주의적 관점이 법의 형식적 측면을 강조하며 모든 자의적인 내용을 법으로 인정할 여지를 열어둔다면, 이는 법이 지향해야 할 이념적 척도를 간과한다는 문제점을 드러낸다.
(다) 켈젠은 법이 다른 사회적, 도덕적, 정치적 요소로부터 독립된 하나의 자율적 질서라고 보았다. 특히, 그는 '모든 자의적인 내용이 법이 될 수 있다.'라는 실증주의적 입장을 통해 법을 그 자체로서 이해하고자 하였다. 이는 법의 타당성을 그 내용이 아닌 형식적 구조에 근거하여 판단한 것이었다.
결론적으로, 켈젠의 순수법이론은 법학의 학문적 독립성을 강조하였으나, 법의 이념이라는 관점에서 볼 때, 법의 내용적 정당성에 대한 판단이 필수적이라는 점을 부각시키는 논의의 여지를 제공한다.

① (나) - (가) - (다)
② (나) - (다) - (가)
③ (다) - (가) - (나)
④ (다) - (나) - (가)

13 다음 글을 문맥에 맞게 배열한 것으로 가장 적절한 것은?

아흐바리(Akhbari) 학파와 우슬리(Usuli) 학파 간의 논쟁은 17세기부터 19세기 초반까지 이란의 시아파 이슬람권에서 벌어진 주요한 신학적 갈등이다.
㉠ 이들은 각 시대의 법학자들이 현재 상황에 맞는 판단을 내릴 수 있어야 한다고 주장하며, 이를 통해 이슬람 율법이 동시대적 문제에 적용될 수 있음을 강조했다.
㉡ 이들은 신학적 문제에서 성스러운 텍스트에 충실해야 하며, 이를 넘어서는 이성적 해석은 인간의 한계를 초월할 수 없다고 주장했다.
㉢ 반면, 우슬리 학파는 이즈티하드를 적극적으로 지지하며, 법에 대한 해석을 내릴 수 있는 성직자인 무즈타히드의 역할을 강조했다.
㉣ 아흐바리 학파는 '아흐바르(전통과 보고서)'의 중요성을 강조하는 입장을 취했다. 이 학파는 쿠란과 예언자 무함마드 및 12이맘의 전통적 말과 행위를 주요 법적 원천으로 간주하였으며, 인간 이성을 통한 독립적 법적 추론을 거부했다.
㉤ 우슬리 학파는 무즈타히드들이 지역 사회와 정치에 더 큰 영향을 미칠 수 있는 기반을 제공해, 결국 권력을 등에 업은 우슬리 학파가 완전한 승리를 거두었다.

① ㉠ - ㉤ - ㉡ - ㉢ - ㉣
② ㉣ - ㉠ - ㉢ - ㉡ - ㉤
③ ㉣ - ㉡ - ㉢ - ㉠ - ㉤
④ ㉤ - ㉠ - ㉣ - ㉡ - ㉢

14 다음 글을 문맥에 맞게 배열한 것으로 가장 적절한 것은?

(가) 하지만 이 개혁들은 여러 이유로 실패했다. 세금 개혁은 제대로 실행되지 않았고, 지방의 반발을 샀다. 지방의 귀족들은 중앙정부의 세금 부과에 강력히 반대했고, 이는 개혁의 실행을 방해했다. 또한 스페인의 군사적 자원은 이미 과중한 부채와 외환 위기 속에 있었기 때문에 군비 절감은 실질적인 효과를 보지 못했다.

(나) 17세기 스페인은 왕권이 약화되고, 군사적, 경제적 부담이 커지는 상황에 있었다. 올리바레스는 재정적 개혁을 시도하여 국가 재정을 안정시키려 했으며, 이를 위해 세금 개혁과 군비 절감을 제안했다. 또한, 가톨릭교회와의 관계를 강화하고, 중앙집권화를 추진하였다.

(다) 스페인 사회 내부의 복잡한 구조 역시 개혁을 파행으로 몰고 갔다. 왕과 왕실, 고귀족과 소귀족, 성직자, 도시 상층 계급, 농민, 무슬림과 유대인, 그리고 카탈루냐와 바스크 등 독립적 정체성을 가진 집단이 뒤섞여 서로의 잇속만을 챙기려 했다. 올리바레스의 개혁 정책은 스페인의 정치적, 경제적 위기를 해결하기보다는 오히려 체제의 위기를 심화시켰고, 17세기 중반 스페인의 쇠퇴를 가속화하는 계기가 되었다.

(라) 게다가 스페인은 계속해서 유럽 전역에서 전쟁을 벌여 군대가 국가 재정을 더욱 악화시켰다. 한편 중앙집권화의 시도는 스페인의 다양한 지역적 특성을 반영하지 못해 지방 귀족들의 반발을 촉발했다. 스페인 내에서 왕권의 강화를 위해 중앙 정부의 권한을 강화하려 했지만, 이는 기존의 지방 자치권을 위협하여 갈등을 일으켰다.

① (나) - (가) - (다) - (라)

② (나) - (가) - (라) - (다)

③ (다) - (나) - (가) - (라)

④ (다) - (나) - (라) - (가)

15 다음 글에서 ㉠~㉣의 순서를 자연스럽게 배열한 것은?

베카리아는 살인자가 자신의 처벌을 자발적으로 수용하는 것, 즉 사회 계약 체결의 내용으로서 사형 제도를 인정하는 것에 대해 동의하지 않는다.

㉠ 이 두 존재는 동일하지 않으며, 따라서 범법자가 자신이 처벌받아 마땅하다고 판단한다고 해서 그 판단이 처벌의 근거가 될 수 없다는 것이다.

㉡ 그러나 칸트는 이러한 논리를 반박하며, 법과 처벌에 대한 개념을 철저히 구분한다.

㉢ 칸트에 따르면, 법을 제정하는 입법자로서의 나는 순수 법적·입법적 이성을 갖춘 존재인 반면, 처벌을 받는 사람은 법의 규제를 받는 인간, 즉 현상적 인간(Homo Phänomenon)이다.

㉣ 사회 계약이 인간들 간의 권리와 의무를 설정하는 것이지, 개인이 자기 자신에게 처벌을 가할 수 있도록 하는 방식은 정당화될 수 없다는 것이다.

① ㉠ - ㉡ - ㉢ - ㉣

② ㉠ - ㉣ - ㉢ - ㉡

③ ㉣ - ㉡ - ㉢ - ㉠

④ ㉣ - ㉠ - ㉢ - ㉡

16 다음 글을 문맥에 맞게 배열한 것으로 가장 적절한 것은?

(가) 19세기 후반과 20세기 초반 마르크스주의 이론 내에서 마르크스주의의 경제적 및 정치적 원칙을 어떻게 이해하고 적용할 것인가에 대해 논쟁이 있었다. 이 논쟁은 주로 두 개의 주요 진영, 즉 '수정주의자들'과 '혁명적 마르크스주의자들' 사이에서 벌어졌다.

(나) 혁명적 마르크스주의자들은 수정주의자들의 주장을 강하게 비판하며, 자본주의의 본질적인 모순과 위기가 혁명적 변화를 통해서만 해결될 수 있다고 주장했다. 이들은 자본주의의 경제적 위기와 사회적 갈등이 점차적으로 심화될 것이라고 보았고, 이로 인해 자본주의가 붕괴할 것이라고 믿었다. 혁명적 마르크스주의자들은 자본주의의 붕괴가 필연적이라는 마르크스의 이론을 지지하며, 점진적 개혁이 아닌 급진적인 혁명적 변화를 통해서만 자본주의를 대체할 수 있다고 주장했다.

(다) 로자 룩셈부르크는 이러한 논쟁에서 중요한 역할을 했으며, 수정주의자들의 점진적 개혁론에 반대하면서 자본주의의 붕괴를 예측했다. 그녀는 자본주의의 공황이 자본주의 체제의 불안정성을 증명하는 주요한 요소로 작용한다고 보았으며, 자본주의의 구조적 위기는 결국 혁명적 전환을 요구한다고 주장했다. 룩셈부르크는 수정주의자들이 마르크스의 이론을 지나치게 온건하게 해석했다고 비판하며, 사회주의 혁명이 자본주의의 필연적인 결과라고 강조했다.

(라) 수정주의자들은 자본주의 체제를 단순히 붕괴시킬 수 없으며, 오히려 점진적인 개혁을 통해 자본주의의 문제를 해결할 수 있다고 주장했다. 이들은 마르크스의 이론을 '현대적인' 방식으로 해석하여, 노동자 계급의 정치적 참여와 국가의 역할을 강조하고, 사회주의 혁명보다는 노동법 개정, 복지 국가 구축, 교육과 건강의 개혁 등을 통해 점진적으로 자본주의를 개선할 수 있다고 믿었다. 수정주의의 대표적인 인물로는 에듀아르트 베른슈타인과 같은 이들이 있으며, 그들은 마르크스의 예언적인 사회주의 혁명이 불가능하다고 보고, 자본주의의 내부에서 변화가 가능하다는 주장을 펼쳤다.

① (가) - (나) - (라) - (다)
② (가) - (라) - (나) - (다)
③ (다) - (가) - (나) - (라)
④ (다) - (가) - (라) - (나)

17 다음 글을 문맥에 맞게 배열한 것으로 가장 적절한 것은?

(가) SPD*는 19세기 말과 20세기 초에 걸쳐 국제주의적이고 반전적인 성향을 가진 주요 정당이었다. 그들은 '자본주의 전쟁'을 비판하며 노동자들이 국제적으로 연대해야 한다고 주장했다. 이와 같은 국제주의적 입장이 당시 SPD의 핵심 이념 중 하나였으며, 제국주의와 군국주의에 반대하는 목소리를 지속적으로 내고 있었다. SPD는 전쟁을 노동자 계급과 자본가 계급 간의 갈등으로 간주했으며, 노동자들이 서로 전쟁을 벌이는 것은 국제 노동자 계급의 이익에 반한다고 믿었다.

(나) 당시 SPD의 지도자들은 정부의 전쟁 수행 노력을 지지하기 시작했다. 그들은 전쟁을 '방어 전쟁'이라고 정의하며, 독일 제국이 외부에서 공격을 받았다고 주장했다. 독일 제국이 전쟁에 참여하게 된 것이 '불가피한 선택'이라는 논리를 내세운 것이다. SPD의 지도자들은, 전쟁이 노동자 계급을 위한 것이 아니라 독일 제국의 안보와 생존을 위한 것이라는 사실을 인정하면서도, 전쟁이 국가의 존재를 위협하는 외부의 공격에 대한 대응이라는 명분을 내세워 전쟁을 정당화했다.

(다) 이러한 입장 변화는 SPD 내부에서 큰 논란을 일으켰다. 일부 사회주의자들은 SPD가 전쟁에 참여하는 것이 전 세계 노동자들의 연대와 평화를 추구하는 본래의 국제주의적 이념에 위배된다고 비판했다. 그들은 전쟁이 독일 제국의 제국주의적 야망을 위한 것이라고 보고, 이를 반대하는 입장을 고수했다. 그 결과, SPD 내에서 이탈하는 정치인들이 등장했으며, 그들은 '좌파 사회주의자'로서 반전 운동을 조직하거나, 독일 제국 정부의 전쟁 수행에 반대하는 목소리를 내게 되었다.

(라) 하지만 1914년 제1차 세계대전이 발발하면서 상황은 급격히 변했다. 전쟁 초기 SPD 내부에서 나타난 주요 논쟁은 '방어전쟁'이라는 개념에 대한 찬반이었다. 독일 제국이 전쟁에 참여한 배경과 관계없이, SPD는 처음에는 전쟁을 제국주의적이고 공격적인 성격을 띤 전쟁으로 보았지만, 곧 상황이 달라지기 시작했다. 1914년 8월 4일, 독일 제국은 벨기에를 침공했고, 이에 따라 전쟁이 본격적으로 시작되었다.

*SPD: 독일 사회민주당(Sozialdemokratische Partei Deutschlands)

① (가) - (나) - (라) - (다)
② (가) - (라) - (나) - (다)
③ (다) - (가) - (나) - (라)
④ (다) - (가) - (라) - (나)

18 다음 글을 문맥에 맞게 배열한 것으로 가장 적절한 것은?

> (가) 베른슈타인은 이를 통해 사회적 진화가 필연적이지 않고, 인간의 노력과 환경에 대한 적응을 통해 발전한다고 보았다. 그의 유기적 진화론은 과학적이고 실용적인 사고를 통해 진화의 법칙을 이해하려는 시도를 반영한다.
>
> (나) 베른슈타인의 유기적 진화론은 자연과 사회가 유기적으로 발전한다는 개념에 기초한다. 그는 자연과 사회의 발전을 점진적인 변화와 적응을 통해 이루어지는 과정으로 이해했다. 유기적 진화론에서는 변증법적 사고가 주장하는 급격한 전환이나 급진적 발전보다는, 점진적인 변화와 실용적 적응을 중시한다.
>
> (다) 베른슈타인은 독일의 철학자로, 헤겔의 변증법과 유기적 진화론에 대해 중요한 견해를 제기한 인물이다. 그의 주된 관심사는 헤겔의 변증법이 가지고 있는 이론적 구조와 그것이 과학적 사고나 사회적 발전에 미치는 영향에 대한 비판이었다.
>
> (라) 헤겔의 변증법은 역사적 발전이나 사고의 진화가 정반합(정의-반대-합)의 과정으로 이루어진다고 주장한다. 이 과정에서 모순이 해결되며, 높은 차원의 진리로 발전한다고 보았다. 그러나 베른슈타인은 헤겔의 변증법이 지나치게 이론적이고 비과학적이라고 비판했다. 그에 따르면, 변증법은 역사나 사회의 구체적인 발전을 설명하는 데 한계가 있다고 보았다. 특히, 변증법의 과정이 필연적이고 자동적인 발전을 전제하기 때문에 실제 사회적 변화를 설명하기 위한 현실적인 기초가 부족하다고 주장했다.

① (가) - (나) - (라) - (다)

② (가) - (라) - (나) - (다)

③ (다) - (라) - (나) - (가)

④ (라) - (다) - (가) - (나)

19 다음에 제시된 문장들을 가장 적절하게 배열한 것은?

> ⊙ 때문에 포기하지 않고 끊임없이 자신의 가치를 증진시켜야 하며, 경쟁조차도 자신을 발전시키는 기폭제로 활용할 수 있어야 한다.
>
> ⓒ 하지만 그렇다고 하여 현시점에서 경쟁에서 이탈하는 것은 자신의 삶을 포기하는 것과 같다.
>
> ⓒ 때문에 과거에 비해 경쟁이 과열된 경향이 있다.
>
> ② 현대인들은 그들의 경쟁자가 누구인지도 모른 채 끊임없는 경쟁을 하고 있다. 영역을 뛰어넘는 무한 경쟁 시대가 열린 것이다.

① ⊙ - ⓒ - ② - ⓒ

② ⊙ - ② - ⓒ - ⓒ

③ ② - ⊙ - ⓒ - ⓒ

④ ② - ⓒ - ⓒ - ⊙

20 다음 글을 문맥에 맞게 배열한 것으로 가장 적절한 것은?

(가) 또한, 키타이는 추상화와 비구상적인 표현 방식이 우세한 시기에 구상회화를 고수했다는 점 역시 주목할 만하다. 그의 작품에서는 전통적인 회화 기법과 형식이 여전히 중요하지만, 그 안에서 그는 혁신적인 방식으로 시각적 언어를 개발하고 역사적 사건에 대한 개인적이고 깊은 탐구를 드러냈다. 예를 들어, 그의 작품 중 일부는 신화적이거나 상징적인 요소를 결합하여, 과거의 사건들을 현대적인 시각에서 재구성하려는 노력을 보여준다.

(나) 키타이의 초기 회화에서 중요한 특징 중 하나는 그가 선택한 역사적 주제들이 그가 직접 경험한 공간적, 시간적 맥락과는 관계없이 다루어진다는 점이다. 예를 들어, 그의 작품은 제2차 세계대전과 파시즘의 영향을 받았지만, 그 자신은 전쟁에 직접 참여하지 않았으며, 당시 유럽에서 벌어진 정치적 사건들과의 직접적인 관계도 없었다.

(다) 그러나 키타이는 이러한 사건들을 자신만의 독특한 방식으로 해석하고 재구성하여, 회화라는 매체를 통해 그가 목격한 역사적 사실들의 새로운 표상을 제시했다. 그의 작품은 그러한 역사적 사건들에 대한 개인적 반응을 넘어, 사회적이고 정치적인 맥락을 담아내는 데 중점을 두었다.

(라) 키타이는 영국의 구상회화 전통을 계승하면서도 개인적인 경험과 깊은 역사적, 사회적 고민을 반영한 회화 기법을 사용하였다. 특히 20세기 초 사회주의 혁명, 전쟁, 파시즘 등의 역사적 사건들에 대한 탐구를 중심으로 작품을 구성했다. 키타이의 초기 작품은 1960년대 초부터 1970년대 중반까지 그려졌으며, 그 시기 동안 그의 작품은 단순히 개인의 감정이나 감각을 표현하는 데 그치지 않고, 시대적 배경과 역사적 사건들을 통해 사회와 정치에 대한 비판적 시각을 제시했다.

① (나) - (가) - (라) - (다)
② (다) - (나) - (라) - (가)
③ (라) - (나) - (가) - (다)
④ (라) - (나) - (다) - (가)

실전 학습 문제

실전 학습 문제

21 다음 글에서 (가) ~ (다)의 순서를 자연스럽게 배열한 것은?

> 슐라이어마허(Friedrich Schleiermacher)는 종교를 인간 존재의 근원적이고 실존적인 차원에서 이해하려 한 사상가로, 그의 종교론은 인간 경험의 본질에 대한 깊은 철학적 통찰을 제공한다.
>
> (가) 슐라이어마허는 종교를 단순히 특정한 신앙, 교리, 또는 제도적 틀로 한정하지 않았다. 대신, 종교를 인간이 세계와 자신을 경험하는 방식, 즉 존재 자체에 대한 깊은 인식과 감각으로 정의했다.
>
> (나) 이러한 감정은 단순한 정서적 반응이 아니라, 인간이 세계 안에서 자신의 존재를 인식하고, 자신을 초월하는 실재와 관계를 맺는 방식으로 나타난다. 그는 이를 "우주의 무한성과의 직접적 관계"라고 표현하며, 이 감정이야말로 모든 종교적 경험의 원천이자 기초라고 주장했다.
>
> (다) 즉, 종교를 실존적 경험의 핵심에 놓고, 그것이 인간의 존재 방식과 어떻게 연관되는지를 탐구하는 데 초점을 맞춘 것이다. 슐라이어마허의 사상에서 중요한 출발점은 인간의 '의존 감정(Gefühl der Abhängigkeit)'이다. 그는 인간이 자신의 유한성을 자각하고, 자신을 초월하는 무한한 실재(궁극적 존재)에 대해 느끼는 의존적 관계를 종교의 본질로 간주했다.
>
> 결국, 슐라이어마허의 종교론은 존재론적 기초를 통해 종교의 본질을 밝히려는 시도로서, 인간 존재의 깊은 내면과 그 존재가 무한한 것과 어떻게 관계를 맺는지를 탐구하는 철학적 작업이다. 이는 단순히 신에 대한 교리가 아닌, 인간 실존과 세계의 근본적인 구조를 이해하려는 노력으로서, 종교의 본질을 실존적 차원에서 논의한다는 점에서 중요한 의미를 지닌다.

① (가) - (나) - (다)
② (가) - (다) - (나)
③ (나) - (다) - (가)
④ (다) - (나) - (가)

22 다음 글에서 (가)~(라)의 순서를 자연스럽게 배열한 것은?

(가) 그런데 A는 조선 후기에 다수의 양반이 광작을 통해 부농이 되었다는 주장을 근거가 없다고 비판한다. 그 근거는 시간의 경과에 따라 나타난 조선의 상속 제도의 변화이다. 조선 전기에는 균분 상속이 일반적이었는데, 균분 상속을 하게 되면 자식들이 소유하게 될 땅의 면적이 선대에 비해 줄어들게 된다. 따라서 조선 후기 양반들은 가문의 경제력을 보전하기 위해 전답을 장자에게만 상속해 주기 시작했고, 그 결과 장자를 제외한 사람들은 영세한 소작인으로 전락했다는 것이 그의 주장이다.

(나) 조선 후기에는 이앙법의 전국적 확산으로 잡초 제거에 드는 시간과 노동력이 크게 줄었고, 그에 따라 광작(廣作)이 확산되어 상업적 농업 경영이 가능하게 되었다. 즉 한 사람의 경작 가능 면적이 늘어남은 물론 많은 양의 다양한 종류의 농산물 재배가 가능하게 되어 판매까지 활성화되었다는 것인데, 일부 학자들은 그 결과로 다수의 부농이 나타나게 되었다고 주장한다.

(다) 하지만 이런 집약적 농업은 지력을 떨어트리기 때문에 생산력이 높아질 수 없는 농법이다. 그렇기에 자연히 시장에 농산물을 내다 팔 여력이 거의 없게 되었다고 주장한다.

(라) 또한 A는 조선 후기의 대다수 농민은 작은 땅을 소유한 소작인이었다고 주장한다. 그 이유는 당시 반복된 자연재해로 인해 전답의 상당수가 황폐해져 전반적으로 경작지가 줄어있는 상황이었고, 이와 같은 상황에서 이앙법 확산으로 인한 효과는 기대하기 어려웠다고 판단했기 때문이다. 더군다나 정부의 재정 지출 증가로 농민의 부세 부담 또한 늘어났고, 늘어난 부세를 부담하기 위해 한정된 경작지에 되도록 많은 작물을 경작하려 한 결과 집약적 농업이 성행하게 되었다고 보았다.

① (나) - (다) - (라) - (가)
② (나) - (가) - (라) - (다)
③ (나) - (가) - (다) - (라)
④ (나) - (다) - (가) - (라)

실전 학습 문제

23 다음 글에서 (A)~(D)의 순서를 자연스럽게 배열한 것은?

(A) 이는 제레미 벤담이 제안한 최초의 공리주의와 일맥상통하는 것으로, 이들에게 도덕적으로 중요한 것은 '쾌락의 양'이 전부다. 이런 입장을 "양적 공리주의"라고 부른다. 이에 존 스튜어트 밀은 쾌락도 질이 높은 쾌락과 질이 낮은 쾌락으로 나눌 수 있다고 주장했다. 이를테면 말초적인 육체적 쾌락에 비하여 셰익스피어 비극을 읽으면서 얻는 쾌락은 질이 높은 쾌락이라는 것이다. 이처럼 공리주의는 단순한 쾌락의 양이 아니라 질 또한 고려해야 한다는 입장을 "질적 공리주의"라고 부른다. 이 두 개념은 고전적 공리주의의 범주에 속한다.

(B) 도스토옙스키의 『카라마조프가의 형제들』에서 둘째 이반은 동생 알료샤에게 "전 인류가 행복해지기 위해 한 아이를 고통스럽게 죽이는 것에 동의하겠느냐?"라고 묻는다. "어떻게 행복과 생명을 바꿀 수 있겠는가?" 이렇게 생각하는 사람에게 이반은 되물을 것이다. 이것은 정말 어려운 문제가 아닐 수 없다. 공리주의란 최대 다수의 최대 행복이라는 명언으로도 잘 알려져 있으며, 공리주의자에게는 최대 다수가 최대 행복을 느끼는 행동이 선하고 정의로운 것이다.

(C) 쾌락주의를 아예 받아들이지 않는 비고전적 공리주의도 있다. 피터 싱어가 한때 받아들였던 선호 공리주의는 쾌락은 행복의 전부가 아니며, 설령 쾌락이 어느 정도 희생된다 한들 자신이 바라는 바를 충족시키는 것이야말로 '행복'에 대한 적합한 정의라고 주장한다. 선호 공리주의는 사람들 각자가 지닌 선호의 만족을 모두 고려하는데, 선호의 종류에는 여러 가지가 있다.

(D) 우선 개인적 선호는 주관적 선호 개념으로서 나의 소유인 재화, 자원, 기회 등에 대해 갖는 선호이다. 외재적 선호는 타인이 그의 소유인 재화, 자원 그리고 기회 등을 그를 위해 사용하는 것에 대해 내가 갖는 선호이다. 이기적 선호는 다른 사람이 어떤 자원에 대한 정당한 권리가 있다는 사실을 무시하고 그 자원이 나를 위해 쓰이기를 원하는 것이다. 적응적 선호는 사람들이 환경에 이미 적응하여 형성된 선호이다. 이것은 자신의 소유인 재화, 자원, 기회 등에 대해 갖는 선호라는 점에서 개인적 선호의 특징을 가질 수 있다.

① (A) - (C) - (B) - (D)
② (B) - (C) - (D) - (A)
③ (B) - (A) - (C) - (D)
④ (C) - (D) - (B) - (A)

24 다음 문단을 순서대로 옳게 나열한 것은?

(가) 우리는 이런 설명들을 견주어 어떤 것이 다른 것보다 낫다는 것을 언제든 주장할 수 있으며, 나은 순으로 줄을 세워 가장 좋은 설명을 찾을 수 있다. 앞서 언급한 지구의 물과 달 사이의 인력 때문에 조수가 생긴다는 설명, 지구와 달 사이의 물질이 지구를 누르기 때문에 조수가 생긴다는 설명, 지구 전체의 흔들거림 때문에 조수가 생긴다는 설명을 갖고 있다.

(나) 우리는 원인에 따른 설명을 감안하여 현상에 대한 원인을 결정하는 경향이 있다. 주어진 현상을 일으키는 원인을 찾아 이 원인이 그 현상을 일으켰다고 말함으로써 현상을 다양한 방식으로 설명한 다음 가능한 설명들 중에서 가장 괜찮아 보이는 설명을 채택하고 있는 원인이 현상의 진정한 원인이라고 결론 내리기 때문이다.

(다) 지구의 조수 현상을 예로 들어보자. 우리는 조수 현상을 일으킬 수 있는 다양한 원인들을 일종의 가설로서 설정할 수 있다. 만일 지구의 물과 달 사이에 중력이나 자기력 같은 인력이 작용한다면, 이는 지구에 조수 현상을 일으키는 원인이 될 수 있다. 또, 지구와 달 사이에 유동 물질이 존재하여 그 물질이 지구를 누르고 있다면, 이런 누름은 지구에 조수 현상을 일으키는 원인일 수 있다. 지구가 등속도로 자전하지 않아 지구 전체가 흔들거린다면 이로 인해 조수 현상이 발생할 수도 있을 것이다.

(라) 이 설명들 가운데 지구와 달 사이의 물질이 지구를 누르기 때문에 조수가 발생한다는 설명이 지구 전체의 흔들거림으로 인해 조수가 생긴다는 설명보다 더 낫고, 지구와 달 사이의 물질이 지구를 누르기 때문에 조수가 생긴다는 설명보다 지구의 물과 달 사이에 인력 때문에 조수가 생긴다는 설명이 더 그럴듯하다. 따라서 우리는 조수 현상의 원인이 지구의 물과 달 사이에 작용하는 인력이라고 결론 내릴 수 있다.

① (가) - (다) - (라) - (나)

② (가) - (라) - (나) - (다)

③ (나) - (다) - (가) - (라)

④ (나) - (다) - (라) - (가)

25 다음 글을 올바른 순서대로 나타낸 것은?

(가) 19세기 중엽에 탄생된 여러 계통의 사회 과학을 보면, 우리들의 생활이 급속도로 사회 중심 체제로 변한 것을 실감케 된다. 그러므로 옛날에는 개인이 중심이고 사회가 그 부수적인 현상같이 느껴졌으나, 오늘에 이르러서는 사회가 중심이 되고 개인은 그 사회의 부분들인 것으로 생각되기에 이르렀다. 특히, 사회가 그 시대의 사람들을 만든다는 주장이 대두되면서부터 그 성격이 점차 굳어졌다.

(나) 역사가 옛날로 올라갈수록 개인의 비중이 사회보다도 컸던 것 같다. 사회 구조가 개인 중심으로 이루어졌고, 산업과 정치가 현대와 같은 복잡 사회를 필요로 하지 않았기 때문이다. 개인이 모여서 사회가 되므로, 마치 사회는 개인을 위해 있으며, 개인이 사회의 주인들인 것같이 생각되어 왔다.

(다) 현대가 그렇게 되었다고 해서 그것이 그대로 정당하며, 또 그렇게 되어야 하는가 함은 별개의 문제이다. 일찍이 키에르케고르나 니체 같은 사람들은, 개인의 존엄성과 가치를 강하게 호소한 바 있다. 오늘날까지도 사회와 개인에 대한 대립된 견해는 여전히 지속되고 있다.

(라) 그러나 현대 사회로 접어들면서는 정치, 경제를 비롯한 사회의 모든 분야가 개인보다도 사회를 중심으로 운영되는 성격을 띠게 되었다. 영국을 출발점으로 삼는 산업 혁명은 경제의 사회성을 강요하게 되었고, 프랑스 혁명은 정치적인 사회성을 강조하기에 이르렀다.

① (가) - (다) - (나) - (라)
② (가) - (다) - (라) - (나)
③ (나) - (가) - (라) - (다)
④ (나) - (라) - (가) - (다)

정답 및 해설 13p

글의 전략

유형 접근 방법

1. 지문 읽기 전

선택지를 통해 지문에서 파악해야 할 전략을 확인한다.
예 통계자료, 권위자를 인용, 문제 제기를 통해 청중들의 관심 유도 등

2. 지문을 읽으면서

① 선택지에서 표시한 전략을 표시하면서 빠르게 읽는다.

② 내용에 집중하기보다는 선택지에서 요구하는 전략이 있고 없음을 판단하는 데 집중한다.

③ 선택지에 해결 방안이나 제3의 절충안을 제시했다는 내용이 있는 경우, 글의 마지막 부분을 확인한다.

3. 지문을 읽은 후

① 지문과 선택지를 비교하면서 표시한 전략들이 올바른 것인지 확인한다.

② 헷갈리는 전략은 추후에 해결하고 먼저 확실하게 맞는 것과 틀린 것부터 찾는다.

③ 헷갈리는 부분이나 보충적으로 글을 깊게 읽어야 하는 부분들을 추가적으로 확인한다.

대표 예시 문제

다음 대화를 분석한 내용으로 가장 적절한 것은?

9급 출제기조 전환 1차 예시문제

> 갑: 전염병이 창궐했을 때 마스크를 착용하는 것은 당연한 일인데, 그것을 거부하는 사람이 있다니 도대체 이해가 안 돼.
>
> 을: 마스크 착용을 거부하는 사람들을 무조건 비난하지 말고 먼저 왜 그러는지 정확하게 이유를 파악하는 것이 필요해.
>
> 병: 그 사람들은 개인의 자유가 가장 존중받아야 하는 기본권이라고 생각하기 때문일 거야.
>
> 갑: 개인의 자유로운 선택이 타인의 생명을 위협한다면 기본권이라 하더라도 제한하는 것이 보편적 상식 아닐까?
>
> 병: 맞아. 개인이 모여 공동체를 이루는데 나의 자유만을 고집하면 결국 사회는 극단적 이기주의에 빠져 붕괴하고 말 거야.
>
> 을: 마스크를 쓰지 않는 행위를 윤리적 차원에서만 접근하지 말고, 문화적 차원에서도 고려할 필요가 있어. 어떤 사회에서는 얼굴을 가리는 것이 범죄자의 징표로 인식되기도 해.

① 화제에 대해 남들과 다른 측면에서 탐색하는 사람이 있다.

② 자신의 의견이 반박되자 질문을 던져 화제를 전환하는 사람이 있다.

③ 대화가 진행되면서 논점에 대한 찬반 입장이 바뀌는 사람이 있다.

④ 사례의 공통점을 종합하여 자신의 주장을 강화하는 사람이 있다.

정답 설명 ① 두 번째 '병'의 발화 전까지 참여자들은 '개인의 자유', '기본권', '타인의 생명 위협'과 같은 윤리적 차원에서 마스크 착용을 거부하는 행위에 대해 이야기하고 있다. 마지막 발화에서 '을'이 이러한 행위를 윤리적 차원에서만 접근하지 말고, 이와 다른 측면인 문화적 차원에서도 고려해야 한다고 주장하고 있으므로 ①은 적절한 설명이다.

오답 분석 ② '갑'은 첫 번째 발화에서 전염병이 도는 상황에서 마스크 착용을 거부하는 행위를 비판하자 '을'에 의해서 의견에 반박을 당한다. 두 번째 발화에서 '갑'은 질문을 던지고 있으나, 이를 통해 화제를 전환하고 있는 것은 아니다.

③ ④ 논점에 대한 찬반 입장이 바뀌거나, 사례의 공통점을 종합하여 자신의 주장을 강화하는 사람은 확인할 수 없다.

실전 학습 문제

정답 및 해설 17p

01 다음 글의 서술적 특징으로 적절한 것은?

> 존 싱어 사전트의 전쟁기념화는 1차 세계대전의 영웅성과 희생자들을 기리는 모순된 방식을 통해 전쟁의 진정성과 인간적인 고통을 드러낸다. 사전트는 1918년 영국 전쟁기념위원회로부터 1차 세계대전의 전쟁 기념 작품을 의뢰받았을 때, 전쟁의 영웅적인 이미지와 국가의 밝은 미래를 강조하는 전통적인 프로파간다를 전달하라는 요구를 받았다. 그러나 사전트는 이 기대를 넘어서는 작품을 제작했다. 그의 대표작 중 하나인 <가스 희생자들>에서 그는 전쟁의 영웅이 아닌 가스 공격으로 희생된 이들을 묘사하며, 전쟁의 참혹함과 무력감을 보여주었다. 전통적인 영웅주의를 넘어서서 그는 새로운 영웅주의 개념을 창조하고자 했으며, 이를 통해 전쟁에서의 희생자에게도 숭고함과 영웅적 위상을 부여했다.
>
> 1921년, 하버드 대학교로부터 1차 세계대전에서 전사한 하버드 전사자들을 기념하는 벽화를 의뢰받은 사전트는 이 작품을 통해 전쟁에서의 영웅주의와 그 몰락을 동시에 다루었다. 전쟁의 전통적인 영웅 이미지가 더 이상 유효하지 않음을 강조했다. 참호전과 독가스의 등장으로 전쟁의 양상은 완전히 변화했다. 특히 독가스는 개인의 용기나 명예와는 관계없이 대량으로 사람들을 희생시키며, 전통적인 영웅상을 무너뜨렸다. 그러나 사전트는 이러한 희생자들 속에서 새로운 유형의 영웅을 발견하고, 이를 기념하는 작품을 통해 전쟁의 진정성과 인간적인 면모를 부각시켰다.

① 작가의 구체적인 작품을 예로 제시하며 독자의 이해를 돕고 있다.

② 전문가의 의견을 인용하여 작가의 평가에 대한 신뢰성을 높이고 있다.

③ 작가에 대한 핵심 논쟁을 보도한 자료를 활용해 작가의 한계를 설명하고 있다.

④ 작가의 작품 창작 과정을 통해 작가가 구현하려는 작품 세계를 강조하고 있다.

02 다음 글의 논지 전개 방식으로 적절하지 않은 것은?

> 통달한 사람은 괴이한 바가 없지만 속인은 의심스러운 것이 많다. 이른바 본 것이 적고 보니 괴이한 것도 많게 되는 것이다. 그렇지만 통달한 사람이라 해서 어찌 사물마다 눈으로 직접 보았겠는가? 하나를 들으면 눈앞에 열 가지가 떠오르고, 열을 보면 마음에서 백 가지가 베풀어져, 천 가지 괴이함과 만 가지 기이함이 도로 사물에 붙여져서 자기와는 간여함이 없다. 때문에 마음은 한가로워 여유가 있고 응수함이 다함이 없다.
>
> 그러나 본 바가 적은 자는 백로를 가지고 까마귀를 비웃고, 오리를 가지고 학을 위태롭게 여긴다. 사물은 절로 괴이할 것이 없건만 자기가 공연히 화를 내고, 한 가지만 같지 않아도 온통 만물을 의심한다.
>
> 아! 저 까마귀를 보면 깃털이 그보다 더 검은 것은 없다. 그러나 홀연 유금(乳金)빛으로 무리지고, 다시 석록(石綠)빛으로 반짝인다. 해가 비치면 자줏빛이 떠오르고, 눈이 어른어른하더니 비췻빛이 된다. 그렇다면 내가 푸른 까마귀라고 말해도 괜찮고, 다시 붉은 까마귀라고 말해도 또한 괜찮을 것이다. 사물에는 본디 정해진 빛이 없는데, 그것을 보는 내가 눈으로 먼저 정해 버린다. 어찌 그 눈으로만 색을 정하는 것뿐이랴? 심지어 보지 않고도 미리 마음으로 정해 버린다.

① 대조를 통해 대상의 속성을 설명했다.

② 경험이 많고 적음에 따라 대상을 분류했다.

③ 예시를 통해 주장하고자 하는 논지를 강화했다.

④ 감탄이나 의문의 형식으로 주장하는 바를 드러냈다.

03 다음 글의 서술적 특징으로 가장 적절한 것은?

20세기 이후 다이어트에 집착하는 사람들이 갈수록 늘어나게 되었다. 살찐 사람은 이성과 동성 모두에게 매력이 없고, 사회적으로도 자기 절제력이 없는 실패자 같다는 통념 때문이다. 그러나 다이어트가 극으로 치달을 경우, 극도로 음식을 먹지 않는 행위와 생명을 위협할 정도의 체중 감소가 특징적인 '신경성 식욕 부진증(anorexia nervosa)', 이른바 '거식증'이라는 병이 발생하기도 한다.

'신경성 식욕 부진증'은 10대를 전후로 시작해서 20대에 가장 많이 발병된다. 특히 이 병은 인구의 4% 정도에게 발병될 가능성이 있으며, 남성에 비해 여성에게서 10~20배 정도 높은 발병률을 보인다고 발표된 적이 있다. 하지만 특이한 점은 병명에는 '식욕 부진'이라는 단어가 들어갔지만 환자가 식욕이 떨어진 상태는 아니라는 것이다. 더욱 흥미로운 사실은 이 병에 걸린 환자는 자신이 직접 만든 요리를 다른 사람에게 먹이는 것을 좋아하기까지 한다. 그리고 칼로리를 소모하기 위해 하루 종일 쉬지 않고 움직이며 매일 해야 하는 행동을 강박적으로 똑같이 하려 들고, 문제점을 지적하면 오히려 아무 문제가 없다고 부인하는 특징을 보인다. '신경성 식욕 부진증'에 대해 알고 있으면서도 이것을 자신과는 상관없는 소수의 정신 질환이라고만 생각한다.

그러나 문제는 환자가 자신의 몸 상태를 바르게 인식하지 못하고 있다가 병증이 더욱 악화되는 경우가 많다는 것이다. 실제로 이 병은 열 명 중에 한 명 정도의 환자가 결국 사망하게 되는 무서운 병이다. 특히 간 기능 검사 수치가 활동성 간염의 수준으로 높게 측정된다. 우리의 몸은 체내의 지방이 모두 고갈되어 더 이상 에너지를 만들 수 없게 되면, 그나마 큰 덩어리인 간을 파괴해서 에너지를 만들 땔감으로 사용하기 시작하기 때문이다. 또한 대뇌가 치매 환자의 뇌같이 쪼그라들게 되고, 눈 주위에 풍부하게 있어야 할 지방은 흔적도 없이 사라지게 되어 눈가가 퀭해진다. 상대적으로 지방질이 풍부한 대뇌나 눈 주위의 지방이 타격을 받게 되는 것이다.

① 특정 질환의 의학적 개념을 명확하게 설명하고 있다.
② 질환을 앓는 환자들을 직접 조사한 내용을 예로 들고 있다.
③ 각광받는 치료 방법에 대해 희망적인 시각을 담고 있다.
④ 질환의 증상을 유형화하여 수치로 제시하고 있다.

04 다음 글에 대한 설명으로 적절하지 <u>않은</u> 것은?

클라우제비츠의 전쟁의 이중성 개념은 전쟁이 단순히 계산적이고 이성적인 과정만으로 이루어지지 않는다는 점을 강조한다. 그는 전쟁을 두 개의 상반된 특성을 가진 복합적인 현상으로 바라본다.

전쟁의 첫 번째 얼굴은 이성적이다. 여기서 전쟁은 목표를 설정하고, 그 목표를 달성하기 위한 계획적이고 계산적인 과정으로 이해된다. 전쟁은 군사적 전략과 전술을 바탕으로 계획되고 실행되며, 이는 일정한 원칙과 규칙을 따른다. 군사 지도자는 전쟁을 합리적으로 관리하고, 자원의 배분, 군사력의 활용, 목표 달성을 위한 경로를 이성적으로 설정한다. 따라서 전쟁의 일부는 군사 지도자들이 자신들의 목표를 이루기 위해 치밀하게 준비한 계획적 활동으로 나타난다.

전쟁의 또 다른 면은 감정적이고 혼란스럽다는 것이다. 이는 전투 중에 나타나는 예측 불가능한 사건들과 우발적 상황들로, 전쟁의 흐름을 크게 변화시킬 수 있다. 군사 지도자들이 세운 계획이나 예측은 중요하지만 반드시 성공하는 것이 아니며, 때때로 예상치 못한 변수나 감정적 충돌이 중요한 역할을 하게 된다. 예를 들어, 군대의 사기, 적의 반응, 정보의 부족, 자연환경 등은 이성적인 계획만으로는 해결할 수 없는 부분이다. 또한, 전쟁을 수행하는 군인들의 감정적 반응이나 심리적 상태는 전투의 결과에 큰 영향을 미칠 수 있다. 이러한 요소들은 전쟁을 혼돈과 불확실성의 영역으로 만든다고 클라우제비츠는 설명한다.

불확실성은 전쟁의 핵심적인 특징으로, 전쟁은 항상 예측할 수 없는 상황에서 발생한다는 것이다. 결론적으로, 클라우제비츠의 전쟁의 이중성은 전쟁이 이성적인 계획과 감정적, 우발적 요소가 결합된 복합적인 활동이라는 점을 강조한다. 이 두 가지 측면은 전쟁을 이해하는 데 필수적이며, 전쟁의 승패 예측에는 계산적 전략 이외의 것도 고려해야 함을 보여준다. 전쟁의 예측 불가능성과 복잡성을 반영한 이 이중성은 그 자체로 전쟁이 단순히 계산된 계획을 넘어서는 복잡한 과정임을 일깨워 준다.

① 전쟁의 예측 불가능성을 토대로 전쟁에 계산적인 전략은 무의미함을 강조하고 있다.

② 전쟁의 일부는 계획적 활동으로 나타남을 제시하고 있다.

③ 전쟁을 혼돈과 불확실성의 영역으로 만드는 예시를 들어 설명하고 있다.

④ 전쟁을 두 개의 상반된 특성을 가진 복합적인 현상으로 바라본다.

05 다음 글의 서술적 특징으로 적절한 것은?

터키 이스탄불(구 콘스탄티노플)에 위치한 소피아 성당은 비잔틴 제국에서부터 오스만 제국, 그리고 현대 터키 공화국에 이르기까지 다채로운 역사를 간직하고 있다. 각각의 시기는 이 건축물에 독특한 흔적을 남겼으며, 그 과정에서 성당은 수많은 고초를 겪었다.

소피아 성당은 비잔틴 제국 황제 유스티니아누스 1세의 명령으로 건설되었다. 당시 이 건물은 기독교 세계의 중심이자, 동방 정교회의 상징으로 여겨졌다. 특히, 거대한 돔과 정교한 모자이크 장식은 비잔틴 건축의 정수를 보여준다. 유스티니아누스는 완공 후 "솔로몬아, 내가 너를 능가하였다."라는 말을 했다고 전해질 만큼, 소피아 성당의 규모와 장엄함은 당대 최고 수준이었다. 그러나 지진 등 자연재해로 몇 차례 붕괴와 복원이 반복되었다.

근세에 비잔틴 제국을 무너뜨린 메흐메드 2세가 콘스탄티노플을 정복하면서 소피아 성당은 이슬람 사원으로 바뀌었다. 내부의 기독교 모자이크는 이슬람 율법에 따라 석회로 덮였으며, 이슬람 의식을 위한 미나레트(첨탑)가 추가되었다. 또한, 오스만 제국은 성당 내부를 꾸미는 데 이슬람 양식을 반영하여 건물의 정체성에 큰 변화를 주었다. 이 시기는 소피아 성당이 이슬람 세계의 종교적 중심지로 기능했던 시기였다.

근대에 오스만 제국이 몰락한 후, 터키 공화국의 초대 대통령 아타튀르크는 소피아 성당을 박물관으로 전환하였다. 이는 종교적 갈등을 완화하고, 문화적 유산으로서 소피아 성당을 세계에 개방하기 위한 조치였다. 하지만 몇 년 전 터키 정부는 다시 이 건축물을 이슬람 사원으로 지정하였다. 이 결정은 국내외에서 논란을 일으켰으며, 소피아 성당의 종교적 및 문화적 정체성을 둘러싼 논쟁을 촉발시켰다.

① 시대적 흐름 속에서도 소피아 성당이 지켜 온 가치를 강조하고 있다.
② 권위자들의 견해를 인용하여 소피아 성당의 위상을 뒷받침하고 있다.
③ 소피아 성당을 둘러싼 논쟁을 대비시켜 독자의 관심을 끌고 있다.
④ 소피아 성당의 변화 모습과 그 이유를 통시적으로 제시하고 있다.

06 다음 글의 서술적 특징으로 적절한 것은?

국제 연맹은 제1차 세계 대전 이후인 1920년에 설립된 국제기구로, 전쟁 방지와 국제 평화 유지를 목표로 하였다. 그러나 설립 당시부터 여러 한계를 가지고 있어 그 기능이 충분히 발휘되지 못했다.

가장 큰 한계는 주요 강대국의 참여 부족이었다. 특히, 국제 연맹 설립을 주도한 미국이 국내 의회 반대로 인해 가입하지 않음으로써 연맹의 권위와 영향력은 크게 약화되었다. 또한, 독일과 소련은 초기 가입국에서 제외되었고, 일본과 이탈리아 등 일부 회원국은 연맹을 탈퇴하였다. 이로 인해 국제 연맹은 세계 강대국들의 이해관계를 조율하기 어려운 상황에 처했다.

두 번째 한계는 집행력의 부재였다. 국제 연맹은 회원국들의 합의를 통해 결정을 내렸지만, 이를 강제할 수 있는 군사적 혹은 경제적 수단이 부족하였다. 따라서 회원국들이 연맹의 결정을 따르지 않을 경우 이를 효과적으로 제재할 방법이 없었다. 이는 1930년대 일본의 만주 침공, 이탈리아의 에티오피아 침략 등 국제적 갈등 상황에서 연맹이 무력하게 대응한 사례에서 명백히 드러났다.

세 번째 한계는 의사결정 구조의 비효율성이었다. 국제 연맹은 모든 주요 결정이 만장일치로 이루어져야 했기 때문에, 각국의 이해관계가 상충할 경우 결정을 내리기 어려웠다. 이는 긴급한 사태에서 신속한 대응을 방해하는 요인이 되었다.

결국 국제 연맹은 이러한 구조적·정치적 한계로 인해 제2차 세계 대전을 막지 못하였고, 그 기능은 1946년 설립된 국제 연합(UN)으로 대체되었다. 국제 연맹의 실패는 국제기구의 실질적 권한과 강대국 간 협력이 국제 평화를 유지하는 데 얼마나 중요한지를 보여주는 역사적 교훈이 되었다.

① 실제 사례를 통해 국제 연맹이 지닌 여러 한계를 부각하고 있다.
② 국제 연맹 창설을 보도한 자료를 활용해 연맹의 한계를 설명하고 있다.
③ 비유를 사용하여 국제 연맹의 운영상 문제점의 심각성을 강조하고 있다.
④ 국제 연맹 창시자의 생애를 통해 국제 연맹이 탄생한 배경을 설명하고 있다.

07 다음 글의 서술적 특징으로 적절한 것은?

아스피린은 버드나무 껍질에서 발견된 살리실산에서 유래된 약물로, 현대 의약의 시작을 알리는 중요한 발견 중 하나이다. 고대에는 버드나무 껍질이 통증과 염증을 완화하는 데 사용되었는데, 19세기 말 독일 화학자 펠릭스 호프만이 살리실산의 부작용을 줄이고 효과를 증진한 형태로 아세틸살리실산을 합성하면서 아스피린이라는 이름의 약물이 탄생했다. 아스피린은 이후 진통제, 해열제, 항염증제로 널리 사용되었으며, 심혈관계 질환 예방에도 기여하며 의약품 개발의 지평을 넓혔다.

한편, 아르테미시닌은 중국의 과학자 투유유가 발견한 말라리아 치료제로, 개똥쑥(Artemisia annua)에서 추출된 화합물이다. 투유유는 고대 중국 의학 문헌에서 영감을 받아 연구를 시작하였고, 기존 말라리아 치료제의 내성 문제를 해결하기 위한 새로운 치료법을 개발했다. 아르테미시닌 유래 물질은 오늘날 말라리아 퇴치의 핵심 약물로 사용되고 있는데, 이 업적으로 투유유는 2015년 노벨 생리학·의학상을 수상하며 천연물 연구의 중요성을 세계에 알렸다.

이 두 사례는 천연물이 신약 개발의 강력한 원천이 될 수 있음을 보여준다. 천연물은 수억 년 동안 자연선택을 거치며 생리활성이 뛰어난 화합물들을 만들어 왔다. 이를 바탕으로 과학자들은 새로운 치료제를 개발하거나 기존 약물의 효과를 강화할 수 있다. 아스피린과 아르테미시닌은 천연물이 가진 풍부한 가능성을 현대 과학과 융합할 때, 인류의 건강 증진에 얼마나 크게 기여할 수 있는지를 입증한 사례이다.

① 구체적인 사례를 먼저 제시하여 필자의 견해를 뒷받침하고 있다.

② 대립되는 두 견해를 비교·검토한 후 제3의 견해를 도출하고 있다.

③ 질문을 통해 화제를 제시함으로써 독자의 호기심을 유발하고 있다.

④ 전문 용어의 뜻을 비유를 활용하여 밝힘으로써 독자의 이해를 돕고 있다.

08 다음 글의 서술적 특징으로 적절한 것은?

　19세기 등장한 민족주의(nationalism) 개념은 민족(nation)이라는 개념과 밀접하게 연결된 사상 체계이다. 여기서 '민족'은 공통의 언어, 문화, 역사, 혈통, 또는 지리적 연고를 공유한다고 믿는 사람들의 집단을 지칭한다. 민족주의는 이러한 민족적 정체성을 중심으로 한 정치적, 사회적 운동이나 이념을 의미하며, 한 민족이 자결권을 갖고 독립적이고 주권적인 국가를 이루어야 한다는 믿음을 포함한다.

　학문적으로 민족주의는 복잡다양한 형태와 의미를 가진다. 이를 이해하기 위해 주요 개념의 정의를 명확히 하는 것이 중요하다. 첫째, '민족'은 단순히 생물학적 혈연에 의존하지 않으며, 상징적이고 상상적인 공동체로 간주된다. 20세기 후반의 저명한 정치학자 A는 이를 '상상의 공동체(imagined communities)'라고 표현하며, 구성원들이 물리적으로 모두 만날 수는 없지만, 공유된 정체성과 유대를 느낀다고 주장한다.

　둘째, '국가(state)'는 민족주의 이론에서 중요한 역할을 한다. 국가는 민족이 자결권을 실현하는 정치적 주체로서, 영토적 경계와 법적 체계를 통해 민족의 이익을 보호하고 발전시키는 장치로 간주된다. 민족주의는 종종 국가 형성(state-building)과 연결되며, 독립운동, 탈식민지화, 또는 통일운동과 같은 역사적 과정에서 두드러지게 나타난다.

　셋째, '정체성(identity)'은 민족주의의 핵심적인 요소이다. 민족주의 이론은 집단 정체성이 어떻게 형성되고 유지되는지에 대한 질문에 초점을 맞추며, 상징, 신화, 언어, 종교와 같은 문화적 요소들이 민족 정체성을 구축하는 데 기여한다고 본다.

① 민족주의 이론을 창시한 자의 생애를 언급하며 민족주의 탄생 배경을 설명하고 있다.

② 하나의 민족이 물리적 만남을 전제하는 공동체로 발전하는 과정을 설명하고 있다.

③ 주요 어휘의 개념을 정의한 후 민족주의의 학문적인 의미를 설명하고 있다.

④ 통계 수치를 활용하여 민족주의 현상의 문제점을 설명하고 있다.

09 다음 글의 서술적 특징으로 적절한 것은?

실존 철학을 대표하는 야스퍼스(Karl Jaspers)는 인간이 실존에 도달하기 위해 반드시 마주해야 하는 삶의 본질적이고 불가피한 상황을 '한계상황(Grenzsituationen)'이라고 제시하였다. 한계상황은 인간이 피할 수 없으며, 이를 통해 자신의 한계와 존재의 본질을 자각하게 되는 순간이다. 대표적인 한계상황으로는 죽음, 고통, 투쟁, 죄책감 등이 있다.

그중에서도 '죽음'은 가장 보편적이고 심오한 한계상황으로 여겨진다. 인간은 누구나 언젠가는 죽음을 맞이해야 하며, 이 사실을 부정하거나 피할 수 없다. 죽음을 직면하는 경험은 자신의 삶이 유한하다는 사실을 깨닫게 하며, 동시에 자신의 존재와 삶의 본질을 근본적으로 성찰하도록 만든다.

예를 들어, 가까운 사람의 죽음을 경험한 개인은 단순히 슬픔과 상실감을 느끼는 것에 그치지 않는다. 이 사건은 "내 삶의 의미는 무엇인가?", "나는 어떤 존재로 살아가고 있는가?", "죽음 이후에는 무엇이 남는가?"와 같은 본질적인 질문을 떠올리게 한다. 이러한 질문은 이전까지 당연시했던 일상적이고 습관적인 사고방식에 균열을 일으키며, 새로운 차원의 성찰과 존재 의식을 요구한다.

야스퍼스는 죽음을 포함한 한계상황이 물론 인간에게 고통스러운 경험이지만, 이를 회피하지 않고 마주할 때 비로소 실존적 각성이 이루어진다고 보았다. 죽음을 직면한 개인은 자신의 무력함과 한계를 인정하게 되며, 이를 통해 스스로의 삶에 대한 책임감을 자각하고 실존적 가능성을 탐구하게 된다. 한계상황은 인간에게 단순히 절망을 주는 것이 아니라, 이러한 절망을 딛고 새로운 자기 이해와 성장으로 나아가는 계기가 된다.

따라서 '죽음'이라는 한계상황은 인간이 자신의 존재를 더욱 깊이 이해하고, 일상적인 삶을 초월하여 실존의 가능성을 발견할 수 있는 중요한 기회로 작용한다고 할 수 있다. 야스퍼스는 이를 통해 인간이 진정한 실존적 자유와 책임을 깨닫고, 자신의 삶을 주체적으로 살아갈 수 있는 길을 열어준다고 보았다.

① 묻고 답하는 방식으로 인간의 한계와 존재의 본질 탐구를 강조하고 있다.

② 인간의 한계상황에 관련된 논쟁이 심화되는 과정을 단계적으로 서술하고 있다.

③ 권위자가 말하는 특정 개념을 통해 인간에게 한계상황이 갖는 의의를 밝히고 있다.

④ 구체적인 상황에 대한 인간의 반응을 가정하여 한계상황에 대한 통념을 강화하고 있다.

10 다음 글의 서술적 특징으로 적절한 것은?

나폴레옹의 중앙은행 제도는 현대 금융 시스템의 토대를 마련한 중요한 역사적 사건으로 평가된다. 1800년에 설립된 프랑스 은행(Banque de France)은 나폴레옹이 금융 및 경제 안정을 목적으로 설립한 중앙은행으로, 당시 유럽은 물론 세계 경제사에서도 중요한 전환점을 제공하였다.

프랑스 은행은 첫째, 금융 안정성을 제공하는 데 기여하였다. 프랑스 혁명 이후 혼란스러운 경제 환경 속에서 중앙은행의 설립은 화폐 발행 권한을 통제하고 인플레이션을 억제하는 역할을 했다. 이는 경제 전반의 신뢰를 회복하고 금융 거래를 원활하게 만들었다.

둘째, 프랑스 은행은 중앙집권적 경제 관리를 가능하게 하였다. 나폴레옹은 이 은행을 통해 정부 재정 운용의 효율성을 높이고, 국가 프로젝트에 필요한 자금을 조달할 수 있는 체계를 마련하였다. 이는 현대적인 정부의 재정 관리와 중앙은행의 역할 모델로 기능하였다.

셋째, 프랑스 은행은 유럽 대륙 전역의 금융 시스템 발전에 영향을 미쳤다. 나폴레옹 전쟁 시기, 정복지에서 이 모델을 도입하거나 영향을 받은 국가들이 많았으며, 이는 유럽의 금융 통합 및 은행 제도의 현대화를 촉진하였다.

이와 같은 나폴레옹의 중앙은행 제도는 오늘날 중앙은행의 핵심 역할인 화폐 발행, 금융 안정성 유지, 국가 경제 정책 지원 등과 맞닿아 있다.

① 나폴레옹의 중앙은행 설립 목적을 다양한 관점에서 분석하고 있다.
② 나폴레옹 시기 경제학자들의 견해를 예시로 들어 독자의 이해를 돕고 있다.
③ 나폴레옹의 경제학적 견해를 근거로 종래의 경제학에 대해 반론을 펼치고 있다.
④ 나폴레옹의 중앙은행 제도에 대한 평가로 시작함으로써 독자의 호기심을 유발하고 있다.

11 다음 글의 서술적 특징으로 적절하지 <u>않은</u> 것은?

고대인들은 인체의 건강과 성격이 어떻게 조절된다고 보았을까? 고대 그리스의 의사 갈레노스(150-210 AD)는 체액설(혹은 '네 가지 체액론')을 통해 체액이 인간의 생리적 상태와 성격을 조절한다고 주장하였다. 그는 이를 통해 질병의 원인과 치료 방법을 설명하고자 했다. 이 이론은 후에 서양 의학에 큰 영향을 미쳤고, 수백 년 동안 의학적 사고에 중요한 기초를 제공했다.

갈레노스는 네 가지 체액이 인간의 건강과 성격에 영향을 미친다고 주장했다. 이 네 가지 체액은 혈액, 점액(림프액), 황담즙, 흑담즙이다. 각 체액은 특정한 성질을 가지고 있으며, 이 성질은 신체와 정신 상태에 중요한 영향을 끼친다고 보았다. 갈레노스는 이들 체액의 균형이 맞을 때 사람이 건강하고 성격이 안정적이라고 보았으며, 질병은 이 네 가지 체액 중 하나가 과도하거나 부족해지면서 발생한다고 생각했다. 가령, 한 사람이 쉽게 화를 내고 충동적인 행동을 보인다면, 갈레노스는 그 사람의 황담즙이 과다한 상태라고 설명했다. 황담즙은 따뜻하고 건조한 성질을 가진 체액으로, 다혈질적이고 급하고 공격적인 성격을 나타내기 때문이다. 반면, 지나치게 우울하고 의욕이 없는 사람은 흑담즙이 과도하다고 보았다. 이는 흑담즙이 차갑고 건조한 성질을 가진 체액으로, 우울하고 내향적인 성격과 관련되기 때문이다. 이러한 이론은 당시 의학뿐만 아니라 심리학과 철학에서도 큰 영향을 미쳤으며, 오랜 세월 동안 서양 의학의 기초로 자리 잡았다.

① 예를 들어 이론을 알기 쉽게 설명하고 있다.
② 예상 반론을 반박하며 이론의 신뢰성을 높이고 있다.
③ 특정 이론을 바탕으로 현상의 원인을 분석하고 있다.
④ 자문자답의 방식을 사용하여 중심 화제를 소개하고 있다.

12 다음 글에 대한 설명으로 적절하지 <u>않은</u> 것은?

인간이 내리는 도덕적 판단은 무엇에 기초하는가? 이에 대하여 조너선 하이츠는 사회심리학적 측면에서 도덕적 판단에는 이성적 추론보다 직관적인 감정이나 직감이 더 중요한 역할을 한다는 '사회적 직관론'을 제시하였다.

사회적 직관론은 인간의 도덕적 판단이 단순히 논리적 사고의 결과물이 아니라, 감정적이고 직관적인 반응에서 비롯된다는 점에서 기존의 도덕적 이성주의 이론에 도전하는 것이다. 도덕적 판단의 첫 번째 단계는 직관적인 감정이나 감각에 의해 이루어진다. 즉, 어떤 상황에 직면했을 때, 사람들은 이성적으로 분석하기 전에 먼저 감정적 반응을 보인다. 이 반응은 종종 빠르고 자동적이며, 사람들의 도덕적 결정을 형성하는 데 중요한 역할을 한다. 직관적 판단을 내린 후, 사람들은 자신의 결정을 정당화하기 위해 이성적이고 논리적인 이유를 찾아낸다. 이를 '후속 이성적 추론'이라고 부르며, 사람들이 도덕적 판단을 내린 뒤, 그 판단을 설명하고 타당하게 만들기 위해 이성적인 근거를 제시한다. 이 이성적 설명은 종종 이미 형성된 직관적 판단을 합리화하는 역할을 한다는 점이 중요하다.

이러한 도덕적 판단은 개인의 직관에만 의존하지 않고, 사회적 상호작용과 타인의 의견에 영향을 받는다. 사람들은 자신의 직관적 판단을 다른 사람들과 공유하고, 이를 통해 사회적 승인을 얻거나 반대를 경험한다. 이 과정에서 다른 사람들의 의견과 반응은 개인의 도덕적 판단을 강화하거나 변화시킬 수 있다. 이는 사람들이 도덕적 문제를 어떻게 사고하고 해결하는지를 이해하는 데 중요한 기초를 제공한다.

① 사회적 직관론의 사회심리학적 의의를 밝히고 있다.

② 질문을 통해 화제를 제시함으로써 독자의 호기심을 유발하고 있다.

③ 특정 학자의 주장을 근거로 인간의 도덕적 판단에 대해 설명하고 있다.

④ 사회적 직관론을 다른 대상에 빗대어 도덕적 이성주의를 강조하고 있다.

13 다음 글에 대한 설명으로 적절한 것은?

마야(maya)는 인도의 우파니샤드 철학에서 중요한 개념 중 하나로, 현실과 환영, 그리고 진리와 착각 사이의 관계를 설명하는 데 사용된다. 산스크리트어로 '환영'이나 '환상'을 뜻하는 마야는 물질적 세계와 감각적 경험이 궁극적 진리를 가리는 덧없는 베일임을 나타낸다. 우파니샤드에 따르면, 마야는 인간이 궁극적 실재인 브라만(Brahman)을 깨닫는 것을 방해하는 주된 원인이다. 이 철학은 물질적 세계가 실재처럼 보이지만, 이는 브라만의 창조적 힘에 의해 나타난 일시적이고 가변적인 현상일 뿐이라고 주장한다. 따라서 마야는 세계를 구성하는 모든 것들이 브라만으로부터 비롯되었음을 깨닫지 못하도록 인간을 속이는 힘으로 여겨진다.

마야의 개념은 '밧줄과 뱀'으로 이해할 수 있다. 어두운 밤에 한 사람이 밧줄을 보고 그것을 뱀으로 착각했다고 하자. 그는 공포에 휩싸여 도망가거나 뱀을 없애려 할 것이다. 하지만 빛이 밝혀지고 나서야 그것이 단순한 밧줄임을 깨닫게 된다. 이 상황에서 뱀은 존재하지 않음에도 불구하고, 사람의 무지(avidya)와 착각에 의해 실재하는 것처럼 느껴졌다. 이는 마야가 현실을 왜곡하는 방식을 보여준다. 밧줄은 변함없는 실재, 즉 브라만을 상징하며, 뱀은 마야에 의해 드러난 가짜 현실을 나타낸다. 어둠 속에서 뱀으로 보였던 밧줄처럼, 인간은 마야로 인해 물질세계가 궁극적인 실재라고 믿는다. 하지만 지식과 깨달음의 빛이 드러나면 모든 것이 브라만이라는 진실이 밝혀진다.

이는 우리가 감각적 경험과 한정된 인식에 갇혀 있을 때, 실재를 잘못 이해할 수 있음을 상징적으로 보여준다. 따라서 마야를 넘어서기 위해서는 지혜와 자기 탐구가 필요하며, 이를 통해 진정한 실재를 깨달을 수 있다고 우파니샤드는 가르친다.

① 마야의 특성을 다양한 관점에서 제시하고 있다.

② 비유를 통해 마야의 개념을 구체적으로 설명하고 있다.

③ 통계를 인용하여 마야에 대한 현대적 해결책을 제시하고 있다.

④ 마야에 대한 인도인의 인식 변화 양상을 통시적으로 서술하고 있다.

14 다음 글에 대한 설명으로 적절하지 <u>않은</u> 것은?

(가) 1970년에 제정된 리코법(Racketeer Influenced and Corrupt Organizations Act)은 미국 역사상 조직범죄를 뿌리 뽑는 데 가장 강력한 도구 중 하나로 평가된다. 뉴욕은 오랜 기간 다양한 갱단이 활동하며 범죄의 온상이 되었으나, 리코법의 도입 이후 이들 조직의 쇠락이 본격화되었다.

(나) 리코법은 단순히 범죄 행위에 참여한 개인을 처벌하는 것을 넘어, 범죄 조직 자체를 목표로 삼는다. 이 법은 조직적으로 이뤄진 최소 두 건 이상의 범죄 행위를 통해 조직의 활동을 유지하거나 이익을 취한 경우, 해당 조직의 모든 구성원과 지도부를 법적으로 책임지게 할 수 있도록 설계되었다. 이는 조직 내에서 실제로 범죄를 저지르지 않았더라도, 이를 지시하거나 묵인한 고위층도 처벌 대상이 될 수 있음을 의미한다.

(다) 뉴욕의 전통적인 범죄 조직인 '마피아 패밀리'들은 리코법의 주요 타겟이었다. 이들은 주로 마약 밀매, 돈세탁, 공갈 및 폭력과 같은 조직범죄를 통해 막대한 수익을 올렸다. 과거에는 이들의 철저한 위계질서와 '오메르타'라 불리는 침묵의 규율로 인해 마피아 패밀리들을 법적으로 제제하기 어려웠다. 그러나 리코법은 검찰이 조직 전체를 범죄 음모로 기소할 수 있도록 함으로써, 내부 고발자나 증언자 없이도 법적 절차를 진행할 수 있는 길을 열었다.

(라) 1980년대와 1990년대에 들어서면서 뉴욕의 주요 마피아 패밀리들은 연이어 몰락의 길을 걷게 된다. 리코법의 도입과 함께, 연방 검찰은 대규모 기소를 통해 수십 명의 갱단 구성원들을 한꺼번에 법정에 세웠다. 이 과정에서 내부자들이 협력 증인이 되어 조직의 운영 방식과 범죄 행위를 증언하면서, 갱단의 지도부는 빠르게 와해되었다. 대표적으로 감비노 패밀리와 제노베세 패밀리는 리코법의 기소로 인해 지도부가 교도소에 수감되거나 조직 자체가 약화되는 결과를 맞았다.

① (가)는 리코법에 대한 평가로 시작하면서 독자의 관심을 끌고 있다.

② (나)는 권위자의 견해를 근거로 활용하여 리코법의 목표를 제시하고 있다.

③ (다)는 리코법의 주요 표적을 구체적으로 언급하며 리코법에 대해 설명하고 있다.

④ (라)는 구체적 사례를 들어 뉴욕의 폭력배들에게 리코법이 미친 영향을 제시하고 있다.

15 다음 글에 대한 설명으로 적절하지 않은 것은?

미국의 정치학자이자 사회학자인 찰스 틸리(Charles Tilly)는 국가 형성과 전쟁의 관계를 분석하며, 현대 유럽 국가의 형성을 폭력과 강제의 산물로 이해하였다. 그는 유럽의 국가 형성 과정을 단순히 정치적 합의나 내부적 협상의 결과로 보지 않고, 군사적 충돌과 자원 동원의 과정에서 탄생한 것으로 설명하였다.

틸리에 따르면, 중세 후반 유럽은 수많은 전쟁이 발생했으며, 이 과정에서 정치적 통치자들은 군대를 조직하고 유지하기 위해 대규모 자원이 필요했다. 이를 위해 통치자들은 세금을 징수하고, 자원과 인력을 동원하며, 행정 관료제를 발달시키기 시작했다. 이러한 전쟁 수행 능력은 통치자의 권력을 강화하는 데 기여하였고, 점차적으로 영토 기반의 중앙집권적 국가로 발전하게 되었다.

유럽 군주들은 끊임없는 전쟁 속에서 경쟁해야 했으며, 이를 위해 더 큰 군사적 자원을 동원할 수 있는 체계를 구축해야 했다. 통치자들은 새로운 세금 체계를 도입하고 이를 효율적으로 관리하기 위한 관료 조직을 확립했다. 이러한 관료제는 단순히 군사적 필요를 넘어서 정권 안정과 경제적 통제에도 기여했다. 지속적인 전쟁은 소규모 정치체를 통합하거나 경쟁에서 도태시키는 결과를 가져왔다.

① 현대 유럽 국가의 형성에 관한 권위자의 견해를 제시하고 있다.

② 군사적 필요성에서 출발한 관료제가 경제적 통제에 영향을 미침을 설명하고 있다.

③ 국가의 형성을 정치적 차원을 넘어 자원 동원의 차원까지 연계하여 설명하고 있다.

④ 중세 후반 유럽에서의 전쟁 종전의 과정을 예로 들어 국가의 형성을 서술하고 있다.

16 다음 글에 대한 설명으로 적절하지 않은 것은?

근대 법치주의는 어떻게 탄생하고 자라났는가? 막스 베버(Max Weber)는 종교적 요소가 중요한 역할을 했다고 주장했다. 베버에 의하면, 개신교의 정신은 인간이 세속적 활동을 통해 신의 뜻을 실현할 수 있다는 믿음을 가지고 있었으며, 이로 인해 개인의 윤리적 책임감과 절제, 노동에 대한 규범이 강조되었다. 이러한 윤리적 태도가 자본주의 정신과 맞물려, 근대적 법치주의의 기초를 마련한 것으로 베버는 분석했다.

근대 사회에서 법률은 기존과 달리 신의 뜻을 전달하는 신성한 명령이 아닌, 인간의 합리적인 이성과 사회적 합의에 근거한 규범으로 발전했다. 베버는 법이 '합리적 법치국가'의 기초를 닦는 데 중요한 역할을 했다고 보았다. 이는 법이 특정한 신념이나 종교적 권위에 의존하기보다는, 독립적이고 합리적인 이성에 의해 규명되어야 한다는 근대 법치주의의 핵심적인 사고방식을 나타낸다.

따라서, 베버는 근대적 법치주의가 종교적 전통에서 나온 가치들이 합리화되고 세속화되는 과정을 통해 발전했다고 주장했다. 이러한 과정을 통해 법은 인간 사회에서 점차 자율적이고 민주적인 제도로 자리 잡게 되었으며, 이는 근대적 국가와 법치주의 체제의 근본적인 기초가 되었다.

① 통념에 대해 반박을 하면서 근대적 법치주의의 형성 과정을 제시하고 있다.

② 베버의 주장에 따른 근대 법치주의의 발전 과정이 갖는 의의를 언급하고 있다.

③ 근대 사회에서 법률의 발전 방향성을 근대 이전의 사회와 대비하며 서술하고 있다.

④ 묻고 답하는 형식으로 근대 법치주의에 영향을 미친 종교적 요소에 대해 설명하고 있다.

17 다음 글에 대한 설명으로 적절하지 않은 것은?

앨런 맥팔레인의 영국 개인주의 연구는 영국 사회의 독특한 법적, 문화적 특성을 분석하는 데 중요한 시사점을 제공한다. 그의 연구에 따르면, 영국에서 개인주의는 중세 이후 커먼로(Common Law) 체계의 발전과 밀접하게 연관되어 있다. 특히 재산의 자유 처분권과 자녀에 대한 비상속권의 개념이 이를 뒷받침한다.

재산의 자유 처분권은 개인이 자신의 재산을 생전 또는 사후에 자유롭게 처분할 수 있는 권리를 의미한다. 이는 가족 공동체나 지역 사회의 강압에서 벗어나 개인이 재산에 대한 주체적인 결정을 내릴 수 있음을 나타낸다. 커먼로는 이러한 개인의 권리를 법적으로 보호하며, 개인주의적 가치를 강화하는 역할을 했다.

한편, 자녀에 대한 비상속권은 부모가 반드시 자신의 재산을 자녀에게 상속해야 할 의무가 없음을 뜻한다. 이는 가족 내에서의 재산 이전이 자동적이지 않고, 부모의 자유 의지에 따라 이루어질 수 있음을 보여준다. 이러한 법적 원칙은 영국 사회에서 개인의 독립성과 자율성을 강조하며, 개인주의 문화의 토대를 형성하는 데 기여했다.

맥팔레인은 이러한 제도가 영국 사회에서 개인주의의 발달을 촉진하고, 가족 및 사회 구조에 독특한 영향을 미쳤음을 주장한다. 이는 영국의 법적 전통이 단순히 규범적 체계에 머무르지 않고, 사회적 가치와 문화적 방향성을 형성하는 중요한 역할을 했음을 보여주는 사례라 할 수 있다.

① 영국의 개인주의를 커먼로 체계의 발전과 연관 지어 서술하고 있다.

② 특정 학자의 연구를 바탕으로 영국의 개인주의에 영향을 미친 요소들을 살펴보고 있다.

③ 영국 개인주의를 촉진시킨 재산의 자유 처분권과 자녀에 비상속권의 의미를 밝히고 있다.

④ 영국의 개인주의에 대한 대립된 견해를 제시하며 영국 사회의 독특한 법적, 문화적 특성을 분석하고 있다.

실전 학습 문제

18 다음 글의 서술 방식으로 가장 적절한 것은?

초음파 검사는 아기의 성장 과정을 추적할 수 있는 가장 안전한 방법이라는 점에서 그리고 태아의 여러 가지 기형적 발생을 직접 눈으로 추적할 수 있다는 점에서 유용한 방법이다. 초음파 검사를 시도하는 시기는 대체로 18주에서 20주 사이이다. 소리와 마찬가지로 초음파도 공기보다는 물에서 더 큰 반향을 일으키기 때문에 양수가 어느 정도 들어차야만 검사가 가능하기 때문이다. 양수는 최소 18주가 지나야 충분한 양으로 들어차게 된다. 요즈음 부모들은 매달 아기가 자라나는 모습을 초음파로 찍고 싶어 한다. 그러나 의학적 진단의 목적에서는 임신 기간 중 두 번의 초음파 검사면 충분하다. 한 번은 18-20주 사이에 성장 과정을 관찰하기 위함이고 다른 한 번은 출생 바로 직전에 아기의 위치를 확인하기 위해서이다. 간혹 10~13주경 또는 그 이전에 어쩔 수 없이 특별 초음파 검사를 하는 경우도 있다. 이런 경우는 임신 초기에 출혈이 심하거나 임신 시점이 부정확할 경우 또는 임산부의 나이가 많거나 가족력이 있어서 다운증후군이 심하게 우려될 경우이다. 아기의 생식기가 어느 정도 완성되는 시기는 3개월이므로 이 시기를 지나면 초음파로 성별을 확인할 수 있다. 보통 남자아이의 경우는 음경을, 여자아이의 경우는 음순을 관찰한다. 그러나 때로 여자아이의 음순을 관찰하기가 어렵거나 남자 아기가 두 다리로 음경을 감추고 있어 관찰이 어려울 수도 있다. 그리고 임신 말기에는 양수가 줄어들어 오히려 검사가 어려울 수도 있다. 성별 판독을 위한 검사는 일반적으로 98%의 정확도를 보이는데 이는 전적으로 의사의 숙련도와 태아의 위치, 그리고 임신 진행 시기 등에 따라 달라지게 마련이다.
- 유민, '바이오테크놀로지와 생명윤리' -

① 학술적인 용어의 정의를 설명하여 독자의 이해를 돕고 있다.
② 특정 기술을 사용하는 방식과 목적을 쉽게 설명하고 있다.
③ 양상이 비슷한 두 가지의 개념을 분석하여 비교하고 있다.
④ 사회 현상을 바라보는 서술자의 주관이 추가되어 있다.

19 다음 글에 대한 설명으로 적절하지 <u>않은</u> 것은?

1970년대부터 마약에 대한 수요가 급증하였는데, 주로 미국을 중심으로 한 선진국들의 마약 소비가 폭발적으로 늘었기 때문이다. 당시 히피 문화와 반문화 운동이 확산되고 마리화나, 코카인, 헤로인 등의 마약에 대한 대중의 접근이 쉬워짐에 따라 마약은 더욱 널리 소비되었다. 마약 수요의 증가는 마약 생산국인 중남미 국가들에서 마약 밀매를 통한 거대한 이익을 추구하는 카르텔들이 성장할 수 있는 토대를 마련했다.

미국과 유럽의 시장을 겨냥한 마약 밀매는 중남미에서 생산된 마약을 미국으로 밀수하는 거대한 카르텔 범죄 조직들이 형성되는 배경이 되었다. 마약 밀매는 고수익을 가져다주는 사업으로 여겨졌기 때문에 카르텔들은 이 사업을 통해 빠르게 경제적, 정치적 영향력을 확장할 수 있었다.

마약 밀매가 활발해지면서, 이를 통제하기 위해 정부가 개입하는 대신, 카르텔들은 자체적으로 무장 세력을 조직하고 이를 통해 생산, 밀매, 유통 전반을 지배했다. 마약 밀매의 과정에서 조직된 무장 세력들은 자신이 속한 카르텔의 영향력을 넓히기 위해 폭력을 행사하며, 마약 밀매를 방해하는 자들에 대해 폭력적인 대응을 했다.

① 카르텔들이 마약 밀매의 과정에서 폭력을 행사하는 이유를 설명하고 있다.

② 마약 밀매의 수익성과 카르텔들의 영향력 확장을 연결 지어 서술하고 있다.

③ 마약 수요 급증으로 인한 히피 문화를 비롯한 문화의 변동 양상을 분석하고 있다.

④ 마약 수요 증가가 중남미에서 카르텔들의 성장에 토대를 마련했음을 강조하고 있다.

20 다음 글의 특징으로 적절한 것은?

지난 1960년대 베트남 전쟁에서의 일이다. 미군은 정글을 없애 베트콩의 게릴라전을 저지할 목적으로 고엽제(Agent Orange)를 사용했다. 오렌지 작전으로 불린 고엽 작전은 말라리아를 매개하는 모기와 거머리 퇴치가 명목적 이유였지만 실제는 베트콩이 정글에 숨을 수 없게 하기 위해서였다.

전쟁이 계속된 1962년부터 1971년까지 미군은 총 7만 9천 톤이 넘는 고엽제를 비행기로 베트남 전역에 살포했다. 당시 사용된 고엽제에는 발암물질로 알려진 다량의 다이옥신류가 함유되어 있었으며, 그로 인해 피해를 입은 베트남인이 400만 명에 달했다. 전쟁 후 베트남에서는 태아의 절반이 사산(死産)하고, 기형아 발생률도 전쟁 전에 비해 10배에 달했다.

참전 군인들의 피해가 종전 40년이 지난 지금도 진행형인데, 대표적인 예로 한국의 경우 고엽제 후유증 환자가 2만 4천여 명, 후유의증 환자가 7만 5천여 명으로 집계되고 있다. 이들은 대부분 치유할 수 없는 신체 피해와 정신질환을 앓고 있으며 일부는 2세까지 피해가 유전된 사실이 확인됐다.

- 이종인, '당신이 소비자라면'-

① 역사적 사건을 바라보는 사람들의 시선을 덧붙이고 있다.

② 사건이 일어난 연도에 일어난 다른 일과 비교하고 있다.

③ 구체적인 수치를 근거로 역사적 사건을 설명하고 있다.

④ 역사적 사건의 이름이 가지는 상징적인 의미를 설명하고 있다.

21 다음 글의 전개 방식으로 가장 적절한 것은?

컴퓨터 매체에 의존하여 이루어지는 전자 심의는 민주 정치의 발전에 긍정적인 영향을 불러올 수 있을까? 다음의 실험들은 이러한 질문에 답을 정하는 데 도움을 줄 것이다. 한 실험에 따르면, 전자 심의에서는 시각적 커뮤니케이션이 없는 상황에서도 토론이 지루해지지 않았고, 대면 심의에서는 드러나지 않았던 내밀한 내용들이 비교적 쉽게 표출되었다. 이것으로 미루어 보건대, 인터넷은 내성적이고 소극적인 성격의 사람들이 자신의 의견을 보다 적극적으로 표출할 수 있는 환경을 제공한다는 장점이 있다는 것을 알 수 있다. 하지만 또 다른 실험은 질적 판단을 요하는 복합적인 문제를 다루는 경우, 대면 심의 집단이 전자 심의 집단보다 우월하다는 결과를 보여주고 있다.

이런 관점에서 보면 전자 심의는 소극적인 시민들의 생활에 숨어있는 다양한 의견들을 표출하기에 적합하며, 대면 심의는 정치적 영역과 같이 책임감을 요하는 심의에 더욱 적합하다고 볼 수 있다. 정치적 영역의 심의는 복합적 성격의 쟁점, 도덕적 갈등 상황, 그리고 최종 판단의 타당성 여부가 불확실한 문제들과 깊이 관련되어 있기 때문이다.

결정을 내리기 어려운 정치적 사안일수록 참여자들 사이에 타협과 협상의 필요성이 대두되는데, 그 타협은 일정 수준의 신뢰 등 '사회적 자본'이 확보되어 있을 때 용이해진다. 정치적 사안을 심의하려면 토론자들이 사이에 신뢰가 존재해야 하며 심의 결과에 대한 책임 의식 또한 갖고 있어야 한다. 이런 바탕 위에서만 이성적 심의나 분별력 있는 심의가 가능해지는데, 이것은 인터넷 공간에서는 확보되기 어려운 것으로 보인다.

① 구체적인 예시를 통해 추상적인 개념의 이해를 돕고 있다.
② 대상을 하위 부류로 나누어 설명하고 있다.
③ 가설을 설정한 후에 그것을 구체적 현상에 적용하고 있다.
④ 대상의 장단점을 비교하여 독자의 이해를 돕고 있다.

22 다음 글에 대한 설명으로 적절하지 <u>않은</u> 것은?

네이션(nation) 개념의 등장은 근대 국가 체제의 형성과 밀접한 관련이 있다. 이 개념은 단순히 정치적 경계를 넘어 문화적, 언어적, 역사적 요소가 결합된 공동체를 의미하며, 국가와 민족의 관계를 새롭게 정의하는 중요한 전환점을 이룬다. 중세 유럽에서는 봉건적 질서가 지배적이었다. 당시 정치적 권력은 중앙집권적이지 않고, 여러 지역의 군주나 귀족들이 각각 독립적으로 통치하며, 이들 간의 충성 관계나 혈연적 유대가 중요했다. 정치적 공동체는 주로 왕국이나 영토 중심으로 이루어졌으며, 특정 민족이나 언어 집단의 개념은 상대적으로 희미했다.

하지만 16세기와 17세기, 특히 근대 초기에는 중앙집권적인 국가들이 형성되기 시작했다. 이 시기의 국가들은 점차적으로 보다 강력한 중앙 정부와 제도적 장치들을 구축하면서, 민족적 또는 언어적 배경이 아닌, 정치적 통합을 목표로 했다. 예를 들어, 16세기 프랑스와 영국은 왕권 강화와 함께 국가의 통합을 추진했다.

18세기 후반, 프랑스 혁명(1789년)은 근대 국가 형성의 중요한 전환점을 마련했다. 프랑스 혁명은 '국민'이라는 개념을 강조하며, 전통적인 군주제에서 벗어나 민중과 국가의 주권을 국민에게 부여하는 방식으로 근대 민주주의의 기틀을 다졌다. 여기서 '국민'은 단순히 국가의 구성원이 아니라, 공동의 역사와 문화를 공유하는 사람들의 집합으로 정의되기 시작했다. 프랑스 혁명은 '자유, 평등, 박애'의 이념 아래에서 국가와 국민의 관계를 새롭게 규정했다. 혁명 정부는 '프랑스 국민'이라는 개념을 강조하며, 국가의 주권을 국민에게 부여하고, 국적과 민족의 경계를 명확히 했다. 이 과정에서 국가와 민족의 정체성은 서로 밀접하게 연결되었으며, 네이션은 정치적 정체성의 핵심 요소로 자리 잡았다.

19세기에는 민족주의가 중요한 정치적 흐름으로 등장하며 네이션 개념이 전 세계적으로 확산되었다. 이 시기 유럽에서는 독일과 이탈리아를 비롯한 여러 민족들이 민족 국가를 형성하려는 움직임이 일어났다. 또한, 프랑스 혁명 이후 유럽 외의 지역에서도 민족주의적 독립운동이 일어났다. 라틴 아메리카에서는 스페인과 포르투갈의 식민지였던 국가들이 독립을 선언하며, 민족적 정체성을 기반으로 한 새로운 국가들을 형성했다.

① 통시적 관점에서 네이션 개념의 등장과 발전 양상을 제시하고 있다.
② '국민'의 정의를 언급하며 근대 민주주의 기틀을 다진 프랑스 혁명을 설명하고 있다.
③ 예시를 통해 근대 초기 국가들이 민족이 아닌 정치적 통합을 목표했음을 제시하고 있다.
④ 대표 학자의 이론을 인용하여 네이션이 국가와 민족의 관계에서의 역할을 언급하고 있다.

실전 학습 문제

23 다음 글에 대한 설명으로 적절하지 <u>않은</u> 것은?

(가) 먼로주의(Monroe Doctrine)는 1823년 제임스 먼로 대통령의 연설에서 처음 등장한 미국의 외교 정책으로, 아메리카 대륙에서의 유럽 열강의 간섭을 배격하고, 미국의 정치적 독립성을 유지하려는 의지를 나타낸 중요한 선언이다. 당시 미국은 아직 유럽 국가들과 비교해 상대적으로 약한 국가였지만, 먼로주의는 미국이 아메리카 대륙에서 정치적 및 군사적 영향력을 확대하고자 하는 목표를 갖고 있었다.

(나) 먼로는 유럽 열강들이 아메리카 대륙에서 새로운 식민지를 건설하거나 기존 국가들의 정치적 상황에 간섭하는 것을 반대했다. 특히 유럽의 군주제 국가들이 아메리카 대륙의 공화제 국가들에게 영향을 미치는 것을 방지하고자 했다. 이는 유럽의 절대주의적 정치 체제와 민주주의적 체제를 구별하고, 아메리카 대륙의 국가들이 독립적으로 성장할 수 있도록 보장하는 의미가 있었다.

(다) 먼로는 미국이 유럽의 내정에 개입하지 않겠다고 선언했다. 이는 미국이 유럽 대륙의 전쟁이나 갈등에 휘말리지 않겠다는 약속이었으며, 유럽 국가들이 아메리카 대륙에 간섭하지 않는 대신, 미국은 유럽의 문제에 관여하지 않겠다는 입장을 밝힌 것이다. 이 중립성 원칙은 후에 '먼로주의의 중립성'이라는 표현으로 널리 알려지게 되었다.

(라) 먼로주의는 아메리카 대륙에서 미국의 외교적 영향력을 확대하는 중요한 정책적 기초가 되었다. 이 정책은 미국이 '아메리카 대륙의 경찰' 역할을 맡고, 아메리카 대륙에서 유럽 열강의 간섭을 방지하려는 의지를 담고 있었다. 또한, 미국은 라틴 아메리카의 독립운동을 지지하며, 아메리카 대륙에 대한 유럽의 정치적, 군사적 간섭을 허용하지 않겠다고 밝혔다.

① (가): 먼로주의의 의미를 제시하면서 중심 화제를 드러내고 있다.

② (나): 아메리카 대륙의 독립성을 보장하려는 먼로의 견해를 설명하고 있다.

③ (다): '먼로주의의 중립성'의 원칙에 대해 설명하고 있다.

④ (라): 먼로주의에 따라 미국의 유럽 개입을 암시적으로 드러내고 있다.

24 다음 글에 대한 설명으로 적절하지 <u>않은</u> 것은?

(가) 이란-이라크 전쟁(1980-1988)은 중동 역사에서 중요한 갈등 중 하나로, 그 원인은 여러 복합적인 요소들에 의해 형성되었다. 두 나라 모두 많은 인명 피해와 경제적 피해를 입었다. 전쟁은 끝내 양국 모두에게 별다른 영토적 변화 없이 휴전으로 끝났다.

(나) 첫째, 영토 분쟁이 주요 원인 중 하나였다. 이란과 이라크는 주로 샤트 알 아랍 지역을 둘러싼 갈등을 겪었다. 이 지역은 두 나라의 중요한 수로이자 경제적 요충지였으며, 이란과 이라크는 이 지역에 대한 주도권을 놓고 지속적으로 충돌해 왔다. 1975년의 알제리 협정에서는 이라크가 일부 양보했으나, 1980년에 이라크는 이를 무효화하고 전쟁을 일으켰다.

(다) 둘째, 이란 혁명과 그로 인한 정치적 변화도 큰 영향을 미쳤다. 1979년 이란에서는 이슬람 혁명이 일어나, 샤(왕정)가 몰락하고 아야톨라 호메이니가 지도자로 등장했다. 호메이니의 이슬람 혁명은 이라크 내의 시아파 무슬림들에게 영향을 미쳐, 이라크 내에서 혁명적인 움직임을 자극했다. 이라크의 독재자 사담 후세인은 자국 내 시아파의 반란 가능성을 우려하며, 이를 제압하기 위해 전쟁을 일으켰다.

(라) 셋째, 세력 균형의 변화도 중요한 요인으로 작용했다. 이란 혁명 이후, 이란은 급격히 강화된 국가로 간주되었으며, 이라크는 이를 위협으로 여겼다. 사담 후세인은 이란의 군사적, 경제적 성장을 견제하기 위해 전쟁을 선택했다. 또한, 이란의 강력한 정치적 영향력이 중동 전역으로 확산될 수 있다는 우려도 전쟁을 촉발한 배경이 되었다.

① (가): '이란-이라크 전쟁'을 개략적으로 설명하면서 전개될 내용을 드러내고 있다.

② (나): 이란과 이라크 사이의 영토 분쟁을 중심으로 이란-이라크 전쟁의 원인을 설명하고 있다.

③ (다): 이란의 이슬람 혁명과 이라크 내부 시아파 반란 가능성을 중심으로 전쟁의 원인을 조명하고 있다.

④ (라): 이란 혁명 이후 급격히 국력이 약화된 이란에 대한 사담 후세인이 침공을 전쟁의 배경으로 분석하고 있다.

25 다음 글의 서술 방식으로 적절한 것은?

한국 구비문학의 보편적 갈래는 설화, 민요, 무가로 나뉜다. 설화는 신화, 전설, 민담 등이 속하는 갈래로, 민중 사이에 전승되어 온 이야기를 뜻한다. 민요에는 민중들 사이에서 불려 오던 소박한 노래로서 노동요, 의식요, 유희요 등이 있다. 노동요로는 농업 노동요와 길쌈 노동요가 많고, 의식요로는 장례 의식요가 많이 전승되며, 유희요로는 '강강술래' 등이 전해진다.

무가는 굿을 할 때 무당이 부르는 노래를 의미한다. 무가의 경우 오늘날까지 매우 많은 자료가 전승되고 있는데, 장편의 축원무가와 수십 종의 서사무가, 그리고 10여 종의 무극(巫劇)이 있다. 이처럼 설화와 민요, 그리고 무가는 수천 년의 오랜 역사 동안 우리 문학과 문화의 기층을 이루며 민족의 삶을 다독여 주었다.

① 무가의 전승이 활발하게 이루어진 이유를 분석하고 있다.

② 전설과 민담의 구분 방법을 문학사적으로 설명하고 있다.

③ 민요 안에 속한 또 다른 갈래를 예시를 통해 설명하고 있다.

④ 신화가 설화 안에 속하게 된 계기를 언급하고 있다.

정답 및 해설 17p

유형 접근 방법

1. 지문 읽기 전
선택지를 통해 눈에 띄는 용어를 체크한다(사례 적용 제외).

2. 지문을 읽으면서
① 확인한 용어들을 지문에서 찾아 표시한다는 생각으로 지문을 읽는다.
- 지문 속에서 설명한 개념이나 이론 등은 최대한 표시하면서 읽는다.
- 지문 속에서 설명한 개념이나 이론을 다른 사례에 적용하는 문제들이 많기 때문에 이 부분은 지문을 읽으면서 중요하게 표시해야 한다.
- 예를 드는 부분은 [ ]를 통해 반드시 표시한다.
- 제시한 예와 비슷한 사례를 찾는 문제들이 출제되기 때문에 여기서의 예는 다른 문제에 비해 중요하다.
② 지문을 읽으면서 옳고 그름을 판단할 수 있는 것들은 모두 해결한다.

3. 지문을 읽은 후
① 남은 선택지는 표시해 놓은 개념, 이론 등과 비교하여 확인한다.
② 추론 선택지에서 주의 깊게 봐야 하는 내용
- 일반적, 추상적 설명이 선택지의 '예시'에 잘 적용되는지 확인한다.
- 일반적, 추상적 설명을 선택지에서 유사한 말로 설명하고 있는지 확인한다.
- 긴 지문의 경우, 단락별 소주제가 무엇인지 확인한다.
- 지문에서 제시하지 않은 개념이나 용어가 등장했는지 확인한다(언급되지 않은 내용).
- (가), (나)로 나뉘어 나올 때에는 각 단락을 읽고 문제 풀이를 한다.

🔥 합격 TIP! 추론하기 유형과 전략

1. 추론하기 문제 유형
- 내용 추론

- 사례 추론

2. 발문 종류별 문제 풀이 전략
- 글을 추론한 내용으로 알맞은 것은?
  - 일반적, 추상적 용어를 잘 표시하면서 읽는다.
  - 제시한 예와 비슷한 사례를 찾는 문제多 - 예시를 주의 깊게 읽는다.
  - 각 문단의 주요 내용을 정확하게 이해한다.
  - 문제를 풀 때에는 언급하지 않은 내용을 주의 깊게 본다.
- 글의 내용을 이해한 것으로 알맞은 것은?
  내용 일치와 동일하게 문제를 푼다(글의 구조 확인, 선택지 주요 내용 확인, 중요 개념 표시하면서 읽기). → 추론하기 적용

다음 글에서 추론한 내용으로 가장 적절한 것은?

2025년 국가직 9급

이집트 벽화에서 신, 파라오, 귀족은 특이한 모습으로 표현된다. 신체의 주요 부위를 이상적으로 보여줄 수 있도록 눈은 정면, 얼굴은 측면, 가슴은 정면, 발은 측면을 향하게 조합하여 그린 것이다. 이는 단일한 시점에서 대상을 표현한 것이 아니라 여러 시점에서 바라본 모습을 하나의 형상에 집약한 것이다. 이렇게 그려진 그들의 모습은 이상적인 부분끼리의 조합을 통해 완전하고 완벽하며 장중한 형상을 보여 주고자 한 의도의 결과이다. 그런데 벽화에 표현된 대상들 중 신, 파라오, 귀족과 같은 고귀한 존재는 이렇게 그려지고, 평범한 일반인은 곧잘 이런 방식과 관계없이 꽤 사실적으로 그려졌다. 그들을 서로 다른 방식으로 표현하였다는 점은 이집트 미술이 특정한 이데올로기를 통해 양식화되어 있음을 선명하게 보여 준다.

이 이데올로기에 따르면, 신과 파라오, 나아가 귀족은 '존재하는 자'이고, 죽을 운명을 가진 평범한 사람들은 그저 '행위하는 자'이다. 평범한 사람들이 일하는 모습을 그릴 때 사실적으로, 그러니까 얼굴이 측면이면 가슴도 측면으로 자연스럽게 그리는 것은, 그들이 썩어 없어질 찰나의 인생을 살고 있기 때문이다. 그러기에 그들은 이 세상에서 실제로 행위하는 모습 그대로 그려진다. 반면 고귀한 존재는 삼라만상의 변화와 관계없이 영원한 세계의 이상을 반영한다. 그러기에 그들은 이상적 규범에 따라 불변의 양식으로 그려진다.

이렇게 같은 인간을 표현해도 위계에 따라 표현 방식을 달리한 것은 이집트 종교의 영향 때문이다. 이집트 종교는 수직적이고 이원적인 정신성에 그 토대를 두고 있다. 이런 이원론적인 정신성은 양식화된 이상주의적 미술로 표현되는 경향이 있다. 이집트의 벽화가 바로 그 대표적인 사례이다.

① 이집트의 벽화에서는 존재와 행위를 동등한 가치로 표현하고 있다.
② 이집트의 종교가 가지는 정신성은 이집트의 미술 양식에 영향을 끼쳤다.
③ 이집트의 이상주의적 미술에서는 평범한 사람들은 그리지 않고 고귀한 존재들만 표현하였다.
④ 이집트인들은 신체를 바라보는 독특한 시점을 토대로 예술에 관한 이데올로기를 형성하였다.

정답 설명 ② 3문단을 보면, 이집트 종교는 수직적이고 이원적인 정신성에 토대를 두고 있다고 하였고, 이러한 이원론적인 정신성은 이상주의적 미술로 표현되는 경향이 있다는 것을 통해 이집트의 종교가 가지는 정신성은 이집트의 미술 양식에 영향을 끼쳤음을 알 수 있다.

오답 분석 ① 2문단을 보면, 귀족은 '존재하는 자'로 이상적 규범에 따라 불변의 양식으로 그린다고 하였고 평범한 사람들은 '행위하는 자'로 사실적으로 그렸다고 하였기 때문에 존재와 행위를 동등한 가치로 표현하고 있다는 설명은 적절하지 않다.

③ 1문단을 보면 신, 파라오, 귀족은 신체의 주요 부위를 이상적으로 보여줄 수 있도록 여러 시점에서 바라본 모습을 하나의 형상에 집약하여 그림을 그렸다고 하였고, 평범한 일반인은 사실적으로 그려진다고 하였다. 그러므로 이집트 미술에서는 평범한 사람들과 고귀한 존재들 모두를 표현했음을 추론할 수 있다.

④ 인과 관계가 바뀐 설명이다. 1문단에 따르면, 이집트인들은 신, 파라오, 귀족은 여러 시점에서 바라본 모습으로 그리고, 일반인들은 사실적으로 그렸는데 이는 이집트 미술이 특정한 이데올로기를 통해 양식화되어 있었기 때문이라고 하였다. 그러므로 이집트인들의 특정한 이데올로기가 다양한 시점에서 그림을 그리는 것과 같은 미술 양식에 나타난 것이지, 시점을 토대로 이데올로기가 형성된 것이 아니다.

실전 학습 문제

정답 및 해설 22p

01 다음 글에서 추론한 내용으로 가장 적절하지 <u>않</u>은 것은?

도덕이 법의 보호를 받아야 한다면, 보호 대상이 되는 도덕을 어떻게 결정할 것인가의 문제가 제기된다. 이에 대해 데블린은 '온전한 사람들의 도덕관'에 기반한 입법으로부터 보호할 도덕을 정해야 한다고 보았다. 그는 사회가 공통의 도덕적 신념을 공유하고 있으며, 이러한 신념이 사회 질서와 결속을 유지하는 데 필수적이라고 보았다. 따라서 법은 개인의 자유를 무제한으로 허용할 수 없으며, 사회적 도덕은 구성원 다수가 자연스럽게 공유하는 도덕관에 기반한 논의로부터 형성된다고 보았다.

자유주의자 밀은 법이 개인의 자유에 개입하는 것은 오직 타인에게 해를 끼칠 경우에만 정당화될 수 있다고 주장했다. 그는 "만약 어떤 도덕적 관습이 사회 구성원 다수에게 혐오감을 불러일으키고, 사회의 결속을 해칠 우려가 있다면, 이를 법적으로 규제할 수 있다."라고 주장했다.

한편, 울펜던 보고서가 동성애 비범죄화를 권고하자, 데블린은 비록 동성애가 사적인 영역에서 이루어지더라도, 이는 사회의 도덕 기반을 해칠 수 있으므로 법적으로 금지해야 한다며 반대했다. 그러나 하트는 사회 다수가 불쾌하게 여긴다는 이유만으로 특정 행위를 법적으로 금지하는 것은 정당하지 않다고 반박했다. 또한, '온전한 사람들의 도덕관'에 따라 법이 형성된다면, 소수자의 권리를 침해할 수 있다고 지적했다.

① 데블린은 법을 수호하는 도덕의 역할을 강조하였다.

② 밀은 사회적 결속의 교란을 타인에게 해를 끼치는 경우로 보았다.

③ 데블린은 동성애를 공통의 도덕적 신념을 배반한 행위로 보고 있다.

④ 하트는 '온전한 사람들의 도덕관'에 따른 입법의 부당한 인권 침해를 우려했다.

02 다음 글에서 추론한 내용으로 가장 적절하지 <u>않</u>은 것은?

완전주의는 국가가 삶의 방식에 대한 특정한 견해를 장려하고, 이를 법과 정책을 통해 실현해야 한다고 보는 정치·윤리적 입장이다. 이러한 관점에서 볼 때, 공공도덕은 국가가 적극적으로 보호하고 증진해야 할 가치로 간주된다.

자유주의적 전통에서는 국가가 특정한 도덕적 가치를 법으로 강제하는 것이 개인의 자율성을 침해할 위험이 있다고 본다. 특히 존 롤스의 정치적 자유주의는 국가는 특정한 종교적·윤리적 신념을 강제하지 않고, 다양한 도덕적·철학적 신념을 가진 시민들이 공존할 수 있는 중립적인 틀을 제공해야 한다고 주장한다. 그러나 완전주의적 관점에서는 이러한 중립성이 오히려 국가의 역할을 축소시켜, 시민에 의한 궁극적 공공선의 실현을 방해한다고 본다.

완전주의적 국가관에 따르면, 공공도덕을 보호하는 법적 규제는 억압이 아니라, 시민들이 더 나은 삶을 살 수 있도록 돕는 방식이다. 도박, 마약과 같은 특정 행위에 대한 법적 규제는 단순히 사회적 해악을 방지하는 기능을 넘어, 도덕적으로 바람직한 삶의 방향을 제시하는 역할을 한다. 또한 공적 영역에서의 예의나 품위 유지와 같은 가치는 사회 전체의 질서를 유지하는 데 필수적이며, 이를 법적으로 보호하는 것은 개인의 자유와 공공선을 조화시키는 수단이다.

① 정치적 자유주의는 국가가 특정한 도덕적 가치를 법으로 강제하는 것을 경계한다.

② 완전주의는 궁극적 공공선을 실행하는 주체인 국가가 도덕적 기준을 설정해야 한다고 본다.

③ 완전주의는 공공도덕 보호 목적의 법적 규제를 주장하면서도 시민들의 개별적 자유를 인정한다.

④ 완전주의에서는 도덕적으로 바람직한 삶의 방향을 입법으로써 강제하는 것은 국가의 정당한 역할이라고 본다.

03 다음 글에서 추론한 내용으로 가장 적절하지 <u>않</u>은 것은?

엘리자베스 1세 시대는 르네상스 인문주의가 절정에 이르렀던 시기로, 고전적 저자들이 담론을 지배했다. 특히 로마법 사상은 국왕의 권력이 아니라 법적·도덕적 제약을 받아야 한다는 사고를 촉진했다. 이는 후일 법의 지배와 헌정주의적 전통으로 발전하는 기반이 되었다. 그러나 하이에크가 주목하는 것은 이러한 사상이 정치적·제도적 결과로 직결된 것이 아니라, 이후 전개된 권력 갈등 속에서 점진적으로 정립되었다는 점이다. 하이에크를 비롯한 의회파는 포르테스큐의 영국 헌법 사상과 코크의 보통법 전통을 내세워 국왕의 자의적 권력을 제한하려 했다.

하이에크는 엘리자베스 시대의 지적 토양이 후대의 투쟁을 위한 정초를 마련했지만, 자유가 직접적인 목표로 설정된 것이 아니라, 왕과 의회의 역학 속에서 점진적으로 형성되었다고 본다. 따라서 하이에크는 홉스적 계약론이나 루소적 총의 개념과는 구별되는 영국적 자유 개념을 강조한다. 홉스나 루소는 자유를 특정한 정치적 구상 내에서 정의하고 그것을 실현하기 위해 의도적으로 설계된 구조의 측면에서 생각하였다. 반면 하이에크는 자유의 발전을 법과 제도의 비의도적 축적 과정으로 본다. 이는 전통을 중시하는 버크적 보수주의와도 맞닿아 있으며, 제도적 진화를 의도적 개혁의 대상이 아니라 발견과 점진적 조정의 대상으로 간주하는 하이에크의 일반적 법철학과도 일맥상통한다.

① 하이에크가 비의도적 축적에서 자유의 기초를 찾는 것은 자유를 특정한 사상에 기반하여 정의한 버크적 보수주의 전통에 따른 것이다.

② 하이에크는 의회파가 헌법 사상을 통해 국왕의 무제한적 권력에 맞서는 과정에서 영국적 자유 개념이 대두되었다고 본다.

③ 루소는 자유를 의도성과 결부하여 정치적 구상 내에서 정의하고, 그것의 발현을 목적으로 삼은 구조를 인정한다.

④ 르네상스 인문주의는 왕과 의회의 역학 속에서 왕권 제한을 위한 제도적 조치의 기반을 만들었다.

04 다음 글에서 추론한 내용으로 가장 적절하지 <u>않</u>은 것은?

마르크스의 유물론은 '역사적 유물론'으로 발전하였으며, 사회의 발전과 변화는 인간의 물질적 생활 조건과 생산력에 의해 결정된다고 보았다. 마르크스는 사회의 발전이 계급투쟁의 결과로 이루어진다고 보았다. 뿐만 아니라 자본주의 사회에서 생산력의 발전과 노동자 계급의 성장이 필연적으로 사회주의 혁명을 가져올 것이라고 주장하였다.

마르크스는 개인의 자유를 비롯한 근대적 성취를 사회 전체까지 확대해야 한다고 보았다. 따라서 그는 이를 실현하기 위한 방안으로 생산수단의 사유화를 철폐하고 노동자 계급이 정치적·경제적 권력을 장악하는 사회주의 체제를 제시하였다.

그러나 자본주의가 성숙함에 따라 자연스럽게 사회주의로 이행한다고 예측한 마르크스와 달리, 레닌은 자본주의가 더욱 강고해지고 제국주의로 발전하면서 오히려 노동자 계급이 혁명적 의식을 가지기 어려운 현실을 직시하였다. 그는 노동자 계급이 자생적으로 혁명에 나설 수 없으므로 혁명적 전위조직인 공산당이 이를 지도해야 한다고 주장하였다. 따라서 그는 프롤레타리아(노동자) 독재를 통해 부르주아(자본가) 계급을 정치적으로 억압하고, 계획경제를 통해 사회주의로의 이행을 적극적으로 추진해야 한다고 보았다.

① 레닌은 공산당이 노동자 계급을 지도하고 계획경제를 통해 사회주의를 달성할 것을 주장하였다.

② 마르크스는 자본주의가 발전하고 노동자 계급이 성장하면서 자연스럽게 사회주의가 실현된다고 보았다.

③ 레닌은 노동자 계급이 혁명적 의식을 가지기 어렵기 때문에 생산력 발전에 기반한 계급투쟁을 추진해야 한다고 보았다.

④ 마르크스는 근대 사회가 이룩한 성과가 소수 계급에 한정되어 모든 계급이 성과를 평등하게 누리지 못한다고 전제하고 있다.

05 '호페'의 견해를 추론한 내용으로 가장 적절하지 <u>않</u>은 것은?

호페는 현대 복지국가에서 운영되는 건강보험 제도는 개인의 건강 유지에 대한 책임감을 약화시키는 방향으로 작용할 가능성이 있다고 보았다. 그에 따르면, 건강보험이 보장하는 의료 서비스가 보편화될수록, 사람들은 자신의 건강을 관리하려는 노력을 덜 기울이게 되고, 예방적 조치보다 사후 치료에 의존하는 경향이 강해진다. 이러한 경향은 개인의 건강 유지 동기를 약화시키고, 궁극적으로 전체적인 건강 수준을 저하시킬 수 있다.

또한, 의료 서비스를 보편적으로 제공하려는 목적으로 설계된 건강보험 제도가 질병과 건강 문제를 해결하기 위한 유일한 수단으로 간주될 경우, 개인들은 건강을 유지하기 위한 노력 대신, 의료 시스템에 의존하는 태도를 가지게 된다. 이로 인해 건강에 대한 책임의 주체가 개인에서 국가나 보험 기관으로 이동하며, 건강에 대한 의지 자체가 약화되는 현상이 발생한다.

호페의 시각에서 볼 때, 건강보험 제도의 개혁이 성공하기 어려운 이유는 대부분의 사람들이 이러한 의료 시스템에 익숙해져 있고, 이를 통해 제공되는 혜택을 당연한 것으로 여기기 때문이다. 건강보험을 없애거나 축소하려는 시도는 거센 반발에 부딪힐 것이며, 대중의 지지를 얻기 어려울 것이다.

① 사후적 치료에 의존하게 만드는 의료 서비스를 당연시하는 상황이라면 건강보험 제도의 개혁은 요원하다.

② 건강보험 제도는 건강에 대한 개인의 책임을 강화시키고 건강 유지 동기를 약화시키는 영향을 초래한다.

③ 의료 서비스의 보편적 제공을 목표로 삼은 건강보험 제도가 건강을 유지하려는 개인의 동기를 약화시킨다.

④ 현대 복지국가의 건강보험 제도에서는 건강을 유지하려는 개인 의지보다는 의료 시스템에 대한 수동적 의존이 강화된다.

06 다음 글에서 추론한 내용으로 가장 적절하지 <u>않</u>은 것은?

전통적 복지론자는 대규모 복지국가 체제를 형성하여 조세를 통한 자원의 재분배, 국가의 경제 개입, 노동자의 권리 보호 등을 주요 기제로 활용하는 방식을 목표로 한다. 그러나 세계화와 탈산업화가 심화하면서 국가의 경제 개입 능력이 약화되었으며, 전통적 복지국가는 높은 조세 부담과 비효율성을 초래하여 경제적 역동성을 저해하는 결과를 초래하였다. 이러한 한계를 극복하기 위해 나타난 것이 바로 신자유주의이다. 신자유주의는 자율성과 경쟁을 극대화하여 노동의 자유화 및 경제 효율성을 강조한다. 그러나 신자유주의 역시 불평등을 심화시키고, 노동시장의 불안정성을 초래하는 등의 부작용을 낳았다.

기든스는 이러한 문제를 해결하기 위해 제3의 길을 제안했는데, 이는 전통적 복지론의 사회정의와 신자유주의의 경제적 경쟁력을 통합하는 것이다. 제3의 길에서는 사회적 투자라는 개념을 강조한다. 교육 등에 대한 공공 지출을 강화하여 개인의 생산성을 높이고, 경제 성장과 사회 통합을 동시에 달성하는 정책을 설계하려는 것이다.

전통적 복지국가는 높은 세율과 강력한 노동 보호 정책을 통해 노동자의 안정성을 보장했으나, 이는 고용 유연성을 저하시켜 장기적으로 경제 성장에 부정적인 영향을 미쳤다. 기든스는 이러한 문제를 해결하기 위해 '적극적 복지' 개념을 도입하였다. 가령 실업수당을 받는 동안 직업 훈련을 의무화하거나, 복지 혜택을 노동시장 재진입과 연결하는 방식 등이다.

① 제3의 길에서는 경제 성장과 사회 통합을 동시에 시도한다는 점에서 복지를 경제 활성화를 위한 투자로 본다.

② 고용 유연성이 저하되는 전통적 복지국가의 문제점을 제3의 길에서는 복지정책 수혜자의 노동시장 참여를 촉진하는 방식으로 해결하려 했다.

③ 제3의 길은 대규모 복지국가 모델을 전제한 전통적 복지론과, 경제적 경쟁력을 강조한 신자유주의적 시장 자율주의의 한계를 극복하고자 하는 시도이다.

④ 탈산업화 기조 속 전통적 복지론자의 한계를 극복하려던 신자유주의는 경제적 성장에 몰두하여 노동의 자유화를 비롯한 사회정의와 조화를 이루지 못하였다.

07 '시에예스'의 견해를 추론한 내용으로 가장 적절하지 <u>않은</u> 것은?

혁명가 시에예스가 활동하던 시기, 기존 프랑스의 신분제 질서에서 성직자와 귀족은 모두 특권을 누렸다. 시에예스는 그들의 지배 대상인 제3신분(평민)이 사실상 사회의 본질적 요소라고 주장하였다. 그는 루소의 제3신분의 의지 다시 말해, 일반의지 개념을 발전시켜, 신분적 특권이 존재하는 한 일반의지가 왜곡될 수밖에 없음을 지적한다. 즉 귀족과 성직자의 특권은 사회 전체에 이익을 주지 않는다고 생각했다. 따라서 정치공동체의 정당성은 기존의 신분 질서가 아니라, 노동과 생산을 통해 사회를 유지하는 다수자의 의지에서 비롯되어야 한다는 것이다.

시에예스는 국민이란 공통의 법률과 정치적 의지를 공유하는 단일한 주권체이며, 그 구성원들은 원칙적으로 평등해야 한다고 보았다. 이 점에서 그는 기존의 실정법적 질서를 뛰어넘는 헌법 제정의 혁명성을 강조하며, 특정 계급들이 헌법을 공동으로 제정하는 것은 논리적으로 성립할 수 없다고 본다. 왜냐하면, 헌법 제정권이란 국민 전체의 의지를 표현하는 것이므로, 특권적 신분을 배제하고 오직 제3신분에 의해 행사되어야 하기 때문이다.

따라서 시에예스는 기존의 삼부회를 해체하고 새로운 국민의회를 구성해야 한다고 주장하였다. 그렇다면 귀족과 성직자는 국민의회에 완전히 배제되어야 했을까? 시에예스는 이들이 특권을 포기하고 국민의 일부로서 참여하는 것은 가능하다고 보았다.

① 신분적 특권은 사회 유지에 도움이 되지 않으며, 기존의 실정법적 질서는 국민 총의를 표현하기에는 부족하다.

② 루소의 일반의지를 곡해하지 않기 위해서는 정치 권력의 기원은 실질적인 사회적 기여도에 토대를 두어야 한다.

③ 법적·정치적 공동체인 국민의 평등을 가능하게 하는 것이 헌법이며, 기존의 삼부회를 국민의회로 개혁해야 한다.

④ 제3신분 출신이 아니더라도 특권을 포기하면 참여할 수 있는 국민의회는 새로운 헌법을 창출하는 주체로 기능해야 한다.

08 다음 글에서 추론한 내용으로 가장 적절하지 **않은 것은?**

> 과학적 실재론은 과학 이론을 수용하는 과정에서 그 이론이 세계에 대해 사실을 정확하게 반영하는 진리임을 믿는다. 반면, 구성적 경험론자는 과학 이론을 수용할 때 그 이론이 세계의 비관찰적인 측면에 대해서는 반드시 진리일 필요는 없다고 주장한다. 대신, 구성적 경험론은 과학 이론이 관찰 가능한 현상을 충분히 설명하고 예측할 수 있다면, 그것이 '경험적으로 적합'하다고 본다.
>
> 구성적 경험론자들이 주장하는 '문자 그대로의 이해'는 과학 이론이 단순히 비유적이거나 도구적인 방식으로 해석되어서는 안 된다는 점에서 중요하다. 과학 이론이 문자 그대로 이해되어야 한다는 것에는 두 가지 선결 조건이 있다. 첫째 조건은 이론의 주장이 진위 여부를 판단할 수 있는 진술이어야 한다는 것이다. 이 말은 과학 이론이 (1) 형식적으로 의미를 가지며, (2) 그것이 참인지 거짓인지 여부를 판별할 수 있어야 한다는 뜻이다. 둘째 조건은 이론을 문자 그대로 해석할 때, 이론이 주장하는 존재들 사이의 논리적 관계가 변하지 않아야 한다는 것이다.
>
> 구성적 경험론은 실재론자들과는 이론의 '진리'와 '실재'에 대한 이해에서 일치하지만, 관념론자나 도구주의자들과는 본질적으로 다른 입장을 취한다. 관념론자나 도구주의자들은 과학 이론을 실제 세계의 본질적인 진리에 대한 서술이 아니라, 그저 유용한 도구로 본다. 반면 구성적 경험론자는 과학 이론이 그 자체로 진리를 추구하지만, 그것이 반드시 비관찰적인 현실에 대한 진리를 추구해야 한다고 보지 않는다. 대신, 구성적 경험론은 과학 이론이 관찰 가능한 세계에 대한 진리만을 추구해야 하며, 이론의 비관찰적인 측면에 대해서는 어떠한 진리도 주장하지 않는다.

① 구성적 경험론에서는 비가시적인 세계에 대해서는 논하지 않는다.

② 구성적 경험론자들은 과학 이론의 문맥을 왜곡하지 않으면서 의미를 이해하려 한다.

③ 관념론자들은 과학 이론은 현상을 설명하거나 예측하는 유용한 방식에 지나지 않는다고 본다.

④ 과학 이론의 형식적 유의미성과 주장의 진리성을 모두 충족해야 첫째 조건을 통과할 수 있다.

09 다음 글을 읽고 추론한 내용으로 적절하지 <u>않은</u> 것은?

역사는 단순한 과거 사건의 축적이 아니라, 현재를 비추는 해석의 거울이다. 과거의 사실은 고정되어 있지만, 그 의미는 시대마다 달리 해석된다. 특히 집단 정체성을 형성하는 데 있어 역사는 단지 과거의 설명이 아니라, 현재의 정당성을 구성하는 담론 장치가 된다. 이 과정에서 과거는 종종 '기억'의 형태로 불러와지며, 공동체의 미래 방향성을 결정짓는 기준으로 기능한다. 하지만 이러한 역사 해석의 기능은 단순한 사실의 재현이 아니라, 어떤 가치를 중심으로 과거를 선택하고 재구성하는 작업이다. 그래서 역사는 필연적으로 가치 판단을 수반하고, 해석하는 주체의 윤리적 책임을 요구한다. 역사가가 단지 객관적 기술자에 머무를 수 없는 이유가 여기에 있다. 그가 어떤 과거를 '말하고', 어떤 과거를 '침묵하는지'는 공동체의 기억에 실질적인 영향을 미치기 때문이다. 따라서 역사적 서술은 과거에 대한 단순한 설명이 아니라, 현재와 미래를 구성하는 행위이며, 그 책임은 결코 중립적일 수 없다.

① 역사 해석은 과거 사실의 선택과 배열을 통해 현재의 정체성을 정당화하는 기제로 작동할 수 있다.

② 특정 시대의 역사 서술은 그 시대가 미래를 어떻게 바라보는지를 드러내는 간접 지표가 되기도 한다.

③ 역사가는 가치 판단을 배제한 채 사실을 기술해야 하며, 해석의 윤리적 책임은 독자에게 귀속된다.

④ 공동체의 기억 형성은 과거를 회상하는 방식에 따라 구성되며, 이는 사회적 목적에 의해 달라질 수 있다.

10 다음 글을 읽고 추론한 내용으로 적절하지 <u>않은</u> 것은?

자기기만은 흔히 부정적 심리로 인식되지만, 인간은 종종 자기를 속이면서도 동시에 진실을 부분적으로 인식한다. 이는 단순한 무지나 오류와는 다른 현상이다. 자기기만은 고통스러운 진실을 직면하지 않기 위한 방어 기제로 작동하며, 이 과정에서 인간은 진실을 '전면적으로 부정'하기보다는, '선택적으로 회피'하거나 '해석을 유리하게 전환'한다. 이러한 심리는 자존감을 보호하고, 불안을 관리하며, 사회적 기능을 유지하는 데 기여하기도 한다. 그러나 동시에 자기기만은 스스로를 객관적으로 인식하는 능력을 왜곡시켜, 타인과의 관계에서 왜곡된 판단이나 갈등을 유발할 수 있다. 결국 자기기만은 이중적이다. 단기적으로는 심리적 안정을 제공하지만, 장기적으로는 자기 성찰과 윤리적 판단을 흐리게 할 수 있다. 진정한 자기인식은 고통을 동반하더라도, 왜곡을 넘어서려는 노력 속에서 이루어진다. 따라서 자기기만은 회피가 아닌, 마주함의 윤리적 계기로 전환되어야 한다.

① 자기기만은 인간이 의식적으로 고통을 회피하려 할 때 동원하는 심리적 조절 전략으로 이해될 수 있다.

② 자기인식은 자기기만의 기제가 작동하는 심리적 기반 위에서 이루어질 수 있으며, 이 둘은 상호보완적으로 기능할 수 있다.

③ 자기기만이 지속될수록 현실에 대한 선택적 해석은 강화되며, 타인과의 갈등 발생 가능성 또한 증가할 수 있다.

④ 자기기만은 단기적 안정감에 기여하는 동시에, 인식의 왜곡이나 판단의 흐림이라는 위험 요소를 동반할 수 있다.

11 다음 내용을 참고해, 칸트의 취미 판단에 대한 설명으로 적절하지 <u>않은</u> 것은?

> 근대 초기의 합리론에 맞서 칸트는 미적 감수성을 '미감적 판단력'이라 부르면서, 이 또한 어떤 원리에 의거하며 결코 이성에 못지않은 위상과 가치를 지닌다는 주장을 펼친다. 이러한 작업에서 핵심 역할을 하는 것이 그의 취미 판단 이론이다.
>
> 취미 판단이란, 대상의 미·추를 판정하는, 미감적 판단력의 행위이다. 모든 판단은 'S는 P이다.'라는 명제 형식으로 환원되는데, 그 가운데 이성이 개념을 통해 지식이나 도덕 준칙을 구성하는 '규정적 판단'에서는 술어 P가 보편적 개념에 따라 객관적 성질로서 주어 S에 부여된다. 이와 유사하게 취미 판단에서도 P, 즉 '미' 또는 '추'가 마치 객관적 성질인 것처럼 S에 부여된다. 하지만 실제로 취미 판단에서의 P는 오로지 판단 주체의 쾌 또는 불쾌라는 주관적 감정에 의거한다. 또한 규정적 판단은 명제의 객관적이고 보편적인 타당성을 지향하므로 하나의 개별 대상뿐 아니라 여러 대상이나 모든 대상을 묶은 하나의 단위에 대해서도 이루어진다. 이와 달리, 취미 판단은 오로지 하나의 개별 대상에 대해서만 이루어진다. 즉 복수의 대상을 한 부류로 묶어 말하는 것은 이미 개념적 일반화가 되기 때문에 취미 판단이 될 수 없는 것이다. 한편 취미 판단은 오로지 대상의 형식적 국면을 관조하여 그것이 일으키는 감정에 따라 미·추를 판정하는 것 이외의 어떤 다른 목적도 배제하는 순수한 태도, 즉 미감적 태도를 전제로 한다. 취미 판단에는 대상에 대한 지식뿐 아니라, 실용적 유익성, 교훈적 내용 등 일체의 다른 맥락이 끼어들지 않아야 하는 것이다.

① 칸트는 규정적 판단력과 미감적 판단력을 동일하다고 보지 않았다.

② 칸트는 '이 영화의 주제는 인과응보이어서 아름답다'가 취미 판단에 해당하지 않는다고 보았다.

③ 칸트는 '이 소설은 액자식 구조로 이루어져 있다'는 취미 판단에 해당한다고 보았다.

④ 칸트는 예술 작품에 대해 순수한 미감적 태도를 취하지 못하면 그 작품에 대한 취미 판단이 가능하지 않다고 보았다.

12 ㉠에 대한 설명으로 적절하지 <u>않은</u> 것은?

최근의 3D 애니메이션은 섬세한 입체 영상을 구현하여 실물을 촬영한 것 같은 느낌을 준다. 실물을 촬영하여 얻은 자연 영상을 그대로 화면에 표시할 때와 달리 3D 합성 영상을 생성·출력하기 위해서는 모델링과 렌더링을 거쳐야 한다.

모델링과 렌더링을 반복하여 생성된 프레임들을 순서대로 표시하면 동영상이 된다. 프레임을 생성할 때, 모델링과 관련된 계산을 완료한 후 그 결과를 이용하여 렌더링을 위한 계산을 한다. 이때 정점의 개수가 많을수록, 해상도가 높아 출력 화소의 수가 많을수록 연산 양이 많아져 연산 시간이 길어진다. 컴퓨터의 중앙처리장치(CPU)는 데이터 연산을 하나씩 순서대로 수행하기 때문에 과도한 양의 데이터가 집중되면 미처 연산되지 못한 데이터가 차례를 기다리는 병목 현상이 생겨 프레임이 완성되는 데 오랜 시간이 걸린다. CPU의 그래픽 처리 능력을 보완하기 위해 개발된 ㉠ 그래픽처리장치(GPU)는 연산을 비롯한 데이터 처리를 독립적으로 수행할 수 있는 장치인 코어를 수백에서 수천 개씩 탑재하고 있다. GPU의 각 코어는 그래픽 연산에 특화된 연산만을 할 수 있고 CPU의 코어에 비해서 저속으로 연산한다. 하지만 GPU는 동일한 연산을 여러 번 수행해야 하는 경우, 고속으로 출력 영상을 생성할 수 있다. 왜냐하면 GPU는 한 번의 연산에 쓰이는 데이터들을 순차적으로 각 코어에 전송한 후, 전체 코어에 하나의 연산 명령어를 전달하면, 각 코어는 모든 데이터를 동시에 연산하여 연산 시간이 짧아지기 때문이다.

① 정점의 위치를 구하기 위한 8개의 연산을 8개의 코어에서 동시에 진행할 때, 1개의 연산 명령어가 필요하다.

② GPU와 CPU가 각각 1개의 코어에서 1개의 동일한 연산을 할 경우, CPU의 연산 시간이 더 길다.

③ 정점 위치를 구하기 위해 연산해야 할 7개의 데이터를 7개의 코어에서 처리할 경우, 모든 데이터를 모든 코어에 전송하는 시간은 1개의 데이터를 1개의 코어에 전송하는 시간보다 길다.

④ 한 번의 연산에 쓰이는 데이터들을 순차적으로 각 코어에 전송한 후, 동시에 모든 데이터를 연산하기 때문에 GPU의 데이터 처리 속도가 빠르다.

13 <지문>은 정책 수단의 특성에 대한 설명이다. 이를 바탕으로 <보기>의 사례를 분석한 것으로 적절하지 <u>않은</u> 것은?

지문

　정부는 국민 생활에 영향을 미치는 활동의 총체인 정책의 목표를 효과적으로 달성하기 위해 정책 수단의 특성을 고려하여 정책을 수행한다. 정책 수단은 강제성, 직접성, 자동성, 가시성의 네 가지 측면에서 다양한 특성을 갖는다. 강제성은 정부가 개인이나 집단의 행위를 제한하는 정도로서, 유해 식품 판매 규제는 강제성이 높다. 직접성은 정부가 공공 활동의 수행과 재원 조달에 직접 관여하는 정도를 의미한다. 정부가 정책을 직접 수행하지 않고 민간에 위탁하여 수행하게 하는 것은 직접성이 낮다. 자동성은 정책을 수행하기 위해 별도의 행정 기구를 설립하지 않고 기존의 조직을 활용하는 정도를 말한다. 전기 자동차 보조금 제도를 기존의 시청 환경과에서 시행하는 것은 자동성이 높다. 가시성은 예산 수립 과정에서 정책을 수행하기 위한 재원이 명시적으로 드러나는 정도이다. 일반적으로 사회 규제의 정도를 조절하는 것은 예산 지출을 수반하지 않으므로 가시성이 낮다.

보기

• 플라스틱 제품의 사용을 줄이기 위해, A국의 관계 부처에서는 기업에 플라스틱 제품의 생산 한도를 강제하였다. 그리고 생산 한도를 준수하는 기업에는, 정부에서 직접 환경 포상금을 주기로 결정했다.

• B국에서는 공원에 비치될 운동기구의 제조 및 설치를 운동기구 전문 업체에 위탁했으며, 운동기구의 유지 및 보수 업무는 기존 방식대로 체육 관련 부서에서 맡는 것으로 결정했다.

• C국에서는 인터넷 방송 실태를 조사하기 위하여, TV 방송을 감독·심의하는 부서 이외에 인터넷 방송을 감독하는 부서를 신설했다. 그리고 그 부서를 신설하기 위하여 필요한 재원을, 모든 국민들이 확인할 수 있는 창구를 통해 공표했다.

① A국에서 기업에 플라스틱 제품의 생산 한도를 강제한 것은, A국의 정책 수단의 강제성이 높은 것을 설명하는 사례이다.

② C국에서 인터넷 방송 감독 부서를 신설하는 데에 필요한 재원을 공표한 것은, C국의 정책 수단의 가시성이 낮은 것을 설명하는 사례이다.

③ A국의 관계 부처에서 기업에 플라스틱 제품의 생산 한도를 준수하는 기업에게 환경 포상금을 주는 것은, A국의 정책 수단의 직접성이 높은 것을 설명하는 사례이다.

④ B국에서 운동기구의 유지 및 보수 업무는 기존 방식대로 체육 관련 부서에서 맡는 것은, B국의 정책 수단의 자동성이 높은 것을 설명하는 사례이다.

14 다음 A, B, C, D의 견해에 대한 평가로 <u>부적절한</u> 것은?

서구 열강이 동아시아에 영향력을 확대시키고 있던 19세기 후반, 동아시아 지식인들은 당시의 시대 상황을 전환의 시대로 인식하고 이러한 상황을 극복하기 위해 여러 방안을 강구했다. 조선 지식인들 역시 당시 상황을 위기로 인식하면서 다양한 해결책을 제시하고자 했지만, 서양 제국주의의 실체를 정확하게 파악할 수 없었다. 그들에게는 서양 문명의 본질에 대해 치밀하게 분석하고 종합적으로 고찰할 지적 배경이나 사회적 여건이 조성되지 못했기 때문이다. 그들은 자신들의 세계관에 근거하여 서양 문명을 판단할 수밖에 없었다. 당시 지식인들에게 비친 서양 문명의 모습은 대단히 혼란스러웠다. 과학기술 수준은 높지만 정신문화 수준은 낮고, 개인의 권리와 자유가 무한히 보장되어 있지만 사회적 품위는 저급한 것으로 인식되었다. 그래서 그들은 서양 자본주의 문화의 원리와 구조를 정확히 인식하지 못해 빈부격차의 심화, 독점자본의 폐해, 금융질서의 혼란에 대처할 능력이 없었다. 이뿐만 아니라 겉으로는 보편적 인권과 민주주의를 표방하면서도 실제로는 제국주의적 야욕을 드러내는 서구 열강의 이중성을 깊게 인식할 수 없었다.

당시 조선 지식인들은 근대 서양 문화에 대한 이러한 인식에 기초하여 전통과 근대성, 동양과 서양의 문화에 대해 다양한 관점을 드러냈다. A는 전통 유가 이데올로기와 조선의 주체성을 중시하며 서양문화 전반을 배척하는 관점을 드러내었다. B는 전통문화를 비판하고 근대화와 개화를 중시하며, 개인적 자유의 확립과 부강한 근대적 국민국가의 건설을 위해 서양 문화 전반에 대한 적극적인 수용을 주장했다. C는 일본과 서양 문화를 비롯한 외세의 침략에 저항하고, 민중의 생존권을 확보하고 만민평등권을 쟁취하기 위해 전통사상과 제도를 타파하고자 했다. D는 동양 문화와 서양 문화가 대립적인 것이 아니라 상호보완적인 것이라고 생각하고, 동양 문화의 장점과 서양 문화의 장점을 융합하고자 하였다. 그래서 유교적 가치를 바탕으로 서양의 과학기술뿐 아니라, 근대 민주주의, 시장경제 등 사회 분야에서도 서양 제도의 수용이 필요하다고 주장했다. 특히 D는 이전의 상당수 성리학자들이 부국강병의 문제를 소홀하게 취급했던 것을 비판했다. 그는 서양의 발전이 경제의 발전에 있다고 판단하고, 부국강병의 원천이 국가 경제 발전에 있다고 보았다.

① A와 D는 왕에 의한 통치에 대해 서로 다른 입장을 보일 것이다.
② B와 D는 서양의 시장경제 제도를 수용하는 것에 찬성할 것이다.
③ A는 신분제를 긍정하지만, C는 신분제를 부정할 것이다.
④ B는 민중의 생존권 확보를, C는 개인적 자유의 확립을 강조한다.

15 다음 글의 밑줄 친 주장을 뒷받침하는 내용으로 적절하지 <u>않은</u> 것은?

최근 전문가들은 트랜스 지방의 위해 효과에 주목하고 이를 강조하고 있다. 대다수의 식품에는 트랜스 지방이 포함되어 있으며, 때문에 우리 삶에 트랜스 지방을 완전히 없애는 것은 불가능할지도 모른다.

그렇다면 트랜스 지방은 정확히 무엇을 일컫는 말일까? 지방에는 불포화 지방과 포화 지방이 있다. 식물성 기름의 주성분인 불포화 지방은 포화 지방에 비하여 수소의 함유 비율이 낮고 녹는점도 낮아 상온에서 액체인 경우가 많다. 불포화 지방은 그 안에 존재하는 이중 결합에서 수소 원자들의 결합 형태에 따라 시스(cis)형과 트랜스(trans)형으로 나뉘는데 자연계에 존재하는 대부분의 불포화 지방은 시스형이다. 그런데 조리와 보존의 편의를 위해 액체 상태인 식물성 기름에 수소를 첨가하여 고체 혹은 반고체 상태로 만드는 과정에서 트랜스 지방이 만들어진다. 그래서 대두, 땅콩, 면실유를 경화시켜 얻은 마가린이나 쇼트닝은 트랜스 지방의 함량이 높다. 또한 트랜스 지방은 식물성 기름을 고온으로 가열하여 음식을 튀길 때도 발생한다. 따라서 튀긴 음식이나 패스트푸드에는 트랜스 지방이 많이 들어 있다.

<u>트랜스 지방은 포화 지방인 동물성 지방처럼 심혈관계에 해롭다.</u> 트랜스 지방은 혈관에 나쁜 저밀도지방단백질(LDL)의 혈중 농도를 증가시키는 한편 혈관에 좋은 고밀도지방단백질(HDL)의 혈중 농도는 감소시켜 혈관 벽을 딱딱하게 만들어 심장병이나 동맥 경화를 유발하고 악화시킨다.

① 쥐의 먹이에 함유된 트랜스 지방 함량을 2% 증가시키자 쥐의 심장병 발병률이 25% 증가하였다.

② 사람들이 마가린을 많이 먹는 지역에서 마가린의 트랜스 지방 함량을 낮추자 동맥 경화의 발병률이 1년 사이에 10% 감소하였다.

③ 성인 1,000명에게 패스트푸드를 일정 기간 지속적으로 섭취하게 한 후 검사해 보니, HDL의 혈중 농도가 섭취 전에 비해 20% 감소하였다.

④ 튀긴 음식 위주의 식단을 지속적으로 섭취한 어린이는 그렇지 않은 어린이에 비해 LDL의 혈중 농도가 평균 35% 더 낮았다.

16 다음 글에서 밑줄 친 ⊙~㉣에 대해 추론한 내용으로 가장 적절하지 <u>않은</u> 것은?

> 루카치의 미학에서 ⊙ 리얼리즘은 예술이 현실의 본질적 구조를 드러내는 방식이어야 한다는 개념이다. 특히, 사회적 관계와 역사적 조건을 제대로 포착하여 인간 존재의 의미와 사회적 모순을 밝히는 것이 중요하다고 보았다.
>
> 루카치의 미학은 ⓒ 예술이 역사적 맥락에서 이해되어야 한다는 주장에 중점을 둔다. 그는 예술이 단지 개인적인 감정을 표현하는 것이 아니라, 특정 시대와 사회적 조건을 반영한다고 보았다. 예술은 사회적 현실의 구조적 변화를 인식하고 이를 드러내는 중요한 역할을 하며, 사회적 현실의 모순과 갈등을 드러내는 방식으로 기능한다.
>
> 루카치는 예술은 추상적 인간이 아니라, 실제로 존재할 법한 구체적 인간의 삶과 경험을 다루어야 한다고 보았다. 즉 ⓒ 구체적 인간상을 통해 어떤 인간이 처한 맥락을 깊이 있게 탐구한다는 점에서 예술에 중요한 의미를 부여한다는 것이다.
>
> 루카치는 예술이 현실을 어떻게 대상을 형성하고 재구성하는지 탐구하였다. 루카치의 ㉣ 대상화는 인간의 경험을 객관적인 형태로 변형시키는 과정이며, 이 과정에서 인간의 사회적 관계가 어떻게 왜곡되거나 물질화되는지를 드러낼 수 있다.

① ⊙: 도스토예프스키의 소설 『죄와 벌』은 주인공의 심리적 갈등을 통해 가난과 불평등, 도덕적 모순을 묘사함으로써 러시아 사회의 근본적인 모순과 인간 존재의 복잡함을 드러낸다.

② ⓒ: 영화 『모던 타임즈』는 대공황 시기의 경제적 변화에 따른 노동자의 처참한 상황을 그림으로써 경제적 불평등과 기계화로 인한 인간 소외의 역사적 현실을 형상화한다.

③ ⓒ: 빅토르 위고의 『레 미제라블』은 가난 때문에 도둑질을 하는 주인공의 경험을 통해 빈곤과 부패, 정의와 구속의 문제를 추상화하고 관념화한다.

④ ㉣: 카프카의 『변신』은 거대한 벌레로 변한 주인공이 겪는 일들은 그가 노동자 계급으로서 겪었던 경험을 객관적인 형태로 변형시키는 과정이며 이를 통해 사회적 관계의 왜곡을 고찰하게 한다.

17 다음 글에서 밑줄 친 ㉠~㉣에 대해 추론한 내용으로 가장 적절하지 <u>않은</u> 것은?

시몽동은 개체를 논의하기 위해 우선적으로 '전개체'를 설정한다. 이는 개체화 이전의 상태로, 아직 개체로 분화되지 않은 잠재적 질서가 포함된 상태이다. 개체화는 물질적·생명적·정신적 과정이 중층적으로 이루어지는 다차원적 사건이다. 그 중 ㉠ 정신적 개체화는 개체가 환경과 관계를 맺으며 끊임없이 변형되고 자기조정을 하는 과정이다.

㉡ 형상화는 환경과의 상호작용 속에서 물질 내부의 형상이 생성된다는 의미이다. 즉, 형상화는 물질 내부의 속성과 환경적 요인이 함께 작용하면서 이루어지는 과정적 개념이다.

㉢ 자기 조직화는 개체가 단순히 외부 환경의 지시에 의해 형성되는 것이 아니라, 내부의 긴장과 에너지 흐름을 조정하면서 스스로 구조를 형성하는 과정을 의미한다. 이 과정은 개별자가 전체를 알고 있지 못하더라도, 개별 요소들의 단순한 행동 및 규칙들이 상호작용하면서 자발적으로 최적의 질서를 만들어낸다는 뜻이다.

한편 시몽동은 정보가 새로운 개체를 생성하는 힘이라고 보았다. 시몽동에게 정보는 독립적인 실체가 아니라 맥락에서 발생한다. 개체는 처음에는 무의미한 행보를 보이지만, '주변에 대한' 반복적인 학습을 통해 맥락을 인식하고 의미 있는 출력(정보)을 생성하는 과정이 바로 ㉣ 정보의 개체화 과정이다.

① ㉠: 인간이 성장하는 과정에서 부모, 친구, 교육 등 다양한 외부 환경과의 상호작용 및 자기 내부에서의 변화와 선택을 통해 자신만의 특성을 만들어간다.

② ㉡: 눈 결정은 물 분자 내부의 속성과 주변의 습도와 온도, 응결 과정이 상호작용하며 형성된다.

③ ㉢: 개미들이 먹이를 찾기 위해 이동할 때, 개별 개미는 페로몬 추종이라는 단순한 행동 규칙에 따라 움직이지만, 전체 군집은 점차적으로 최적의 경로를 스스로 형성한다.

④ ㉣: DNA의 염기 서열 자체에 내재된 정보가 단백질 합성 및 생물학적 발현 조절로 개체화된다.

18 다음 글에서 밑줄 친 ㉠~㉢에 대해 추론한 내용으로 가장 적절하지 <u>않은</u> 것은?

에티엔 발리바르에게 ㉠ 봉기는 기존의 정치적 질서와 법적 체계에 대한 심층적인 도전이며, 새로운 시민권의 가능성을 열어주는 주체적 형성·재구성의 과정이다. 봉기는 주체화의 순간을 의미하며, 그 순간에서 개인들은 자신을 시민으로 정의하는 권리와 능력을 발휘한다. 이때 봉기는 사회적 구조에서 권리와 책임을 재구성하는 정치적 실천으로 기능한다.

에티엔 발리바르는 관계성의 측면에서 시민들의 자아 구성을 설명하고 있다. ㉡ 관계성은 관리적 기구와 법적 시스템에 의해 규정된 시민들의 주체성을 의미하며, 이때 국가의 규제와 정책은 개인의 존재와 행동을 제한하고 조직하는 방식으로 작용한다. 발리바르는 국가의 법과 제도 안에서 시민들이 어떻게 사회의 구성원이 되고, 영향을 받는지에 대해 설명하고 있다.

㉢ 시민문명성의 정치는 시민들이 공동체 내에서 권리와 의무를 실천하는 과정이다. 즉, 발리바르는 시민들이 사회적 연대와 협력을 통해 공동체를 재구성하고 발전시키는 능동적인 주체로서 존재함을 강조한다. 시민들은 공공의 이익을 위해 협력하며, 그들의 권리와 책임을 실천하는 정치적 활동을 수행한다.

㉣ 주체화는 개인이 특정한 정치적·사회적 조건 속에서 자신을 정치적 존재로 정의하고, 그 권리와 책임을 재구성하는 과정을 나타낸다. 봉기와 같은 정치적 사건을 통해 개인은 자신을 새로운 정치적 주체로서 재발견하고 형성한다.

① ㉠: 왕의 정치적 반대파를 수감해 두던 감옥의 습격으로 시작된 프랑스 혁명의 순간, 사람들은 자신들의 권리를 주장하고 기존의 정치 질서와 법을 새롭게 정의하여 새로운 시민권 개념을 형성하였다.

② ㉡: 정부 주도의 연금 제도로 인해 청년층은 자신의 의사와 무관하게 연금을 국가에 납입해 경제적 자유가 일부 제한된 시민이 되고, 노년층은 연금을 받아 복지제도의 수혜자로서의 시민으로 구성된다.

③ ㉢: 북유럽 복지국가에서는 시민들이 사회적 연대와 공공의 이익을 위해 만들어진 복지 시스템을 통해 평등한 교육, 건강, 주거와 같은 권리를 누리며, 공동체의 복지와 발전을 위해 자신에게 주어진 의무에 적극적으로 참여한다.

④ ㉣: 1968년 파리 학생 운동을 주도한 대학생들은 대대로 내려온 자유정신을 존중해, 기존의 권위적인 사회 질서에 대해 저항하면서, 새로운 정치적 주체로서 자신의 정체성을 재구성했다.

19 다음 글에서 밑줄 친 ⊙~㉣에 대해 추론한 내용으로 가장 적절하지 <u>않은</u> 것은?

질병 연구에서는 전체(모집단)를 조사하기 어려운 경우가 많기 때문에, 집단을 대표할 수 있는 표본을 선정하는 것이 중요하다. ⊙ 단순 무작위 표본 추출은 연구 대상이 되는 모집단의 모든 구성원이 동일한 확률로 선택될 수 있도록 하는 방법이다.

㉡ 계통 표본추출은 일정 규칙을 따라 배열된 모집단에 대해, 일정한 간격을 두고 표본을 추출하는 방법이다. 첫 번째 표본은 무작위로 선택하고, 그 후 표본은 일정한 간격으로 자동적으로 선택된다. 예를 들어, 표본을 10개 뽑고자 한다면, 1번째 표본은 무작위로 선택하고, 나머지 9개는 간격을 두고 계속해서 표본을 추출한다.

㉢ 층화 표본추출은 모집단을 서로 다른 특성에 따라 여러 개의 동질적인 집단인 층으로 나누고, 각 층에서 단순 무작위 표본추출법을 통해 표본을 추출하는 방법이다. 각 층은 동일한 특성을 가진 단위들로 구성되므로, 각 층에서 적절한 표본을 추출하여 모집단을 보다 정확하게 반영할 수 있다. 이는 모집단 내 특정 집단이 과소·과대 대표되지 않도록 하는 데 유용하다.

㉣ 집락 표본추출은 모집단을 여러 개의 집락으로 나누고, 일부 집락을 표본으로 선정하여 조사하는 방법이다. 각 집락 내에서 모든 대상을 조사하거나, 추가로 무작위 추출을 통해 일부만 조사하는 방식이 있다.

① ⊙: 한 지역에서 신종 바이러스 감염 여부를 조사하기 위해, 해당 지역 주민 10,000명 중 500명을 무작위로 선택하여 혈액 검사를 진행한다.

② ㉡: 대형 병원에서 백신 접종 후 부작용을 경험한 환자를 조사할 때, 하루에 병원을 방문하는 환자 목록을 시간순으로 정리하고, 첫 번째 환자를 선택한 이후에는 무작위적으로 환자들을 표본으로 선정하여 조사한다.

③ ㉢: 고령자에게 잘 발생하는 당뇨병에 걸린 자를 대상으로 신장 질환 발생률을 조사할 때, 단순 무작위 추출을 하면 특정 연령 이상의 환자가 과대 대표될 가능성이 있으므로, 이를 방지하기 위해 모집단을 연령별로 나눈 뒤 각 층에서 표본을 추출한다.

④ ㉣: 국가 차원에서 고혈압 유병률을 조사할 때, 전국을 여러 단위로 나눈 후, 몇 개의 지역을 무작위로 선택하여 해당 지역의 주민을 대상으로 혈압을 측정한다.

20 다음 글에서 밑줄 친 ㉠~㉣에 대해 추론한 내용으로 가장 적절하지 <u>않은</u> 것은?

사람의 질병을 대상으로 하는 임상 연구는 다양한 설계가 존재할 수 있다. ㉠ 평행설계는 각 군에 서로 다른 치료를 병렬로 적용하여 독립적인 효과를 비교하는 방식이다. 이 설계에서는 무작위 배정과, 환자와 의사 모두 어떤 약을 사용하는지 알지 못하는 이중 눈가림 등의 엄격한 절차를 통해 내재적 편향을 최소화한다.

㉡ 교차설계는 동일한 피험자가 두 가지 이상의 치료를 순차적으로 경험하여 개체 내 비교를 가능하게 하는 설계이다. 이 설계의 핵심은 각 치료 간에 충분한 휴약기(washout period)를 둠으로써 이전 치료의 효과가 이후 치료에 미치는 영향을 최소화하는 것이다.

연속형 실험은 연구 중간에 누적 데이터를 기반으로 실험을 조기 종료하거나 계속할지 결정할 수 있다. 이는 개방형 연속설계와 폐쇄형 연속설계로 다시 나눌 수 있다. ㉢ 개방형 연속설계에서는 연구 진행 도중 누적 데이터를 실시간으로 분석한다. 만약 데이터가 특정 범위를 이탈하면, 연구를 조기 종료하거나 다음 단계로 진행할 수 있다. ㉣ 폐쇄형 연속설계는 중간 분석을 통해 유의미한 결과가 도출되지 않더라도 연구 시작 전에 설정한 종료 기준에 따라 연구를 완료하는 방식이다. 이 방식은 연구 종료의 명확한 기준을 제시하여, 분석의 신뢰성을 높인다.

① ㉠: 고혈압 치료 연구에서 두 종류의 항고혈압제를 비교할 경우, 별개의 약이 투여될 각 군에 환자를 무작위로 배정하고, 12주 동안 혈압 강하 효과를 주요 평가 지표로 설정한다. 환자와 의사 모두 자신이 어떤 약을 사용하는지에 대해 무지하다.

② ㉡: 제2형 당뇨병 연구에서 두 가지 혈당 조절 약물을 평가할 때, 동일한 환자들이 순차적으로 두 약물을 복용한다. 첫 번째 치료 후 충분한 휴약기를 둔 후 두 번째 치료를 시행한다.

③ ㉢: 백신 개발 연구에서 백신의 면역원성 및 안전성을 평가할 때, 각 단계에서 중간 분석을 수행하여 긍정적 결과가 누적되면 조기 승인을 고려하거나, 반대로 안전성이 우려되는 경우 연구를 중단한다.

④ ㉣: 심혈관 질환 치료 연구에서 새로운 항혈전제의 효과를 평가할 때, 연구 종료 시점은 중간 분석을 통해 정해진 시간에 따라 결정된다.

21 다음 글을 읽고 추론한 내용으로 적절하지 <u>않은</u> 것은?

경제적 선택은 자원의 희소성에 따른 합리적 판단으로 설명되곤 하지만, 실제 인간의 결정은 언제나 경제적 효율성만으로 환원되지 않는다. 예컨대, 한 공동체가 생태계를 보존하기 위해 단기적 이익을 포기하거나, 특정 산업을 보호하기 위해 고비용 구조를 감수하는 결정은 경제적 합리성의 범주를 넘는다. 이는 경제가 단순한 수치나 효율의 문제가 아니라, 공동체가 어떤 가치를 우선시하느냐의 문제임을 보여준다. 이때 선택은 수익 극대화가 아닌, 정체성 유지나 공동체 윤리와 같은 비경제적 요소에 근거하게 된다. 더욱이 이러한 선택은 미래의 비용-편익 구조에 직접 영향을 미치며, 현재의 비효율이 장기적으로 더 큰 안정이나 신뢰를 확보하는 투자로 전환될 수 있다. 따라서 경제적 판단은 단기 효율성보다 장기적 가치 정렬을 필요로 하며, 이는 수치적 계산을 넘어선 해석과 책임을 동반하는 실천이기도 하다.

① 단기적 이익보다 공동체의 가치가 우선되는 선택은 경제 활동의 윤리적 성격을 드러내는 사례라 볼 수 있다.

② 공동체의 정체성이 유지될 수 있다면, 일정 수준의 경제적 손실은 장기적 관점에서 합리적인 판단으로 간주될 수 있다.

③ 경제적 판단이 수치로 환산되지 않더라도, 비가시적 이익을 창출할 수 있다는 점에서 비효율로 간주되기 어렵다.

④ 경제의 윤리적 해석은 효율성 추구를 전제로 하며, 그 윤리는 효율성의 한계를 보완하는 보조적 장치로 기능한다.

22 다음 글에서 설명한 쌍둥이 연구의 핵심 개념과 가장 유사한 사례는?

인간의 성장과 발달에는 유전과 환경이 모두 영향을 미친다. 이를 연구하는 대표적인 방법 중 하나는 쌍둥이 연구다. 일란성 쌍둥이는 동일한 유전자를 가지므로, 서로 다른 환경에서 자랄 경우 나타나는 차이를 비교함으로써 환경 요인의 영향을 분석할 수 있다. 반면, 이란성 쌍둥이는 평균적으로 50%의 유전자를 공유하므로, 유전적 요인의 상대적 중요성을 연구하는 데 유용하다.

예를 들어, 한 연구에서 동일한 가정에서 자란 일란성 쌍둥이와 이란성 쌍둥이를 비교한 결과, 지능지수(IQ)나 성격 특성이 일란성 쌍둥이 사이에서 더 높은 유사성을 보였다. 이는 유전이 지능과 성격 형성에 중요한 역할을 한다는 것을 시사한다. 하지만 다른 연구에서는 서로 다른 환경에서 자란 일란성 쌍둥이의 경우, 양육 방식과 사회적 경험이 학업 성취와 성격에 상당한 영향을 미친다는 결과가 나타났다.

이러한 연구들은 성장과 발달에 있어 유전과 환경이 상호 작용하며, 단순히 한 가지 요소만으로 설명할 수 없다는 점을 보여준다. 특히, 유전적으로 동일한 두 사람이 서로 다른 환경에서 자랄 때 나타나는 차이는 정책 결정(예: 교육 제도, 복지 정책)에도 중요한 시사점을 제공한다.

① 한 연구에서 성인이 된 후에도 형제자매보다 일란성 쌍둥이 간의 성격 유사성이 훨씬 더 높게 나타났다.

② 동일한 환경에서 자란 일란성 쌍둥이가 나이가 들수록 성격이 더 달라지는 경향을 보였다.

③ 두 나라에서 같은 유전자 변이를 가진 사람들이 다른 질병 발병률을 보이자, 연구자들은 환경적 요인을 주요 원인으로 지목했다.

④ 사회적 환경이 우수한 지역에서 자란 아이들이 열악한 환경에서 자란 아이들보다 평균적인 학업 성취도가 높았다.

23 다음 글에서 ⓐ의 사례로 적절한 것은?

> ⓐ 정박 효과는 초기 제시된 정보가 이후의 판단에 영향을 미치는 현상이다. 사람들은 기준점이 되는 정보를 무의식적으로 활용하여 결정을 내리며, 이는 숫자뿐만 아니라 다양한 상황에서도 나타난다.
>
> 한 연구에서 참가자들에게 무작위로 선택된 숫자를 보여준 후, 특정 제품의 가격을 추측하게 했다. 결과적으로 높은 숫자를 본 참가자들이 낮은 숫자를 본 참가자들보다 더 높은 가격을 예상했다. 이는 처음 접한 정보가 판단의 기준점으로 작용했음을 의미한다.
>
> 이 효과는 협상에서도 자주 나타난다. 예를 들어, 판매자가 먼저 높은 가격을 제시하면 구매자는 그 가격을 기준으로 흥정을 시도하는 경향이 있다. 반대로 낮은 가격이 먼저 제시되면, 최종 가격 역시 더 낮아질 가능성이 높다.
>
> 또한, 정박 효과는 일상적인 의사 결정에서도 발견된다. 할인 상품의 원래 가격이 표시되어 있으면, 소비자는 이를 기준으로 할인율을 평가하게 된다. 따라서 제품이 본래 가치보다 더 저렴하다고 착각할 수 있다. 이처럼 정박 효과는 우리의 판단에 큰 영향을 미치며, 이를 인지하는 것이 합리적인 의사 결정에 도움이 된다.

① 한 고객이 레스토랑 메뉴에서 모든 메뉴의 가격을 쭉 훑어본 후, 가격이 가장 높은 요리를 기준으로 두 번째로 비싼 요리를 선택했다.

② 한 학생이 시험에서 특정 문제의 정답을 모를 때, 주변 친구들이 말한 답변을 기준으로 자신의 답을 수정했다.

③ 한 사람이 중고차를 구매할 때, 판매자가 먼저 높은 가격을 제시하자 이를 기준으로 협상을 진행했다.

④ 한 소비자가 새로운 스마트폰을 구매하기 전, 다양한 리뷰를 참고한 후 객관적으로 판단하여 제품을 골랐다.

24 다음 글에서 ⓐ의 사례로 적절한 것은?

> 게임 이론은 경제학, 정치학, 심리학 등 다양한 분야에서 사용되며, 상호작용하는 개별 주체들의 전략적 선택을 분석하는 도구로 활용된다. 가장 널리 알려진 개념 중 하나는 ⓐ 내쉬 균형으로, 이는 모든 참가자가 상대방의 전략을 고려했을 때 자신의 전략을 변경할 유인이 없는 상태를 의미한다.
>
> 예를 들어, 죄수의 딜레마는 게임 이론의 대표적인 사례다. 두 명의 용의자가 각각 자백할지(배신) 아니면 침묵할지(협력) 선택하는 상황을 가정해 보자. 만약 두 사람이 모두 침묵하면(협력) 가벼운 처벌을 받지만, 한 사람이 배신하고 다른 사람이 침묵하면 배신자는 석방되고, 침묵한 사람은 중형을 받는다. 그러나 두 사람 모두 배신하면 둘 다 중형을 받는다.
>
> 이 경우 각 개인이 자신의 이익만을 고려할 때 배신하는 것이 우월 전략이 된다. 따라서 두 사람이 모두 배신하는 상태가 내쉬 균형에 해당한다. 하지만 이는 전체적으로 최선의 결과는 아니므로, 게임 이론은 협력의 유인을 제공하는 방법(예: 반복 게임, 신뢰 구축 등)에 대한 연구로 확장된다.
>
> 이처럼 게임 이론은 경제적 의사결정뿐만 아니라 협상, 경쟁, 국제 관계 등에서도 중요한 역할을 한다.

① 두 개의 항공사가 가격을 인하하면 시장 점유율을 높일 수 있지만, 서로 가격을 낮추면 결국 모두 이익이 줄어들어 가격을 유지하는 선택을 한다.

② 한 기업이 신기술을 개발했지만, 경쟁사가 곧 유사한 기술을 도입할 것을 우려하여 연구개발 투자를 중단했다.

③ 두 나라가 군비 경쟁을 벌이다가 서로의 군사비 부담이 커지지 군축 협정을 맺어 국방비를 줄였다.

④ 한 게임에서 플레이어가 상대방의 전략을 완전히 예측할 수 없어 무작위적으로 전략을 선택해야 했다.

25 다음 글에서 추론한 내용으로 가장 옳지 <u>않은</u> 것은?

산림청의 통계에 따르면, 최근 10년간(2015년 ~2024년) 연평균 546건의 산불이 발생해 연평균 4,003헥타르의 산림이 소실되었다. 주요 발생 원인으로 입산자의 실화(31%), 쓰레기 소각(13%), 논밭 두렁 소각(11%) 등이 보고되었다. 2022년 발생한 울진·삼척 산불은 약 24,797헥타르의 산림을 소실시켜 최근 10년간 발생한 산불 중 가장 큰 피해를 입혔다.

산불 진압이 어려운 이유는 여러 가지다. 첫째, 산림의 구조적 특성이다. 우리나라 산림은 소나무 위주로 구성되었는데 소나무의 수지 성분은 매우 잘 타기 때문에 불길을 빠르게 확산시킨다. 둘째, 산악 지형이 높고 험준하여 진화 인력과 장비의 접근이 어려워 초기 대응이 어렵다. 더구나 산불 진화대의 평균 연령은 60세를 넘고 산불 진압용 헬기는 노후화와 부품 부족으로 가동률이 충분치 않다. 산림청에 따르면 초기 진압에 실패하면 화재 확산 면적이 30% 이상 증가한다. 셋째, 기상 조건이다. 겨우내 마른 나뭇가지와 덤불, 봄비가 내리기 전의 건조한 날씨, 그리고 강풍은 산불을 빠르게 확산시키는 요인이다. 마지막으로 산불 진화 체계상 문제이다. 현재 산불 대응 주관 기관은 산림청이고 대형 산불이나 인명 피해가 우려될 경우 소방청이 개입한다. 이로 인해 지휘권이나 책임 소재가 불분명한 경우가 발생하기 쉽다.

① 최근 10년간 발생한 산불을 분석하면, 인간 활동으로 인한 산불 발생은 2730건 이상이다.

② 초기 진압을 위한 인력과 장비의 보급이 필요하며 산림 수종은 소나무에서 활엽수로 전면 교체해야 한다.

③ 최근 10년간 발생한 산불로 인한 산림 소실 면적 중 절반 이상이 2022년 발생한 울진·삼척 산불로 인한 것이다.

④ 산불 대응을 산림청과 소방청이 나누어 맡고 있는 구조는 신속한 통합 대응을 어렵게 만들 수 있다.

정답 및 해설 22p

유형 접근 방법

1. 지문 읽기 전

빈칸 앞뒤 문장을 통해 내용을 짐작한다.

2. 지문을 읽으면서

① 빈칸 앞뒤 문장으로 해결이 되지 않는 경우, 빈칸 뒤의 내용에 집중한다.

② ①번으로도 확인이 되지 않는다면 빈칸 앞부분까지 포함한 글을 내용 전체를 통해 짐작한다.

3. 지문을 읽은 후

① 속담이나 관용어를 질문하는 경우가 많다.

② 주제문, 핵심어와 관련된 내용이 포함된 문장이 출제되는 경우가 많다.

합격 TIP! 빈칸 추론 방법

1. 접속어 (그리고, 그러나, 따라서 등) - 정확한 접속어를 먼저 정한다.
2. 단어 찾기 (설명 내용과 가장 밀접한 단어) - 짝을 맞춘다.

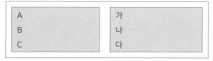

3. 속담, 관용어를 찾는다.
4. PSAT 유형 - 정리한 내용을 찾는다. (※ 135쪽 20번 문제 참고)

5. 하나의 빈칸을 찾을 때, 뒤에서 먼저 찾는다.

대표 예시 문제

다음 글의 빈칸에 들어갈 결론으로 가장 적절한 것은? 9급 출제기조 전환 1차 예시문제

신경 과학자 아이젠버거는 참가자들을 모집하여 실험을 진행하였다. 이 실험에서 그의 연구팀은 실험 참가자의 뇌를 'fMRI' 기계를 이용해 촬영하였다. 뇌의 어떤 부위가 활성화되는가를 촬영하여 실험 참가자가 어떤 심리적 상태인가를 파악하려는 것이었다. 아이젠버거는 각 참가자에게 그가 세 사람으로 구성된 그룹의 일원이 될 것이고, 온라인에 각각 접속하여 서로 공을 주고받는 게임을 하게 될 것이라고 알려 주었다. 그런데 이 실험에서 각 그룹의 구성원 중 실제 참가자는 한 명뿐이었고 나머지 둘은 컴퓨터 프로그램이었다. 실험이 시작되면 처음 몇 분 동안 셋이 사이좋게 순서대로 공을 주고받지만, 어느 순간부터 실험 참가자는 공을 받지 못한다.

실험 참가자를 제외한 나머지 둘은 계속 공을 주고받기 때문에, 실험 참가자는 나머지 두 사람이 아무런 설명 없이 자신을 따돌린다고 느끼게 된다. 연구팀은 실험 참가자가 따돌림을 당할 때 그의 뇌에서 전두엽의 전대상피질 부위가 활성화된다는 것을 확인했다. 이는 인간이 물리적 폭력을 당할 때 활성화되는 뇌의 부위이다. 연구팀은 이로부터 [   ]는 결론을 내릴 수 있었다.

① 물리적 폭력은 뇌 전두엽의 전대상피질 부위를 활성화한다
② 물리적 폭력은 피해자의 개인적 경험을 사회적 문제로 전환한다
③ 따돌림은 피해자에게 물리적 폭력보다 더 심각한 부정적 영향을 미친다
④ 따돌림을 당할 때와 물리적 폭력을 당할 때의 심리적 상태는 서로 다르지 않다

정답 설명 ④ 아이젠버거의 실험 결과, 따돌림을 당할 때와 물리적 폭력을 당할 때 전두엽의 전대상피질 부위가 동일하게 활성화되는 것을 알 수 있었으며, 이를 통해 따돌림을 당할 때와 물리적 폭력을 당할 때의 심리적 상태는 서로 다르지 않다는 것을 추론할 수 있다.

오답 분석 ① 물리적 폭력을 당할 때 뇌 전두엽의 전대상피질 부위를 활성화한다는 것은 앞 문장에서 이미 제시된 내용이며, 실험의 결론으로 보기 어렵다.

②③ 제시된 글을 통해 추론할 수 없는 내용이다.

실전 학습 문제

정답 및 해설 28p

01 글의 통일성을 고려할 때 빈칸에 들어갈 문장으로 가장 적절한 것은?

포스트모더니즘은 기존의 절대적 진리나 보편적 이성을 부정하고, 다원성과 상대성을 강조하는 특징을 지닌다. 특히 언어, 권력, 사회 구조가 진리를 구성하는 방식에 대한 비판적 접근을 통해 객관성을 해체하려는 경향이 강하다.

이러한 포스트모더니즘은 과도한 상대주의와 난해한 표현 방식으로 인해 상당한 비판에 직면하였다. 소칼과 브리크몽은 일부 포스트모던 철학자들이 과학 개념을 왜곡하여, 실제로는 무의미한 말을 그럴듯하게 포장했다고 주장한다. 예를 들어, 라캉이 수학적 개념을 정신분석학에 적용하는 방식이나 들뢰즈와 가타리의 물리학적 은유 사용 등이 비판의 대상이 되었다. 특히 소칼은 1996년 학술지에 일부 포스트모던 학자들의 논문 스타일을 모방한 논문을 투고했고, 편집진이 내용의 비논리성을 파악하지 못한 채 이를 게재하였다. 이후 그는 논문의 허구성을 공개하며, 일부 포스트모던 담론이 비판적 검토 없이 수용되고 있다고 주장했다. 이로 볼 때 소칼과 브리크몽은 포스트모더니즘 철학자들에 대해 '□□□□□□□□'라는 속담을 적용하여 비판하고 있다고 할 수 있다.

① 내 코가 석 자

② 꽃 본 나비 불을 헤아리랴

③ 귀에 걸면 귀걸이, 코에 걸면 코걸이

④ 나무를 잘 오르는 놈은 떨어져 죽고 헤엄을 잘 치는 놈은 빠져 죽는다.

02 글의 통일성을 고려할 때 빈칸에 들어갈 문장으로 가장 적절한 것은?

볼커식 긴축재정은 1980년대 초 미국 연방준비제도(Fed)의 의장이었던 폴 볼커(Paul Volcker)가 시행한 강력한 긴축적 통화정책을 의미한다. 이는 1970년대 후반부터 지속된 극심한 인플레이션을 억제하기 위해 도입된 정책으로, 금리를 급격히 인상하여 통화 공급을 제한하는 방식으로 진행되었다.

볼커는 1979년 연준 의장으로 취임한 후 인플레이션을 통제하는 것을 최우선 목표로 삼았다. 당시 미국은 1970년대 두 차례의 오일 쇼크로 인해 물가 상승률이 두 자릿수에 이르렀으며, 경기 침체와 물가 상승이 동시에 발생하는 스태그플레이션(stagflation)에 직면해 있었다. 볼커는 이를 해결하기 위해 통화량 목표제를 도입하고 기준금리를 대폭 인상하는 조치를 단행하였다.

그 결과, 1980년대 초 미국의 정책금리는 20%에 육박할 정도로 급등하였으며, 이는 기업과 가계의 대출 비용을 급격히 증가시켜 소비와 투자를 둔화시키는 효과를 가져왔다. 이러한 긴축 정책으로 인해 미국 경제는 1981~1982년 심각한 경기 침체를 겪었으나, 인플레이션율은 1983년 이후 빠르게 하락하였다.

이러한 볼커식 긴축재정은 단기적으로는 높은 실업률과 경제적 고통을 초래했지만, 장기적으로는 미국 경제의 거시적 안정성을 회복하는 데 기여한 것으로 평가된다. 따라서 이 사례는 미국 경제의 입장에서 '□□□□□□□□'라는 속담을 적용할 수 있다.

① 좋은 약은 입에 쓰다.

② 코 아래 구멍이 제일 무섭다.

③ 남의 욕이 한 개이면 내 욕은 열 개이다.

④ 죄는 지은 곳으로 가고 덕은 닦은 곳으로 간다.

03 글의 통일성을 고려할 때 빈칸에 들어갈 문장으로 가장 적절한 것은?

아돌프 아이히만은 2차 세계대전 당시 나치 독일에서 유대인 학살(홀로코스트)의 핵심 인물이었다. 그러나 그는 재판 과정에서 자신의 죄를 부정하거나 축소하려 했다. 그가 자신의 죄를 부정한 주요 논리는 다음과 같다.

아이히만은 자신이 단지 상부의 명령을 따랐을 뿐이며, 개인적으로 유대인 학살을 계획하거나 결정하지 않았다고 주장했다. 이는 "나는 명령을 받았을 뿐이다."라는 태도로, 자신의 행위를 국가 조직 내에서의 단순한 역할 수행으로 정당화하려는 시도였다.

그는 유대인에 대한 개인적인 증오심이나 학살의 의도가 없었으며, 자신은 행정적 업무를 수행한 관료에 불과하다고 강조했다. 즉, 자신이 가담한 행위가 도덕적으로 잘못되었는지에 대한 깊은 성찰 없이, 단순히 시스템 내에서 주어진 일을 수행했을 뿐이라는 변명을 내세웠다.

아이히만은 자신이 최종적인 의사 결정권자가 아니었으며, 단순히 물류와 행정 절차를 담당하는 중간 관리자에 불과했다고 주장했다. 그는 홀로코스트의 실제 주범은 상부의 지도자들이라고 하면서, 자신에게 돌아가는 책임을 회피하려 했다. 이러한 아이히만의 태도들을 속담으로 표현한다면, '[   ]'라고 할 수 있다.

① 낙숫물이 댓돌을 뚫는다.

② 가난과 거지는 사촌 간이다.

③ 가까운 집 며느리일수록 흉이 많다.

④ 콩밭에 소 풀어놓고도 할 말이 있다.

04 다음 ㉠~㉣ 중 주어진 문장이 들어가기에 가장 적절한 곳은?

그러므로 법은 단순히 제정된 방식이나 절차가 정당하다고 해서 정의롭거나 도덕적이라고 할 수 없다는 것이다.

라드브루흐 논문의 중요 개념 중 하나인 법률적 불법은, 법이 국가의 권력에 의해 제정되고 시행되지만, 그 법이 도덕적이고 윤리적인 기준에 어긋나는 경우를 설명한다. 라드브루흐는 법률이 특정 사회에서 정당하게 제정되었다 하더라도, 그 법이 도덕적이고 인간 존엄성에 부합하는지는 항상 보장되지 않는다고 주장한다. 이와 관련하여 그는 법률적 불법이란, 법이 합법적인 절차에 의해 제정되었지만 그 내용이 도덕적으로 부당하거나 정의롭지 않게 된 경우를 가리킨다고 설명한다. [㉠]

라드브루흐가 이 개념을 도입한 배경에는 나치 독일 치하에서 발생한 일련의 법적 사건들과 관련이 있다. [㉡] 나치 정권하에서 제정된 법률들은 체계적으로 인권을 침해하고, 수많은 무고한 사람들을 박해했다. [㉢] 예를 들어, 나치의 '유대인 박해법'이나 '인종차별법' 등은 법적인 절차에 따라 제정되었지만, 그 내용은 명백히 부당하고 도덕적으로 용납할 수 없는 것이었다.

라드브루흐는 법률적 불법에 대한 해결책으로 초법률적 법을 제시한다. [㉣] 이는 법이 인간의 기본적인 도덕적 원칙을 위반할 경우, 그 법을 초과하는 더 높은 수준의 법적 기준을 적용해야 한다는 주장이다. 이는 도덕적 법이나 자연법을 적용해야 한다는 주장이다. 이러한 초법률적 법은 법률보다 우위에 있으며, 법이 도덕적 원칙을 위반한다면 초법률적 법에 따라 행동해야 한다는 것이다.

① ㉠   ② ㉡

③ ㉢   ④ ㉣

05 다음 ㉠~㉣ 중 주어진 문장이 들어가기에 가장 적절한 곳은?

조석고정은 행성이 모항성에 대해 자전과 공전 주기가 일치하여, 한쪽 면은 항상 주항성을 향하게 되고 다른 한쪽 면은 영원히 어두운 상태가 되는 현상이다.

적색왜성은 생명체가 존재하기 어려운 환경을 만들어낼 가능성이 높다. 그 이유는 조석고정 때문이다. ㉠ 이런 상태에서는 한쪽 면이 끊임없이 고온 상태에 놓이게 되고, 반대편은 얼어붙게 되어 극단적인 온도차가 발생한다. 이로 인해 생명체가 존재하기 위한 안정적인 온도 조건을 유지하는 것이 매우 어렵다. ㉡
적색왜성의 골디락스 존은 태양에 비해 훨씬 더 가까운 위치에 있다. ㉢ 이는 필연적으로 조석고정이 발생하게 만드는데, 그 결과 한쪽 면은 뜨겁게 타오르고 다른 한쪽 면은 차가워지며 생명체가 존재할 수 있는 환경이 제한된다. 만약 이 두 면 사이의 온도 차이를 극복하려 한다면, 대류 현상에 의해 대규모의 폭풍이 발생할 가능성이 높다. 이러한 환경은 생명체가 정상적으로 생존하기에 너무 극단적이다.
물론, 이와 같은 조건을 피할 수 있는 예외적인 경우도 존재한다. ㉣ 예를 들어, 행성이 이중 행성을 이루거나 공전과 자전이 특정한 방식으로 상호작용을 한다면 조석고정을 피할 수 있다. 그러나 이러한 환경은 적색왜성에서 발생하기 어려운 조건이다. 결국, 적색왜성 주위에서 안정적인 생명체의 존재를 기대하기에는 여러 환경적 제약이 존재한다고 할 수 있다.

① ㉠ ② ㉡
③ ㉢ ④ ㉣

06 다음 ㉠~㉣ 중 주어진 문장이 들어가기에 가장 적절한 곳은?

한편 아우구스티누스의 '추(악)' 개념은 신의 창조질서 내에서 존재의 의미를 가진다.

아우구스티누스의 '추(악)' 개념은 그의 신학적 및 철학적 체계에서 중요한 요소로 자리 잡고 있으며, 이는 신플라톤주의적 전통을 기독교 신학에 통합하는 과정에서 더욱 두드러진다. ㉠ 신플라톤주의에서 악은 본질적으로 선의 결핍으로 설명되며, 아우구스티누스는 이를 기독교적 맥락에서 확립하였다. 즉, 그는 악을 존재하는 것 자체로서 독립적인 실체로 보지 않고, 선의 결여, 즉 '선의 결핍'으로 이해하였다. ㉡ 이는 악이 존재할 수 있는 조건은 선이 결여된 상태에서만 가능하며, 본질적으로 악은 선에 의존한다는 전제를 기반으로 한다.
㉢ 그는 창조된 세계는 본질적으로 선하며, 악은 그 세계 내에서 부분들의 불완전한 존재로 나타난다고 설명한다. ㉣ 이때 '부분'과 '전체' 간의 관계는 매우 중요한 문제로 등장한다. 아우구스티누스는 신의 창조가 '완전한 선'에서 출발했음을 전제로 하여, 악은 그것의 왜곡된 부분이자, 전체의 완전성을 향한 도달 과정에서 필연적으로 존재할 수밖에 없는 현상으로 간주한다.
더 나아가 아우구스티누스는 악을 단순히 부정적이고 파괴적인 존재로만 보지 않으며, 그 악이 어떻게 전체적인 질서와 미(美)의 구성을 보조하는 역할을 할 수 있는지에 대해서도 고민하였다. 그는 악이 미의 완성을 위해 필수적인 역할을 한다고 주장했다.

① ㉠ ② ㉡
③ ㉢ ④ ㉣

07 다음 ㉠~㉣ 중 주어진 문장이 들어가기에 가장 적절한 곳은?

> 따라서 그는 규칙 숭배를 비판하며, 도덕적 판단에서 결과적 선호 중심의 유연성을 강조한다.

　㉠ 스마트는 공리주의의 현대적 해석에 기여한 철학자로, 행위 공리주의를 옹호하며 규칙 공리주의에 대한 비판으로 유명하다. 행위 공리주의는 개별 행위의 결과를 직접 평가하여 최대 행복을 추구하는 접근법이다. ㉡ 스마트는 규칙 공리주의가 규칙의 일관성에 집착함으로써 실제 상황에서 최선의 결과를 도출하지 못할 수 있다고 주장한다. 즉 규칙을 맹목적으로 따르는 것이 때로는 비합리적이며, 상황에 따라 규칙을 어기는 것이 더 큰 행복을 가져올 수 있다고 본다는 것이다. ㉢

　스마트는 행복을 단순한 쾌락의 축적이 아닌, 개인의 선호 충족으로 정의한다. 이는 제러미 벤담의 쾌락주의와 구별되는 지점이다. ㉣ 벤담은 쾌락을 행복의 유일한 척도로 보았지만, 스마트는 개인의 선호와 만족을 더 포괄적인 행복의 기준으로 삼는다. 이러한 관점은 주관적 경험과 개인의 가치 판단을 도덕적 고려의 핵심 요소로 삼는다.

　스마트는 우리의 일상적인 도덕 감정이 종교적, 문화적 배경에 의해 형성되며, 종종 비합리적이고 편견에 가득 차 있다고 지적한다. 이러한 상식적 도덕은 일관성이 부족하고, 때로는 도덕적 딜레마를 해결하는 데 한계가 있다. 따라서 그는 공리주의적 접근법이 이러한 문제를 극복하고, 최대 행복을 추구하는 합리적 기준을 제공한다고 주장한다.

① ㉠　　　　　　② ㉡

③ ㉢　　　　　　④ ㉣

08 다음 중 ㉠~㉢에 들어갈 말을 바르게 연결한 것은?

　소스타인 베블런은 경제적 삶이 단순히 기술적 전문성의 발전과 생산력의 증대에 의해 좌우되는 것이 아니라, 특정한 제도적 배경과 사회적 관행 속에서 형성된다고 보았다. 그는 부의 분배가 단순한 효율성과 생산성의 논리에 따라 결정되는 것이 아니라, 사회적으로 형성된 가치 판단과 계층적 질서에 의해 구조적으로 고정된다고 주장했다.

　㉠ 베블런은 경제적 재화의 분배 방식이 일정한 제도적 장치를 통해 특정한 계층에게 우월한 지위를 부여하는 방식으로 작동한다고 분석했다. 이는 단순한 경제적 불균형이 아니라, 관습적 합의와 인습적인 여론을 바탕으로 특정 계급이 지속적으로 경제적 특권을 누리는 구조적 메커니즘이라는 것이다.

　㉡ 그는 경제 체제가 고도화될수록 이러한 차별적 배분 원리는 더욱 정교해지고 복잡해진다고 보았다. 즉, 경제 제도는 단순한 생산과 소비의 체계가 아니라, 차등적 유불리를 조직적으로 강화하는 구조적 장치이며, 사회가 고도로 발전할수록 그 메커니즘은 더욱 정교화된 형태로 지속된다는 것이다. ㉢ 경제적 지위와 사회적 위계는 단순한 시장 논리에 의해 형성되는 것이 아니라, 문화적·제도적 구조 속에서 역사적으로 축적된 힘의 관계에 의해 지속적으로 재생산된다고 볼 수 있다.

	㉠	㉡	㉢
①	그런데	더 나아가	이와는 별개로
②	그런데	반면	이와는 별개로
③	특히	반면	결국
④	특히	더 나아가	결국

09 다음 중 ㉠~㉢에 들어갈 말을 바르게 연결한 것은?

팔레스타인 사람들의 존재는 오랫동안 의도적으로 무시되거나 지워져 왔다. 이스라엘과 점령지, 그리고 아랍 세계 곳곳의 난민수용소에서 살아가는 수백만 명의 팔레스타인 아랍인들은 마치 보이지 않는 존재처럼 다뤄졌다. 이스라엘 정치인들은 그들의 존재 자체를 부정했다. ㉠ 1948년 대규모 추방의 기억은 역사책에서도 말소되었다. 그들이 살던 집과 마을, 경작하던 농토에 대한 기록조차 지워졌다.

이러한 역사적 망각 속에서 팔레스타인인들은 끊임없이 자신들의 이야기를 반복해야 했다. 에드워드 사이드가 지적했듯이, "이 세상에 이 이야기를 입증할 증거는 거의 없는 듯하다. 당신이 계속 말하지 않는다면, 그 이야기는 그만 사라져 버릴 것이다." ㉡ 팔레스타인들이 세계를 향해 자신들의 상황을 널리 알리지 못한다면 팔레스타인 민족의 아픔은 그 누구도 알지 못할 상황에 이르게 된다는 것이다.

팔레스타인 사람들은 마치 존재하지 않는 것처럼 취급되다가도, 누군가 테러 행위를 저지를 때에만 비로소 조명된다. 그 순간, 오직 폭력만이 팔레스타인인의 유일한 모습으로 비춰지고, 그들의 역사적 기원과 맥락은 배제된 채 이해할 수 없는 분노로만 해석된다.

이러한 서사 속에서 팔레스타인 문제는 단순한 갈등이 아니라 기억과 망각, 기록과 삭제의 문제로도 볼 수 있다. ㉢ 이들의 존재를 인정하는 것은 단순한 정치적 문제가 아니라 역사적 정의의 문제이며, 그들의 목소리가 계속해서 반복되어야 하는 이유도 여기에 있다.

	㉠	㉡	㉢
①	반면	그럼에도 불구하고	하지만
②	심지어	그럼에도 불구하고	하지만
③	심지어	다시 말해	따라서
④	반면	다시 말해	따라서

10 다음 중 ㉠~㉢에 들어갈 말을 바르게 연결한 것은?

피히테의 철학에서 인간의 궁극적인 목적은 비이성적인 모든 것을 자신에게 종속시키고 고유의 법칙에 따라 지배하는 것이다. 이는 인간이 외부 세계와의 관계에서 비이성적인 요소를 이성적으로 지배하고, 이를 자기 자신의 의식적 법칙과 일치시켜 가는 과정을 의미한다. ㉠ 피히테는 인간이 이 궁극적인 목표를 완전히 달성할 수 없다고 주장한다. 그 이유는 인간은 본래 유한한 존재로, 절대적인 지배와 완전성을 이룰 수 없기 때문이다. 이 과정에서 중요한 점은 인간의 최종 목표에 이르는 여정 자체가 인간 존재의 본질을 이루며, 이 목표에 가까워지려는 지속적인 노력과 발전이 인간의 진정한 사명임을 강조한다.

피히테의 철학에서 인간의 존재 목적은 단순히 목표를 완성하는 것이 아니라, 끊임없이 완성해 나가는 과정이다. 그는 인간이 자기 자신을 개선하고 사회적 관계 속에서 도덕적으로 발전해야 한다고 주장한다. 이 과정에서 인간은 자기 자신과의 완전한 일치를 이루려고 노력하는데, 이를 '완전성'이라고 부를 수 있다. ㉡ 이 완전성은 인간이 절대로 도달할 수 없는 최종 목표이므로, 인간의 진정한 사명은 이 목표를 향해 계속해서 나아가는 것임을 피히테는 설명한다.

㉢, 피히테는 인간이 도덕적, 이성적으로 자신을 끊임없이 개선하는 존재라고 본다. 이는 단순히 개인적인 성장에 그치지 않고, 사회와 인간관계에서 도덕적 개선을 이루어내는 것을 포함한다. 인간은 이러한 개선을 통해 자신의 내면에서뿐만 아니라, 사회적, 도덕적 환경에서도 더욱 기쁨과 의미를 찾을 수 있다.

	㉠	㉡	㉢
①	그러나	그런데	또한
②	즉	그런데	반면
③	즉	이에 따라	또한
④	그러나	이에 따라	반면

11 다음 글의 맥락을 고려할 때 빈칸에 들어갈 말로 가장 적절한 것은?

테러는 단순한 물리적 공격에 그치지 않고, 그 자체로 심리적인 불안을 증대시키며, 우리가 감지할 수 없는 방식으로 사회의 구조와 일상을 흔들어 놓는다. 9.11 테러와 2015년 파리 테러는 모두 미국 정보기관의 감시망을 벗어난 테러 집단에 의해 일어났다. 이들 집단은 정보화된 현대 사회에서의 정보 흐름을 차단하고, 기습적인 공격을 감행함으로써 그들의 존재를 불확실하고 예측할 수 없는 상태로 만들어 놓았다.

이러한 '유령 같은 적'은 그 존재를 추적하거나 감시하기 어려운 존재다. 이들은 '고잉 다크(Going Dark)' 상태를 통해 감시망을 회피하며, 이는 정보 사회에서 중요한 위협으로 작용한다. 현대의 테러 조직들이 이러한 방식으로 활동하면서, 정보기관은 이들을 추적할 수 없고, 사전에 테러를 예방하는 데 실패하게 된다.

'불균형적인 공포'는 단순히 눈에 보이는 폭력적인 사건이 아니라, 정보와 소통의 단절에서 비롯되는 심리적 공포를 의미한다. 이는 현대사회에서 우리가 가장 두려워하는 것이 불확실성의 증가라는 사실을 반영한다. 전통적인 전쟁이나 테러는 적을 식별하고 대응할 수 있는 일정한 규칙과 구조를 가지고 있지만, 고잉 다크 상태에서의 위험은 그 존재조차 파악할 수 없다는 점에서 불안감을 증대시킨다. 결국 오늘날의 공포는 [＿＿＿＿＿＿＿＿] 점에서 비롯된다는 사실을 알 수 있다.

① 전통적 테러리즘에서 적의 존재 파악이 어려워 대응이 어렵다는

② 물리적인 폭력 자체보다는 정보기관에 의한 정보 수집이 난해해졌다는

③ 권력과 테러에서 종래에 나타나던 관계가 고착되어 정보기관이 감시를 완화하는

④ 선명하게 드러나는 적이 정보기관으로부터 추적받지 않고 당당히 테러를 감행한다는

12 다음 글의 맥락을 고려할 때 빈칸에 들어갈 말로 가장 적절한 것은?

랑시에르는 '감각적인 것'이 단순히 오감으로 인식되는 물리적 세계를 넘어, 무엇이 존재하고 발언될 수 있으며, 무엇이 보이거나 들릴 수 있는지를 결정하는 규범적 구조를 포함한다고 보았다.

가령, 고대 아테네에서는 시민권이 자유민 남성이라는 특정 계층에게만 부여되었고, 여성과 노예는 공적 담론에서 배제되었다. 이들은 단순히 정치적으로 권리를 박탈당한 것이 아니라, 그들의 존재 자체가 공공의 장에서 발언권을 가질 수 없는 것으로 간주되었다. 이러한 맥락에서 감각적인 것의 분할은 단순히 물리적 배제나 억압의 문제를 넘어서, 존재 자체를 규정하고 역할을 고정하는 권력 작용으로 나타난다. 따라서 이 분할은 누가 공적인 삶에서 발언권을 가질 수 있는지, 어떤 목소리가 합법적 권위를 지니는지를 미리 결정하는 무언의 질서이다.

랑시에르는 '불화'를 감각적인 것의 분할을 뒤흔드는 정치적 행위로 정의한다. 불화는 기존의 질서 속에서 인정받지 못하던 사람들이 자신을 새로운 방식으로 드러내며, 평등의 원칙을 현실화하려는 시도이다. 합의는 기존의 질서를 공고히 하는 역할을 한다. 불화는 이러한 합의를 거부하고, 기존의 '누가 무엇을 말할 수 있는가'에 대한 전제를 깨뜨린다. 게다가 불화는 비가시적이었던 것을 가시적으로 만든다. 랑시에르에게 정치란 바로 이러한 불화의 순간에서 실현된다. 그에게 정치란 [＿＿＿＿＿＿＿＿＿] 과정인 것이다. 이를 통해 그는 정치를 제도적 차원이 아닌, 끊임없이 생성되고 도전받는 실천으로 이해한다.

① 공공의 장에 포함되었으나 발언권을 부여받지 못하여 정치적 권리는 사실상 박탈당하는

② 기존의 감각적인 분할을 고수하려는 합의에 저항하며, 새로운 평등의 세계를 열어가는

③ 배제된 자들이 불화를 없앰으로써 그들의 가시성을 인정받으며 평등을 현실화하려는

④ 합법적 권위를 지니는 의견을 사후에 결정하는 감각적인 것의 분할을 혁파하는

13 다음 글의 맥락을 고려할 때 빈칸에 들어갈 말로 가장 적절한 것은?

근대화이론은 제2차 세계대전 이후 독립한 아시아와 아프리카의 저발전 국가들을 설명하기 위한 학문적 시도였다. 이 이론에서는 저발전 국가들이 선진국으로 발전할 수 있는 보편적인 경로를 제시하며, 주로 경제 성장, 산업화, 그리고 사회 구조의 근대화를 중심으로 발전을 설명했다. 저개발 국가들은 일정한 단계를 거쳐 선진국으로 나아갈 수 있다고 보는데, 저개발국의 발전은 전통적인 농업사회에서 산업화된 사회로, 그 후에는 서비스 산업이 중심이 되는 고도로 발전된 사회로 이어진다는 것이다.

근대화이론은 단순히 학문적 논의에 그친 것이 아니라 미국의 제3세계 외교정책과 밀접하게 결합되었다. 미국은 제3세계 국가들이 정치적, 경제적으로 안정되고 발전하도록 돕는 것이 미국의 이익에 부합한다고 보았다. 이 시기 미국은 소련의 영향력 확산을 막기 위해 제3세계 국가들에게 정치적 안정과 경제 성장을 지원하는 방식으로 개입했다. 이 과정에서 미국은 근대화의 주체로 군부를 주목하기도 했다.

미국 「국제문제연구소」는 근대화이론을 수용하여 저개발 국가들의 근대화를 이끌 주체로서 군부를 강조하였다. 이들은 [＿＿＿＿＿＿＿＿＿＿] 주장을 펼쳤다. 민주주의가 안정적인 경제 성장을 보장하지 않는다고 보고, 경제 성장을 촉진하는 가장 유효한 방법은 군사 독재 체제를 통해 정치적 안정과 통제를 강화하는 것이라고 주장한 것이다. 이는 식민 열강들이 자본을 마지막 한 푼까지 수탈해 간 신생 독립국에서 불가피한 일이었다.

① 근대화이론에서 제시한 사회 발전 경로가 이론적 차원에 그친다는

② 식민 열강이 신생 독립국에 남긴 자본을 군부가 이용하여 경제 발전을 추동할 수 있다는

③ 유능한 군부의 독재에 의한 경제적 발전 과정에서 민주주의는 후순위로 미뤄질 수 있다는

④ 소련의 영향력 확산을 위해 신흥국에게 군부 독재를 통한 독립적 경제 발전을 유도해야 한다는

14 다음 글의 맥락을 고려할 때 빈칸에 들어갈 말로 가장 적절한 것은?

바디(B. Badie)와 비른봄(P. Birnbaum)은 국가의 형성과 본질에 대한 독창적인 관점을 제시하였다. 이들은 국가를 단순한 정치적 조직이 아닌, 특정한 역사적 맥락에서 형성된 사회적 사실로 분석하였다.

바디와 비른봄은 국가의 기원을 유럽의 봉건제적 위기에서 찾았다. 봉건제는 분권적이고 상호 의존적인 정치 구조를 특징으로 하는데 이는 중앙집권적인 국가 형태와는 상반되는 구조이다. 그러나 시간이 지나면서 경제적, 사회적 변화에 의해 그 불안정성이 드러났다. 이러한 위기 상황에서 중앙집권적인 통치 시스템의 필요성이 대두되었고, 이는 국가라는 제도의 형성으로 이어졌다. 따라서 이들은 국가의 출현을 [   ] 개념으로 이해하였다.

또한, 바디와 비른봄은 국가를 단일한 시점에서의 발생으로 보지 않고, 역사적, 사회적 맥락에 따라 변화하는 동적인 구조로 이해하였다. 국가의 성립은 단순히 하나의 사건이 아니라, 정치적, 경제적, 사회적 변화를 통해 지속적으로 재편성되는 과정으로, 각 지역마다 그 형성 과정이 다를 수 있다는 점을 강조하였다. 이들은 국가의 형성 과정을 다양한 역사적, 정치적 상황에서 이해하고, 이를 통해 국가의 복잡한 본질을 설명하고자 하였다.

① 지방분권적 통치 체계의 한계에 따라 나타났지만 정치적 조직과는 무관한

② 중앙집권적인 통치 시스템이 확립된 시점에서 사회적 권력의 재편을 수반하는

③ 상호 독립적인 정치 구조의 불안정성을 해결하기 위한 맥락에서 출현한 통합적

④ 봉건제의 불안정성에 의한 권력의 재편성과 그로 인한 변화를 수반하는 복합적

15 다음 글의 빈칸에 들어갈 내용으로 가장 적절한 것은?

염증의 단계에 대해 알아보자. 조직 손상 후 히스타민, 세로토닌, 프로스타글란딘 등의 염증 매개체가 분비되어 혈관 평활근을 이완시키고 혈관 확장을 유발한다. 그 결과 혈관 내피세포 사이의 간극이 넓어져 혈장 성분과 백혈구가 혈관 밖으로 이동하게 된다. 혈관 내피세포 표면에 선택적 아드헤신 분자가 발현되어 혈류 중 백혈구의 부착을 촉진하고, 혈관 내피세포를 통과하여 백혈구가 염증 부위로 이동한다. 이동한 백혈구는 염증 부위에 축적된다. 급성 염증 초기 단계에 주로 활성화되는 호중구는 세균, 곰팡이 등을 포식하고 파괴하는 역할을 한다. 또한 활성 산소, 프로테아제 등의 물질을 분비하여 조직 손상을 유발할 수 있다. 염증 후기 단계에 활성화되는 대식세포는 죽은 세포, 조직 잔해 등을 제거하는 역할을 수행한다. 또한 면역 반응을 조절하는 역할도 한다. 면역 반응에 직접적으로 관여하는 백혈구인 림프구는 크게 두 종류가 있다. B 세포는 항체를 생산하고, T 세포는 감염된 세포를 직접 공격하거나 면역을 조절한다. 통상적으로, 림프구의 대응 속도는 호중구와 대식세포보다 느리다.

A대학병원 연구진은 어떤 대륙의 풍토병 X가 염증 매개체를 차단하고, 면역 조절 기능의 실조를 일으켜 인체에 지나친 면역 반응을 유도함을 규명하였다. 다시 말해, X는 [   ] 질병이다.

① 백혈구가 혈관 밖으로 이동하는 것을 막고 T 세포의 조절 기능을 무력화하는

② 백혈구의 혈관 외 이동을 막고 B 세포의 조절 기능을 무력화하는

③ 혈관 평활근을 수축시켜 백혈구가 혈관 내피에 달라붙도록 하는

④ 염증의 초기 단계에만 특이적으로 작용하는

16 다음 중 ⊙에 들어갈 내용으로 가장 적절한 것은?

언어의 차이는 인구어와 한국어, 일본어와 중국어처럼 외국어와만 차이가 나는 것이 아니다. 이런 외국어 사이의 차이도 모두 동일하지는 않다. 한국어와 일본어는 다른 언어보다도 흡사한 면을 많이 가지고 있다. 또한 같은 한국어를 사용하더라도 방언이 있어 서로 간에 차이가 있을 수 있다. 지역적인 방언, 사회적인 방언, 성별 방언, 개인 방언이 각각의 개인은 다르기 때문에 그 언어 세계도 이에 따라 달라질 수 있다.

"너는 한 달 후 죽을 것이다."라는 어느 무속인의 말을 들었을 경우, 이에 대한 개인의 생각은 같지 않다. 얼굴이 사색이 되어 굿을 하든지 무슨 방법을 찾는 사람도 있을 수 있고 대수롭지 않게 일상생활을 계속하는 사람도 있을 수 있다. 이 두 사람이 같은 말을 받아들이는 방법이 전혀 다른 것은 언어와 사고를 이해하는 태도가 다르기 때문이고 이 또한 방언이라고 할 수 있다.

'벼락'의 의미도 시대에 따라 개인에 따라 달라진다. 예전에는 벼락은 신의 응징으로 이해된 적도 있었다. 그러나 지금은 전혀 다르다. 이에 따라서 개인이 가지고 있는 벼락에 대한 실질적인 생각은 똑같지가 않다.

여기에서 우리는 과학적 사고를 생각할 필요가 있다. 과학적인 사고란 언어의 굴절된 모습에 얽매이는 사고가 아니라 실재 세계의 모습에 바탕을 둔 사고이다. 이러한 사고는 진실에 가까운 사고이다.

위에서 살폈듯이 언어와 사고의 상관관계는 본질적인 관계가 아니다. ⊙

- 왕문용, '국어와 의사소통' -

① 언어가 달라도 같은 생각을 할 수 있고 같은 언어를 사용하여도 서로 생각이 다를 수 있다.

② 언어는 사물이 아니고 기호이며 기호로서의 언어는 우리의 삶에 영향을 준다.

③ 언어에 대해 과학적으로 사고할 줄 알아야 언어를 오류 없이 받아들일 수 있다.

④ 언어가 의사소통에 사용될 때마다 결국 언어가 우리의 사고를 지배한다.

17 다음 글의 빈칸에 들어갈 내용으로 가장 적절한 것은?

호너 증후군은 얼굴 한쪽에 영향을 미쳐 눈꺼풀이 처지고 동공이 작아지고 땀이 줄어드는 증상이다. 머리와 목을 지배하는 자율신경의 차단으로 인해 나타나며, 신경섬유의 손상으로 인해 발생한다. 동공 수축, 안검하수, 그리고 땀이 나지 않는 무한증이 주요 증상이다.

호너 증후군은 뇌와 척수로 구성된 중추 신경계에 문제가 생기는 중심성, 중추 신경계와 자율신경절* 사이에 문제가 있는 절전성, 자율신경절 이후에 문제가 있는 절후성으로 나뉜다. 중심성은 뇌졸중에 의해, 절전성은 폐암 수술 등 흉강에 대한 처치에 의해, 절후성은 경동맥 박리 또는 경부 수술에 의해 주로 발생한다. 자율신경계는 이름과 달리 중추신경계로부터 완전히 독립적인 것은 아니다.

가상의 환자 X는 기관지 암종을 제거하는 수술을 받은 뒤 경과 파악을 위해 내원하였다. 환자는 의사에게 몸 상태가 매우 좋고 체중도 원래대로 돌아왔지만, 왼쪽 눈꺼풀이 아래로 처진다고 말했다. 보다 상세히 진찰한 결과, 왼쪽 눈의 안검하수 외에도 왼쪽 동공의 축소와 땀이 나지 않음을 발견하였다. 환자에게 이 증상들에 대해 물었더니 수술 전에는 딱히 이런 증상이 없었다고 답했다. 방사선 영상, 혈액검사, 생검 등으로 암 전이 여부를 확인한 결과 암종은 찾을 수 없었다. 의사는 절후성 좌측 호너 증후군이라는 진단을 내렸고, 그 원인으로 [   ]을 제시하였다.

*자율신경절: 자율신경들이 모여 있는 곳으로, 경부를 비롯한 장기 주위에 분포한다.

① 뇌의 소혈관들이 뇌경색을 일으켜 반신에 마비를 유발했음

② 기관지 암종 제거술 당시 경부 자율신경이 손상되었음

③ 목에 있는 기관지 암종이 척수로 전이되었음

④ 수술 후 흉강에 삽관하는 과정에서 자율신경절 이전의 섬유가 손상되었음

18 다음 글의 빈칸에 들어갈 내용으로 가장 적절한 것은?

적외선 유도 미사일은 적기의 엔진 열을 감지하여 추적하는 방식으로 작동한다. 하지만 적기는 플레어를 비롯한 IRCM(적외선 대응 장치)을 사용하여 미사일의 추적을 방해할 수 있다. IRCM은 엔진보다 강력한 적외선 에너지를 방출함으로써 미사일 시커가 감지하는 적외선 신호를 혼란시킨다. IRCM에 대응하기 위해 IRCCM 기술이 등장하였는데, 구체적 방식에는 차이가 있다. 미국제 미사일은 플레어가 관측되면 미사일 추적 시스템이 일시적으로 추적을 중단하고 경로 예측만으로 적기를 추적하는 기능을 가지고 있다. 만약 플레어가 사라지면 미사일은 다시 적기를 추적하기 시작한다. 뿐만 아니라 미국제 미사일은 적외선 에너지의 종류를 구분하여, 적기의 엔진에서 방출되는 적외선 에너지에만 특이적으로 반응한다. 소련제 미사일은 미사일 시커의 시야각을 제한하여 플레어와 같은 IRCM이 시커에 들어오는 것을 방지하는 기능이 있다. 목표물과 가까워질수록 시야각이 급격히 좁아져서 플레어가 시커에 포착될 가능성을 낮추는 것이다.

X국 공군 산하 연구소에서는 미국제 미사일만을 사용하는 가상 적국 Y국에 대한 교범을 편찬하였다. 그 교범에는 X국 조종사들에게 Y국 공군과의 전투에서는 ☐☐☐☐☐☐☐을 권장하고 있다.

① 플레어를 투발하며 정반대로 경로를 바꿀 것
② 짧은 시간에만 적은 양의 플레어를 투발할 것
③ 태양 방향으로 기동하며 적외선 시커를 교란할 것
④ 적의 미사일이 자신의 기체에 가까이 올 때까지 기다렸다 IRCM을 사용할 것

19 다음 글의 맥락을 고려할 때 빈칸에 들어갈 말로 가장 적절한 것은?

새뮤얼 헌팅턴은 정치 발전에 대해 '효율적이고 합법적인 정부가 안정적으로 유지되는 상태'라고 정의하였다. 이 정의는 정치 발전을 경제 성장의 결과로서 이해하는 것과는 대비되는 관점이다. 헌팅턴은 정치 발전을 정부의 효율성, 합법성, 그리고 안정성의 세 가지 요소로 분석하면서 정치 발전은 국가의 제도적 구조가 단순히 기능하는 차원을 넘어, 그 기능이 민주적이고 법치적인 원칙을 충실히 따르며 유지되는 상태를 의미한다고 보았다.

헌팅턴의 정치 발전 이론에서 중요한 개념은 국가가 다양한 사회적 집단을 정치적 체계 안에 통합하는 '정치적 통합'이다. 정치적 통합이 이루어지지 않으면, 정부는 지속적인 위협과 불안정에 직면하게 된다. 이는 국가 내의 다양한 집단들이 서로 충돌하거나, 사회적 갈등이 지속되는 결과를 낳을 수 있기 때문이다. 따라서 헌팅턴은 정치 발전을 ☐☐☐☐☐☐☐ 과정으로 바라보았다.

또한 헌팅턴은 정치 발전이 시간에 따라 발생하는 특정한 패턴을 따른다고 주장하였다. 그는 '정치적 질서의 안정화'라는 개념을 통해 정치 발전이 반드시 순차적이고 단계적인 과정을 통해 이루어지지 않음을 강조했다. 특히 정치적 효율성이 증가하면서도 정치적 합법성이 약화되는 경우, 즉 정치적 안정이 유지되더라도 정부의 합법성이 의심받는 상황이 발생할 수 있음을 경고하였다.

① 경제적 발전의 결과이자 국가 내부의 다양한 사회적 집단이 충돌을 멈추는
② 다양한 집단의 정치적 참여에 따라 정부의 합법성에 대한 의심이 일소되는
③ 정부의 지속적인 위협과 불안정에 의힌 반향으로 나타나는 집단 간의 협력적
④ 국가의 주도로 여러 사회 집단이 정치 체계에 참여함으로써 갈등을 줄일 수 있는

20 다음 글의 맥락을 고려할 때 (가)와 (나)에 들어갈 내용으로 가장 적절한 것은?

쇼펜하우어는 그의 철학에서 인생을 근본적으로 고통과 결핍으로 점철된 비극적 실존으로 규정하였다. 그는 인간의 삶이 끊임없는 결핍의 연속이며, 이를 채우기 위한 욕망의 충족은 잠시의 쾌락을 줄 뿐, 곧 새로운 결핍과 고통을 불러일으킨다고 보았다. 이러한 사고는 그의 주저인 「의지와 표상으로서의 세계」에서 명확히 드러난다.

그는 인간의 삶을 지배하는 본질적 힘으로서의 '의지'를 강조하였다. 그러나 이 의지는 ⎡(가)⎤을 나타낸다. 따라서 인간은 의지의 특성에 따라 목적 없이 끊임없이 욕망하고 갈구하며, 이 과정에서 피할 수 없는 고통에 직면하게 된다.

쇼펜하우어는 특히 인생의 추악함과 허망함을 드러내기 위해 생로병사의 순환과 인간관계의 본질을 분석하였다. 그는 삶의 모든 기쁨이 잠정적이고, 고통이 지속적이라는 점을 지적하면서 인간 존재의 부조리를 부각시켰다. 나아가 그는 인간은 ⎡(나)⎤ 점에서 삶이 본질적으로 잔혹하다고 보았다. 예를 들어, 사회적 성공을 위한 경쟁은 타인의 실패를 전제로 하며, 사랑 역시 본능적 생존 욕구의 표현일 뿐이며, 궁극적으로는 개인의 허무를 치유하지 못한다고 주장하였다. 따라서 쇼펜하우어는 의지의 맹목성과 끝없는 욕망이 인간 고통의 근원이라고 보았으며, 이를 극복하기 위해 의지 자체를 부정하거나 억제하는 태도를 강조하였다.

---

① (가): 영속적·맹목적인 성격을 지니며, 개인의 행복이나 평안을 위한 것이 아니라 끝없는 충동
  (나): 욕망 충족 과정에서 타인의 고통이나 희생이 불가피하다는

② (가): 영속적·맹목적인 성격을 지니며, 개인의 행복이나 평안을 위한 것이 아니라 끝없는 충동
  (나): 의지 자체를 부정할 수 없으므로 기본적 욕구를 충족하는 과정에서 허무를 전제한다는

③ (가): 그에 내재된 목적에 인간을 순응하도록 만듦으로써 인간에게 불가피하고 영속적인 고통을 부여하는 개념
  (나): 욕망 충족 과정에서 타인의 고통이나 희생이 불가피하다는

④ (가): 그에 내재된 목적에 인간을 순응하도록 만듦으로써 인간에게 불가피하고 영속적인 고통을 부여하는 개념
  (나): 의지 자체를 부정할 수 없으므로 기본적 욕구를 충족하는 과정에서 허무를 전제한다는

21 다음 글의 맥락을 고려할 때 (가)와 (나)에 들어갈 내용으로 가장 적절한 것은?

구성주의란 특정 입법자가 사회의 문제를 이성적으로 분석하고 해결책을 제시하며, 이를 법률로 만들어낸다는 시각이다. 이 관점은 사회 질서를 중앙집중적으로 설계하고, 그것을 통해 사회를 보다 효율적이고 합리적으로 개선할 수 있다는 믿음에 기초한다.

하이에크는 이러한 구성주의적 접근이 사실을 오도해 왔다고 주장하며, 그 주된 원인으로 프랑스 계몽사상가들을 지적했다. 이들은 인간의 이성만으로 사회를 이해하고, 이를 바탕으로 사회의 질서를 합리적으로 설계할 수 있다고 믿었다. 이는 혁명으로 이어졌으며, 이 혁명들은 정치권력이 상향식이 아니라 하향식으로 사회를 재구성하려 했던 대표적인 시도였다. 즉, [(가)] 것이다.

하이에크는 이런 시도들이 오히려 사회의 복잡성을 이해하지 못한 채 강제적인 사회 설계를 시도한 결과라는 점을 강조한다. 그는 사회의 대부분의 지식이 분산되어 있고, 이를 통해 개인들이 상호작용하면서 사회 질서를 자연스럽게 발전시킨다고 봤다.

하이에크는 이와 같은 질서의 형성 과정은 계획된 것이 아니라 각 개인의 선택과 적응에 의해 이루어진다고 설명했다. 이는 중앙집중적인 권력이나 입법자가 사회 전체를 이해하고 이를 설계할 수 있다는 주장에 대한 반박이다. 하이에크에 따르면, [(나)]. 사회는 지나치게 복잡하고 분산적이며, 이를 모두 파악할 수 있는 방법은 존재하지 않는다. 따라서 하이에크는 법이 창조적인 설계자나 입법자의 의도에 의해 형성되는 것이 아니라, 사회의 발전과 적응의 결과로서 형성되는 것이라고 보았다.

① (가): 상위 권력이 사회 질서와 법을 강제적으로 설계하려 했다는
　(나): 탈중앙적 권력구조가 낳은 창조적 설계자만이 사회의 발전 과정을 이해하여 효율적인 입법을 단행할 수 있다

② (가): 상위 권력이 사회 질서와 법을 강제적으로 설계하려 했다는
　(나): 어떤 중앙집중적인 행위자도 사회의 전체적인 움직임을 이해하거나 그것을 재구성할 수 있을 만큼의 지식을 가질 수 없다

③ (가): 지식의 분산적 구조를 도외시하고 이성의 해체로써 신질서를 구축하려 든
　(나): 탈중앙적 권력구조가 낳은 창조적 설계자만이 사회의 발전 과정을 이해하여 효율적인 입법을 단행할 수 있다

④ (가): 지식의 분산적 구조를 도외시하고 이성의 해체로써 신질서를 구축하려 든
　(나): 어떤 중앙집중적인 행위자도 사회의 전체적인 움직임을 이해하거나 그것을 재구성할 수 있을 만큼의 지식을 가질 수 없다

22 다음 글의 맥락을 고려할 때 (가)와 (나)에 들어갈 내용으로 가장 적절한 것은?

엘리네크의 「일반 국가학」에서 '공법의 보장' 개념은 단순히 국가가 공법적 규범을 적용하고 실행하는 역할을 넘어서는 이론적 논의이다. 엘리네크는 국가의 기능과 권위가 법적 체계 내에서 어떻게 형성되고 작용하는지에 대해 심도 깊은 분석을 제시하였으며, 특히 공법의 보장을 국가의 본질적 임무로 간주하였다.

엘리네크의 이론에서, '공법의 보장'은 [(가)] 입장을 취한다. 공법은 개인과 국가, 그리고 사회 간의 관계를 규율하는 법의 영역으로, 그 실현이 국가의 핵심적인 기능으로 인식된다. 공법의 보장은 단순한 법의 집행이 아니라, 법적 규범의 실질적인 효력을 보장하는 국가의 존재적 조건으로서의 의미를 갖는다. 이는 국가의 주권과 법의 지배 사이의 긴밀한 관계를 드러내며, 국가 권력의 합법성과 정당성을 뒷받침하는 중요한 이론적 기초를 제공한다.

'공법의 보장' 개념에서 중요한 점은 국가가 공법을 보장하는 방식이 단지 법의 강제적 적용에 그치지 않는다는 것이다. 엘리네크는 국가가 공법의 완결을 위한 '구체적 보장'을 해야 한다고 주장한다. 이는 단순히 법을 제정하고 그 법을 실행하는 것을 넘어서, 법적 질서가 실제로 사회적 현실에서 구현될 수 있도록 지속적으로 보호해야 한다는 의미이다. 국가가 법적 질서를 보호하고 이를 실현하기 위해서는 적극적인 행정적, 사법적 개입이 필요하며, 이는 국가가 국민에게 제공해야 할 기본적인 법적 보호를 통해 이루어진다.

더욱이, 엘리네크는 국가의 공법 보장의 실현이 단지 법적 권리의 보호에 그치지 않고, 공공의 이익을 위한 국가의 적극적인 개입을 요구한다고 강조한다. '보장'의 의미는 단순한 부정적 의무(법적 질서의 유지)에서 긍정적 의무(공법적 질서의 창출과 활성화)로 확장된다. 즉, 국가가 법을 집행하는 것

만으로는 부족하며, 법적 질서의 발전과 진전을 위해 계속적인 정치적, 사회적 노력과 개입이 필요하다는 것이다.

또한, 엘리네크는 '공법의 보장'이 [(나)] 한다고 본다. 공법이 제대로 보장되지 않으면, 국가 자체가 법적 정당성을 상실할 위험에 처하게 되므로, 공법의 보장은 국가 권력의 정당성을 유지하는 필수적인 조건으로 작용한다. 따라서 공법의 보장 개념은 법적 질서의 안정뿐만 아니라, 주권국가의 존재와 존속을 위한 기본적인 이론적 근거로 기능한다.

① (가): 국가에 의해 제정된 공법규범의 실질적 효력은 법문 자체로 완결성을 가진다는
  (나): 국가 권력이 개인 삶에 법적으로 간섭하는 것을 방지하여 개인의 자유를 보장

② (가): 국가에 의해 제정된 공법규범의 실질적 효력은 법문 자체로 완결성을 가진다는
  (나): 국가의 주권적 권한과 밀접하게 연결되므로 국가 권력을 정당화

③ (가): 국가가 공법 질서를 유지하는 한편 그것을 적극적으로 보호·실현할 책임이 있다는
  (나): 국가의 주권적 권한과 밀접하게 연결되므로 국가 권력을 정당화

④ (가): 국가가 공법 질서를 유지하는 한편 그것을 적극적으로 보호·실현할 책임이 있다는
  (나): 국가 권력이 개인 삶에 법적으로 간섭하는 것을 방지하여 개인의 자유를 보장

23 다음 글의 맥락을 고려할 때 (가)와 (나)에 들어갈 내용으로 가장 적절한 것은?

찰스 틸리는 집단행동의 개념을 개인들이 우발적으로 모이는 행동이 아닌, 특정한 사회적, 정치적 구조와 연결된 조직적인 활동으로 파악한다. 틸리는 집단행동을 이해하기 위한 핵심 개념으로 '동원'을 제시한다. 동원은 특정한 목표를 이루기 위해 사람들을 조직하고, 이들을 행동에 참여시키는 과정을 뜻한다. 동원의 과정은 정치적, 경제적 자원의 축적, 지도자의 존재, 그리고 사회적 네트워크의 활성화에 의해 강화된다.

동원의 중요한 요소 중 하나는 '기회구조'이다. 틸리는 집단행동이 발생하는 배경으로서 '기회구조'를 중요하게 다룬다. 기회구조는 사회적 변화나 혁명이 일어날 수 있는 정치적, 경제적 환경을 의미한다. 이러한 기회구조는 개인들이 집단행동에 참여하도록 만드는 외부적인 조건들을 형성한다. 즉, [(가)] 것이다.

틸리는 집단행동을 구조적인 관점에서 분석한다. 집단행동은 단지 개인들이 임의로 모여 행동하는 것이 아니라, 그 행동이 일어나는 사회적 맥락과 구조적인 조건을 통해 이해해야 한다. 즉, 집단행동은 [(나)]. 틸리는 이를 '상호작용론'이라고 부르며, 이는 개인들의 집단행동이 단순한 개인의 결단이 아니라, 상호작용과 네트워크를 통해 강화되거나 변형된다는 점을 강조한다.

① (가): 정치적 기회가 열려 있는 상황에서는 사회운동이나 혁명이 일어날 가능성이 더 크다는
　 (나): 우발적으로 모인 네트워크 속 개인들의 견해를 배제하고 맥락적 요소에 집중하게 만든다

② (가): 정치적 기회가 열려 있는 상황에서는 사회운동이나 혁명이 일어날 가능성이 더 크다는
　 (나): 특정한 사회적 네트워크와 그 네트워크로써 상호작용하는 개인들의 관계에 따라 결정된다

③ (가): 지도자의 부재가 기회구조로써 작용하여 개인들이 집합하여 집단적 혁명을 만들어낸다는
　 (나): 우발적으로 모인 네트워크 속 개인들의 견해를 배제하고 맥락적 요소에 집중하게 만든다

④ (가): 지도자의 부재가 기회구조로써 작용하여 개인들이 집합하여 집단적 혁명을 만들어낸다는
　 (나): 특정한 사회적 네트워크와 그 네트워크로써 상호작용하는 개인들의 관계에 따라 결정된다

24 다음 글의 (가)와 (나)에 들어갈 말로 적절한 것은?

마르크스와 월러스틴은 모두 세계 시스템의 발전과 붕괴에 대해 중요한 이론을 제시한 학자이다. 그러나 두 사람의 견해는 분석 단위에서 차이를 보인다. 마르크스는 자본주의라는 분석 단위를 사용한다. 그는 자본주의가 계급 갈등과 착취를 내재적으로 가지고 있으며, 결국 혁명을 통해 사회주의 사회로 이행될 것이라고 주장했다. 반면 월러스틴은 세계 시스템이라는 분석 단위를 사용한다. 그는 세계 시스템을 핵심 국가, 주변 국가, 반주변 국가로 나누고, 핵심 국가가 주변 국가를 착취하는 구조를 분석했다. 이들은 플랜테이션에 대해 상반된 견해를 보였다. 식민지 확장과 함께 등장한 플랜테이션을 통해 유럽 국가들은 식민지에서 노예 노동을 이용하여 단일 작물을 대규모로 생산하고, 이를 유럽 본국으로 수출하여 막대한 이익을 얻었다. 플랜테이션 시스템은 식민지 사회에 큰 영향을 미쳤으며, 노예제도, 인종차별, 경제적 불평등 등의 문제를 야기했다. 마르크스는 플랜테이션에 대해 ⎡(가)⎤을 비판했으며, 월러스틴은 ⎡(나)⎤을 비판했다.

① (가): 계급 갈등을 내포하고 있음
  (나): 핵심국이 반주변국의 자원을 저렴하게 확보함으로써 이익을 얻음
② (가): 세계 시스템 속에서의 자본주의 착취 체계임
  (나): 노동자들이 생산한 가치의 일부가 자본가에 의해 불공정하게 취해짐
③ (가): 핵심국이 주변국의 자원을 저렴하게 확보함으로써 이익을 얻음
  (나): 노동 착취가 플랜테이션의 핵심적인 특징임
④ (가): 노동자들이 생산한 가치의 일부가 자본가에 의해 불공정하게 취해짐
  (나): 핵심 국가가 주변 국가를 착취함

25 다음 글의 (가)와 (나)에 들어갈 말로 적절한 것은?

니버는 20세기 최고의 신학자이자 정치철학자 중 한 명이다. 그는 신정통주의적 관점에서 인간과 사회를 바라보았다. 그는 인간은 근본적으로 타락하고 죄악에 빠지기 쉽다고 믿었으며, 인간은 끊임없이 자기중심적인 욕망에 사로잡혀 사회와 세계에 악을 가져온다고 주장했다. 또한 인간은 태어날 때부터 원죄를 가지고 태어난다고 믿어 신의 은혜에 의해서만 구원받을 수 있다고 믿었다.

한편, 아렌트는 인간의 자유와 책임을 강조하는 정치철학을 제시했다. 그녀는 인간이 본질적으로 그는 자신의 삶을 선택하고 행동할 수 있는 자유를 가지고 있으며, 이 자유는 인간의 존엄성을 가능하게 한다고 주장했다. 또한 인간은 자신의 행동에 책임이 있다고 믿어, 인간은 자신의 자유로운 선택에 따라 행동해야 하며, 그 결과에 책임을 져야 한다고 주장했다.

나치가 유대인을 조직적으로 학살한 홀로코스트에 대해 니버는 ⎡(가)⎤이라고, 아렌트는 ⎡(나)⎤이라고 보았다.

① (가): 인간의 타락성이 극단적으로 드러난 사건
  (나): 인간의 자유와 책임에 대한 배신
② (가): 인간 본성에 따랐다면 막을 수 있었던 사건
  (나): 나치 정권과 개인 모두 유책한 사건
③ (가): 인간의 자기중심적 욕망에 사로잡힌 사건
  (나): 독일인 개인은 나치 정권과 달리 책임을 물을 수 없는 사건
④ (가): 자유를 저버리며 존엄성마저 포기한 사건
  (나): 신정통주의적 관점에서 죄악에 빠진 사건

정답 및 해설 28p

유형 07 문학 지문 파악하기

유형 접근 방법

1. 지문 읽기 전

선택지를 통해 중요 용어, 구절, 필요한 개념, 작은 따옴표 등을 확인한다.

2. 지문을 읽으면서

① 선택지에서 파악한 중요 용어, 구절, 개념 등이 나타난 부분을 표시하면서 읽는다.

② 선택지에서 작은 따옴표로 표시된 작품 내용은 반드시 표시하며 읽는다.

3. 지문을 읽은 후

① 작품에 대한 화자의 정서는 마지막에 나오는 경우가 많다.

② 선택지에서 제시된 내용이 문학 용어를 풀이한 것이 아닌지를 반드시 확인한다.

다음 글에서 추론한 내용으로 가장 적절한 것은?

조선 시대 소설은 표기 문자에 따라 한자로 표기한 한문소설과 한글로 표기한 한글소설, 두 가지로 나뉜다. 한문소설은 중국에서 들여온 한문소설, 조선에서 창작한 한문소설, 조선의 한글소설을 번역한 한문소설로 나뉜다. 그리고 한글소설은 중국소설을 번역한 한글소설, 조선에서 창작한 한문소설을 번역한 한글소설, 조선에서 창작한 한글소설로 나뉜다. 조선 시대에 많은 한글소설이 창작되어 읽혔지만, 이를 저급한 오락물로 여겼던 당대의 지식인들은 한글소설을 외면했으므로 그에 관해 기록한 문헌을 거의 남기지 않았다. 반면에 이들은 한문소설, 특히 중국에서 들여온 한문소설을 즐겨 읽고 이에 관한 많은 기록을 남겼다.

중국에서 들여온 한문소설은 조선에서도 인쇄된 책으로 읽혔기 때문에 필사본이 거의 없다. 이와 대조적으로 조선에서 창작한 한문소설은 필사본으로 유통되었다. 조선의 필사본 소설은 뚜렷한 특징을 보이는데, 한문소설을 필사한 경우는 이본별 내용 차이가 거의 없는 반면 한글소설을 필사한 경우는 그렇지 않다는 점이다. 한글소설은 같은 제목의 소설이라도 내용이 상당히 다른 다양한 이본이 있었다. 이는 한문소설의 독자는 문자 그대로 독자였던 것에 비하여 한글소설의 독자는 독자이면서 이야기를 개작하는 작자이기도 했기 때문이다. 한자에 비해 한글은 익히기 쉽고 그만큼 쓰기도 편해서 한글소설의 필사자는 내용을 바꾸고 싶다는 의지가 있다면 쉽게 바꿀 수 있었다. 한글소설은 인쇄본이 아니라 필사본으로 많이 유통되었기 때문에 옮겨 쓰는 과정에서 다양한 이본이 생겨났다.

조선 시대 소설을 이해하는 데 있어서 소설을 표기한 문자는 무엇보다 중요하다. 표기 문자는 소설의 종류를 나누는 기준이 되었을 뿐만 아니라, 소설의 감상 및 유통, 이본 생산에 직접적인 영향을 미쳤다.

① 조선 시대의 소설은 한글소설보다 한문소설의 종류가 훨씬 다양했다.
② 조선 시대의 지식인들은 조선에서 창작한 한문소설을 저급한 오락물로 여겼다.
③ 한자로 필사할 때보다 한글로 필사할 때 필사자의 의견이 반영되어 개작되기 쉬웠다.
④ 조선의 필사본 소설 중 한문소설을 필사한 것은 소수였고 한글소설을 필사한 것이 대부분이었다.

정답 설명 ③ 2문단 '한자에 비해 한글은 익히기 쉽고 그만큼 쓰기도 편해서 한글소설의 필사자는 내용을 바꾸고 싶다는 의지가 있다면 쉽게 바꿀 수 있었다.'를 통해 한자로 필사할 때보다 한글로 필사할 때 필사자의 의견이 반영되어 개작되기 쉬웠음을 추론할 수 있다.

오답 분석 ① 1문단을 통해 조선 시대의 한글소설과 한문소설의 종류는 각각 3가지로 동일했음을 추론할 수 있다.

② 1문단 '조선 시대에 많은 한글소설이 창작되어 읽혔지만, 이를 저급한 오락물로 여겼던 당대의 지식인들은 한글소설을 외면했으므로'를 통해 조선 당대의 지식인들이 저급한 오락물로 여겼던 것은 한문소설이 아니라 한글소설임을 알 수 있다.

④ 조선의 필사본 소설 중 한문 소설의 필사와 한글 소설의 필사 중에서 어떤 것이 많았는지는 제시문을 통해 알 수 없다.

01 다음 글의 내용으로 적절하지 <u>않은</u> 것은?

'새들도 세상을 뜨는구나'는 영화를 시작하기 전에 모든 사람들이 일어나서 애국가를 경청하는 것으로 시작한다. 이러한 상식적이지 않은 표현은 작가가 이 시를 쓸 때의 시대적 모습을 표현한 것으로 풀이된다. 다시 말해 영화를 보는 것은 쾌락을 추구하는 행위인데, 이때 들리는 애국가를 경청한다는 것은 일반적이지 않기 때문이다. 이는 영화를 보는 상황 속에서도 '애국심'을 생각해야 하는, 애국심이 강요된 시대를 궁극적으로 비판하는 것으로 생각할 수 있다. 즉 자신의 생각과 반대되는 표현을 통해 자신의 견해를 강조하려는 의도로 볼 수 있다.

3~10행까지는 화자가 울려 퍼지는 애국가를 들으며 화면 속에서 질서 정연하게 날아가는 흰 새떼들의 모습을 바라보는 모습이 나타난다. 여기에서 새들은 억압을 벗어나 자유롭게 비행하며, 이 세상을 떠나 '이 세상 밖' 어디론가 날아가고 있다. 이 장면은 억압적인 현실에서 벗어나 자유를 향해 날아가는 소망을 상징한다. 즉, 새들의 자유로운 비행은 당시 사회의 억압적인 분위기 속에서 자유를 갈망하는 화자의 심정을 대변하는 것이다. 이후 작가는 흰 새떼들과 마찬가지로 우리도 새들처럼 자유로운 세계로 날아가고 싶은 마음을 표현한다.

그러나 애국가가 끝난 후 화자는 자신의 소망이 좌절된 채, 현실로 돌아와 그저 주저앉는다. 즉, 자유로운 세계를 꿈꾸지만, 결국 그 자유는 손에 닿지 않음을 깨닫고 좌절하는 화자의 모습이 표현한 것이다. 이는 당시 군사 정권하에서 개인의 자유와 해방이 억제되었던 사회적 현실을 은유적으로 표현한 것이다. 자유를 향한 갈망은 불완전하고 불가능한 꿈으로 남게 되고, 화자는 현실의 억압에서 벗어난 존재들이 돌아올 수 없다는 절망감과 자신의 무력함을 자각하게 된다.

이 시는 자유로운 새들의 비행을 통해 갈망되는 해방과 그 해방이 현실에서 실현되지 않는 불가능성을 표현하고, 이는 당시 군사 독재 정권하의 억압적인 사회의 분위기를 적나라하게 드러낸다. 시인은 새들의 비행을 통해 억압된 현실을 대조적으로 그리며, 독자에게 강렬한 감동을 선사한다.

① '세상 밖'으로 날아가는 '흰 새떼들'은 군사 독재하 자유로운 존재를 상징한다.

② 시에 반어적 표현을 사용한 구절이 있다.

③ 애국가의 종결과 함께 화자는 자신의 소망을 이루지 못함을 알고 좌절하게 된다.

④ 새들이 '주저앉는' 모습을 통해 자유와 억압의 긴장 속에서 화자는 자신의 무력함을 자각한다.

02 다음 글의 내용으로 적절하지 않은 것은?

이상의 수필 「권태」는 일상 속에서 느껴지는 인간의 무기력함과 권태를 섬세하게 묘사하며, 단조롭고 반복적인 생활에 갇힌 현대인의 내면을 깊이 성찰한 작품이다. 작품은 농촌의 풍경을 통해 시작하며, 그 단조로운 모습이 작가의 내면을 투영한다. "동(東)에 팔봉산(八峰山). 곡선은 왜 저리도 굴곡이 없이 단조로운고? 서를 보아도 벌판, 남을 보아도 해결 방법, 북을 보아도 벌판..."이 구절에서 작가는 자연 풍경의 단조로움을 지적하며, 이는 곧 자신의 심리적 상태를 암시한다. 끝없이 펼쳐진 벌판과 굴곡 없는 산은 작가의 권태로운 마음을 대변하며, 이러한 자연 묘사를 통해 일상의 무기력함을 극대화한다.

작가는 주변 환경뿐 아니라 인간의 행위에서도 권태를 느낀다. 반복적으로 이어지는 생활과 변화 없는 삶의 구조는 화자에게 지루함과 회의를 불러일으킨다. "사람들은 이 밭을 간다, 저 밭을 간다. 그러나 이 밭 저 밭은 무엇인가? 그것이 무슨 차이인가?"에서 드러나듯, 농촌 사람들의 일상이 아무 의미 없는 반복으로 그려지며, 이러한 시각은 현대인의 일상에서 느껴지는 무기력함과 회의감을 상징적으로 드러낸다.

작가는 일상에서 벗어나고 싶어 하지만, 그럴 수 없는 현실 속에서 무력감을 느낀다. 화자는 "아―이 벌판은 어쩌라고 이렇게 한이 없이 늘어놓았을꼬?"라는 독백을 통해 작가가 권태로운 삶을 초월할 수 없음을 깨닫는 순간을 보여준다. 벌판은 끝없이 펼쳐져 있지만, 결국 그곳에는 아무것도 존재하지 않는다. 이는 작가의 내면에 자리한 공허함과 삶에 대한 탈출 욕망을 암시한다.

이처럼 이상은 일상적인 풍경을 통해 현대인의 내면을 섬세하게 묘사하는 데 탁월한 능력을 보여 준다. 「권태」는 농촌 풍경을 묘사하는 동시에 그것을 인간의 심리 상태와 연결 짓는다. 자연의 단조로움과 무의미한 반복 속에서 화자의 내면은 권태와 공허로 물들고, 이는 독자로 하여금 삶의 본질을 성찰하게 한다. 이상의 작품은 이러한 내면적 탐구를 통해 한국 근대문학의 수준을 한 단계 끌어올린 걸작으로 평가받는다.

① 작가는 농촌의 풍경을 인간의 심리와 연결 지어 공허로 물든 자신의 내면을 탐구하고 있다.

② 작가는 아무것도 존재하지 않는 들판을 통해 현재의 삶에 안주하려는 태도를 드러내고 있다.

③ 작가는 자연의 단조로운 모습을 묘사함으로써 일상의 무기력함을 극대화하여 표현하고 있다.

④ 작가는 농민들의 일상이 무의미하다고 여기며, 이러한 인식을 현대인의 회의감으로 확장하고 있다.

실전 학습 문제

03 다음 글의 내용으로 적절하지 <u>않은</u> 것은?

최윤의 <속삭임, 속삭임>의 줄거리는 다음과 같다. 주인공 '나'가 여름휴가를 맞이하여 남편, 어린 딸과 함께 지인의 과수원에서 지내게 되는데, 그곳에서 어린 시절 과수원을 하던 가족을 떠올리게 된다. '나'는 자신을 지극히 사랑하고 보살펴 줬던 아재비와의 기억을 떠올린다. 어린 시절의 '나'는 아재비의 지극한 사랑을 받으며 자랐고, 어른이 되면서 '나'는 만날 수 없는 아재비의 가족들에게 보내는 편지의 심부름을 하기도 했지만 아재비에 대한 정확한 사연은 알지 못한다. '나'의 아버지가 돌아가신 지 얼마 안 돼서 '나'에게 화분을 하나 주고는 사라진 뒤 다시 나타나지 않았다. 그리고 이후에 주인공은 어머니에게 '아재비'가 공산주의 정당의 간부였음을 듣게 된다. 이념 대립이 극심했던 시절 공산주의의 간부였던 아재비가 한국 경찰에 검거되어 호송 중에 기적처럼 도망쳐 주인공 집으로 숨어들었고, 아버지는 아재비의 사정을 다 알면서도 포용해주고 가족처럼 받아준 것이다.

본 소설의 제목이기도 한 '속삭임'의 의미는 다음과 같이 두 가지로 해석 가능하다. 그중 하나는 아버지와 아재비의 대화를 의미하는 속삭임이다. 사실 북한에서 월남하여 반공산주의 사상이 투철했던 아버지와 공산주의자인 아재비는 사상적으로는 대립 관계에 놓여있는 사람들이었다. 하지만 이 둘은 계속해서 대화를 나눈다. 집 안에서도, 집 밖에서도 대화를 하고 서로를 이해하고, 이해시키려 노력한다. 이러한 대화들은 주인공에게 아름다운 기억으로 추억되고 있다. 이러한 대화들을 작가는 '속삭임'이라고 표현한 것이다.

또 하나의 속삭임은 주인공이 자신의 딸에게 전달하고 싶어 하는 속삭임이다. 즉 아버지가 그랬듯이 대화를 통해서 이념 대립과 분단의 아픔을 극복할 수 있을 것이라는 해결 방법을 전달하고 있는 것이다. 또한 평화와 공존, 화해에 대한 소망 그리고 그러한 기억이 자신의 세대를 넘어 다음 세대에도 전달되기를 희망하고 있는 것이다.

① '나'와 과수원에서 지낼 때 아재비는 자신의 가족들과 만날 수 없는 상황에 처해 있었다.

② '화분'은 '나'에 대한 아재비의 사랑의 마음을 의미한다.

③ 월남한 공산주의자 아재비와 반공산주의자 아버지는 사상적 대립을 초월하는 교류를 하였다.

④ 제목 '속삭임, 속삭임'은 아버지와 아재비의 대화, 주인공과 딸의 대화를 의미한다.

04 다음 글의 내용으로 적절한 것은?

김광규의 「묘비명」은 물질적 가치가 정신적 가치보다 더 중요시되는 현대 사회를 비판하며, 물질 만능주의의 부조리를 풍자하고 있다. 화자는 물질적 성공을 추구한 인물이 그 성공을 이루기 위해 정신적 성장과 진정한 인간적인 가치를 무시한 채 살아갔음을 은유적으로 비판한다.

시의 전반부는 한 인물의 삶을 돌아보며, 그가 책 한 권을 읽지 않았음에도 불구하고, 많은 돈을 벌고 높은 자리에 올라 사회적으로 성공을 거둔 모습을 묘사한다. 즉 "한 줄의 시는커녕 / 단 한 권의 소설도 읽은 바 없이 / 그는 한평생을 행복하게 살며 / 많은 돈을 벌었고 / 높은 자리에 올라 이처럼 훌륭한 비석을 남겼다"라는 구절은 표면적으로는 인물을 칭송하고 있는 것으로 보이지만, 이면적으로는 현대 사회에서 물질적 성공을 삶의 가장 중요한 목표로 생각한 인물을 비판하고 있는 것이다.

시의 후반부에서는 인물의 묘비명이 등장하며, 그 묘비명에는 물질적 성공을 강조하는 문구가 새겨져 있다. "비록 이 세상이 잿더미가 된다 해도 / 불의 뜨거움 꿋꿋이 견디며 / 이 묘비는 살아남아 귀중한 사료가 될 것이니."라는 묘비명은 물질적 가치를 강조하며, 그가 이룬 성취가 후세에 중요한 기록으로 남을 것이라고 주장한다. 사실 화자는 이 묘비명이 물질적 성공이 과연 진정으로 영원한 가치를 가질 수 있는지에 대한 의문을 제기하는 것으로 화자는 자신이 하고자 하는 말을 의도적으로 반대로 표현한 것이다. 즉, 화자는 물질적 성공을 기리는 이 묘비명에는 진정한 의미도 없거니와, 시간이 지나면서 그 의미가 퇴색되리라 보고 있다.

① 시의 전반부에서 제시된 인물은 예찬의 대상이다.

② 시의 전반부는 '크게 버리는 사람만이 크게 얻는다'와 동일한 표현 방식을 사용하고 있다.

③ 화자는 궁극적으로 정신적 성공을 추구하며 물질적 성장을 무시한 '묘'의 주인을 비판하고 있다.

④ '시', '소설'과 '돈, 자리'는 대조적 의미로 각각 정신적인 것과 물질적인 것을 상징한다.

05 다음 글의 내용으로 적절하지 <u>않은</u> 것은?

김원일의 소설 「마당 깊은 집」은 한국전쟁 직후 대구 장관동의 '마당 깊은 집'에 모여 사는 여섯 가구의 삶을 그린 작품이다. 작품의 배경은 전쟁 직후의 대구이다. 주인공 '나'는 어머니와 두 동생과 함께 '마당 깊은 집'에 세 들어 살게 된다. 이 집에는 여섯 가구가 함께 살며, 각자 전쟁으로 인한 상처와 고난을 안고 살아간다. 주인공의 어머니는 월북한 남편 대신 홀로 네 아이를 키우며 재봉일로 생계를 이어간다. 그녀는 맏아들인 '나'를 엄격하게 가르치며, 가족의 생존을 위해 헌신한다. 동생 길수는 가난과 영양실조로 인해 병을 앓다가 약 한 번 써보지 못하고 생을 마감한다. 다른 세입자들도 각자의 사연을 지니고 있다. 경기댁 가족은 경기도 연백군에서 피난 온 가족으로, 딸 미선은 미군과 결혼하여 미국으로 떠난다. 평양댁의 아들 정태는 공산주의의 사상을 지닌 인물로 월북을 시도하다 체포되어 감옥에 갇히게 된다. 상이군인인 준호 아버지는 전쟁 중 오른팔을 잃고 생계를 위해 물건을 판매하지만, 자존심 때문에 고통을 겪는다. 그리고 이러한 이들의 삶은 각자의 고난과 아픔을 극복하려는 노력으로 채워져 있다.

소설은 전쟁의 참혹함과 그로 인한 사회적 혼란을 사실적으로 묘사하며, 그 속에서도 희망을 잃지 않는 인간의 강인함을 그리고 있다. '마당 깊은 집'이라는 공간은 다양한 인물들이 모여 사는 공동체로서, 전쟁의 상처를 치유하고 새로운 삶을 모색하는 상징적인 장소이다. 또한 작품은 전쟁이 개인과 가족에게 미친 영향을 섬세하게 묘사하며, 이데올로기의 갈등이 개인의 삶을 얼마나 파괴할 수 있는지를 보여준다. 이를 통해 전쟁의 비극성과 이데올로기의 허구성을 비판하고 한국전쟁이라는 시대적 아픔을 담아내면서도, 그 속에서 피어나는 희망과 인간의 연대를 놓치지 않는다. 이러한 점에서 「마당 깊은 집」은 전쟁 문학의 걸작으로 평가받으며, 한국 문학사에서 중요한 위치를 차지하고 있다.

① 주인공의 동생은 가난과 영양실조로 인해 병에 걸려 사망한다.

② 주인공 가족은 주인공의 아버지가 전사하자 어머니가 재봉일로 생계를 이어간다.

③ 평양댁의 아들이 시도한 월북은 미수에 그쳤으나 경기댁 가족은 피난에 성공하였다.

④ 전쟁으로 인해 등장인물들의 삶은 파괴되었으나 그 속에서도 희망과 연대를 모색한다.

06 다음 글의 내용으로 적절하지 않은 것은?

고재종의 「나무 속엔 물관이 있다」는 겨울의 감나무를 중심으로 자연의 경이로움과 생명체 내부의 복잡한 연결성을 섬세하게 그려낸 작품이다. 이 시에서 나무는 단순한 식물이 아니라, 생명의 원리를 깨닫게 하는 존재로 활용되었다. 또한 감나무 가지의 배치와 작은 새의 무게가 나무 전체에 미치는 영향을 통해, 인간과 자연의 관계를 성찰하는 메시지를 전달하고 있다.

시의 첫 부분에서 화자는 겨울 감나무를 관찰하며 이렇게 묘사한다. "잦은 바람 속의 겨울 감나무를 보면, 그 가지들이 가는 것이나 굵은 것이나 아예 실가지거나 우듬지*거나, 모두 다 서로를 훼방놓는 법이 없이 제 숨결을 지키며 산다." 이 구절은 나무의 가지들이 각각의 위치에서 조화를 이루며, 다른 부분을 방해하지 않고 각자 고유의 생명력을 유지하는 모습을 담고 있다. 이처럼 나무는 유기적으로 연결된 생명체의 상징으로 제시된다.

이어지는 구절에서 화자는 나무의 구조와 기능적 연결성을 더욱 세밀하게 묘사한다. "그 실가지하나에 앉은 조막만한 새의 무게가 둥치를 타고 내려가, 칠흑 땅속의 그중 깊이 뻗은 실뿌리의 흙살에까지 미쳐" 이 표현은 나무의 물리적 감각과 생리학적 시스템을 드러내며, 나무의 모든 부분이 상호작용하고 있음을 강조한다. 작은 새의 무게가 나무 전체에 전달된다는 묘사는 생명체 간의 연쇄적인 연결성을 상징적으로 나타낸다.

마지막 연에서 화자는 인간의 무관심과 자연의 경이로움을 대조한다. "아, 우린 너무 감동을 모르고 살아왔느니." 이는 자연의 섬세한 생명력과 그 아름다움에 대한 깨달음을 촉구하며, 무관심한 인간을 비판하여 자연의 내밀한 아름다움에 주의를 기울이도록 만든다.

*우듬지: 나무의 꼭대기 줄기

① "그 가지들이 가는 것이나 굵은 것이나 아예 실가지거나 우듬지거나"에서는 유사한 통사 구조를 활용하여 조화를 이루는 나뭇가지의 모습을 형상화하고 있다.

② "그 실가지 하나에 앉은 조막만한 새의 무게가 둥치를 타고 내려가, 칠흑 땅속의 그중 깊이 뻗은 실뿌리의 흙살에까지 미쳐"에서는 새와 나무가 관계되어 있음이 드러나고 있다.

③ "아, 우린 너무 감동을 모르고 살아왔느니"에서는 자연의 미가 숨겨져 있음을 전제하고 있다.

④ 나무의 독립성과 유기성에 모두 주목함으로써 인간에게 타인과 조화로운 관계를 맺을 것을 요구하고 있다.

07 다음 글의 ㉠~㉢에 들어갈 말을 적절하게 나열한 것은?

문학 작품 감상 방법에는 내재적 관점과 외재적 관점이 있다. 내재적 관점은 절대주의 관점으로도 불리며, 작품 외부에 존재하는 작가, 독자, 현실 세계는 고려하지 않고, 오로지 작품 자체에만 관심을 집중하여 문학 작품을 감상하는 방법을 말한다. 즉, 작품을 이해하고 감상하는 데에 필요한 것들은 모두 작품 안에 존재한다고 보는 견해이다.

이에 반해 외재적 관점은 문학 작품을 작품 외적 요소인 작가, 독자, 현실 세계를 기준으로 감상하는 방법을 중시한다. 다시 말해 작품 자체로의 중요성보다는 작품 외적인 요소들이 작품을 감상하는 데에 중요한 요소가 된다고 보는 견해이다. 이때 작품과 작가의 관계에 중점을 두는 방법을 '표현론적 관점'이라고 하고, 작품과 독자의 관계에 중점을 둔 방법을 '효용론적 관점', 작품과 현실의 관계에 중점을 두는 방법을 '반영론점 관점'이라고 한다.

현진건의 「운수 좋은 날」의 주인공 '김첨지'는 병든 아내와 세 살배기 아이를 데리고 사는 가난한 인력거꾼으로 겉으로는 표현하지 못하지만 아내를 항상 걱정하는 남편이다. 오랜만에 운수 좋게 돈을 많이 번 날. 아내가 먹고 싶어 하는 설렁탕을 사서 가지만 아내는 이미 죽은 뒤였다. 내재적 관점에서 볼 때, 작가는 김첨지의 삶을 통해 일제 강점기 시대 하층민들의 비참한 생활을 사실적으로 전달하고자 한 것이다.

[㉠]에서 이 소설을 감상한다면, 일제 강점기 시대적 모습을 생각해 봐야 한다. 이 소설의 배경은 1930년대인데, 실제로 이 시기에 일제의 수탈이 극심하여 민중들은 병이나 굶주림으로 죽어가는 사람이 허다했다. 이렇게 비참하게 그려진 민중들의 모습을 통해 일제강점기의 참혹함을 짐작할 수 있다.

아내가 먹고 싶다는 설렁탕을 사 가지고 집에 갔지만 아내가 죽어 있었고 아내를 붙들고 눈물을 흘리는 김첨지의 모습을 통해 독자에게 전달되는 감정이나 교훈 등을 고려하는 것은 [㉡]에서 시를 감상한 것이다.

작가 현진건은 일제를 위한 작품을 쓰지 않는 반일주의자였으며, 이로 인해 가난에 찌들어 살게 된다. [㉢]에서 이러한 고달픈 경험을 통해 일제 강점기 아래 비참한 삶을 살았던 주인공의 모습을 사실적으로 표현할 수 있었던 것으로 보여진다.

	㉠	㉡	㉢
①	표현론적 관점	반영론적 관점	효용론적 관점
②	표현론적 관점	효용론적 관점	반영론적 관점
③	반영론적 관점	표현론적 관점	효용론적 관점
④	반영론적 관점	효용론적 관점	표현론적 관점

08 다음 글을 추론한 내용으로 가장 적절한 것은?

「예덕 선생전」은 조선 후기의 실학자이자 소설가인 연암 박지원의 한문 단편 소설이다. 학자로 이름난 선귤자가 인분(人糞)을 나르는 엄 행수와 사귀려 하자, 이를 못마땅히 여긴 제자가 선귤자를 떠나겠다고 하였다. 이에 선귤자는 이 제자에게 자신이 엄 행수와 왜 사귀려고 하는지에 대해 설명하는 이야기이다. 선귤자는 우선 잇속이나 아첨으로 사귀는 세상의 사귐을 비판한 후, 마음으로 사귀는 덕(德)과 벗 사이의 도의(道義)를 강조한다. 선귤자는 엄 행수가 마음으로 사귀는 덕을 지니고 있으며 도의를 지닌 자라고 말한다.

이후 선귤자는 엄 행수가 지닌 덕과 도의에 대해 설명한다. 즉 엄 행수는 양반들과는 달리 외양을 화려하게 꾸미는 데에 힘쓰지 않고, 노는 것도 좋아하지 않는다. 그리고 돈과 지위를 부러워하지 않는다. 엄 행수는 똥 지게로 마을의 온갖 똥을 귀한 보물처럼 걷어간다. 이 똥은 근처 밭의 거름이 되어 소득을 올리게 하지만 엄 행수 자신은 매우 검소하다. 선귤자가 보기에 이러한 엄 행수는 더러운 상일로 높은 덕을 가리고서 숨어 사는 분인 것이다. 그러니 엄 행수는 더러운 듯 보이지만 실은 깨끗하고 의로운 사람이며, 대단해 보이는 부유함과 권력을 가진 자들은 오히려 그 속에 더러움을 감추고 있다고 할 수 있다. 스승의 이런 설명을 듣고 자목이 아무런 대답도 하지 못했다. 이는 스승인 선귤자의 이야기에 수긍하는 것이고 더 나아가 부끄러움을 느끼는 것으로 해석할 수 있다.

① 「예덕 선생전」의 '엄 행수'는 재자가인형 인물이다.
② 조선 후기 양반 사회는 사람의 외면보다 내면을 더 중시했다.
③ '스승'은 '선귤자', '제자'는 '자목'을 일컫는다.
④ 선귤자는 일반적인 사귐의 방식으로 엄 행수와 친분을 맺고자 한다.

09 다음 글의 내용으로 적절하지 않은 것은?

한용운의 「이별은 미의 창조」는 이별의 아름다움이라는 주제를 중심으로 인간의 감정과 존재의 의미를 탐구하는 작품으로, 비교적 간결한 형태를 가지면서도, 철학적이고 상징적인 언어로 이별의 본질과 가치를 드러내고 있다.

「이별은 미의 창조」는 이별을 미의 창조로 정의하며 시작된다. 화자가 이렇게 단호하게 이별을 미(美)의 창조라고 선언하는 것은 이별을 단순히 슬픔이나 상실이 아니라 새로운 아름다움의 시작점으로 규정하고 있는 것으로 해석할 수 있다. 이는 시의 전체적인 메시지를 함축하며, 이별을 재해석하는 화자의 태도를 보여준다. 이후 이별을 자연적이고 보편적인 이미지를 통해 아름답게 묘사하고 있으며 '시들지 않는 푸른 꽃'과 같은 서로 모순되는 개념을 통해 이별의 아름다움을 강조하고 있다. 마지막 연에서는 다시 처음의 선언으로 돌아가며 시가 마무리된다. 즉 미를 이별의 창조로 시의 첫 부분을 반전시킴으로써 이별과 아름다움이 서로를 창조하는 순환적인 관계에 있음을 상징한다. 이러한 구조는 이별이 단순한 끝이 아니라 새로운 시작이자 아름다움을 만들어내는 계기임을 강조한다. 불교에서는 모든 존재가 끊임없이 변화하고 소멸과 생성이 순환하며 이루어짐을 강조한다. 이별을 통해 더 높은 수준의 새로운 아름다움이 창조된다는 시인의 관점은 이러한 불교적 사유와 맥을 같이 한다.

① 화자는 이별을 통해 보다 고차원의 미적 경험이 가능하다고 보고 있다.
② 남성적 어조의 경어체를 사용하고 있다.
③ 수미상관의 표현을 통해 아름다움과 이별의 순환적 관계를 표현하고 있다.
④ 역설적 표현을 통해 주제를 강조하고 있다.

10 다음 글에서 추론한 내용으로 가장 적절하지 <u>않</u>은 것은?

송강 정철은 <관동별곡> 등 조선 시대를 대표하는 가사와 훈민가 등 많은 시조를 남겨 이태백과 비견되는 세계적인 시성의 반열에 올라 있는 인물이다. 시풍은 호탕하면서도 비장하며, 특히 한문투를 벗어난 우리말과 글을 구사하여 한글을 가장 아름답고 쉽게 널리 펼친 시가문학의 대가이다. 그 중에서도 유배지에서 쓴 <사미인곡>, <속미인곡>은 한문투에서 벗어나 뛰어난 우리말 표현으로 조선 시대 문학적 완성도를 한층 높인 작품으로 평가된다.

<사미인곡>은 주로 충신연주지사라는 관점에서 생각해봐야 한다. 충신연주지사는 시가의 한 종류로써, 신하가 임금을 그리워하며 부르는 노래이다. 이 작품은 여성 화자를 전면에 내세워, 임금으로 비유되는 '님'에 대한 애틋한 감정을 표출하고 있다. 작가가 남성임에도, <사미인곡>은 여성 화자를 등장시켜 형상화함으로써 '연군'이라는 주제를 적절히 드러내고 있는 것이 특징이며, <사미인곡>에서 '연지분', '홍상' 등 화자가 여성임을 나타내는 단어들을 통해 화자를 여성으로 등장시켜 임금에 대한 사랑을 표현하고 있음을 알 수 있다. 또한 결사에서는 "차라리 죽어서 범나비가 되리라.", "임께서 (그 범나비가) 나인 줄 모르셔도 나는 임을 따르려 하노라"와 같은 표현을 통해 죽어서라도 범나비가 되어 임의 곁을 떠나지 않고 싶다는 소망을 나타낸다.

<속미인곡>은 두 여인의 대화 형식으로 전개되는데, 작품은 주로 임을 그리워하는 여성 화자의 목소리를 통해 전개된다. 당시 유배 생활을 하는 정철의 입장을 생각했을 때, 이때의 '임'은 임금을 상징한다고 볼 수 있다. 화자는 임과 함께했던 행복한 시간을 회상하고, 임과의 재회를 소망하며 고통을 견딘다. 화자는 임이 자신을 잊지 않기를 바라며, 자신이 얼마나 임을 그리워하고 사랑하는지를 강조한다. 또한 결사에서는 "차라리 죽어서 지는 달이나 되어 임 계신 창 안에 환하게 비치고 싶다."라

고 말한다. 멀리서나마 소극적으로 임과 함께 있고 싶음을 내비친 '을녀'의 소망을 들은 보조적 화자 '갑녀'는 차라리 임의 옷을 적실만큼 가까이 다가갈 수 있는 적극적인 존재를 상징하는 "궂은 비"가 되라고 하며 그녀를 위로한다.

① <사미인곡>, <속미인곡>은 연군지정을 노래한 작품이다.

② <사미인곡>, <속미인곡>은 논리적 설득 대신 정서적인 공감을 얻는 데 힘썼다.

③ '범나비'가 화자의 그리움을 임에게 전하고자 하는 간절함을 내포하는 반면, '궂은 비'는 화자의 절망감을 내포한다.

④ <사미인곡>과 <속미인곡>의 공통점은 뛰어난 우리말 표현과 화자가 여성으로 설정된 점이다.

11 다음 글의 내용으로 적절하지 않은 것은?

이범선의 「살모사」는 전쟁의 참혹함을 그린 작품으로, 전쟁의 물리적인 피해와 그로 인한 인간의 내면적 상처를 중심으로 이야기가 진행된다. 소설은 주인공이 전쟁 중 만난 살모사를 중심으로 이야기가 전개된다. 주인공은 군인으로서 전선에 나가게 되고, 그곳에서 여러 위험한 상황에 처하게 된다. 그러던 중 그는 살모사에 물린 경험을 하게 된다. 살모사에게 물리는 사건은 단순한 신체적 상처 이상의 심리적 충격을 주며, 전쟁의 비극적인 현실을 더욱 뚜렷하게 각인시킨다.

그는 살모사에 물린 후, 고통 속에서 죽음과 생명의 의미를 갈망하며, 전쟁의 무의미함과 그로 인한 상처를 반복적으로 상기하게 된다. 주인공은 이 경험을 통해 전쟁이 남기는 깊은 정신적 상처와 그로 인해 사람들의 내면이 어떻게 변하는지에 대해 깨닫게 된다.

군에서 돌아온 후에도 주인공은 살모사와 관련된 기억에 시달리며, 그와 관련된 전쟁의 경험이 남긴 정신적인 고통과 싸우게 된다. 그가 전쟁에서 겪은 고통은 단지 육체적인 상처를 넘어, 인간 존재의 의미와 삶의 진실에 대한 질문을 남긴다. 살모사는 그 자체로 위협적이고 치명적인 존재지만, 주인공에게는 그보다 더 중요한 의미를 가진다. 그것은 전쟁 중 만날 수밖에 없는 위험과 죽음, 그리고 그로 인한 인간 본성의 어두운 면을 상징하는 존재이다.

전쟁 중 주인공이 겪은 고통은 단지 물리적인 고통만이 아니라, 전쟁의 잔혹함 속에서 인간의 내면이 어떻게 변화할 수 있는지를 보여준다. 즉 전쟁은 단순히 외적인 전투뿐만 아니라, 사람들의 마음속에서 일어나는 심리적 전투를 포함하고 있다는 메시지를 전한다.

① 살모사는 전쟁에서 직면하게 되는 죽음과 인간 본성의 부정적 측면을 상징한다.

② 전쟁에 나간 주인공이 살모사에게 물리는 사건은 전쟁의 비극적인 현실을 부각한다.

③ 주인공은 사회로 복귀한 후에도 정신적인 고통에 시달리게 되자 사람들에게 집착하게 된다.

④ 전쟁은 그 잔혹함으로 인해 외적인 전투뿐만 아니라 심리적 전투까지 포함하고 있음을 강조한다.

12 다음 글의 내용으로 적절하지 않은 것은?

은희경의 「새의 선물」은 어린 소녀 진희가 주인 공으로, 진희는 어머니의 자살과 아버지의 부재로 외할머니의 집에서 자라게 된다. 외할머니는 하숙 집을 운영하며, 진희는 이 하숙집에서 다양한 사람 들과 교류하면서 삶의 여러 측면을 배우게 된다. 외 할머니는 강한 성격의 소유자지만, 진희에게는 다 정한 면모도 보인다. 하지만 진희는 외할머니의 비 밀스러운 모습과 그녀가 남몰래 겪는 고통을 점차 알게 된다. 외할머니가 가진 여러 상처와 과거의 이 야기를 통해, 진희는 성숙해지고 세상에 대한 이해 가 깊어 간다.

진희는 어린 시절 엄마에게 버림받았으며, 아빠 는 어디에 있는지 모른다. 할머니가 예뻐해 주고 이 모가 챙겨주긴 하지만, 한 번 버림받은 기억이 있는 아이는 세상이 자신에게 호의적이지 않다는 사실 을 일찍 깨닫고 스스로를 보호하기 위해 성장을 멈 추고 가짜 자아를 만들어 낸다.

이미 다 큰 성인처럼 주변 어른들을 관찰하며 또 래와는 어울리지 않던 진희는 모든 사람의 비밀을 다 알고 있었지만, 겉으로는 어린아이로서 그 나이 에 맞게 행동하려고 철없는 척하며 살아간다. 그러 던 중 서울서 유학을 하던 삼촌의 친구 허석이 외 할머니의 집에 머무르게 되는데, '나'는 허석을 길 에서 우연히 목격했던 하모니카를 불던 남자로 인 식하면서 그에게 강한 사랑을 느낀다. 그런 허석이 첫사랑에 실패한 이모와 교제를 시작하자 '나'는 번민에 빠지지만, 얼마 후 마을에서 일어나 폭발 사 건이 빌미가 되어 허석은 이모와 결별하고 마을을 떠나게 된다. 허석을 더 이상 만날 수 없음을 받아 들이고 지내던 어느 날 '나'는 하모니카를 부는 남 자의 모습을 다시 목격하고 그가 실은 더러운 낯빛 을 한 구부정한 아저씨였음을 확인하게 되자 '제방 길'에서 도망치며 울게 된다. 이후 '나'는 자신을 데 리러 온 아버지를 만나 외할머니의 집을 떠난다.

① 진희는 비호의적인 세상에서 자신을 보호하기 위 해 자신의 본모습은 드러내지 않는다.

② '제방 길'에서 '나'가 도망치는 행위와 울음은 자신 에게 사랑을 불러일으킨 실체를 알아차린 충격을 드러낸다.

③ 1인칭 주인공 시점을 활용해 '나'가 겪는 사건과 심 리를 주관적으로 전달한다.

④ 진희는 사람들의 비밀을 알고 있었지만, 비밀을 발 설하지 않고 어른스럽게 행동하려 노력한다.

13 다음 글에서 추론한 내용으로 가장 적절한 것은?

소설의 '1인칭 시점'은 소설 속에 '나'가 등장하며 이야기를 전개한다는 점에서 공통점을 지니고 있다. 하지만 '1인칭 시점' 중에서 '주인공 시점'은 '나'가 소설 속에 주인공으로 등장하는 이야기지만, '관찰자 시점'은 '나'가 주인공의 이야기를 전달하는 관찰자로써의 역할을 하고 있다는 점에서 차이점을 지닌다.

1인칭 주인공 시점의 대표적인 작품으로는 이상의 「날개」가 있다. 주체성을 상실한 채 무기력하게 살아가는 '나'는 아내에게 의존하며 하루하루를 살아가는 인물이다. 이러한 주인공이 소설의 끝에서는 '날개'의 이미지로 표상되는 비상과 탈출을 꿈꾸며 현실의 억압에서 벗어나려는 욕망을 표출한다. 소설 초반에는 '나'의 무기력한 심리가 잘 드러나며, 소설 중반 이후 아내의 비도덕적 삶에 대해 알게 되었을 때의 혼란한 심리 역시 상세하게 드러내고 있다. 또한 소설 마지막에서 '날자. 날자. 한 번만 더 날자꾸나'라는 절규 속에 자아 회복의 의지가 암시되며, 상징과 환상, 내면 독백을 통해 독자에게 직접적으로 심리를 표현하여 심리적 공감을 불러일으킨다.

1인칭 관찰자 시점의 대표적인 작품으로는 김동리의 「화랑의 후예」가 있다. 이 작품은 1930년대 일제강점기를 배경으로 하며, 금광업을 하는 숙부에게 신세지고 있던 '나'의 시점으로 몰락한 양반인 주인공 황 진사(黃進士)에 대한 이야기를 전달하는 소설이다. 관찰자의 시점은 대체적으로 서술자가 주인공의 심리를 직접적으로 표현하지 않고 말이나 행동을 통해 전달한다. 이에 독자들은 주인공의 심리를 서술자의 도움을 받아 상상력을 자극하기도 한다.

1인칭 주인공 시점과 1인칭 관찰자 시점은 서술자와 독자 사이의 심적 거리, 서술자와 주인공 사이의 심적 거리에서도 차이가 있다. 1인칭 주인공 시점은 서술자가 자신의 내면을 독자에게 그대로 전달하기 때문에 서술자와 독자 사이의 심적 거리는 가깝지만, 1인칭 관찰자 시점에서는 서술자가 자신의 내면을 독자에게 전달할 수 없으므로 심적 거리가 멀다. 또한 1인칭 주인공 시점에서 서술자와 주인공 사이의 심적 거리는 서술자가 곧 주인공이므로 가깝지만, 1인칭 관찰자 시점에서는 서술자가 주인공의 내면을 알지 못하므로 심적 거리가 멀다.

① 「날개」에서 '나'는 직접적으로 독자들에게 자신의 심리를 드러내어 독자들의 상상력을 자극한다.

② 「화랑의 후예」에서 이야기의 초점은 '나'에 맞춰져 있다.

③ 「날개」와 「화랑의 후예」는 작품의 주인공이 '나'라는 점에서 공통적이다.

④ 「화랑의 후예」에서의 '나'와 독자 사이의 거리는 「날개」에서의 '나'와 독자 사이의 거리보다 멀다.

14 다음 글의 내용으로 적절하지 <u>않은</u> 것은?

이범선의 「피해자」의 주인공은 최요한이라는 남성이다. 그는 부모의 영향을 받아 종교적 신념을 강하게 가지게 된다. 그러나 자신의 삶에서 중요한 선택을 할 때마다 이 신념에 갇혀, 자신의 감정과 욕망을 억제한 채로 결정을 내린다. 최요한은 양명숙이라는 여성을 사랑했지만 그 사랑은 가로막힌다. 양명숙은 고아원에서 자라난 여성으로, 사회적 지위가 낮고 종교적으로도 서로 맞지 않다는 이유로 두 사람의 사랑은 현실적으로 불가능하다고 여겨진다.

시간이 흘러 최요한은 결혼을 하여 가정을 꾸리지만 양명숙과 재회한다. 양명숙은 술집 마담으로 일하고 있으며, 그가 사랑했던 순수한 여성의 모습은 이미 사라졌다. 최요한은 양명숙을 보고 큰 충격을 받지만, 자신이 속한 사회적 위치와 종교적 신념을 지키기 위해 그녀와의 관계를 공개적으로 드러내지 않는다. 양명숙이 최요한에게 사랑을 확인하고 싶어 하자 최요한은 영원을 위해 그렇게 할 수 없다며 거절한다. 그녀는 결국 스스로 생을 마감하고, 최요한은 그녀의 죽음을 목격하게 된다. 이에 최요한은 자신의 신앙과 사회적 규범에 얽매여 양명숙을 사랑하지 못했다고 자책하며, 이렇게 외친다.

"그녀를 죽인 사람들은 바로 당신들입니다. 그녀는 피해자입니다. 아니, 나 역시 그녀와 마찬가지로 피해자입니다."

① 최요한의 삶에서 선택적 판단은 종교적 신념, 사회적 규범에 의해 행해진다.

② 양명숙은 최요한이 다른 여성과 가정을 꾸리자 그에 대한 애정을 포기하고 자살한다.

③ 종교가 인간의 본성과 감정을 억제하는 도구로 작용할 수 있다는 점을 비판하고 있다.

④ 양명숙의 죽음은 비극적인 사랑으로 인한 것이 아니라 형식과 규범에 갇힌 사회로 인한 것이다.

15 다음 글의 내용으로 적절하지 <u>않은</u> 것은?

서정주의 시 「견우의 노래」는 전통적인 견우와 직녀의 설화를 통해 사랑과 이별, 기다림의 의미를 깊이 있게 탐구한다. 화자는 사랑을 위해서는 이별이 있어야 한다는 논리적 이치에 맞지 않는 모순된 표현을 통해 사랑과 이별이 불가분의 관계임을 강조한다. 즉, 이는 사랑의 깊이를 이해하기 위해서는 이별의 아픔이 필요하다는 진리를 담고 있다. 또한 사랑을 위해서는 푸른 은핫물이 필요하다는 표현을 통해 그리움의 감정을 은은한 물빛으로 형상화하여, 그리움이 깊고 지속적인 감정임을 나타낸다. 4연에서는 이별 후에도 홀로 남아 있는 고독과 그리움을 불타는 홀몸이라는 이미지로 강렬하게 표현한다.

5연부터는 직녀에게 보내는 메시지를 통해 견우와 직녀의 이야기를 연상하게 한다. 즉 화자는 직녀에게 모래밭에서 돋아나는 풀싹을 세는 자신의 일상을 전하고, 직녀에게는 베틀 작업을 하라는 당부를 통해 직녀가 해야 하는 의무에 대해 구체적으로 표현하며 그녀의 존재를 더욱 생동감 있게 묘사한다. 이후 재회의 날인 칠월칠석을 기다리는 마음을 표현하며, 시간의 흐름과 기다림의 의미를 강조한다.

서정주는 이 시를 통해 사랑과 이별, 기다림의 복합적인 감정을 섬세하게 그려내며, 전통적인 설화를 현대적인 감각으로 재해석하였다. 특히 시의 구조와 리듬은 전통적인 시가의 형식을 따르면서도 현대적인 감각을 잃지 않아, 서정주의 독특한 시 세계를 잘 보여준다.

① 화자는 특정 대상을 청자로 설정하고 있다.

② 푸른 은핫물은 공감각적 심상을 통해 깊고 지속적인 그리움의 감정을 표현한다.

③ 설화를 차용하여 사랑과 이별에 대한 감정을 현대적으로 재해석하고 있다.

④ 「견우의 노래」는 사랑과 이별에 대한 생각을 역설법을 통해 표현하고 있다.

16 다음 글에서 추론한 내용으로 가장 적절한 것은?

소설에서 인물의 유형은 성격의 변화 여부에 따라 입체적 인물과 평면적 인물로 나뉜다.

입체적 인물은 사건이 진행되면서 주변 환경이나 심리적 변화에 의해 성격이 변화하는 인물을 말한다. 「장화홍련전」에 나오는 '장화'는 원래 도덕적이며, 부모님에게 순종적 인물이었다. 계모의 모진 구박에도 눈물만 흘리고 소극적이고 수동적으로 대처하는 인물인 것이다. 하지만 장화는 계모에 의해 부정적 행실을 했다는 죄목을 뒤집어쓰고 죽음을 당하게 되자 귀신이 되어 원님에게 나타나면서부터는 그 성격이 변화하게 된다. 귀신의 등장으로 원님들이 놀라서 죽음을 맞이하게 되는 상황에서도 자신의 결백을 밝히기 위해서 끝까지 하소연하는 모습을 통해 장화의 성격이 적극적으로 변모하였음을 알 수 있다. 이러한 입체적 인물은 상황에 따라 다른 모습을 보인다는 점이 평면적 인물에 비해 현실에 더 존재할 만한 인물이라는 점에서 작품에 개연성을 부여해 주는 장점이 있다. 단, 입체적 인물의 성격 변화는 사건의 인과관계가 있어야 한다.

평면적 인물은 소설에서 이야기가 진행되는 처음부터 끝까지 성격이 변화하지 않는 인물을 말한다. 우리나라 고전 소설 대부분은 주인공이 평면적 인물인데 「심청전」의 '심청'이가 대표적 인물이다. 「심청전」의 '심청'은 효녀의 전형적인 인물상으로, 자신의 목숨을 바쳐 장님인 아버지의 눈을 뜨게 하려는 모습을 보인다. 평면적 인물은 독자들에게 쉽게 기억되지만, 입체적 인물에 비해 현실적 개연성이 떨어진다.

① 「장화홍련전」에는 입체적 인물만이 등장하고, 「심청전」에는 평면적 인물과 입체적 인물이 등장한다.

② 「심청전」의 '심청'은 「장화홍련전」의 '장화'에 비해 현실에서 있음직한 인물이다.

③ 「장화홍련전」의 '장화'는 「심청전」의 '심청'에 비해 독자들에게 각인될 가능성이 크다.

④ 계모의 모함으로 인해 '장화'의 성격이 변화했기에 「장화홍련전」은 인과 관계를 지니고 있다.

17 다음 글의 내용으로 적절하지 <u>않은</u> 것은?

이청준의 「줄」은 줄타기를 예술로 승화시킨 한 줄광대의 삶을 통해 예술가의 순수성과 현실의 갈등을 탐구하는 작품이다. 이 소설은 외부 이야기 안에 또 다른 내부 이야기가 있는 형식을 취하여, 기자인 '나'가 한 노인으로부터 허운의 이야기를 듣는 구조로 전개된다.

'나'는 부장의 지시로 '승천한 줄광대'에 대한 기사를 취재하기 위해 C읍으로 내려간다. 그곳에서 '나'는 트럼펫을 불었던 사나이로부터 허운의 이야기를 듣게 된다.

허운은 그의 아버지 허 노인에게 줄타기를 배웠다. 허 노인은 줄 위에서 생각이 땅에 머무르지 않는 경지에 이르러, 줄타기를 예술로 승화시켰다. 허 노인은 자신의 마지막까지도 줄을 타면서 예술을 지행하면서 목숨을 다한다.

이후 허운은 아버지의 가르침을 따라 줄 위에서 재주를 부리지 않고 순수한 줄타기를 추구한다. 그러다가 어느 날 그는 자신의 줄타기를 사랑하는 한 여인이 찾아오게 되고, 허운 또한 그 여인을 사랑하게 된다. 이때부터 허운은 현실적인 욕망에 휘둘리게 되면서 줄 위에서 재주를 부리기 시작한다. 다리에 장애가 있는 여인은 허운이 보여주는 예술적 순수성을 사랑한 것인데, 이를 깨닫지 못한 허운은 그녀와의 인간적 사랑을 꿈꾼다. 결국 허운은 여인이 자기 자신이 아니라 자신의 줄타기를 사랑하였음을 알게 되고, 줄을 타다가 목숨을 잃는다. 사람들은 그의 죽음을 두고 광대가 승천했다고 전하게 된다.

이 작품은 예술가의 순수성과 현실의 갈등을 중심으로, 예술에 대한 순수한 열정이 어떻게 현실의 욕망과 충돌하는지를 탐구한다. 허 노인과 허운의 삶을 통해, 예술가가 자신의 예술에 몰입할 때 현실의 세속적 가치와의 갈등을 겪게 됨을 보여준다. 또한, 허운의 죽음을 통해 예술가의 순수한 열정이 현실의 욕망과 충돌할 때 발생하는 비극을 묘사한다.

① 허운은 한 여인을 사랑하게 되면서 허 노인의 가르침을 어기게 된다.

② 액자식 구성 방식을 사용하고 있다.

③ 여인은 허운의 줄타기에서 대리적 만족을 느낀 것이지 허운을 사랑한 것은 아니다.

④ 허 노인의 죽음은 예술가의 순수한 열정과 현실의 욕망이 충돌할 때 발생하는 비극을 보여 준다.

18 다음 글의 내용으로 적절하지 <u>않은</u> 것은?

김정한의 「사하촌」은 1930년대 일제 강점기의 농촌 현실을 중심으로 농민들의 고통과 저항을 그린 소설이다. 이야기는 성동리 마을에 극심한 가뭄이 찾아오며 시작된다. 마을 주민들은 생존을 위협받는 상황에 놓이지만, 가뭄이 들수록 보광사 중들은 자신들의 논에만 물을 대며, 성동리 주민들의 고통에는 무관심하다. 마을 사람들은 논에 물을 대기 위해 노력하지만, 보광사는 물을 독점하며 농민들에게 도움을 주지 않는다.

소작농인 들깨는 마을의 대표적인 농민으로, 가족을 부양하기 위해 고군분투하지만, 흉년으로 인해 보광사에 소작료를 낼 수 없는 상황에 처한다. 들깨뿐만 아니라 마을의 다른 농민들 역시 소작료 납부를 못 해 보광사의 압박을 받는다. 보광사는 소작료를 강제 징수하려고 농민들의 가축과 재산을 압류하려고 한다.

이런 상황 속에서 소작인들의 분노는 점점 커진다. 특히 들깨를 중심으로 한 성동리 주민들은 더 이상 참을 수 없다는 판단 아래 집단적으로 보광사에 대항하기로 결심한다. 그들은 보광사의 착취와 억압에 저항하기 위해 밤중에 모여 공동으로 대책을 논의하고 함께 단결하면서 마침내 보광사에 불을 지른다. 이는 단순한 분풀이가 아니라, 그들의 생존을 위한 최후의 몸부림이다. 방화 사건 이후, 성동리 사람들은 더 큰 억압과 탄압을 받을 것을 각오하면서도, 자신들의 행동이 가진 정당성을 믿으며 저항의 끈을 놓지 않는다. 작품은 이들의 절박한 상황과 강렬한 저항 의지를 묘사하며 끝을 맺는다.

① 보광사 중들은 성동리 주민들에게는 무관심하고 자신들의 이익에만 관심이 있다.

② 소작농인들은 흉년으로 인해 일본인에게 소작료를 낼 수 없는 상황에 처해 있다.

③ 성동리 주민들이 보광사에 불을 지른 것은 권리를 찾기 위해 노력이었다.

④ 성동리 주민들의 방화 사건은 농민들의 강한 연대와 저항을 보여주었다.

19 다음 글의 내용으로 적절하지 <u>않은</u> 것은?

김현승의 시 「사월」은 4월이라는 시간적 배경을 통해, 겨울과 봄의 경계에서 느껴지는 복합적인 감정을 섬세하게 그려낸 작품이다. 시의 첫 연에서 화자는 플라타너스의 순들도 아직 돋아나지 않은 봄이 막 시작된 때를 말한다. 그리고 '예언의 종'은 자연의 섭리에 따라 봄이 올 것임을 비유적으로 표현한 것으로, 봄이 온다는 미래에 대한 기대감이다. 이어지는 4연에서는 "개구리의 숨통도 지금쯤은 어느 땅 밑에서 불룩거릴 게다."라는 구절을 통해, 겨울의 침묵 속에서 봄의 생명력이 움트는 모습을 그린다. 이러한 표현은 자연의 순환과 생명의 회복력을 강조한다.

또한 마지막 연에서는 "추억도 절반, 희망도 절반이어 / 사월은 언제나 어설프지만."이라는 구절을 통해, 화자는 사월이 과거와 미래, 고통과 희망이 공존하는 복잡한 시기임을 인식하고 있다. 이러한 인식에는 사월이라는 달이 가지는 이중적인 성격을 잘 드러낸다. 마지막으로 "먼 북녘에까지 해동(解凍)의 기적이 울리이면"이라는 시구를 통해, 화자는 봄의 도래를 기다리며, 자연의 회복과 변화를 희망한다. 이러한 표현은 희망과 기대의 감정을 강하게 전달한다.

김현승은 「사월」을 통해, 4월이라는 시간적 배경을 활용하여 자연의 변화를 섬세하게 묘사하고 있다. 특히, 겨울과 봄의 경계에서 느껴지는 복합적인 감정을 자연의 이미지를 통해 효과적으로 표현하고 있다. 이러한 시적 기법은 독자에게 깊은 인상을 남긴다. 또한 시의 구조와 리듬은 자연의 흐름과 조화를 이루며, 독자가 시의 감동을 더욱 깊이 느낄 수 있도록 한다.

① 봄의 도래에 대한 희망을 강력하게 전달하고 있다.

② 봄의 생명력이 움트는 모습을 통해 자연의 순환을 부각하고 있다.

③ 사월에 고통과 희망이 모두 존재한다는 이중적인 인식을 드러내고 있다.

④ 사월의 자연을 묘사함으로써 생명력을 지닌 봄이 절정에 이르렀음을 형상화하고 있다.

20 다음 글에 대한 이해로 가장 적절하지 않은 것은?

시조는 고려 중후반에 발생한 한국 전통 시 양식의 하나이다. 시조는 초장, 중장, 종장의 3장으로 구성되고, 하나의 장에 2개의 구로 구성되는 6구와 총 45자 내외의 글자 수를 지닌 평시조가 기본적인 형태이다. 내용은 양반들이 임금에 대한 충성심을 주제로 하거나 자연 친화적인 삶을 지향하는 내용을 바탕으로 창작하였으며, 정몽주의 〈단심가〉가 대표적 작품이다.

평시조의 기본적인 형태는 시간의 흐름에 따라 변하기 시작했다. 조선 전기에 이르러서는 평시조의 형식과 내용을 그대로 갖춘 시조가 두 수 이상 '연'의 형태로 나열된 연시조가 등장했다. 대표적인 작품으로는 윤선도의 〈어부사시사〉가 있는데, 이 작품은 춘, 하, 추, 동의 4계절로 구성되었으며 화자는 각 계절에 따라 자연과 함께 한가로운 삶을 살아가는 것에 대한 즐거움을 표현하고 있다.

조선 후기가 되자 시조는 또 다른 형태로 변화했는데 바로 사설시조의 등장이다. 사설시조는 평시조의 형태에서 초·중장이 6구에서 제한 없이 길어지는 형태를 지닌 것을 말한다. 시조의 전형적인 형태의 모습이 사라지고 초·중장의 길이가 자유롭게 변한 것이다. 이는 평시조나 연시조의 제한된 내용에서 벗어나 세태에 대한 풍자가 솔직하게 표현되는 내용적 측면과 어우러져 특색있는 시조의 모습을 보인다. 사설시조는 대개 평민들이 창작하였으며 작자 미상의 〈논밭 갈아 김 매고~〉가 이에 속한다.

① 연시조와 사설시조는 평시조의 변형된 형태이다.
② 〈단심가〉는 3장 6구 45자 내외의 형식을 가진 평시조이다.
③ 〈어부사시사〉의 추사는 계절에 따라 한가롭게 살아가는 평민들의 이야기가 수록되어 있다.
④ 〈논밭 갈아 김 매고~〉는 종장을 제외한 두 장의 길이가 길어진 사설시조이다.

21 다음 글의 내용으로 적절한 것은?

신경림의 「고향길」은 산업화로 인해 피폐해진 농촌을 떠나 타향살이를 하는 이의 정서를 노래한 작품이다. 화자는 고향을 떠나지만 늘 고향을 그리워하며, 고향은 더 이상 삶의 터전이 될 수 없기에 쫓기듯 떠나왔다. 이 시에서는 어쩔 수 없이 고향을 등져야만 했던 화자의 비애감이 잘 나타나 있다.

시의 첫 부분에서 화자는 아무도 찾지 않는 고향에 대해 표현한다. 하지만 이 고향은 정답고 아름다운 곳이 아니라 초라한 고향의 현실임을 상기한다. 화자는 이를 통해 고향에 대한 그리움과 동시에, 떠나야만 했던 현실에 대한 복잡한 감정을 드러낸다.

다음으로 화자는 두레박으로 우물물을 먹는 고향에서의 소박한 일상적 삶을 떠올리며 고향을 그리워하는 마음을 표현한다. 이는 떠나온 고향에 대한 애틋한 마음을 드러낸 것이다. 그럼에도 불구하고 화자는 더 이상 고향에 머무를 수 없다고 여기고, 앞으로도 고향에 머무르지 못하고 '나그네'처럼 떠돌이 생활을 할 것이라고 생각한다. 이는 고향을 떠나야만 하는 현실과 그로 인한 비애를 강조하며, 고향에 대한 그리움과 상실감을 드러낸다.

① 화자는 고향에서의 특별한 추억을 떠올리며 애틋함을 느끼고 있다.
② 화자는 고향을 어쩔 수 없이 떠났지만, 후회하는 모습을 보이고 있다.
③ 화자는 초라한 고향의 현실을 외면하는 자신에 대해 자책하고 있다.
④ 화자는 고향을 떠나 도시로 가는 자신의 처지를 '나그네'를 통해 드러내고 있다.

22 다음 글의 내용으로 적절하지 <u>않은</u> 것은?

이육사의 「자야곡(子夜曲)」은 고향을 떠나 이국에서 고향을 그리워하는 화자의 복잡한 감정을 담은 작품이다. 더 이상 삶의 터전이 될 수 없기에 쫓기듯 떠나온 고향에 대한 그리움과 상실감을 표현하며, 일제 강점기의 고통스러운 현실을 반영하고 있다.

시의 첫 부분에서 화자는 "수만 호 빛이래야 할 내 고향이언만"이라고 표현하며 수많은 불빛으로 빛나는 고향, 즉 밝고 활기찬 고향을 기대한다. 그러나 "노랑나비도 오잖는 무덤 위에 이끼만 푸르러라"라는 구절을 통해, 고향이 황폐해져 있음을 표현한다. 이와 같이 화자가 기대하는 고향과 현실 고향의 대비는 고향에 대한 그리움과 현실의 비참함을 부각시킨다.

또한, 2연의 "슬픔도 자랑도 집어삼키는 검은 꿈"이라는 구절은 화자가 고향을 떠나면서 겪는 내적 갈등과 고통을 나타내고, 이어지는 "파이프엔 조용히 타오르는 꽃불도 향기론데"라는 구절은 담배를 피우며 고향을 그리워하는 화자의 모습을 나타낸다. 이 이미지들은 고향에 대한 그리움과 동시에 현실의 고통을 상징한다.

시 중반부에서는 "옛날의 들창마다 눈동자엔 짜운 소금이 저려"라는 구절을 통해, 고향의 변하지 않는 모습을 떠올리며 그리워하는 마음을 표현한다. 이는 고향에서의 소박한 일상과 그리움을 강조하며, 떠나온 고향에 대한 애틋한 마음을 드러낸다.

마지막으로, "숨 막힐 마음속에 어데 강물이 흐르느뇨"라는 구절은 고향을 떠나야만 하는 서글픈 운명에 대한 인식을 나타낸다. 이는 고향을 떠나야만 하는 현실과 그로 인한 비애를 강조하며, 고향에 대한 그리움과 상실감을 드러낸다.

① "수만 호 빛이래야 할 내 고향이언만"에는 화자가 바라는 고향의 모습이 형상화되어 있다.

② "슬픔도 자랑도 집어삼키는 검은 꿈"에는 화자가 고향을 떠나 겪는 고통이 시각적 이미지로 형상화되어 있다.

③ "옛날의 들창마다 눈동자엔 짜운 소금이 저려"에는 변해 버린 고향에 대한 화자의 안타까움이 담겨 있다.

④ "숨 막힐 마음속에 어데 강물이 흐르느뇨"에는 고향을 등져야만 했던 화자의 비애감이 담겨 있다.

23 다음 글의 내용으로 적절하지 <u>않은</u> 것은?

최두석의 「성에꽃」은 겨울 새벽 시내버스의 유리창에 맺힌 성에를 통해, 고단한 삶을 살아가는 이들의 숨결과 애환을 아름다운 이미지로 승화시킨 작품이다. 화자는 성에꽃을 통해, 암울한 사회적 현실 속에서도 피어나는 인간의 따뜻한 숨결과 연대감을 노래하고 있다.

작가는 시의 앞부분에서 엄동 혹한일수록 선명하게 피어나는 '성에꽃'의 모습을 묘사함으로써 군사 독재의 억압 속에서도 희망이 있음을 드러낸다.

또한, 시의 화자는 자리를 옮겨 다니며 성에꽃을 보는데, 이는 버스의 승객들이었던 서민들의 삶을 이해하려는 행동이다. 그 과정에서 '차가움'과 '아름다움'이라는 모순된 표현을 활용하여 성에꽃에서 고단한 삶을 이겨 내는 서민들의 생명력을 느끼는 화자의 모습을 드러내고 있다.

「성에꽃」의 마지막 부분은 장면이 전환되면서 오랫동안 함께 길을 걸었지만 면회마저 금지된 친구를 생각하는 것으로 마무리하고 있다. 이는 민주화 운동의 동지였으나 현재는 감옥에 갇혀 있는 친구를 화자가 떠올리며, 그리움과 안타까움을 표현한 것이다.

① 차가운 겨울일수록 아름답게 피어나는 '성에꽃'은 암울한 현실 속의 희망을 상징하고 있다.

② 자리를 옮겨 다니며 성에꽃을 보는 화자의 행위에는 서민들의 삶에 대한 연대가 담겨 있다.

③ 「성에꽃」은 모순적 표현을 활용하여 성에꽃에서 느끼는 감동을 반어적으로 강조하고 있다.

④ 면회가 금지된 친구를 통해 삭막하고 어두운 사회 현실을 표현하고 있다.

24 다음 글을 이해한 내용으로 가장 적절한 것은?

몽자류 소설은 글자 그대로 '몽(夢)' 즉 꿈의 이야기를 가진 소설이다. 그 서사구조는 환몽구조를 이루고 있는데, 환몽구조는 현실 속의 주인공이 희망하던 바가 꿈속에서 실현되면서 우여곡절을 겪은 뒤 꿈에서 깨어나 어떤 깨달음을 얻게 되는 서사적 기법의 하나를 일컫는다. '현실 - 꿈 - 현실'의 공통적인 서사 구조를 취하는 몽자류 소설의 대표적인 작품으로는 작가 미상의 「조선 설화」와 김만중의 「구운몽」이 있다. 학자들 중에서는 김만중의 「구운몽」이 「조선 설화」를 바탕으로 쓰였다고 보는 견해가 지배적이다.

「조선 설화」와 「구운몽」은 모두 꿈이라는 형식을 통해 인간의 욕망의 성취가 작품 속에 드러난다. 하지만 두 작품은 사랑과 같은 개인적 욕망과 입신양명과 같은 사회적 욕망의 실현이라는 점에서 큰 차이를 나타낸다. 또한 조선 설화는 욕망 실현 이후 고통스러운 삶 속에서 얻는 깨달음을 과정을 보여주지만 구운몽은 욕망 실현 이후 부귀 영화 속에서 얻는 인생 무상의 깨달음을 얻는 과정을 보여주고 있다. 이는 김만중이 거처하던 곳이 유배지라는 집필 당시의 상황을 고려할 때, 김만중 스스로의 깨달음이라고 볼 수도 있다.

① 「조선 설화」는 「구운몽」의 영향을 받아 창작되었다.

② 「구운몽」과 달리 「조선 설화」는 작품 내에서 현실적인 욕망을 드러내지 않는다.

③ 「조선 설화」와 「구운몽」의 각 주인공의 깨달음의 과정은 서로 대조적이다.

④ 작가의 상황을 고려할 때 「구운몽」 속 주인공의 깨달음은 고통스러운 삶의 연속 속에서 얻게 된 교훈으로 생각할 수 있다.

25 다음 글을 이해한 내용으로 가장 적절한 것은?

「봄·봄」은 데릴사위로 들어간 '나'와 노동력이 필요한 장인어른 간의 갈등을 나타낸 작품으로 '나'의 입장에서 사건을 서술하는 1인칭 주인공 시점으로 전개된다. 소설 속 장인은 점순이의 키가 자라면 '나'와 점순이를 혼인시켜주겠다고 약속하지만, 아들이 없는 장인은 '나'의 노동력을 착취하면서 혼인을 미루기만 한다. '나'는 점순이가 감참외 같다며 점순이에 대한 마음을 표현하지만 장인이 지속적으로 혼인을 미루자 이에 반발하면서 구장에게 중재를 요청한다. 하지만 구장 역시 장인의 편을 들게 되고, 점순이의 충동질까지 더해져서 '나'와 몸싸움을 벌이게 된다. '나'와 장인의 상식적이지 않은 몸싸움은 독자들에게 웃음을 자아내며 결론에 궁금증을 자아내지만, '나'를 충동질한 점순이가 장인의 편을 들면서 '나'가 망연자실하고 싸움은 허무하게 종결된다. 점순이와 혼례도 못하고 쫓겨나지도 모른다는 생각에 불안해 했던 '나'는 노동력이 필요했던 장인이 가을에 혼례를 시켜주겠다는 약속에 감사해하며 수용함으로써 갈등이 일시적으로 해소된다. 하지만 이는 장인이 자신의 욕구를 숨기기 위해 일시적으로 화해를 청한 것으로 약속이 이행된다는 보장이 없기 때문에 궁극적으로 갈등이 해소되지 않을 것임을 독자들은 추측하게 된다. 즉, 독자들은 주인공 '나'의 상황판단에 대해 어수룩하게 느끼면서 '나'에 대해 신뢰성을 가지지 못하게 된다.

① 작품 속 '나'와 '장인'이 겪는 갈등의 궁극적인 원인은 점순이의 키이다.
② 「봄·봄」은 사춘기 시골 남녀의 애정 갈등이 주된 갈등의 요인이다.
③ '나'는 점순이에 대한 마음을 비유적으로 표현하고 있다.
④ 어수룩한 '나'가 독자에게 사건을 직접적으로 전달함으로써, 독자는 '나'를 믿음직한 서술자로 판단하게 된다.

정답 및 해설 34p

유형 접근 방법

1. 표현하기

① 제시된 조건을 하나 선택하여 선택지에 그 조건이 잘 반영되었는지를 확인한다. → 없는 경우 소거함

② 조건 중에서 표현기법(대조법, 설의법 등)을 먼저 살펴보는 것이 좋으나, 표현기법 중에서 비유법은 마지막에 확인하는 것이 좋다.

> 🏃 **합격 TIP!** 가장 바람직한 표현 방법 확인 순서
>
> 1. 감각적 표현 – 시각, 청각, 후각, 촉각, 미각
> 2. 비유법을 제외한 표현기법 – 특히 대조법, 대구법, 역설법, 설의법
> 3. 포함되어야 할 내용 관련
> 4. 비유법 확인(직유, 은유, 의인)

2. 개요 작성

① 수정된 개요는 수정 전보다 구체적인 내용을 담고 있어야 한다.

② 상위 항목은 하위 항목 내용을 모두 포함할 수 있어야 한다.

③ 본론에서 제시되는 문제의 원인과 해결 방안은 순서대로 각 항목이 대응되어야 한다.

④ 항목의 위치를 바꾸는 경우에는 해당 항목이 수정된 위치의 상위 항목과 연결되는지 확인해야 한다.

⑤ 결론은 해결 방안의 내용을 포함해야 한다.

3. 고쳐쓰기

① 글을 읽으면서 차례대로 올바른지 여부를 파악한다.

② 아래와 같이 잘 나오는 단원의 예시 단어나 문장을 떠올려 적용하면서 푼다.
- 틀리기 쉬운 어휘, 혼동하기 쉬운 어휘
- 주어와 서술어 호응, 부사어와 서술어 호응
- 중의적 의미를 지닌 문장
- 의미가 겹치는 단어
- 이중피동
- 우리말 표현이 아닌 것(번역투)
- 접속어 사용

<공공언어 바로 쓰기 원칙>에 따라 <공문서>의 ㉠~㉣을 수정한 것으로 적절하지 않은 것은? 2025년 국가직 9급

<공공언어 바로 쓰기 원칙>

○생소한 외래어나 외국어는 우리말로 다듬을 것.
○주어와 서술어의 관계를 명확하게 표현할 것.
○문맥에 맞는 정확한 어휘를 사용할 것.
○지나친 명사 나열을 피하고 적절한 조사와 어미를 활용하여 문장을 구성할 것.

<공문서>

□□개발연구원

수신   수신처 참조
제목   종합 성과 조사 협조 요청

1.귀 기관의 무궁한 발전을 기원합니다.
2.본원은 디지털 교육 ㉠ 마스터플랜 수립을 위해 종합 성과 조사를 실시합니다. 본 조사의 대상은 지난 3년간 □□개발연구원의 주요 사업을 수행한 ㉡ 기업을 대상으로 합니다.
3.별도의 전문 평가 기관에 조사를 ㉢ 위탁하며, 이 조사 결과를 바탕으로 ㉣ 학교 현장 교수 학습 환경 개선 정책 개발 및 디지털 교육 문화를 정착시키는 데에 기여하고자 합니다. 귀 기관의 협조를 부탁드립니다.

① ㉠: 기본 계획
② ㉡: 기업입니다
③ ㉢: 수주하며
④ ㉣: 학교 현장의 교수 학습 환경을 개선하는 정책을 개발하고

정답 설명 ③ '별도의 전문 평가 기관에 조사를 위탁하며'의 '위탁하다'는 '남에게 사물이나 사람의 책임을 맡기다'라는 뜻이다. 이에 반해 '수주(受注)하다'는 '주문을 받다'라는 뜻이다. 제시된 문장은 문맥상 평가 기관에 조사를 맡기고 이 조사를 바탕으로 정책 개발을 하겠다는 뜻이기 때문에 '수주하다'가 아니라 ㉢ '위탁하며'를 그대로 두는 것이 올바르다.

오답 분석 ① ㉠ '마스터플랜'을 '기본 계획'으로 수정한 것은 '생소한 외래어나 외국어는 우리말로 다듬는' 것과 관련되므로, 적절하다.
② ㉡ '기업을 대상으로 합니다'의 주어는 '본 조사의 대상은'이 되는데 이는 주어와 서술어의 관계가 명확하지 않으므로 주어 '본 조사의 대상은'과 호응하는 ㉡을 '기업입니다'로 수정한 것은 적절하다.
④ ㉣은 지나친 명사 나열로 의미를 정확하게 파악하기 어렵다. 따라서 적절한 조사와 어미를 사용하여, ㉣을 '학교 현장의 교수 학습 환경을 개선하는 정책을 개발하고'와 같이 수정한 것은 적절하다.

실전 학습 문제

정답 및 해설 39p

01 <공공 언어 바로 쓰기 원칙>에 따라 ㉠~㉣을 고쳐 쓴 것으로 적절하지 <u>않은</u> 것은?

공공 언어 바로 쓰기 원칙

• 어문 규정 표기를 잘 지킬 것.
• 문장의 의미가 한 가지로 해석되도록 할 것.
• 부사어와 서술어의 호응을 유의할 것.
• 불필요한 피동 표현은 삭제할 것.

㉠ 벌써 김치국 마시는구나.
㉡ 경주가 사과와 배 두 개를 줬어.
㉢ 아마 그 사실을 아는 건 우리뿐이야.
㉣ 잘 그려진 그림이 벽에 걸려 있다.

---

① ㉠: 어문 규정에 따라 '김칫국'으로 수정한다.

② ㉡: 문장의 의미가 한 가지로 해석되도록 '경주가 사과와 배를 각각 두 개씩 줬어.'로 수정한다.

③ ㉢: 부사어와 서술어의 호응을 위해 '우리뿐일 거야.'로 수정한다.

④ ㉣: 이중 피동이 사용되었으므로 '그린'으로 수정한다.

02 <공공 언어 바로 쓰기 원칙>에 따라 ㉠~㉣을 고쳐 쓴 것으로 적절하지 <u>않은</u> 것은?

공공 언어 바로 쓰기 원칙

• 단어의 쓰임을 유의할 것.
• 문장의 의미가 한 가지로 해석되도록 할 것.
• 조사와 서술어의 호응을 적절하게 쓸 것.
• 의미의 중복이 없도록 할 것.

㉠ 약물을 너무 많이 과용해서 이렇게 됐어.
㉡ 수영을 하러 물속을 들어가다.
㉢ 손님들이 다 오지 않았어.
㉣ 이번에 좋은 아이디어를 고안했어.

---

① ㉠: 의미가 중복되고 있으므로 '약물을 과용해서'로 수정한다.

② ㉡: 조사와 서술어의 호응을 위해 '물속에 들어가다'로 수정한다.

③ ㉢: 의미의 모호함을 없애기 위해 '손님들이 모두 오지는 않았어.'로 수정한다.

④ ㉣: 단어의 올바른 쓰임을 위해 '발견했어'로 수정한다.

03 <조건>에 따라 @~@를 수정한 것으로 적절하지 않은 것은?

조건

- 중복이거나 중의적인 표현은 사용하지 않을 것.
- 문장 맥락에 적합한 단어를 사용할 것.
- 한글 맞춤법에 맞게 표기할 것.
- 주어와 서술어의 호응을 주의할 것.

별빛 문화회관 지역 청소년 그림 전시회 개최

- 다가오는 4월 1일부터 4월 30일까지 한 달 간 별빛 문화회관에서 지역 청소년 그림 전시회를 개최합니다. ○○시에서 주관하는 이번 전시회는 저소득층 가정 청소년들에 대한 지역 주민들의 관심을 고취시키고 빈곤 위기에 처한 청소년들을 후원하고자 @ 준비하였습니다.
- 이번 전시회에서는 별빛 청소년 센터 아이들이 '희망찬 미래'를 주제로 그린 그림이 전시될 예정이며, 지역 주민들이라면 누구나 무료로 관람하실 수 있습니다.
- 별빛 문화회관 3층 전시실에서 오전 10시부터 오후 6시까지 전시가 진행됩니다. 전시실에서는 휴대폰 사용을 ⓑ 삼가해 주시길 바라며 작품 보호를 위해 음료 반입은 금지하고 있으니 양해해 주시길 바랍니다.
- 관람 후 1층 로비로 내려오시면 청소년들의 그림에 대한 퀴즈 이벤트가 준비되어 있습니다. 부스에서 질문지를 받으시고 퀴즈의 정답을 ⓒ 맞춰 주시면 됩니다. ⓓ 가장 높은 최고점을 얻은 한 분과 추첨으로 뽑히신 한 분께 우리 지역 최고의 명물인 곶감 세트를 상품으로 수여할 예정입니다.

① @: 주어와 서술어의 호응을 고려하여 '준비되었습니다.'로 수정한다.

② ⓑ: 단어의 표기가 잘못되었으므로 '삼가시길'로 수정한다.

③ ⓒ: 문장의 맥락을 고려하여 '맞혀'로 수정한다.

④ ⓓ: 의미상 중복되는 부분이 있으므로 '가장 높은 최고점'이 아니라 '가장 높은 점수'로 수정한다.

08

작문 – 표현하기, 개요 작성, 고쳐쓰기 해커스공무원 신민숙 쉬운국어 독해 강화 200제

04 <조건>에 따라 ⓐ~ⓓ를 수정한 것으로 적절하지 않은 것은?

조건

- 수식받는 범위가 명확하도록 할 것.
- 문장의 맥락 안에서 단어의 사전적 의미를 정확하게 활용할 것.
- 한글 맞춤법에 맞게 표기할 것.
- 문장 성분의 호응을 주의할 것.

제1회 ○○시 '행복한 삶과 우리' 마라톤 대회 개최

- 오는 8월 1일, ○○시 '행복한 삶과 우리' 마라톤 대회가 열립니다. ○○시에서 주관하고 **기업에서 후원하는 이번 마라톤은 시민들의 건강 증진 및 행복 지수 향상을 목적으로 합니다.
- 최근 우리 사회는 ⓐ 비만율 증가, 성인병, 당뇨, 암과 같은 각종 중대 질환의 급증을 겪고 있습니다. 우리 시에서도 일과 건강의 균형을 잃어버리고 잦은 스트레스에 그대로 노출되어 건강 위험 신호가 켜진 시민들이 많습니다. 최근 보도된 것처럼 우리 ○○시가 전국 시도군 암 발생률 1위를 기록한 것이 그 ⓑ 반증입니다. ○○시는 이번 마라톤 대회 개최를 시작으로 ⓒ 시민들의 풍요로운 삶과 건강을 증진하는 일에 적극적인 지원을 아끼지 않고자 합니다.
- 이번 마라톤은 개인뿐만 아니라 가족 단위로도 신청이 가능합니다. ⓓ 행복한 가족들의 삶을 위해 가족 단위로도 많은 신청 바랍니다.
- ○○시 홈페이지를 통해 신청이 가능하며, 참가비는 성인 기준 10,000원입니다. (어린이 및 청소년은 무료입니다. 참가비의 일부는 지역 빈곤 가정을 위한 후원금으로 사용됩니다.)

① ⓐ: 어법에 맞지 않는 표현이므로 '비만률'로 수정한다.

② ⓑ: 단어의 쓰임이 적절하지 않으므로 '방증'으로 수정한다.

③ ⓒ: 목적어와 서술어의 호응을 고려하여 '시민들의 풍요로운 삶을 만들고 건강을 증진하는 일'로 수정한다.

④ ⓓ: 수식받는 범위가 모호하므로 '가족들의 행복한 삶'으로 수정한다.

05 <조건>에 따라 ⓐ~ⓓ를 수정한 것으로 적절하지 <u>않은</u> 것은?

> **조건**
> • 중복되는 표현이 없도록 할 것.
> • 글의 통일성을 지킬 것.
> • 단어의 쓰임을 정확하게 할 것.
> • 이중 피동 표현이 없도록 할 것.

○○고등학교 '한마음 음악회'에 주민 여러분을 초대합니다!

5월 15일 오후 7시, 저희 ○○고등학교 합창 동아리에서 '한마음 음악회'를 개최합니다. 이번 음악회는 ○○고등학교 합창 동아리와 **고등학교 오케스트라 동아리가 연합하여 준비한 행사입니다. ⓐ <u>**고등학교 오케스트라 동아리는 올해로 창설 10주년을 맞은 **고등학교의 대표적인 동아리입니다.</u>

이번 음악회는 '한마음'을 주제로 하여 학생들 간은 물론, ⓑ <u>우리 지역에 살고 계신 주민들</u>과 학교 간의 교류를 목적으로 준비되고 있습니다. 왜 지역 주민들과 학교 간의 교류를 기대하느냐고 궁금해하시는 분들도 있으실 것 같습니다. 혹시 우리 지역에 거주하시면서 저희 학교를 방문해 보신 적이 있으신가요? 아마 한 번도 와 보시지 않은 분들이 대다수일 거라고 생각합니다. 어쩌면 아예 관심조차 없으신 분도 있을 것입니다. 세대 간의 교류 단절이 큰 문제로 떠오르고 있는 현대 사회에서 이번 음악회가 여러 세대가 만나는 좋은 기회를 제공할 수 있으리라 생각합니다. 학생들이 직접 준비하는 행사인 만큼 학부모님들뿐만 아니라 지역의 어른들께서 참석해 주시면 더할 나위 없이 감사하겠습니다.

연주회 이후에는 다양한 먹거리가 제공되며, 연주자들과의 간단한 토크쇼도 진행됩니다. 어른들은 청소년들을, 청소년들은 어른들을 이해할 수 있는 다양한 질문을 준비하고 있으니 많이 기대해 주세요. 특별히 어린아이들을 데려오시는 분들을 위해 간단한 장난감과 놀이방으로 쓸 수 있는 공간도 ⓒ <u>구비</u>해 두었습니다.

입장료는 3,000원이며 미취학 아동 및 청소년들은 무료입니다. 입장료 전액은 지역 아동 센터 아동 장학금으로 사용하려고 합니다. 많이 참석하셔서 저희들의 연주를 즐겁게 감상해 주시고, 아동 장학금에 마음도 보태주세요.

* ○○고등학교 후문은 현재 수리 중으로 4월 10일까지 이용이 불가합니다. 후문은 ⓓ <u>닫혀져</u> 있으니 정문으로 입장해 주시길 바랍니다.

① ⓐ: 글의 통일성을 해치므로 삭제한다.
② ⓑ: 의미가 중복되는 단어가 있으므로 '우리 지역 주민'으로 수정한다.
③ ⓒ: 단어의 쓰임이 적절하지 않으므로 '정비'로 수정한다.
④ ⓓ: 이중 피동이 사용되었으므로 '닫혀'로 수정한다.

08 작문 - 표현하기, 개요 작성, 고쳐쓰기 해커스공무원 신민숙 쉬운국어 독해 강화 200제

06 다음 글을 고쳐 쓰기 위한 방안으로 적절하지 **않은** 것은?

> 이 실험을 통해 말이 식물의 생장에 어떠한 영향을 미치는지를 확인하였다. 실험 결과, A 양파의 물에 비해 B 양파의 물은 혼탁해졌다. ⊙ A 양파에는 긍정적인 말을, B 양파에는 부정적인 말을 매일 3회씩 했다. 그리고 A 양파는 건강하게 자랐으나 B 양파는 시들해지고 ⓛ 생기가 없으며 잘 자라지 못했다. 이로써 사람의 말이 식물의 생장에 직접적인 영향을 ⓒ 미친다.
> 말에는 힘이 있다. ⓔ 우리가 평소에 하는 말이 사람들에게 때로는 상처를, 때로는 위로와 격려가 될 수도 있다는 생각을 했다. 이 실험을 계기로 올바른 언어 생활을 위해 노력해야겠다고 다짐했다.

① ⊙은 문장 간의 자연스러운 연결을 위해 앞 문장과 위치를 바꾼다.

② ⓛ은 앞말과 의미가 중복되므로 삭제한다.

③ 문장 성분의 호응을 고려하여 ⓒ을 '미친다는 것을 알 수 있었다'로 고친다.

④ ⓔ에는 필요한 문장 성분이 생략되어 있으므로 '상처를' 뒤에 '받을 수도 있고'를 넣는다.

07 <조건>에 따라 ⓐ~ⓓ를 수정한 것으로 적절하지 **않은** 것은?

> **조건**
> • 중복되는 표현이 없도록 할 것.
> • 단어의 의미가 맥락과 맞도록 정확하게 사용할 것.
> • 올바른 피동 및 사동 표현을 사용할 것.

> **공지**
> 안녕하십니까? 학생회에서 공지드립니다.
> 학기 초부터 3층 식당에서 ⓐ 물이 새는 누수 문제로 인해 바로 아래층 도서실을 사용하는 것에 대해 불안을 ⓑ 호도하는 학생들이 있었습니다. 그리고 지난달에는 실제로 도서실 천장에서 물이 새는 일이 발생하였고, 학생회는 빠른 해결을 촉구하는 학생들의 의견을 학교 측에 전달하였습니다.
> 그래서 이번 주 토요일부터 다음 주 수요일까지 학교 도서실 천장 및 3층 식당을 시공합니다.
> 이에 따라 해당 기간에는 도서실 사용이 불가하오니 유념해주시고, 교무실에 도서 반납함을 배치할 예정이니 도서 반납이 필요한 경우는 이곳을 이용해주시길 바랍니다. 또한 식당 시공으로 3층 에어컨을 ⓒ 작동할 수 없게 되어 3층 과학실을 이용하는 과학실험 동아리 학생들은 해당 기간에 2층 동아리실을 이용하게 되었으니 참고 바랍니다.
> 항상 ⓓ 보여지는 자리에서 최선을 다하는 학생회가 되겠습니다. 감사합니다.

① ⓐ: 중복되는 표현이 없어야 하므로 '누수 문제'로 수정한다.

② ⓑ: 단어의 쓰임이 적절하지 않으므로 '호소하는' 으로 수정한다.

③ ⓒ: 올바른 사동 표현을 사용해야 하므로 '작동시킬 수 없게'로 수정한다.

④ ⓓ: 올바른 피동 표현을 사용해야 하므로 '보이는' 으로 수정한다.

08 다음 강연 원고에서 @~ⓓ를 고쳐 쓴 것으로 적절하지 않은 것은?

> 안녕하세요. 저는 ○○연구소 소장 ○○○입니다. 만나서 반갑습니다.
>
> 여러분들은 인생에서 가장 중요한 것을 무엇이라고 생각하시나요? 현재 중요하다고 생각하는 것을 위해 살아가고 계신가요? 가장 중요한 것이 있으시다면 실제로 그것을 지향하며 사는 게 맞겠지요. '가장' 중요한 것이니까요.
>
> 여기서 한 가지 도움을 드리겠습니다. 여러분의 최근 카드 사용 내역을 확인해 보시겠어요? 지금 휴대폰에서 카드사 앱에 들어가 근 한 달간 나의 소비 내역을 열어보시길 바랍니다. 어떠신가요? 나의 소비는 지금 어디로 흘러가고 있나요? 돈이 있는 곳에 그 사람의 마음이 있다는 말이 있습니다. 여러분이 ⓐ 돈을 중요하다고 생각하던 명예가 중요하다고 생각하던 결국 지갑이 열리는 곳이 여러분의 진심이 머무는 곳이라는 이야기지요.
>
> 저는 이 이야기를 처음 들었을 때 굉장히 찔렸습니다. 왜냐하면 저는 '건강'이 가장 중요하다고 생각했던 사람인데 퇴근할 때마다 ⓑ 야식을 먹으려고 음식점에 들렀다는 걸 소비 내역이 말해 주고 있었거든요. 또 꽤 검소한 사람이라고 자부했었는데 카드 소비 내역은 상당히 쓸데없는 물건을 구매하는 데에 돈을 쓰고 있다는 걸 말해 주고 있었습니다. 그날 이후 저는 ⓒ '개과천선'하는 태도로 나쁜 소비 습관을 고쳐가고 있습니다.
>
> 여러분도 여러분의 소비 내역을 꼼꼼하게 확인해 보시면서 여러분의 마음이 진정 어디로 향하고 있는지 살펴보시길 바랍니다. 그리고 재정이 흘러가는 데로 마음을 쓰는 것이 아니라 여러분이 정말 중요하다고 생각하는 방향으로 ⓓ 재정의 흐름을 바꿔보시길 바래요.

① ⓐ: 돈을 중요하다고 생각하든 명예가 중요하다고 생각하든

② ⓑ: 야식을 먹으려고 음식점에 들렀다는 걸

③ ⓒ: 후회막급

④ ⓓ: 재정의 흐름을 바꿔보시길 바라요

09 다음 안내문의 ⓐ~ⓓ를 고쳐 쓴 것으로 적절하지 <u>않은</u> 것은?

초록 아파트에서 안내드립니다.
1. 아파트 화단에 담배꽁초를 무단으로 투기하는 입주민들이 늘고 있습니다. 아파트 화단은 ⓐ 공용으로 사용하는 공간이며 아파트 입주민들이 함께 관리하는 곳입니다. ⓑ 외부에서 흡연하신 후에는 반드시 쓰레기통에 버려주시길 바랍니다.
2. 날씨가 따뜻해질수록 가급적 음식물 쓰레기를 빨리 처리해주시길 바랍니다. 집 내부에서 냄새가 발생하면 하수구, 환풍기 등을 통해 이웃집에 ⓒ 금새 냄새가 전달되어 결국 동 전체가 피해를 입게 됩니다.
3. ⓓ 밤 9시 이후에는 세탁기나 청소기 등 시끄러운 가전제품 사용을 자제해 주시길 바랍니다. 최근 층간 소음 및 벽간 소음으로 인한 민원이 많아지고 있습니다. 아이들이 있는 가정에서는 아이들의 발소리와 크게 떠드는 소리 등을 주의해 주시길 바랍니다.

서로를 배려하는 초록 아파트가 되어주세요!

① ⓐ: 의미가 중복되고 있으므로 '공용 공간'으로 수정한다.
② ⓑ: 생략된 문장 성분이 있으므로 '외부에서 흡연하신 후에는 담배꽁초를 반드시 쓰레기통에 버려주시길 바랍니다.'로 수정한다.
③ ⓒ: 단어의 쓰임이 적절하지 않으므로 문맥을 고려하여 '금세'로 수정한다.
④ ⓓ: 주제에 벗어난 문장이 들어 있으므로 통일성을 위해 두 번째 문장을 삭제한다.

10 다음 방송 대본에서 ⓐ~ⓓ를 고쳐 쓴 것으로 적절하지 <u>않은</u> 것은?

안녕하세요. 햇살 고등학교 학생 여러분, 점심 맛있게 드셨나요? 몇 가지 공지드릴 사항이 있습니다.
최근 미세먼지 수치가 높습니다. 이렇게 미세먼지가 심한 날에는 교내에서도 가급적 마스크를 착용해 주시길 바랍니다. 명시된 교내 규정은 아니지만 학생 여러분들의 호흡기 건강을 위해 ⓐ 마스크 착용을 권고합니다.
두 번째로는 미세먼지가 심하더라도 ⓑ 교실 공기를 꼭 환기해 주세요. 미세먼지가 있다고 해서 창문을 하루에 한 번도 열지 않는 학급이 있는데 실내 공기에 먼지가 더 많다고 합니다. 가끔씩이라도 꼭 창문을 열어주시길 바랍니다.
마지막으로 2층 전시실에 ⓒ 비치되어져 있는 전시물품은 손대지 않도록 주의해 주세요. 학우들이 정성스럽게 만든 소중한 작품입니다. 눈으로만 관람해 주시고 절대 손으로 만지지 않도록 해 주세요. 자랑스러운 햇살고의 ⓓ 일원으로써 성숙한 관람 태도를 보여주시길 바랍니다.
햇살처럼 밝은 오후 보내시길 바랍니다.

① ⓐ: 정확한 의미 전달을 위해 '마스크 착용을 강권합니다'로 수정한다.
② ⓑ: 의미가 중복되므로 '교실을 꼭 환기해 주세요.'로 수정한다.
③ ⓒ: 이중 피동이 쓰였으므로 '비치되어'로 수정한다.
④ ⓓ: 조사의 쓰임이 적절하지 않으므로 '일원으로서'로 수정한다.

11 다음은 구청 홈페이지의 '자유 게시판'에 올릴 건의문의 초고이다. 다음 글을 고쳐 쓰기 위한 구상으로 적절하지 <u>않은</u> 것은?

제목	불법 주차 단속 카메라 설치 요청
민원인	△△중학교 학생회
담당 부서	교통과

건의 이유

저희 △△중학교 앞 통학로에는 불법 주차 차량들이 많습니다. 그렇지 않아도 길이 ㉠ 편협한데 불법으로 주차까지 해놓는 바람에 등·하교 시간에는 많은 학생들이 오가는 차량을 피해 다니느라 여간 불편한 것이 아닙니다. 이 문제를 근본적으로 해결할 대책이 필요합니다.

건의 내용

주차 금지 표지판이 설치되어 있지만 ㉡ 쓸모없는 무용지물에 불과하고, 학교 측의 요청으로 간혹 단속원이 나오기도 합니다만 그 효과는 일시적입니다. ㉢ 그럼에도 불구하고 학생회에서 더욱 강력한 대책을 세울 ㉣ 필요성을 절감하여, 많은 토의를 거친 끝에 단속 카메라 설치를 건의하게 된 것입니다.

① 문맥으로 보아 ㉠을 '협소한데'로 바꿔야겠군.

② ㉡은 중복된 표현이므로 '쓸모없는'을 삭제해야겠어.

③ ㉢을 '그래서'로 바꾸면 앞 문장과의 연결이 자연스러워지겠군.

④ 문장 성분 간의 호응을 고려하여 ㉣을 '필요성이 절감되어'로 바꿔야겠어.

12 <조건>에 따라 <개요>를 작성할 때, ㉠~㉣에 들어갈 내용으로 적절하지 <u>않은</u> 것은?

조건

• 서론에서는 독자가 청소년의 문화·예술 활동 부족 문제를 정확하게 인지하고 문제의식에 공감할 수 있도록 한다.

• 본론에서는 서론에서 밝힌 문제점의 원인과 해결책에 대해 순차적으로 밝히고, 원인과 해결책은 하위 항목끼리 적절히 대응되도록 구성한다.

개요

Ⅰ. 서론: [㉠]

Ⅱ. 본론

1. 청소년들의 문화·예술 활동 부족의 원인
   가. 주요 과목에 대한 학업 부담으로 인한 문화·예술 활동량 부족
   나. [㉡]
   다. 문화·예술을 직접 경험할 수 있는 교육 시스템 부족

2. 청소년들의 문화·예술 활동 부족에 대한 해결 방안
   가. [㉢]
   나. 문화·예술의 가치와 중요성에 대한 사회적 인식 제고
   다. [㉣]

Ⅲ. 결론: 청소년 문화·예술 활동 부족 해결에 대한 필요성 촉구

① ㉠: 청소년들의 문화·예술 활동 부족 실태

② ㉡: 문화·예술의 가치와 중요성에 대한 사회적 인식 부족

③ ㉢: 주요 과목에 대한 사교육 금지 정책 도입으로 문화·예술 활동 시간 확보

④ ㉣: 문화·예술 활동을 실제적으로 제공하는 교육과정 구축

13 <조건>에 따라 <개요>를 작성할 때, ㉠~㉢에 들어갈 내용으로 적절하지 <u>않은</u> 것은?

조건

• 서론에서는 독자가 학교 폭력 문제의 실태를 구체적으로 이해하고 심각성에 공감할 수 있도록 한다.

• 본론에서는 서론에서 밝힌 문제의 원인을 첫 번째 항목으로 제시하고 해결책을 두 번째 항목에서 순차적으로 대응시킨다.

• 결론에서는 학교 폭력 문제가 해결되지 않을 시 닥칠 위험성을 언급하고 빠른 해결을 촉구하며 마무리한다.

개요

Ⅰ. 서론: ㉠

Ⅱ. 본론

   1. 학교 폭력 문제의 원인

     가. 가정 및 학교 내의 인성 교육 부족

     나. ㉡

   2. 학교 폭력 문제의 해결책

     가. ㉢

     나. 학교 폭력 가해자에 대한 엄격한 법적 조치

Ⅲ. 결론: ㉣

① ㉠: 학교 폭력 문제의 실태 및 사례

② ㉡: 학교 폭력 가해자에 대한 미흡한 처벌

③ ㉢: 국가적 차원에서의 인성 교육 제도 마련

④ ㉣: 학교 폭력 문제의 심각성 및 긴급한 해결 촉구

14 <조건>에 따라 <개요>를 작성할 때, ㉠~㉣에 들어갈 내용으로 적절하지 <u>않은</u> 것은?

조건

• 서론에서는 독자가 청년 신용불량자 문제의 심각성을 인지할 수 있도록 한다.

• 본론에서는 원인과 해결 방안을 밝혀야 하고, 하위 항목끼리 적절히 대응하도록 구성한다.

• 결론에서는 청년 신용불량자 문제가 가져올 부정적인 결과를 언급하며 마무리한다.

개요

Ⅰ. 서론: ㉠

Ⅱ. 본론

   1. 청년 신용불량자 급증의 원인

     가. 학자금 대출 등 청년들의 교육비 부담

     나. 극심한 취업난

     다. ㉡

   2. 청년 신용불량자 급증 문제의 해결책

     가. ㉢

     나. 취업 준비 프로그램 및 지원 활성화

     다. 정부와 대학교 간의 연계 경제 교육 프로그램 구축

Ⅲ. 결론: ㉣

① ㉠: 청년 신용불량자 현황 및 급증 실태

② ㉡: 청년들에 대한 건전한 경제 교육의 부재

③ ㉢: 교육비 부담을 줄이기 위한 제도적 장치 마련

④ ㉣: 생활고 및 사기 피해 등 청년들의 경제적 어려움

15 <조건>에 따라 <개요>를 작성할 때, ㉠~㉣에 들어갈 내용으로 적절하지 <u>않은</u> 것은?

조건

• 서론은 독자가 성인 독서 실태에 대해 모호하지 않게 이해할 수 있도록 구성한다.
• 본론은 성인 독서 부족 문제의 원인과 해결 방안을 하위 항목끼리 대응시키며 전개한다.
• 결론에서는 문제 해결을 위해 사회 전체의 노력이 필요함을 제시한다.

개요

Ⅰ. 서론: [㉠   ]
Ⅱ. 본론
　1. 성인 독서 부족 문제의 원인
　　가. [㉡   ]
　　나. 스마트폰 등 디지털 매체 활용의 증가
　　다. 독서에 대한 관심 및 흥미 부족
　2. 문제의 해결책
　　가. 독서 습관화를 위한 사회적 분위기 형성
　　나. [㉢   ]
　　다. 다양한 독서 프로그램 및 캠페인 진행을 통한 흥미 제고
Ⅲ. 결론: [㉣   ]

① ㉠: 최근 성인들의 독서 실태 설문 결과
② ㉡: 독서의 필요성에 대한 개인적 이해 부족
③ ㉢: E-book(이북) 등 디지털과 결합한 다양한 독서 방안 제시
④ ㉣: 성인 독서율을 높이기 위한 개인 및 단체의 노력 촉구

16 다음은 '대형마트 규제의 찬반 논쟁'이라는 주제로 글을 쓰기 위한 개요이다. ㉠에 들어갈 내용으로 적절한 것은?

Ⅰ. 서론: 대형마트 규제의 목적과 현황
Ⅱ. 본론
　1. 대형마트 규제 찬성 측의 주장
　　가. 매출 증대를 통한 소상공인과 전통시장 살리기
　　나. 소상공인, 전통시장과 온라인 판매 사업자 간의 양극화 방지
　　다. 마트 근로자들의 근무 환경 개선
　2. 대형마트 규제 반대 측의 주장
　　가. 실질적으로 전통시장에 미치는 영향 미미
　　나. 소비자들의 선택권 박탈
　　다. 유통시장의 전반적인 발전 저해
Ⅲ. 결론: [㉠   ]

① 대형마트를 규제한 초기 목적을 다시 되짚어보는 시간의 필요성
② 대형마트 규제의 약화 필요성 제기
③ 대형마트 규제가 전체 경제에 미치는 영향 미미함
④ 대형마트 규제의 실효성 논의와 적절한 방향성의 필요

17 다음 글은 무형문화재 보유자와 인터뷰한 내용이다. 이를 토대로 작성한 <개요>의 수정 및 보완 방안으로 적절하지 <u>않은</u> 것은?

> 보유자: 무형문화재는 형체가 있는 유형문화재와는 달리 사람에게 사람으로 전승됩니다. 따라서 전승자가 없어지면 춤, 음악, 공예 기술 등도 함께 사라집니다. 그런데 계승자들이 없어 직계가족에게 전수할 수밖에 없는 실정입니다. 후계자 육성을 위한 적극적인 지원이 필요한 현실입니다.

> **개요**
>
> Ⅰ. 서론: 무형문화재의 의미와 가치
> Ⅱ. 무형문화재 전승의 한계
>   가. 무형문화재의 전승 및 보존 현황………… ㉠
>   나. 전승 및 보존을 위한 지원 부족………… ㉡
>   다. 낮은 사회적 관심으로 인한 계승자 부족
> Ⅲ. 무형문화재 보존 및 전승을 위한 방안
>   가. 무형문화재 전승 인식 개선 교육
>   나. 직계가족 중심의 폐쇄적 전승 방식 비판… ㉢
>   다. 사회적 관심 유발을 위한 지원 및 홍보 … ㉣
> Ⅳ. 결론: 무형문화재에 대한 사회적 관심 확대 및 제도적 보완 마련의 필요성

① ㉠은 관련 사항에 대한 문제를 제기하기 위해 '서론'의 하위 항목으로 이동한다.

② ㉡의 개선 방안이 누락되어 있어 'Ⅲ'의 하위 항목으로 '무형문화재 전승 및 보존 지원금 인상'을 추가한다.

③ ㉢은 상위 항목과의 일관성이 부족하여 'Ⅱ'의 하위 항목으로 이동하며 '비판'을 삭제한다.

④ ㉣은 구체적인 해결 방안이 될 수 없으므로 '무형문화재 교육 지원금 확보를 통한 교육시설 마련'으로 수정한다.

18 다음 개요의 수정 및 보완 방법으로 적절하지 <u>않은</u> 것은?

> 제목: _____㉠_____
>
> Ⅰ. 탐구 동기
>   다큐멘터리 '말의 힘'을 시청하고, 실제 언어 실험을 통해 말의 힘을 확인하고 싶었음.
> Ⅱ. 탐구 목적
>   언어 실험의 과학적 분석을 통해 말이 식물의 생장에 어떠한 영향을 미치는지를 알아봄.
> Ⅲ. 탐구 방법 ……………………………… ㉡
>   1. 물을 담은 용기와 양파를 두 개씩 준비함.
>   2. A 양파에는 긍정적인 말을, B 양파에는 부정적인 말을 매일 3회씩 함.
>   3. 3주 동안 1주 간격으로 물의 혼탁성과 양파의 생장 정도를 관찰함.
> Ⅳ. 탐구 결과 ……………………………… ㉢
>   1. A 양파의 물에 비해 B 양파의 물이 더 혼탁함.
>   2. A 양파가 B 양파보다 잎, 뿌리의 발육이 왕성함. ………………………………… ㉣
> Ⅴ. 결론 및 제언
>   올바른 언어생활의 중요성을 강조함.

① ㉠에는 'Ⅱ. 탐구 목적'에 맞게 '말이 식물의 생장에 미치는 영향'을 넣는다.

② ㉡에 'Ⅳ. 탐구 결과'의 정확한 비교 도출을 위해 'A와 B 양파의 환경적 조건을 동일하게 맞춤'을 하위 항목에 추가한다.

③ ㉢에 'Ⅱ. 탐구 목적'에 따라 기간별 양파의 발육 상태를 과학적으로 분석하여 자료로 제시한다.

④ ㉣은 'Ⅲ-3'을 고려할 때, 'Ⅳ-1'과 유사한 내용을 반복하고 있으므로 삭제한다.

19 다음은 '아담스의 공정성 이론에서의 불공정성 인식의 결과와 공정성 제고방안'이라는 주제로 글을 쓰기 위한 개요이다. 수정·보완하기 위한 방안으로 적절하지 **않은** 것은?

Ⅰ. 서론: 아담스의 공정성 이론의 내용과 특징 … ㉠

Ⅱ. 본론

  1. 불공정성 인식이 미치는 결과

    가. 투입에 비해 보상이 적을 때, 투입을 적게 하며 불공정성 느낌을 줄이려 함

    나. 보상이 적다는 표현을 통해 불공정성 상황을 해결하려 함

    다. 변화를 가져오지 못할 때, 공정성을 평가하는 본인의 인식 변경

    라. 불공정성이 심할 경우 이직을 택함 …… ㉡

  2. 조직 내의 공정성을 제고하기 위한 방안

    가. 직간접적으로 조직 구성원들이 참여하도록 독려

    나. ㉢

    다. 의사결정시 결정 사유에 대한 구체적인 근거 제시

Ⅲ. 결론: ㉣

---

① ㉠은 공정성 이론의 발생 배경, 사례 등을 통해 구체화 할 수 있다.

② ㉡은 'Ⅱ-1-다'에 포함되는 내용으로, 'Ⅱ-1-다'의 하위항목으로 포함시킬 수 있다.

③ ㉢에는 '평가 및 보상기준의 사전 공개'와 같은 내용을 넣을 수 있다.

④ ㉣은 '공정성 이론을 바탕으로 한 공정성 제고를 통한 의욕 강화의 필요성 제기'와 같은 내용을 넣을 수 있다.

20 다음 개요의 수정 및 보완 방법으로 적절하지 않은 것은?

제목: ㉠

Ⅰ. 서론: 청소년 범죄 실태의 심각성

Ⅱ. 본론

  1. 문제의 원인

    가. ㉡

    나. 청소년 범죄에 대한 미흡한 처벌

  2. 문제의 해결책

    가. 학교 내 인성 교육 프로그램 운영

    나. ㉢

Ⅲ. 결론: ㉣

---

① ㉠에는 글의 주제가 드러나도록 '청소년 범죄의 심각성과 해결 방안'을 넣는다.

② ㉡에 '2-가'와 대응하도록 '청소년들의 윤리 의식 부족'을 넣는다.

③ ㉢에 '1-나'에 따라 '다양해진 청소년 범죄 유형에 대한 교육'을 넣는다.

④ ㉣에는 '학교 폭력 문제 해결을 위한 학생, 학교, 정부 등 여러 사회 주체들의 노력 촉구'를 넣는다.

21 <보기>의 개요를 수정, 보완할 방안으로 적절하지 않은 것은?

보기

주제문: 대중교통 이용을 활성화하는 방안

Ⅰ. 서론: 우리나라의 자전거 이용률 ············· ㉠

Ⅱ. 본론

  1. 대중교통 이용 활성화의 필요성

    가. 심각한 도심 교통 체증 해소 가능

    나. 연계가 원활한 대중교통 시설망 구축… ㉡

  2. 대중교통 이용 활성화의 문제점

    가. 대중교통 시설 간 연계성 부족

    나. 자가용 중심의 도로 교통 정책 ········ ㉢

    다. 대중교통 이용의 중요성 인식 부족

  3. 대중교통 이용 활성화 방안

    가. 대중 교통 시설 간 원활한 연계 시스템 구축

    나. 대중교통 중심의 도로 교통 정책

    다. 대중교통 이용의 중요성 홍보

Ⅲ. 결론: 대중교통 이용 촉구 ······················ ㉣

① ㉠은 주제와 맞지 않으므로 '대중교통 이용 현황'으로 수정 후 글을 시작해야 한다.

② ㉡은 상위 항목과의 관계를 고려하여 '대중교통 이용 활성화 방안'의 하위 항목으로 이동한다.

③ ㉢은 글의 통일성에서 어긋나므로 삭제한다.

④ ㉣은 결론의 내용이 부족하기 때문에 '대중교통 이용 활성화 방안 마련 및 이용 촉구'로 수정한다.

22 중소기업에 대한 관심을 높이기 위해 홍보 문구를 작성하려고 한다. <조건>을 모두 충족한 표현으로 가장 적절한 것은?

보기

　중소기업은 산업구조의 저변을 형성하며 경제 발전의 바탕이 된다는 점에서 매우 중요합니다. 그런데 일반인들은 중소기업에 대해 '3D 업종', '이류', '불안정' 등의 선입견을 가지고 있습니다. 하지만 중소기업 중에는 근무 여건과 기술 수준 등이 일반 국민이 막연히 생각하는 것보다 높은 수준을 유지하는 기업이 의외로 많습니다.

조건

• <보기>에 제시된 중소기업의 중요성을 포함할 것.

• 대구법을 사용할 것.

① 뿌리 깊은 나무는 가뭄에도 시들지 않습니다. 중소기업은 우리나라 경제의 뿌리입니다.

② 지금 눈앞에 있는 것이 전부가 아닙니다. 보다 멀리 자신의 가능성을 보는 것이 중요합니다.

③ 좋은 운동화라도 신발 끈이 없으면 잘 달릴 수 없습니다. 작지만 중요한 것, 중소기업입니다.

④ 기초가 튼튼해야 건물이 흔들리지 않습니다. 중소기업이 탄탄해야 경제가 흔들리지 않습니다.

23 주어진 조건을 이용해 작성한 글 중, 가장 적절한 글은?

> 보기
>
> 조건 1. 속담이나 사자성어를 사용할 것
> 조건 2. 비유법을 사용할 것
> 조건 3. 주어진 자리에서 최선을 다해야 한다는 내용을 담을 것

① 끝없는 욕심은 소탐대실을 불러올 수 있다. 작은 불이 금방 큰 불로 번지듯이, 욕심 역시 끝없이 번지곤 한다. 인간은 욕심을 억제할 수 있도록 노력해야 한다.

② 산토끼 잡으려다 집토끼 놓친다는 말처럼, 필요 이상의 욕심은 이미 가지고 있는 것마저도 잃게 할 수 있다. 과한 욕심을 가지는 대신 본인이 가지고 있는 것과, 위치에 최선을 다하는 것이 중요하다.

③ 명필은 붓을 가리지 않는다는 말처럼, 세상에는 본인의 능력과 마음가짐이 더 중요한 경우가 많다. 묵묵히 본인의 자리를 지키는 자연처럼, 인간 역시 본인의 능력 안에서 최선을 다해야 한다.

④ 과유불급이라고, 본인의 한도를 넘은 욕심은 언젠가 화를 불러일으킨다. 너무 과한 욕심은 오히려 해가 될 수 있으니, 본인의 위치에서 할 수 있는 일을 열심히 해야 한다.

24 주어진 조건을 이용해 작성한 글 중, 가장 적절한 글은?

> 보기
>
> 조건 1. 의인법이나 사자성어를 사용할 것
> 조건 2. 문화재의 가치와 소중함을 주제로 작성할 것

① 문화는 함께 손잡고 걸어가는 친구라고 할 수 있습니다. 친구를 잃지 않기 위해 우리는 소중함을 알고, 항상 곁에 있을 수 있도록 노력해야 합니다.

② 문화재는 소중한 우리의 유산입니다. 선조들의 지혜가 담긴 문화재를 중요시 여기고 그 가치를 깨달아 더 나은 문화를 만들어 나아가야 합니다.

③ 학문을 대하는 것에 있어 항상 불철주야 했던 선조들처럼, 우리도 문화 발전과 학문에 있어서 최선을 다하는 모습이 가장 필요할 때입니다.

④ 한순간의 경거망동한 행동이 우리 삶과 함께 웃고 눈물 흘리는 문화재를 한 줌의 재로 만들 수 있습니다. 우리의 얼을 담은 문화재를 아끼고 사랑해야 합니다.

25 주어진 조건을 이용해 작성한 글 중, 가장 적절한 글은?

보기

조건 1. 속담이나 사자성어를 사용할 것
조건 2. 비유법을 사용할 것
조건 3. 생태계의 조화가 중요하다는 내용을 담을 것

① 생태계의 파괴는 결국 인간의 파괴와 연결된다. 한낱 불꽃과 같은 인간의 욕심으로 인해 화조풍월과 같은 모습을 해쳐서는 안된다. 자연과 공존하고 균형을 이룰 때 비로소 우리의 삶은 온전해 질 것이다.

② 인간과 자연은 함께하는 존재이다. 생태계 역시 하나로, 서로가 조화를 이루면서 살아야 한다. 맞물리는 퍼즐처럼 생태계가 자연스럽게 돌아가야만 인간 역시 조화로운 삶을 누릴 수 있다.

③ 삼라만상에는 이유가 있다. 억지로 생태계의 조화를 부순다면 이는 자연의 이치를 거스른 행동으로 나쁜 결과를 불러올 것이다. 인간 역시 생태계에 발맞춰 살아가야 하는 존재이다.

④ 강물도 쓰면 준다는 말처럼, 자연은 무한한 존재가 아니다. 마르지 않는 샘물처럼 자연을 여겨서는 안된다. 항상 자연이 소중한 존재라는 점을 생각하고 살아야 한다.

정답 및 해설 39p

2026 대비 최신개정판

해커스공무원
신민숙
쉬운국어
독해 강화
200제

개정 2판 1쇄 발행 2025년 5월 29일

지은이	신민숙
펴낸곳	해커스패스
펴낸이	해커스공무원 출판팀

주소	서울특별시 강남구 강남대로 428 해커스공무원
고객센터	1588-4055
교재 관련 문의	gosi@hackerspass.com
	해커스공무원 사이트(gosi.Hackers.com) 교재 Q&A 게시판
	카카오톡 플러스 친구 [해커스공무원 노량진캠퍼스]
학원 강의 및 동영상강의	gosi.Hackers.com

ISBN	979-11-7404-151-7 (13710)
Serial Number	02-01-01

공무원 교육 1위,
해커스공무원 gosi.Hackers.com

해커스공무원

- 해커스공무원 국어 7년 연속 1위 신민숙 선생님의 본 교재 인강(교재 내 할인쿠폰 수록)
- 해커스 스타강사의 공무원 국어 무료 특강
- 정확한 성적 분석으로 약점 극복이 가능한 합격예측 온라인 모의고사(교재 내 응시권 및 해설강의 수강권 수록)
- 필수어휘와 사자성어를 편리하게 학습할 수 있는 해커스 매일국어 어플

5천 개가 넘는
해커스토익 무료 자료!

대한민국에서 공짜로 토익 공부하고 싶으면

해커스토익 Hackers.co.kr ▾ | 검색

RC 정수진 | **RC 이상길**

토익 강의

베스트셀러 1위 토익 강의 150강 무료 서비스,
누적 시청 1,900만 돌파!

토익 실전 문제

토익 RC/LC 풀기, 모의토익 등
실전토익 대비 문제 제공!

LC 한승태 | **RC 김동영**

최신 특강

2,400만뷰 스타강사의
압도적 적중예상특강 매달 업데이트!

고득점 달성 비법

토익 고득점 달성팁, 파트별 비법,
점수대별 공부법 무료 확인

전원 무료
*미션 달성 시

가장 빠른 정답까지!

615만이 선택한 해커스 토익 정답!
시험 직후 가장 빠른 정답 확인

더 많은
토익무료자료 보기 ▶

2026 대비 최신개정판

해커스공무원

신민숙
쉬운국어

독해 강화
200제

정답 및 해설

해커스공무원

해커스공무원

신 민 숙
쉬운국어

독해 강화
200제

정답 및 해설

해커스

유형 01 주제문, 중심 내용 찾기

실전 학습 문제
p. 10

01	02	03	04	05
②	④	②	③	③
06	07	08	09	10
④	④	④	③	②
11	12	13	14	15
②	①	③	④	④
16	17	18	19	20
③	②	①	③	①
21	22	23	24	25
④	①	①	①	④

01
정답 ②

정답 해설

② 제시문의 필자는 과학적 용어는 하나의 정의로 규정되는 것이 아니라 그 상황에 적절한 합의를 통해 도출된다는 입장이다. 2문단의 '30m에서 40m 사이의 높이를 가진 모래언덕'이나 '시속 20km와 시속 40km 사이의 바람'처럼 그때그때마다 정해진다. 또 3문단의 저온의 개념을 상황에 따라 '헬륨의 끓는점(-268.6℃)' 같은 극저온 근방을 가리키는가 하면, 질소의 끓는점(-195.8℃)'으로 기준 삼는다는 내용, 4문단의 '대화를 통해 그 상황에 적절한 합의를 도출하는 데 있다' 등을 통해 알 수 있다. 따라서 필자는 ②의 주장을 비판하는 목적으로 글을 썼다고 할 수 있다.

오답 분석

① 필자가 측정상 오류를 피할 수 있다거나 측정상 오류를 줄일 수 있다는 주장을 한다고 볼 근거가 없다. 더욱이 필자는 4문단에서 모든 측정의 오차를 0으로 만드는 것이 모호성에 대응하는 길이 아니라고 하고 있다.

③ 필자가 시대가 달라지더라도 과학적 언어는 불변해야 한다는 주장을 펼치는 것은 아니다.

④ ④가 정답이려면, 지질학과 물리학이 사용하는 과학적 언어가 일치하지 않을 수 있다는 내용이 언급되어야 한다. 그러나 그러한 내용을 찾을 수 없다.

02
정답 ④

정답 해설

④ 제시문은 자신이 가능한 범위 내에서 만족스러운 직업을 선택하는 것을 진로 선택의 목표로 삼아야 한다고 하면서(1문단), 직업 선택은 개인의 자아개념에 부합하는 직업을 찾는 과정이며(2문단), 현실적인 제약 속에서도 개인은 자신이 가질 수 있는 직업 중에서 가장 만족스러운 선택을 할 수 있다고 하였다(3문단). 이로 보아 제시문의 주제는 '개인의 현실적 여건과 자아개념을 고려하여 자신이 만족할 수 있는 진로를 골라야 한다.'라고 할 수 있다.

오답 분석

① 3문단에서 현실적인 제약, 즉 경제적 여건, 교육 수준, 사회적 환경 등은 개인이 선택할 수 있는 직업의 범위를 제한한다고 언급하고 있으나 글의 주제를 설명하기 위한 뒷받침 내용이지 글의 핵심 내용은 아니다.

② 1, 2문단으로 보아 자아개념은 진로 선택에 영향을 미치는 중요한 요소 중 하나임을 알 수 있다. 하지만 자아개념과 현실적 여건을 고려한 만족스러운 직업 선택이라는 주제를 포괄하지는 못한다.

③ 1문단을 통해 이상적이고 완벽한 직업을 위한 최상의 진로 선택을 목표로 삼는 것보다, 개인이 만족할 수 있는 수준의 선택을 하는 것이 중요함을 확인할 수 있다.

03
정답 ②

정답 해설

② 제시문은 내셔널리즘의 출현을 근대 인쇄술의 발전과 근대 국가의 형성으로 인한 통제로 보고 이에 대해 중점적으로 설명하고 있다. 따라서 제시문의 주제는 '근대 인쇄술의 발전과 전국적인 국가의 통제가 내셔널리즘을 낳았다.'가 적절하다.

오답 분석

① 2문단을 통해 근대 인쇄술의 발전으로 민족적 의식이 확립되었음을 확인할 수 있으나, 이는 내셔널리즘 출현의 요인 중 하나이므로 주제로 보기 어렵다.

③ 1문단에서 내셔널리즘의 목표는 분열되어 있는 민족의 정치적 통일을 목표로 하는 형태와 외국의 지배로부터의 해방을 목표로 하는 형태가 있다고 하였기 때문에 올바른 설명이나, 내셔널리즘의 출현 요인을 다루고 있지 않기 때문에 주제로 보기 어렵다.

④ 3문단을 통해 전통적인 왕국과 달리 근대 국가는 조직의 기능을 통해 전국적인 통제가 가능했음을 알 수 있다. 하지만 전통적인 왕국과 근대 국가의 차이는 제시문의 중심 내용은 아니다.

04
정답 ③

정답 해설

③ 3문단을 통해 군주의 권력은 본질적으로 국민의 신뢰와 지지에 의존하며, 1문단을 통해 통치권은 국가 전체의 복지와 번영을 실천하기 위한 도구로 사용되어야 함을 확인할 수 있다.

① 3문단을 통해 군주의 통치권은 신성하지 않음을 확인할 수 있다.

② 제시문에서 확인할 수 없는 내용이다.

④ 3문단을 통해 군주는 국민과의 신뢰를 유지하기 위해 끊임없이 공정한 정책을 펴야 함을 확인할 수 있다. 이는 군주의 정책에 따라 국민과의 신뢰를 구축할 수 있음을 전제한다.

05 정답 ③

정답 해설

③ '직업의 변동성이 커진 오늘날의 교육은 직업 맞춤형 교육이어서는 안 되고, 직업 환경에 성공적으로 대응하는 능력을 키워주는 교육이어야 하며, 세계의 여러 나라들이 이러한 방향으로 교육 개혁을 진행시키고 있어 우리의 교육 또한 그러하여야 한다'가 필자가 말하고자 하는 바이다. 따라서 ③이 제시문의 중심 내용으로 적절하다.

오답분석

① ② 제시문을 통해 2030년에는 현존하는 직종 중 절반 이상이 사라지게 된다는 예측과, 핀란드와 말레이시아, 아르헨티나 등 세계 여러 국가들이 이에 따른 교육 개편을 선보이고 있다는 사실을 알 수 있지만 이것은 제시문의 중심 내용으로 적절하지 않다.

④ 2문단 '2030년에는 현존하는 직종 중 절반 이상이 사라질 것이고, 2011년에 초등학교에 입학하는 어린이 중 65%는 아직 존재하지도 않는 직업에 종사하게 될 것이라 예측하고 있다.'를 통해 미래의 유망 직업을 예측하는 것은 실현 불가함을 추측할 수 있다.

06 정답 ④

정답 해설

④ 제시문은 민주주의가 자유를 보장하는 데 중요한 역할을 하지만, 그 자체로는 자유를 위협할 수 있다는 점을 설명한 후(1문단), 헌법의 역할을 강조하며, 의회가 가진 민주적 권한을 일정 부분 제약해야 한다고 주장을 하고 있다(3문단). 따라서 제시문의 주제로는 '의회가 가진 민주적인 권한을 헌법으로 일정 부분 제약해야 한다.'가 적절하다.

오답분석

① 1문단에서 민주주의가 자유를 보장하는 데 중요한 역할을 하지만, 그 자체로는 자유를 위협할 수 있다고 하였다. 하지만 이는 '의회가 가진 민주적인 권한을 헌법으로 일정 부분 제약해야 한다.'는 주장을 이끌어 내기 위한 근거이므로 적절하지 않다.

② 1문단에서 시장 경제는 각 개인의 자율적인 선택과 경쟁에 기반하여 자생적으로 질서를 이뤄 가는데, 이를 무시하고 국가의 간섭이 지나치면 시장 질서는 붕괴될 수 있다고 하였다. 하지만 이는 주제를 이끌어 내기 위한 근거이므로 적절하지 않다.

③ 2문단에서 인간은 본능적으로 사회적 질서를 계획하고자 하며, 이는 종종 중앙집권적이고 계획적인 해결책을 추구하는 방향으로 나타난다고 하였다. 하지만 이는 주제를 이끌어 내기 위한 근거이므로 적절하지 않다.

07 정답 ④

정답 해설

④ 제시문은 사회적인 시각에서 청소년 문제를 바라본 글의 일부이다. 제시된 부분은 청소년들의 독립 및 노동시장 진출의 시기가 늦어지는 것을 언급하고 과거의 자료와 비교한 내용이다. 제시된 부분 뒤로는, 그 현상이 사회적 병리 현상으로까지 이어진다는 내용이 온다. 따라서 중심 내용으로 적절한 것은 '현대 사회의 청소년 문제'이다.

오답분석

① 정규교육에 대한 부분은 청소년들이 정규교육을 마치는 시기에 대해 이야기하고자 언급한 것일 뿐, 중심 내용은 아니다.

② 청소년 노동의 시기가 늦어진다는 것을 과거와 비교하여 이야기하고 있는 것이지 청소년의 노동 자체가 중심 내용은 아니다.

③ 과거 청소년들의 범죄 문제는 중심 내용도 아닐뿐더러, 언급된 부분도 없다.

08 정답 ④

정답 해설

④ 1문단은 다원주의 사회에서 가치관 충돌로 인한 갈등이 일어나는데 자유주의는 사적 영역의 문제로 보고, 공적 영역에서 배제하여 해결한다는 내용이다. 2문단은 정체성을 둘러싼 갈등을 사적 영역의 문제로 보고 공적 영역에서 배제하는 것으로는 해결하기 어렵다고 한다. 시민들의 자유로운 합의, 대의원의 투표, 여론조사, 최고 통치자의 정치적 결단 등의 절차적 방식으로도 해결되기 어렵다는 내용이다. 3문단은 결국 다원주의에서 소수 집단의 정체성을 둘러싼 갈등은 앞서 본 바와 같이 개인주의나 절차주의적 방법으로 해결되기 어려우며, 소수 집단의 문화적 정체성을 인정하는 것이 필요하다는 내용이다. 이상의 내용으로부터 다원주의 사회에서 갈등 해결을 위해 서로 다른 문화적 정체성을 인정할 필요가 있다는 것이 중심 내용임을 알 수 있다.

오답분석

① 2문단에서 투표, 자유로운 합의 등의 절차적 방식으로 갈등을 해결하기 어렵다고 나와 있다.

② 다원주의에서 일어나는 갈등은 기존의 자유주의적 방법만으로는 해결하기 어렵다는 것이지, 양자가 양립할 수 없다는 내용이 아니다.

③ 3문단에서 소수 집단이 불평등한 관계에 처한 상태에서 자신의 정체성을 인정받기 위해 폭력을 행사한다는 내용이 있기는 하다. 그러나 이로부터 폭력 행사를 용인해야 한다는 주장을 도출하는 것은 무리한 해석이다.

09

정답 해설

③ 1~3문단에서 자생적 질서의 특성과 한계를 설명한 후 4문단에서 자생적 질서만으로 사회가 긍정적으로 발전한다고 보기는 어렵기 때문에 인간의 의도적 행동과 계획적인 사회적 개입이 필요하며, 자생적 질서를 비판적으로 검토하고, 이를 개선하거나 대체하려는 의도인 노력이 필요하다는 주장을 펼치고 있다. 따라서 글쓴이의 주장으로는 '자생적 질서는 한계가 있으므로 의도적 행동과 계획적인 사회적 개입이 필요하다.'가 적절하다.

오답 분석

① 3문단에서 자생적 질서가 특정한 사회적 맥락에서 어떻게 적용되느냐에 따라 효과가 크게 달라질 수 있다고 한 것은 자생적 질서의 한계를 지적한 것으로, 인간의 의도적 행동과 계획적인 사회적 개입의 필요성을 이끌어 내기 위한 것이다.

② 2문단을 통해 자생적 질서가 자연스럽게 형성된다고 해서 반드시 정의롭거나 바람직한 사회적 결과를 가져온다고 보기는 어렵다는 것을 확인할 수 있다.

④ 1문단을 통해 자생적 질서는 사회 구성원들 간의 상호작용과 교환을 통해 형성됨을 확인할 수 있다.

10
정답 ②

정답 해설

② 제시문은 조선의 개국공신으로 평가받는 정도전의 일화 중 하나를 서술한 글이다. 제시문 마지막 문장을 통해 정도전은 유배 등의 시련 끝에 본인의 이상을 실현하는 현실적인 방법을 깨달았음을 알 수 있다. 따라서 시련의 세월을 통해 현실적 변화를 꿈꾸게 되었다는 설명이 가장 적절하다.

오답 분석

① 정도전과 정몽주가 어떻게 만났는지, 둘이 어떤 관계였는지 언급하고 있지만 둘의 우정을 핵심으로 하는 글은 아니다.

③ 친명 정책과 친원 정책을 지지하는 자들에 대한 내용이 핵심은 아니다.

④ 전라도 나주의 회진현은 정도전이 개인적으로 깨달음을 얻은 유배 장소였을 뿐, 고려 멸망의 과정에 역사적인 가치를 지니는 장소라는 설명은 없다.

11
정답 ②

정답 해설

② 1문단을 통해 동서 무역이 경제적 거래의 차원을 넘어 냉전이라는 국제 질서 속에서 지속 가능한 평화와 협력을 이루는 핵심 수단이 될 수 있다고 한 다음, 2~4문단에서 동서 무역의 이념 대립의 완화, 경제적 부작용, 정치적 교류 증진 등에 대해 살펴보고 있다. 따라서 제시문의 주제로는 '동서 무역은 지속 가능한 평화와 협력의 세계 질서를 구축할 수 있다.'가 적절하다.

오답 분석

① 4문단에서 동서 무역이 활성화되면 양측은 단순히 경제적 관계를 넘어 문화적·사회적 교류를 확대할 기회를 얻게 된다고 하였지, 문화적·사회적 교류가 확대되면 양측의 긴장이 완화된다고는 하지 않았다.

③ 3문단에서 동서 무역이 중단되면 긴장을 고조시키고 군비 경쟁을 가속화할 가능성이 높다고 하였으므로 동서 무역이 양측의 군사적 긴장을 완화하는 기능을 할 수는 있다. 하지만 동서의 군사적 통합이 가능하다는 것은 아니다.

④ 3문단에서 무역 단절이 가져올 경제적 부작용 역시 무시할 수 없다고는 하였으나 동서 무역이 가지는 경제적·정치적 중요성 중 하나만 언급한 것으로 제시문의 주제가 되기 어렵다.

12
정답 ①

정답 해설

① 제시문은 인종별로 분리된 교육이 수정 헌법에 보장된 평등 보호 조항을 위반하고 있는지 질문을 던진 다음, 2문단에서 '분리된 교육'이 평등을 보장한다고 볼 수 없으며, 헌법에 명시된 평등 보호 조항을 위반한다고 하였다. 따라서 글쓴이의 주장으로는 '흑백 분리 교육은 헌법의 평등 보호 조항에 어긋난다.'가 적절하다.

오답 분석

② 1문단에서 '분리되었지만 평등한(separate but equal)' 원칙을 근거로 흑백 분리 교육을 실시했으나 실제로는 흑인 학생들에게 제공되는 교육의 질이 백인 학생들과 비교해 현저히 떨어지는 경우가 많았다고는 하였다. 그러나 이는 원칙과 달리 실제에서 문제가 발생한 것이고, 원칙 자체에 흑인에 대한 불이익 조항이 있다는 말은 아니다.

③ 3문단을 통해 학교에서의 인종적 분리가 학생들에게 심리적 상처를 주며, 이는 그들의 교육적 발전을 저해하고 사회적 통합을 방해하는 등 부정적 영향을 끼치고 있음을 알 수 있다. 하지만 이는 '인종별로 분리된 교육은 수정 헌법에 보장된 평등 보호 조항을 위반이다.'라는 주제를 부각하는 근거에 해당된다.

④ 2문단에서 공공시설에서의 인종 분리가 합법적이라는 연방 대법원 판결에 대해 글쓴이는 반대하고 있다.

13
정답 ③

정답 해설

③ 제시문은 폭력적 선동으로 기소된 사건을 바탕으로 폭력적 선동이 실제로 폭력적인 사건으로 이어질 가능성이 있으면 처벌될 수 있지만, 그렇지 않으면 표현의 자유가 보호된다는 원칙이 확립되어야 한다는 주장을 펼치고 있다.

오답 분석

① 3문단에서 폭력적 선동이 실제로 폭력적인 사건으로 이어질 가능성이 없으면 표현의 자유가 보호된다는 원칙이 확립되어야 한다고 했으므로 폭력 선동도 조건에 따라 표현의 자유에서 보호해야 할 법익이 될 수 있다. 따라서 '법익이 아니다.'라고 단정 지을 수 없다.

4 본 교재 인강·공무원 무료 학습자료 gosi.Hackers.com

② 3문단에서 폭력적 발언이나 선동의 처벌 기준은 표현의 자유를 보호하면서도 사회질서를 보호하려는 균형을 찾기 위한 것이라고 하였을 뿐 표현의 자유와 사회질서를 모두 보호하는 법 제정을 주장하고 있지는 않다.

④ 1, 3문단에서 우리 주에서는 폭력적 선동을 법으로 처벌하지만 단순히 폭력적인 선동이라고 해서 그것이 자동으로 처벌의 대상이 되는 것이 아니라 실제로 폭력을 일으킬 가능성이 있거나, 즉각적으로 폭력을 유발할 위험이 있을 때만 처벌해야 한다고 주장함을 알 수 있다.

14 정답 ④

정답 해설

④ 제시문은 삼권분립의 원칙에 따라 통치행위는 사법심사의 대상이 되지 않는다고 한 다음, 그 이유로 법원이 정치적 중립성(2문단)과 사법부의 전문성과 판단 능력의 한계(3문단)를 들고 있다. 따라서 제시문의 주제는 '사법부의 정치적 중립과 판단력을 감안하여 통치행위는 사법심사의 대상이 되지 않는다.'가 적절하다.

오답 분석

① 1문단에서 삼권분립 원칙은 국가 권력의 상호 견제와 균형을 위한 것이라고 하였다. 하지만 제시문의 주제는 이러한 삼권분립에 따른 통치행위가 사법심사의 대상이 되지 않은 이유이다.

② 2문단을 통해 사법부의 고유한 역할이 법에 대한 해석과 판결임을 확인할 수 있다.

③ 2문단에서 행정부와 입법부의 모든 행위를 사법적 판단의 대상으로 삼을 경우 사법부가 다른 부 위에 군림하는 형상이 되어 삼권분립이 위협받을 수 있다는 것에서 삼권분립의 약화를 이끌어 낼 수 있다. 하지만 이는 통치행위가 사법심사의 대상이 되지 않는 이유 중 하나인 사법부의 정치적 중립성에만 해당하는 내용이므로 주제가 될 수 없다.

15 정답 ④

정답 해설

④ 제시문은 사랑이라는 것은 차이성에서 동일성으로 향하는 과정이라는 내용을 담고 있다. 이때 동일성은 목표가 아니라 방향인데, 즉 차이성을 가진 두 사람이 한곳을 바라보며 함께 나아가는 것이 사랑이라는 뜻으로 귀결된다.

오답 분석

① 유사성이 있는 사람들끼리 사랑에 빠지게 된다는 것이 아니라, 사랑하는 사람들끼리 유사성을 찾아나가는 과정이 사랑이라는 내용을 담고 있다.

② 차이를 제거하면 사랑마저 제거돼 버린다고 설명하고 있다.

③ 제시문은 두 사람이 하나로 동화되는 것은 진정한 사랑이 아니라는 관점에 가깝다.

16 정답 ③

정답 해설

③ 1~2문단에서는 법의 주관적 해석 이론의 특징을 설명하고 있고, 3문단은 그 한계에 대해서 언급하고 있으므로 가장 적절한 것은 ③이다.

오답 분석

① 2문단을 통해 법의 해석은 문언에 갇히지 않고, 법이 제정된 배경과 '입법자'의 의도에 맞춰 유연하게 이루어짐을 확인할 수 있으나 글 전체를 포괄하기에는 적절하지 않다.

② 1문단을 통해 법은 단순한 규칙이나 명령이 아니라, 법을 만든 사람의 의도에 따라 이해해야 한다는 특징에 대해 언급한 점은 확인할 수 있으나, 글 전체를 포괄하기에는 적절하지 않다.

④ 3문단을 통해 주관적 해석 이론은 해석자에 따라 법의 의미가 달라질 수 있음을 확인할 수 있으나, 해석 이론의 특징에 대한 언급이 없으므로 주제로는 적절하지 않다.

17 정답 ②

정답 해설

② 제시문은 혐오 표현이 사회적 피해를 초래할 수 있다는 점에서 이에 대한 규제가 필요하고(1문단), 표현의 자유는 사회의 존엄성을 침해하지 않는 범위 내에서만 보장되어야 한다(2문단)고 주장하고 있다. 따라서 제시문의 주제로는 '혐오 표현을 법적으로 규제해 사회의 존엄성을 수호해야 한다.'가 적절하다.

오답 분석

① 1문단에서 인종차별이나 성차별적인 발언은 그 집단의 사회적 위치와 인권을 침해하는 심각한 문제로 이어질 수 있다고 하였다. 그런데 이러한 문제점 때문에 규제가 필요하다는 내용이 언급되어야 주제가 될 수 있다.

③ 혐오 표현에 대한 경각심을 갖고 스스로 자제하도록 노력해야 한다는 내용은 제시문에서 확인할 수 없다.

④ 2문단에서 혐오 표현을 허용하는 것이 실제로는 민주주의의 가치를 위협하는 것임을 확인할 수 있다.

18 정답 ①

정답 해설

① 1문단에서 법률의 유추적용의 개념과 특징을 설명한 후 유추적용의 정당성을 부여하기 위한 조건을 2~3문단에서 서술하고 있다. 따라서 제시문의 중심 내용에 해당하는 '법률의 유추적용에 정당성을 부여하기 위한 조건'이 제목으로 적절하다.

오답 분석

② 3문단의 지나치게 넓게 유추적용을 적용하면 법의 일관성과 예측 가능성이 떨어진다는 설명을 통해 법률의 유추적용은 기본적으로 법의 일관성과 예측 가능성을 해침을 추론할 수 있다. 하지만 이는 법률의 유추적용에 정당성을 부여하기 위한 조건의 하나인 법적 안정성과 예측 가능성을 해치지 않도록 하는 것에만 해당하므로 글의 전체를 포괄하는 제목으로 적절하지 않다.

③ 3문단에서 법률의 유추적용에 정당성을 부여하는 조건 중 하나로 입법자의 의도 고려가 제시되어 있다. 따라서 ③은 글의 내용과 일치하지 않으므로 제목으로 적절하지 않다.

④ 1문단에서 유추적용은 법령이 특정한 문제나 상황에 대해 명시적인 규정을 두지 않았을 때 일어나는 행위라고 하였으므로 유추적용은 명시적 규정을 둔다고 볼 수 없다. 따라서 ④는 글의 내용과 일치하지 않으므로 제목으로 적절하지 않다.

19 정답 ③

정답 해설
③ 제시문의 화자는 과학과 예술이 서로 다른 지적 능력을 기반으로 하고, 또 다루는 대상이 상이하기 때문에 서로 무관하다는 주장이 사실은 옳지 않다고 설명하고 있다. 과학에서도 예술적 능력을 필요로 하고, 예술에서도 과학적 능력을 필요로 하다는 내용이 이어지고 있으므로 ③의 '과학과 예술은 서로 완전히 독립적인 분야라고 볼 수 없다.'가 제시문의 중심 내용이 된다.

오답 분석
① 제시문의 앞부분에서는 과학과 예술이 무관하다는 근거를 제시하고 있지만 이어서 이를 반박하는 글쓴이의 주장이 나타나 있다.

② 새로운 과학 이론을 만들기 위해서는 이성과 객관적 관찰에 더불어 상상력과 예술적 감수성이 필요하다는 내용이 나타나 있으나 이는 일부 내용에 불과하다.

④ '최근의 예술적 성과 중에는 과학기술의 발달에 의해 뒷받침된 것이 많다.'라는 설명을 찾아볼 수 있으나 이를 통해 과학기술이 다른 분야에도 다양하게 적용되고 있는지는 알 수 없고, 이는 일부 내용에 불과하다.

20 정답 ①

정답 해설
① 백척간두의 경지에 이른 사람은 역사를 바꾸는 진일보가 가능하다는 것에 비유하여 글로벌 CEO가 가져야할 자세를 언급하고 있다.

오답 분석
② 우리나라에서 한국을 넘어서는 글로벌 CEO의 등장을 기대하고 있다.

③ 역대의 글로벌 CEO의 공통점이 아닌, 최고 경영자 자리의 특징을 설명하고 있다.

④ CEO가 가져야할 백척간두의 경지에 대해 설명하고 있으나, 그에 대한 희열을 강조하고 있지는 않다.

21 정답 ④

정답 해설
④ 1문단의 우리는 나쁜 소식을 우선시하도록 설계된 본능적 메커니즘을 가지고 있는 점과 2문단의 위협이 기회보다 우선시된다는 내용 등을 통해 볼 때, '인간은 기회보다는 위협을 우선시하는 경향이 있다.'가 주제문으로 가장 적절하다.

오답 분석
① 1문단을 통해 인간은 도시 생활보다는 자연에서의 생존을 위한 고군분투에 더 적합하게 설계되어 있음을 확인할 수 있으므로 주제문으로 적절하지 않다.

② 1문단을 통해 손실에 대한 회피가 이익에 대한 끌림보다 약 두 배가량 강함을 알 수 있기 때문에 주제문으로 적절하지 않다.

③ 2문단을 통해 위험을 회피하려는 자연스러운 경향 때문에 우리는 원자력 사고와 같은 희박한 사건을 과대평가하게 됨을 확인할 수 있다. 그러나 이는 사건에 치우친 내용으로 1문단의 인간은 나쁜 소식을 우선시하는 메커니즘을 지니고 있다는 내용을 포괄하기에는 부족하다.

22 정답 ①

정답 해설
① 3문단을 통해 헌법은 다양한 가치관과 세계관이 충돌하는 현대사회에서 필연적으로 요구되는 제도적 균형 장치이며, 1문단을 통해 헌법이 단순히 민주주의와 정합성에 기반한 것이 아니라, 오히려 민주적이지 않은 요소를 내포하고 있음을 확인할 수 있다.

오답 분석
② 3문단을 통해 민주주의는 본질적으로 다수결 원칙에 기반하지만, 다수의 결정이 항상 소수의 권리를 보장하거나 사회 전체의 이익에 부합한다고 보장할 수는 없음을 확인할 수 있다.

③ 2문단을 통해 헌법재판소나 최고법원과 같은 헌법기관이 민주적으로 선출되지 않은 구성원으로 이루어져 있음에도 불구하고, 이들이 법률의 합헌성을 판단하고 무효화할 권한을 가짐을 확인할 수 있다.

④ 2문단을 통해 헌법은 민주주의적 절차에 의해 선택된 다수결의 원칙만을 따르는 것이 아니라, 때로는 이를 초월하여 더 큰 공익을 지키기 위한 제약과 규정을 포함하고 있음을 확인할 수 있다.

23 정답 ①

정답 해설
① 제시문은 미국의 사법적극주의는 법원이 헌법과 법률의 해석과 적용에 있어 입법부와 행정부 또는 주 정부의 권한에 대해 얼마나 적극적으로 개입할 수 있는지를 둘러싼 논쟁과 관련되어 있다고 서술한 다음, 법원이 입법부나 행정부의 정책 결정에 영향을 미칠 수 있는 권한을 가진다고 주장하는 사법적극주의적 견해와 법원의 권한 행사가 입법부나 행정부의 독립적 권한을 침해할 수 있다는 주장에 대해 설명하였다. 그리고 사법적극주의는 법원과 다른 국가 기관 간의 권력 분립을 둘러싼 중요한 논쟁이라고 마무리하고 있다. 따라서 제시문은 미국의 사법적 적극주의에 대한 논쟁을 법원의 권한 행사와 연관하여 서술하고 있음을 알 수 있다.

실전 학습 문제 p. 28

01	02	03	04	05
②	①	④	③	④
06	07	08	09	10
③	③	③	④	④
11	12	13	14	15
④	②	②	③	④
16	17	18	19	20
②	③	①	③	④
21	22	23	24	25
②	②	①	③	②

---

01 정답 ②

정답해설

② 3문단에서 중국 정부는 2014년 홍콩 행정장관 선거에 대한 엄격한 중앙정부의 통제를 명시한 규정을 제정하였다고 하였으므로 명문화된 규정을 통하지 않았다는 것은 적절하지 않다.

오답분석

① 3문단에서 홍콩은 1997년, 영국으로부터 중국으로 반환되면서 '일국양제' 원칙에 따라, 50년 동안 중국으로부터 고도의 자치권을 유지하도록 보장받았다고 하였다.

③ 2문단에서 보편적 참정권의 핵심은 시민들이 자유롭게 후보자를 선택할 수 있는 권리를 보장하는 것이라고 하였다. 그런데 중국 정부는 홍콩 행정장관 후보는 반드시 후보추천위원회에서 추천받아야 한다는 조건을 붙였다고 하였으므로 보편적 참정권이 침해받게 되는 것이다.

④ 1문단에서 중국 제12기 전국인민대표대회 상무위원회의 결정은 홍콩 시민들의 예상과 달리 선거에서 후보자 자격을 제한하는 내용을 포함하고 있었다고 하였다.

02

정답 해설

① 3문단에서 시회계약에 대한 설명과 함께 지식의 독점으로 인해 편등한 사회계약이 유지되기 어려울 수 있음을 설명하고 있다.

오답 분석

② 3문단에서 지식 통합 작업은 지식의 비대칭성을 강화함에 따라, 사회계약의 토대 자체가 무너질 수 있고 구글이 막강한 권력을 갖게 되는 상황이 초래될 수 있다고 지적한다.

③ 1문단에서 구글은 이미 1,500만 권의 도서를 스캔하였고 저작권 보호 기간이 지난 책들이 무료로 서비스되고 있다고 하였다. 즉, 1,500만 권의 도서를 스캔하였으나 무료로 서비스하고 있는 것은 그 중 저작권 보호 기간이 지난 일부 책들이다.

④ 3문단에서 지식 통합 작업에서 지식의 수집뿐만 아닌 선별과 배치, 편집 작업을 거치는 것은 일종의 권력이 될 수 있으며 사람들은 그러한 과정을 거쳐 제공되는 정보만을 얻게 된다고 하였다.

03

정답 해설

④ 4문단에서 가타리는 리좀적 구조는 자본주의와 같은 고정된 체제와는 달리, 탈구조적이고 탈중심적인 사회 시스템을 구축하는 데 중요한 이론적 틀이 되었다고 하였다. 이를 통해 자본주의는 탈구조성을 가지지 않으며, 리좀적 구조가 탈구조적인 사회 시스템 구축에 기여하고 있음을 알 수 있다.

오답 분석

① 3문단에서 가타리는 자본주의 사회에서 욕망은 생산적이고 창조적인 형태로도 존재한다고 믿고 새로운 형태의 욕망을 창출하고, 그것이 사회적, 정치적 변화를 이끄는 힘이 될 수 있다고 하였다.

② 1문단에서 가타리는 자본주의가 개인의 욕망을 시장의 법칙에 맞게 소비적 형태로 국한시켜 사회적 행동의 규범을 만들고, 이를 통해 사람들의 자유와 창의력을 제한한다고 하였다.

③ 2문단에서 가타리는 사람들이 자본주의 시스템 안에서 '자유'와 '개인주의'를 추구한다고 생각하는 동안, 실은 그들이 시스템에 의해 강력히 조종되고 있다고 하였다.

04

정답 해설

③ 2문단에서 리덩후이는 장징궈의 사망 이후 1988년에 총통직을 이어받았다고 하였다. 또 4문단에서 대만의 첫 총통 직선제 선거는 1996년에 이루어졌으며, 이 선거를 통해 리덩후이가 재선되었다고 하였다. 이로 보아 리덩후이는 장징궈 총통 사망 직후 직선제로 총통에 집권한 것이 아님을 알 수 있다.

오답 분석

① 2문단에서 리덩후이가 총통이 되어 대만의 정치적, 사회적 개혁을 추진하였고, 3문단에서 개혁을 추진하는 과정에서 대만 사회는 정치적 변화와 민주적 선거 제도를 확립해 나갔다고 하였다. 따라서 리덩후이의 총통 취임은 대만 사회가 민주적 선거 제도를 확립하는 계기가 되었다고 할 수 있다.

② 1문단에서 장제스 시기에는 마르크스주의자들에 대한 탄압이 이루어졌다고 하였으며, 2문단에서 장징궈가 통치했던 1987년, 대만 정부는 마르크스주의자와의 접촉을 허용하면서 정치적 긴장이 완화되었다고 하였다.

④ 1문단을 통해 장제스가 대만을 통치했으며 아들 장징궈에게 총통 권력을 물려준 뒤 사망하였음을, 2문단을 통해 장제스의 아들 장징궈가 대만을 통치했음을 확인할 수 있다. 이때 장제스에서 장징궈로의 세습이 있었다. 그런데 세습은 '한 집안의 재산·신분·직업 따위를 그 자손들이 대대로 물려받는 일'이므로, 혈연관계가 아닌 리덩후이가 장징궈 총통을 이어받은 것은 세습으로 볼 수 없다. 따라서 세습은 한 차례만 일어났음을 알 수 있다.

05

정답 해설

④ 2문단에서 10세 이상 19세 미만의 소년 중 이유 없는 가출이나 술을 마시는 행동을 하는 일탈 소년들 또한 범죄를 저지를 우려가 있을 경우에 소년 사법의 적용을 받을 수 있음을 알 수 있다.

오답 분석

① 1문단에서 영국의 관습법은 7세 이하 소년들의 경우 범죄 의도가 없다고 간주함을 알 수 있다.

② 3문단에서 국친 사상은 아동의 궁극적 보호자를 국가로 보는 것이라는 내용을 확인할 수 있으므로 성인은 국친 사상의 대상에 포함되지 않음을 알 수 있다.

③ 2문단에서 범죄 의도를 소유할 능력이 없는 자는 9세 이하이며, 범죄를 저지른 10세 이상 14세 미만의 소년인 촉법소년에는 해당되지 않음을 알 수 있다.

06

정답 해설

③ 2문단을 통해 지배적인 가치관의 변화는 이데올로기적 힘의 변동임을 확인할 수 있다. 또한 제도적 변화와 이데올로기적 힘의 변화는 별개의 개념이며 이데올로기적 힘의 변화는 신구조와 연관된 것이지, 신구조에 기반한다고 보기는 어렵다.

오답 분석

① 1문단을 통해 시위(집단행동)가 발생하려면 시위대가 이를 실행할 수 있는 기회를 제공받아야 하며, 이 기회는 그들이 처한 정치적 환경이나 제도적 틀에 따라 달라진다고 하였다. 또 2문단에서도 사회운동의 성공이나 실패는 정치 기회의 변화에 크게 의존한다고 하였다.

② 1문단을 통해 시위대가 자신들의 상황에 대해 공동의 이해를 형성하고, 이를 토대로 행동을 취할 때 정치 기회가 실질적인 시위로 이어지는 것임을 확인할 수 있다.

④ 2문단을 통해 구조적, 인식적, 제도적 변화들이 복합적으로 작용하여 시위로 이어져 기존의 정치적 제도나 이데올로기에 도전하는 시위로 전환될 수 있음을 확인할 수 있다. 또 1문단을 통해 소수의 핵심 집단이나 세력과 결합할 때 시위가 실현됨을 확인할 수 있다.

정답 해설

③ 4문단에서 '삼별초의 난'에 대하여 설명하고 있다. 삼별초와 일반 백성들의 항전 대상은 몽고와 고려 정부로 중첩될 수 있으나 그 목적은 정권 회복, 수탈에 대한 저항으로 명확히 다름을 알 수 있다.

오답 분석

① 2문단에 따르면 왕과 문신 관료들은 왕권 회복을 희망하여 몽고와의 강화를 바랐으나 최우는 다수의 반대를 무릅쓰고 강화도 천도를 결행한 것을 알 수 있다. '이는 지배 세력 내의 불만을 증폭시켰으며 백성들에게는 권력자들의 안전만을 도모하는 일종의 배신행위로 받아들여졌다.'를 통해 최우가 정권을 유지하기 위하여 대몽 항전을 벌이며 강화도 천도를 결행한 것에 대해 권력자들과 백성은 지지하지 않았음을 알 수 있다.

② 1문단에 따르면 백성들은 지배층의 수탈에 저항하여 민란을 일으켜 산적, 화적, 초적이라는 이름의 도적으로 일컬어졌고, 최우는 집권 후 야별초를 만들어 이들을 진압하려 했다는 것을 알 수 있다.

④ 1문단에 삼별초의 설립이 제시되어 있고, 삼별초는 최우가 최씨 정권에 대한 위협을 막기 위해 만든 야별초를 계승한 것임을 알 수 있다. 또한 4문단에 따르면 진압되기 전까지 약 3년에 걸쳐 진행된 삼별초의 난도 무인 정권의 잔존 세력이 일으켰고 무인 정권의 회복을 도모하였음을 통해 삼별초는 설립 이후 진압될 때까지 무인 정권을 옹호하는 성격의 집단이었음을 알 수 있다.

정답 해설

③ 다채널 방송은 공영 방송이 이제까지 제공해 왔던 뉴스, 다큐멘터리, 어린이 프로그램 등과 같은 차별적 장르를 훨씬 더 전문적이고 긴 시간 동안 다루게 되었다. 따라서 공영 방송과 차별화되는 독자적인 장르를 구축했다는 설명은 옳지 않다.

오답 분석

① 3문단 '디지털 미디어에 익숙한 젊은 시청자들은 채널을 통해 제공하는 일방향 서비스에 의존적이지 않다.'를 통해 디지털 미디어 등장 이전의 채널들은 일방향 서비스를 제공했음을 알 수 있다.

② 3문단 '개별 국가의 정체성 형성을 담당하던 공영 방송은 속수무책인 상황에 처하게 되었다.'를 통해 공영 방송은 개별 국가의 정체성 형성을 담당했음을 알 수 있다.

④ 2문단 '이러한 위기에도 불구하고 공영 방송은 여전히 주류 방송으로서의 지위를 굳건히 지켜내며 어느 정도의 시청률을 유지할 수 있었다.'를 통해 디지털 융합형 미디어 발전 이전까지는 공영 방송은 두 차례의 큰 위협에도 불구하고 어느 정도의 시청률을 유지하며 주류 방송으로서의 위치를 지켜냈음을 알 수 있다.

정답 해설

③ 3문단에서 시위대가 모일수록 스마트폰들이 서로 연결되어 일시적으로 자체적인 인터넷망을 형성할 수 있어 인터넷 서비스가 차단된 상황에서도 효과적인 통신이 가능하다고 하였다. 이를 통해 파이어챗은 기존의 기지국을 사용하지 않음을 확인할 수 있다.

오답 분석

① 2문단에서 파이어챗에서는 스마트폰의 밀도가 높아질수록 더 넓은 지역을 커버할 수 있는 강력한 네트워크가 형성됨을 확인할 수 있다.

② 1문단에서 파이어챗은 기존의 중앙집중형 네트워크 구조와 달리, 각 단말기들이 동등한 위치에서 상호작용하는 분산형 네트워크를 형성한다고 하였다. 이를 통해 종래의 중앙집중형 네트워크 구조에서는 각 단말기들이 동등한 위치에서 상호작용하지 않았음을 알 수 있다.

④ 2문단을 통해 애드혹 네트워크는 기존의 기지국을 비롯한 인프라나 중간 서버 없이 각 단말기가 직접적으로 서로 통신하는 구조임을 확인할 수 있다.

정답 해설

④ 4문단에서 다양한 배경과 특성을 가진 사람들이 약한 연계를 통해 정보를 자유롭게 교환하고 있으며, 기술 발전과 소셜 네트워크 서비스(SNS)의 등장이 이를 활발하게 만들고 있다고 하였다. 또한 2문단에서 약한 연계는 다양한 사회적 집단과 연결될 수 있는 기회를 제공한다고 하였다. 따라서 소셜 네트워크 서비스(SNS)가 자신과 의견이 비슷한 사람들 간의 소통에 집중하도록 한다는 설명은 적절하지 않다.

오답 분석

① 1문단에서 강한 연계 내에서 정보는 대개 중복되고 비슷한 내용에 국한되며, 2문단에서 우리가 이미 잘 아는 사람들과의 정보는 종종 중복되거나 그 네트워크 내에서만 통용되는 경우가 많다고 하였다. 이로 볼 때 강한 연계는 새로운 정보를 얻는 데 한계가 있을 수 있다.

② 3문단에서 약한 연계를 통해 새로운 기회와 아이디어가 상호작용하면서, 전체 사회적 네트워크의 정보가 더욱 풍부하고 다채로워진다고 하였다.

③ 3문단에서 약한 연계는 다른 사회적 집단이나 조직, 지역 사회 등에서 다양한 정보를 가져올 수 있다고 하였다.

정답 해설

④ 2문단으로 보아 제시문은 중앙정부가 아닌 지방정부의 대응과 폭동의 발생 양상을 설명하고 있을 뿐 중앙정부의 대응이나 역할에 대해서는 언급하지 않았다.

① 3문단에서 종교 단체를 비롯한 강력한 지역 조직은 불만을 공유하는 사람들을 모으고 집단의 행동을 조율하는 데 중요한 역할을 한다고 하였다.

② 2문단에서 에이싱어는 지방정부가 사회적 불만을 해결하지 않으면 폭동의 발생 가능성이 올라간다고 하였다. 사회의 불만을 부적절하게 처리하는 것은 해결하는 것이 아니므로 폭동의 발생 가능성이 올라갈 수 있음을 알 수 있다.

③ 1문단에서 에이싱어는 폭동의 원인으로 경찰의 폭력도 지목하고 있다.

12
정답 ②

② 1문단에서 프라우돈은 정부는 자본주의 체제를 지탱하는 도구로 작용한다고 보고 있다. 이를 통해 자본주의 체제에 의해 정부 권력이 지속되는 것이 아니라 정부 권력에 의해 자본주의 체제가 지속되는 것임을 알 수 있다.

① 2문단에서 프라우돈은 자본을 가진 소수의 계층이 시장에서의 경쟁을 지배하고, 이는 대중의 노동을 착취하는 구조로 귀결된다고 보았다.

③ 3문단에서 이구알라는 정부는 법을 통해 자산을 보호하고, 군대나 경찰을 통해 자본주의적 질서를 유지한다고 보았다. 이로 인해 자본가는 법적, 군사적 보호를 받으며, 그들의 재산을 지키기 위해 노동자들은 착취당함을 알 수 있다.

④ 3문단에서 이구알라는 정부가 존재하는 한 자본주의는 결코 사라지지 않고, 자본의 착취는 계속될 것이라고 보았으며, 자본가의 재산을 지키기 위해 노동자들은 착취당한다고 하였다.

13
정답 ②

② 2문단에서 시민사회 내에서 여러 계급은 상호작용하며, 그 속에서 이데올로기 경쟁이 이루어진다고 하며 지배계급의 행보를 설명하고 있다. 따라서 시민사회 내부에서도 지배계급과 피지배계급은 구분되어 작동하고 있음을 알 수 있다.

① 1문단에서 지배계급이 사회의 여러 계급을 향해 이념적·도덕적 우위를 주장하고, 피지배계급이 이를 자발적으로 받아들이도록 만드는 과정, 즉 이념적 지도력을 정치적 지배의 한 방식이라고 하였다.

③ 2문단에서 전통적인 마르크스주의는 시민사회를 국가를 보완하는 역할로 보았으나, 그람시는 시민사회를 하나의 독립적인 영역으로 보고, 국가와는 구별되는 자율적이고 중립적인 공간으로 간주하였다고 하였다.

④ 2문단에서 지배계급은 시민사회라는 공간 속에서 자신들의 이데올로기를 통해 헤게모니를 구축함으로써 피지배계급이 자신의 지배를 자발적으로 수용하도록 하며, 이 과정에서 사회적 기구들은 지배계급의 가치와 관점을 사회에 확산시키는 중요한 기능을 한다고 하였다.

14
정답 ③

③ 1문단에서 하우저는 르네상스와 바로크 시대의 예술이 각각 부르주아 계층과 절대주의 군주제의 요구에 부응하며 발전했다고 보았다. 이로 보아 이전 시대에서 르네상스로의 전환은 부르주아 계층의 요구에 부응한 것이고, 르네상스에서 바로크 시대로의 전환은 절대주의 군주제의 요구에 부응한 것이라고 할 수 있다.

① 1문단에서 하우저는 바로크의 극적인 감각과 웅장한 양식은 가톨릭교회의 반종교개혁과 절대주의 국가의 권위 강화라는 맥락 속에서 이해될 수 있다고 하였다.

② 2문단에서 뵐플린에 따르면, 르네상스는 조화와 질서를 강조하는 선형적이고 고전적인 미감을 특징으로 하며, 바로크는 운동과 감각적 풍부함을 중시하는 회화적이고 역동적인 특성을 지닌다고 하였다.

④ 1문단을 통해 하우저는 예술 양식의 변화를 사회적 조건의 변화와 긴밀히 연결하여 해석했음을 확인할 수 있다. 그리고 2문단을 통해 뵐플린은 예술 자체의 내적 논리와 심리적 원리로 설명하고자 했음을 확인할 수 있다.

15
정답 ④

④ 3문단 끝에서 전통적 예술 기준(플라톤적 기준)에서는 불변의 이데아나 영원한 진리를 추구함을 확인할 수 있다.

① 1문단에서 플라톤에 따르면, 정신은 참된 진리와 선에 접근할 수 있는 능력을 지니나 신체는 감각적 경험과 욕망에 사로잡혀 정신의 고귀한 활동을 방해하는 요소로 간주되었다고 하였다.

② 3문단에서 정신적이고 관념적인 요소를 중시하는 예술은 높은 가치를 부여받았으나, 신체성과 감각적 경험을 기반으로 한 예술은 종종 열등하게 여겨졌다고 하였다.

③ 4문단을 통해 무용은 문학, 회화, 조각과 달리 물리적 증거를 남기지 않아 영속적인 가치를 지닌 예술로 간주하기 어렵게 되었음을 알 수 있다.

16
정답 ②

② 2문단에서 랑시에르는 지식의 위계를 해체할 수 있다고 주장한 것이지 지식의 위계가 없다고 주장한 것은 아니다. 또한 랑시에르의 견해를 바탕으로 미술에 대한 참신한 접근 방법을 제시했다고 보기도 어렵다.

① 3문단에서 허쉬혼은 공공미술이 사회적 상호작용을 촉진하고 사람들 간의 연대와 이해를 강화하는 역할을 할 수 있음을 입증했다는 부분을 확인할 수 있다.

③ 3문단을 통해 허쉬혼은 모든 사람들에게 열려 있는 지적이고 미학적인 경험을 만들어내고자 했고 그 과정에서 참여자들의 목소리를 적극적으로 수용하며, 공동 창작 과정을 통해 공존과 협업의 가치를 실현했음을 확인할 수 있다.

④ 2문단을 통해 그람시는 인간이 모두 지성을 가지고 있으며 이를 발휘할 기회를 가질 때 사회적 불평등을 극복할 수 있다고 주장했으며, 허쉬혼은 이 사상을 바탕으로 미술계 내부의 전문가와 외부의 일반 시민 사이에 존재하는 장벽을 허물고자 했음을 확인할 수 있다.

17 정답 ③

정답 해설

③ 5문단에서 주요 강대국들이 전 세계적으로 충돌하면서, 전쟁의 양상은 단순히 한 국가 간의 충돌을 넘어서는 글로벌한 차원으로 확대된다고 하였다. 따라서 제3국을 배제하는 패권적 충돌로 나타난다는 설명은 적절하지 않다.

오답분석

① 3문단에서 최근의 전쟁은 비정규군, 게릴라, 테러리즘, 그리고 사이버 공격 등의 비대칭 전쟁의 특징을 지니며 비대칭 전쟁에서는 기술력이나 자원이 부족한 집단이 전략적 사고와 비정규 전술을 통해 강력한 상대와 싸운다고 하였다. 따라서 전쟁의 승패가 전통적인 군사적 힘이 아니라 전략적 사고와 비정규 전술을 통해 결정될 수 있음을 알 수 있다.

② 2문단을 통해 최근 전쟁의 중요한 특징은 민족적, 종교적, 또는 이념적인 갈등이 주된 원인으로 작용한다는 것을 확인할 수 있다.

④ 4문단에서 사이버 공간에서의 국가 간의 정보전과 해킹 공격은 전통적인 전쟁 방식과는 다른 차원의 위협을 발생시킨다고 하였으며 2016년 미국 대선 개입 사건을 사이버 전쟁의 예로 제시하고 있다. 이로 볼 때 2016년 미국 대선 개입 사건과 같은 사이버 공격은 군사적 충돌 없이도 국가 안보에 큰 위협이 됨을 알 수 있다.

18 정답 ①

정답 해설

① 2문단에 따르면 모더니즘을 통해 예술은 점차 외부의 종교적, 도덕적, 사회적 기능으로부터 해방되어 독립적인 진리의 장으로 자리 잡게 되며, 바디우는 예술을 초월적 가치나 숭배의 대상으로 간주하지 않는 무신론적 사유를 통해 이러한 모더니즘의 종착점을 비판적으로 검토하였다. 따라서 바디우가 모더니즘적 전환이 예술을 새로운 종교적 맥락으로 자리 잡게 만든다고 보는 것은 적절하지 않다.

오답분석

② 2문단을 통해 바디우는 예술을 미적 향유의 대상으로 이해하기보다는, 진리를 생성하는 과정으로 간주함을 확인할 수 있다.

③ 2문단을 통해 모더니즘은 예술을 형식적 자기반성의 과정으로 설정하며, 예술 자체의 고유한 언어를 탐구하려는 시도이며, 이 과정에서 예술은 점차 외부의 종교적, 도덕적, 사회적 기능으로부터 해방되어 독립적인 진리의 장으로 자리 잡게 됨을 확인할 수 있다.

④ 3문단에서 바디우는 예술은 진리 사건이 발생하는 장소이며, 이러한 사건은 기존의 이해를 해체하고 새로운 세계를 열어주는 역할을 한다고 하였다.

19 정답 ③

정답 해설

③ 1문단에서 서구 사회의 기독교적 전통에 속하는 사람들은 이에 속하지 않는 사람들을 비정상적인 존재로 보고, 비정상적인 존재들은 비정상성이 구체적인 형상으로 재현된다고 언급하고 있다. 이때 말하는 구체적인 형상은 비정상으로 여겼던 존재들(적그리스도, 이교도, 나병과 흑사병에 걸린 환자)의 예시를 통해 흉한 외모임을 알 수 있다.

오답분석

① 4문단을 통해 나병 환자는 치료할 수 없다는 질병의 특성 때문에 공동체에서 배척되었음을 알 수 있으나, 1문단을 통해 나병 환자는 기독교적 전통에 속하지 않는다는 것을 알 수 있으므로 적절하지 않다.

② 3문단에서 이교도들의 의복과 음식 문화를 끔찍한 것으로 묘사한 것은 서유럽과 동유럽의 기독교인들임을 확인할 수 있다.

④ 2문단에서 기독교 초기에 몽티에랑데르나 힐데가르트 등이 쓴 유명한 저서들이 적그리스도를 설명했음을 알 수 있다. 따라서 이미 적그리스도의 개념은 기독교 초기에서부터 나타났으므로 적절하지 않다.

20 정답 ④

정답 해설

④ 4문단에서 중국의 강력한 왕권은 지폐를 화폐로 사용하기 위한 신뢰를 담보했음을 알 수 있다.

오답분석

① 2문단을 통해 유럽에서 금화가 널리 유통되었다는 것을 알 수 있으나, 이를 계기로 지폐가 널리 통용되었다는 것은 알 수 없다. 또한 4문단을 통해 17~18세기 지폐의 법정화와 중앙은행의 설립이 지폐가 통용되는 계기였음을 알 수 있다.

② 4문단의 '중국은 강력한 왕권이 이 신뢰를 담보할 수 있었지만, 유럽에서 지폐가 사람들의 신뢰를 얻기까지는 그보다 오랜 시간과 성숙된 환경이 필요했다.'를 통해 유럽에서는 민간의 신뢰 확보가 어려워 중국보다 지폐의 통용이 늦어졌음을 알 수 있다.

③ 2문단을 통해 유럽은 금화가 비교적 자유롭게 유통되었음을 알 수 있다. 금화가 제한적으로 유통된 것은 아시아에만 해당하는데, 아시아의 통치자들은 금이 상징하는 권력을 즐겼지만 금이 너무 소중하므로 대중들 사이에서 유통되면 권력이 약화된다고 보았다.

21 정답 ②

② 1문단에서 바움가르텐은 「에스테티카」에서 감각적 인식 자체가 독자적인 가치와 중요성을 지닌다고 주장했지만 혼란스럽고 불완전하다는 데 동의한다고 하였다. 이로 보아 「에스테티카」가 감각적 인식이 그 자체로 완전하다는 것을 전제로 한다는 것은 적절하지 않다.

① 2문단을 통해 「에스테티카」는 미학을 단순히 예술과 아름다움에 관한 논의가 아니라 감각적 지식과 표현의 가능성을 연구하는 광범위한 학문으로 확대했음을 확인할 수 있다.
③ 3문단을 통해 「에스테티카」는 감성과 취미를 철학적 체계 안에 통합함으로써, 인간 경험의 새로운 측면을 조명한 중요한 저작임을 확인할 수 있다.
④ 2문단을 통해 예술 작품을 통해 구현되는 '완전한 감성적 인식'이라는 개념은 감각과 이성이 조화를 이루는 상태임을 확인할 수 있다.

22 정답 ②

② 1문단의 '인간 감정의 자유로운 표현과 자연에 대한 탐구를 중시한 낭만주의 정신'을 통해 자연에 대한 탐구도 낭만주의의 영역임을 확인할 수 있다.

① 2문단을 통해 「악마 로베르」에서 발레는 극의 중요한 요소로 자리 잡았으며, 무용수들은 극의 주요 감정선과 내러티브를 이끌어가는 중심적인 역할을 맡게 되었음을 확인할 수 있다.
③ 3문단을 통해 탈리오니는 당시 발레의 신비로움과 감성적인 깊이를 새로운 차원으로 끌어올린 인물로, 공중을 나는 듯한 춤을 통해 무용의 새로운 미학을 창조했음을 확인할 수 있다.
④ 1문단을 통해 헤겔의 사망으로 낭만주의 사조는 확산되었음을 알 수 있다. 따라서 헤겔은 낭만주의 사조의 확산을 막고 있었음을 추론할 수 있다. 또 4문단을 통해 낭만주의 발레에서는 발레를 그 자체로 매혹적이고 환상적인 예술 장르로 확립하였음을 확인할 수 있다.

23 정답 ①

① 1문단에서 코나투스는 인간을 포함한 자연의 모든 존재가 지니고 있는 공통적인 특성이라고 하였으므로 코나투스가 인간의 고유한 특성이라는 설명은 적절하지 않다.

② 1문단에서 모든 존재가 자신의 존재를 유지하고 보존하려는 내적인 힘을 코나투스라고 하며, 모든 존재는 자신의 존재를 보존하려는 본능적인 성향을 지니고 있는데 이는 존재가 자신을 계속 유지하고 확장하려는 노력을 포함한다고 하였다.
③ 2문단에서 욕구가 인간의 의식에 드러날 때, 그것은 욕망이라는 형태로 나타나며 그 자체로 인간 본질의 핵심적 요소로 작용한다고 하였다.

④ 2문단에서 의지란 정신에만 관계되는 코나투스로, 이는 인간이 자신의 존재를 보존하려는 의식적인 노력을 의미한다고 하였다.

24 정답 ③

③ 2문단에서 제후들이 권력 의지를 실현하는 데 중요한 역할을 할 수 있었기 때문에 유럽의 제후들이 도시를 조성할 때 광장을 일차적으로 고려하게 되었음을 알 수 있다. 그러나 이것이 거주민의 의견을 반영하기 위함이었는지는 알 수 없다.

① 4문단에서 근대 이후 광장은 권력의 의지가 발현되는 공간이면서 시민에게는 그것을 넘어서고자 하는 자유의 열망이 빚어지는 장이라는 것을 알 수 있다.
② 3문단의 '우리나라의 역사 속 마당과 장터 역시 그와 같은 공간이었다. 마당이나 장터는 유럽의 광장과 그 형태는 다를지라도, 만쿠조가 말한 광장의 기능과 의미를 담당해 왔기 때문이다.'를 통해 우리나라의 역사적 경험에서도 광장은 만쿠조가 말한 '일상생활의 통과와 회합, 교환의 장소이자 동시에 권력과 그 의지를 실현하는 장'이며, '저항하는 대중의 연대와 소통의 장'이라는 기능과 의미를 가진다는 것을 알 수 있다.
④ 3문단의 「광장」을 쓴 만쿠조의 견해에 의해 프랑스 혁명 이후 근대 유럽에서는 저항하는 대중의 연대와 소통의 장이라는 의미도 갖게 됨을 알 수 있다.

25 정답 ②

② 2문단에서 벌린은 적극적 자유는 외부에서 정의된 목적을 추구하게 만들 수 있다고 지적하며 어떤 지도자나 집단이 자신들의 이념이나 가치에 부합하는 '자기실현'의 모습을 강제하려 할 수 있다고 하였다. 이를 통해 개인이 압박을 받을 수 있는 부분은 특정 외부 방식에 얽매이지 않는 것이 아니라 '특정 외부 방식을 준수'하는 것임을 알 수 있다.

① 2문단에서 전체주의 지도자들은 자신들의 비전을 구현하기 위해 개인의 자유를 제한하는 정책을 도입할 수 있으며, 이를 '적극적 자유'의 실현으로 포장할 수 있다고 하였다. 이를 통해 전체주의 정권에서는 개인의 자유를 제한하는 정책을 적극적 자유의 실현이라고 하며 국민들을 속일 수 있음, 즉 기만할 수 있음을 알 수 있다.
③ 1문단으로 보아 개인이 외부의 간섭 없이 원하는 대로 사는 자유는 소극적 자유이며, 주체적으로 자아를 실현하는 자유는 적극적 자유임을 알 수 있다. 그리고 2문단에서 벌린은 자유를 존중하는 사회에서는 소극적 자유와 적극적 자유 간의 균형을 찾아야 한다고 주장했다.
④ 1문단에서 적극적 자유는 개인이 자신의 삶을 주체적으로 결정하고, 자신의 목적을 추구할 수 있는 능력과 기회를 갖추는 것을 의미하는데, 이는 '자유를 어떻게 실현할 수 있는가?'라는 질문에 답을 제공한다고 하였다.

실전 학습 문제

p. 52

01	02	03	04	05
②	②	④	④	②
06	**07**	**08**	**09**	**10**
②	②	②	④	②
11	**12**	**13**	**14**	**15**
①	③	③	②	③
16	**17**	**18**	**19**	**20**
②	②	③	④	④
21	**22**	**23**	**24**	**25**
②	②	③	③	④

01

정답 ②

정답 해설

② '(가) - (라) - (나) - (다)'의 순서가 가장 자연스럽다. 먼저 리케르트가 학문적 탐구를 두 가지 영역으로 구분하고 있다며 중심 화제를 소개하고 있는 (가)가 첫 문단으로 오는 것이 적절하다. 그리고 (가)에 제시된 '자연과학'과 '인문과학' 중 자연과학을 설명하는 (라)가 오고, 인문과학에 대한 설명이 제시되고 있는 (나)가 (라)에 이어 오는 것이 적절하다. 그다음으로 리케르트의 인문과학 속 가치 연관성에 대해 부연 설명하고 있는 (다)가 마지막으로 제시되는 것이 자연스럽다.

02

정답 ②

정답 해설

② '(가) - (라) - (나) - (다)'의 순서가 가장 자연스럽다. 먼저 (나)의 '쇼펜하우어는 이러한 라이프니츠와 칸트의 낙관적 세계관에 대해'로 보아, 라이프니츠와 칸트에 대해 설명하는 (가)와 (라)가 와야 한다. 그리고 (가)와 (라)에 제시된 라이프니츠와 칸트의 낙관론에 대한 쇼펜하우어의 비판이 제시되고 있는 (나)가 (라)에 이어 오는 것이 적절하다. 마지막으로 (나)에 이어 쇼펜하우어의 의지 개념을 바탕으로 쇼펜하우어의 주장을 추가적으로 설명하고 있는 (다)가 오는 것이 자연스럽다.

03

정답 ④

정답 해설

④ '(나) - (라) - (다) - (가)'의 순서가 가장 자연스럽다. 제시문은 야코비와 슐라이어마허의 스피노자의 사상에 대한 해석을 중심 화제로 하고 있으며, (라)의 '그러나 슐라이어마허는 야코비와 달리'로 보아 야코비와 관련된 내용이 먼저 와야 하므로 (나)가 첫 문단으로 오는 것이 적절하다. 그리고 이어서 슐라이어마허의 스피노자 해석을 설명하고 있는 (라)가 와야 한다. 이후 슐라이어마허에게 스피노자의 직관지 개념이 영향을 미쳤음을 언급한 후 직관지 개념을 설명하고 있는 (다)가 (라)에 이어 오는 것이 적절하다. (다) 다음에는 직관지와 종교적 직관의 차이를 설명하고 있는 (가)가 마지막으로 제시되는 것이 자연스럽다.

04

정답 ④

정답 해설

④ '(다) - (라) - (나) - (가)'의 순서가 가장 자연스럽다. 제시문은 아리스토텔레스의 '프로네시스'와 이와 연결된 '실천추론'에 대해 설명하고 있다. 따라서 중심 화제 중 하나인 아리스토텔레스 철학에서의 프로네시스의 개념이 언급되고 있는 (다)가 첫 문단으로 오는 것이 적절하다. 그리고 (다)에 이어 프로네시스와 연결된 실천추론의 개념과 과정을 설명하고 있는 (라)가 오는 것이 자연스러우며, 실천추론으로 프로네시스를 설명하는 것에 대한 한계와 특수자가 언급되고 있는 (나)가 (라)에 이어 오는 것이 적절하다. 그다음 프로네시스를 '이러한 특수자들을 이해하고 이를 바탕으로 적절한 결정을 내리는 능력'이라고 보는 아리스토텔레스의 논의, 즉 프로네시스의 핵심(특성)을 설명하고 있는 (가)를 마지막으로 제시하는 것이 자연스럽다.

05

정답 ②

정답 해설

② '(나) - (라) - (다) - (가)'의 순서가 가장 자연스럽다. 제시문은 플로티누스와 연관성을 바탕으로 야스퍼스의 세계철학의 특징과 의의를 설명하고 있다. 따라서 세계철학을 심도 있게 탐구한 철학자로 평가받는 야스퍼스를 소개하며 그를 플로티누스의 제자라고 언급한 (나)가 첫 문단으로 오는 것이 적절하다. 그리고 (나)에 이어 야스퍼스에 대한 평가와 플로티누스적 통찰, 즉 플로티누스와 야스퍼스의 연관성을 설명하고 있는 (라)가 오는 것이 자연스럽다. 그다음 초월적 진리에 대한 야스퍼스와 플로티누스의 연관성을 설명하는 (다)가 (라)에 이어 오는 것이 적절하며, 마지막으로는 야스퍼스와 플로티누스의 견해를 종합하며 야스퍼스의 시도를 정리하고 있는 (가)가 제시되는 것이 자연스럽다.

06
정답 ②

② '(가) - (다) - (나)'의 순서가 가상 사연스럽다. 먼저 마부르크학파를 소개하고 있는 첫 문장의 내용으로 보아, 마부르크학파는 칸트 인식론을 단순화하여 발전시키는 데 중점을 두며, 감각적 경험이 아닌 사고 과정이 선험적 인식을 가능하게 한다는 주장을 한다고 언급한 (가)가 오는 것이 자연스럽다. 그리고 (가)에 이어 감각적 경험에 의존하지 않고 물자체를 배제하게 된 마부르크학파의 특성을 설명한 (다)가 오는 것이 적절하다. 그런 다음 사고 과정을 통한 선험적 가능성 모색을 통해 철학을 일종의 과학적 활동으로 간주한 (나)가 마지막 문장의 '논리적 측면 극대화'와도 연결되므로 마지막으로 제시되는 것이 자연스럽다.

07
정답 ②

② '(가) - (다) - (나)'의 순서가 가장 자연스럽다. 먼저 첫 문단에 제시된 이해에 이어, 이해는 선이해에 의해 가능하며 해석의 과정은 대화적 사건으로 이루어져 있다고 한 (가)가 처음으로 오는 것이 적절하다. 이후 (가)에 제시된 대화적 사건을 부연 설명하며 가다머가 강조한 예술 작품과의 만남을 통한 자기이해를 언급한 (다)가 오는 것이 자연스럽다. 그다음 (다)에 이어 예술 작품 해석 과정에서의 자기이해에 대해 설명하고 있는 (나)가 오는 것이 적절하다.

08
정답 ②

② '(가) - (라) - (나) - (다)'의 순서가 가장 자연스럽다. 제시문은 야스퍼스와 매슬로의 문명표준에 대한 견해에 대해 설명하고 있다. 따라서 야스퍼스와 매슬로가 문명의 표준에 대해 독창적인 견해를 제시하였다며 중심 화제를 소개한 다음, 실존주의 관점에서의 야스퍼스 주장을 소개한 (가)가 첫 문단으로 오는 것이 적절하다. 그리고 (가)에 이어 야스퍼스가 말하는 실존적 성찰에 대해 설명하는 (라)가 오는 것이 자연스러우며, 그다음에는 매슬로의 문명 표준을 욕구 위계 이론으로 설명한 (나)가 이어 오는 것이 적절하다. 마지막으로는 야스퍼스와 매슬로의 문명에 대한 특징을 정리하며 문명에서의 공동체의 의의를 언급한 (다)를 제시하는 것이 자연스럽다.

09
정답 ④

④ '(다) - (라) - (나) - (가)'의 순서가 가장 자연스럽다. 제시문은 자연과 인간의 행위에 대한 목적론적 이해를 아리스토텔레스와 칸트를 중심으로 설명하고 있다. 따라서 자연과 인간의 행위에 대한 목적론적 이해의 정초라고 한 아리스토텔레스의 목적론적 형이상학에 대해 설명하고 있는 (다)가 첫 문단으로 오는 것이 적절하다. 그리고 근대 계몽주의 시기 아리스토텔레스의 목적론적 사고가 자리를 잃게 되고, 자연과학이 인과율 세계로 전환되었음을 설명하고 있는 (라)가 (다)에 이어 오는 것이 자연스럽다. 그다음은 근대 계몽 시기에도 목적론적 사고가 유효하다고 주장한 칸트의 자유와 의지에 대해 설명하고 있는 (나)가 오는 것이 적절하며, 이어 칸트의 주장에 대해 부연 설명하고 있는, 즉 내적 의지에 의한 인간 행위 결정을 설명하고 있는 (가)가 제시하는 것이 자연스럽다.

10
정답 ②

② '(가) - (라) - (나) - (다)'의 순서가 가장 자연스럽다. 제시문은 보브로프스키 시의 특성과 그 의의에 대해 설명하고 있다. 따라서 첫 문단으로는 보브로프스키의 작가적 위치를 소개하며 중심 화제인 보브로프스키 시의 특성인 '나치에 대한 자기반성과 독일인들의 책임 인식'을 개관적으로 언급하는 (가)가 오는 것이 적절하다. 그리고 (가)에 이어 좀 더 구체적으로 보브로프스키의 시에 나타난 나치 시대의 폭력성과 야만성을 비판하고, 독일인들의 반성을 촉구하고 있다는 (라)가 오는 것이 자연스럽다. 그다음 보브로프스키 작품의 내용에서 나아가 그가 제시한 '극복'이나 '치유'에 대한 중요성을 언급한 (나)가 오는 것이 적절하며, 다음으로 앞에서 제시한 내용을 정리하며 자기반성의 의미를 전세계적인 메시지로 적용할 수 있다는 내용의 (다)가 마지막으로 제시되는 것이 자연스럽다.

11
정답 ①

① '(나) - (가) - (라) - (다)'의 순서가 가장 자연스럽다. 제시문은 프랑스와 합스부르크 왕가의 패권 다툼을 중심으로 정치 목적 실현을 위한 외교와 전쟁에 대해 설명하고 있다. 따라서 독자의 흥미를 끌며 중심 화제인 정치의 연장선으로서의 프랑스와 합스부르크 왕가의 패권 다툼을 제시한 (나)가 첫 문단으로 오는 것이 적절하다. 이후 프랑스의 리슐리외를 예로 들어 (나)에 제시된 전쟁과 외교와 정치의 연장선임을 부연 설명하고 있는 (가)가 오는 것이 자연스럽다. 그리고 (가)에서 언급한 프랑스의 리슐리외가 동원한 외교적 수단을 구체적으로 설명하고 있는 (라)가 (가)에 이어 오는 것이 적절하다. 그다음 합스부르크 왕가에 대항하는 프랑스 외교적 전략과 같은 외교적 접근이 갖는 의미를 언급한 (다)가 마지막으로 제시되는 것이 자연스럽다.

정답해설

③ '(다) - (가) - (나)'의 순서가 가장 자연스럽다. 제시문의 첫 문장에서 '한스 켈젠의 순수법이론'에 대해 언급하고 있으므로 켈젠의 주장을 구체적으로 설명한 (다)가 처음으로 오는 것이 적절하다. 다음으로 켈젠의 입장이 지닌 문제점을 언급하고 있는 (가)가 제시되는 것이 자연스럽고, (가)에 제시된 문제점을 부연 설명하고 있는 (나)가 (가)에 이어 오는 것이 적절하다.

13 　　　　　　　　　　　　　　　정답 ③

정답해설

③ 'ⓐ - ⓒ - ⓒ - ⓒ - ⓒ'의 순서가 가장 자연스럽다. 먼저 지시어나 접속어로 시작하지 않고, 첫 문장에 제시된 '아흐바리 학파'에 대해 설명하는 ⓐ이 처음으로 오는 것이 자연스럽다. 이후 ⓐ에 이어 아흐바리 학파의 특성인 전통적 말과 행위를 주요 법적 원천으로 간주하는 것, 인간 이성을 통한 독립적 법적 추론 거부에 대해 추가적으로 설명하고 있는 ⓒ이 오는 것이 적절하다. 그다음 접속어 '반면'을 사용하여 아흐바리 학파에 반대하는 우슬리 학파의 내용을 담은 ⓒ이 오는 것이 자연스럽고, 법에 대한 해석을 인정하는 '법학자들이 현재 상황에 맞는 판단'에 대해 설명하는 ⓒ이 다음으로 오는 것이 적절하다. 마지막으로는 우슬리 학파의 승리를 서술한 ⓒ이 오는 것이 자연스럽다.

14 　　　　　　　　　　　　　　　정답 ②

정답해설

② '(나) - (가) - (라) - (다)'의 순서가 가장 자연스럽다. 제시문은 17세기 스페인에서 올리바레스의 개혁이 실패한 이유에 대해 설명하고 있다. 따라서 중심 화제인 '올리바레스 개혁'의 실시 배경과 추진한 개혁 내용을 언급하고 있는 (나)가 첫 문단으로 오는 것이 적절하다. (나) 다음에는 올리바레스의 개혁이 실패한 여러 가지 이유를 설명하고 있는 (가)가 오는 것이 자연스럽다. (가)에 이어 '게다가'로 시작하면서 개혁 실패의 이유를 부연 설명하고 있는 (라)가 오는 것이 적절하다. 또한 (가)와 (라)는 (가)의 마지막 구절 '군비 절감은 실질적인 효과를 보지 못했다'와 연결되는 군대 재정 문제의 악화를 언급하고 있기 때문에 그 연결이 자연스럽다. 마지막으로 개혁 실패의 원인으로 또 다른 원인인 스페인 사회의 복잡성을 설명하면서 올리바레스의 개혁 정책이 17세기 중반 스페인의 쇠퇴를 가속화시켰다는 평가를 제시하며 마무리하고 있는 (다)가 오는 것이 자연스럽다.

15 　　　　　　　　　　　　　　　정답 ③

정답해설

③ 'ⓒ - ⓒ - ⓒ - ⓒ'의 순서가 가장 자연스럽다. 먼저 첫 문장의 사회 계약 체결의 내용으로서 사형 제도를 인정하는 것에 대해 동의하지 않는다는 내용에 이어 사회 계약이 개인이 자기 자신에게 처벌을 가할 수 있도록 하는 방식은 정당화될 수 없다는 ⓒ이 오는 것이 자연스럽다. 그다음 접속어 '그러나'를 사용하여 앞의 내용과 반대되는 칸트의 반론을 설명하는 ⓒ과 반론의 근거인 칸트가 바라본 입법자와 처벌받는 자의 차이를 담은 ⓒ이 오는 것이 적절하다. 이후 ⓒ에 제시된 '입법자'와 '처벌받는 자'를 '두 존재'로 지칭하는 ⓒ이 마지막으로 오는 것이 자연스럽다.

16 　　　　　　　　　　　　　　　정답 ②

정답해설

② '(가) - (라) - (나) - (다)'의 순서가 가장 자연스럽다. 제시문은 마르크스주의자 내에서 '수정주의자들'과 '혁명적 마르크스주의자들' 사이의 논쟁을 설명하고 있다. 따라서 중심 화제인 두 진영 사이의 논쟁을 소개하고 있는 (가)가 첫 문단으로 오는 것이 적절하다. 그리고 (나)가 '혁명적 마르크스주의자들은 수정주의자들의 주장을 강하게 비판하며'로 시작하는 것으로 보아 수정주의자들의 주장을 설명하는 (라)가 (가)에 이어 오는 것이 자연스럽고, 그다음으로 혁명적 마르크스주의자 주장에 대한 설명이 제시되고 있는 (나)가 (라)에 이어 오는 것이 적절하다. (다)의 첫 부분에 있는 '이러한 논쟁에서'는 (라)와 (나)에 제시된 두 진영 간의 대립을 지칭하는 것이기 때문에, 마지막으로 제시되는 것이 자연스럽다.

17 　　　　　　　　　　　　　　　정답 ②

정답해설

② '(가) - (라) - (나) - (다)'의 순서가 가장 자연스럽다. 제시문은 20세기 초 반전 성향을 가진 독일 SPD 정당의 입장 변화와 그 결과에 대해 설명하고 있다. 따라서 19세기 말과 20세기 초 국제주의를 핵심 이념으로 제국주의와 군국주의에 반대했던 SPD를 소개하고 있는 (가)가 첫 문단으로 오는 것이 적절하다. 이후 접속어 '하지만'을 사용하여 1차 세계 대전 발발과 독일의 벨기에 침공 등 정세 변화를 언급한 (라)가 와야 하고, 정세 변화에 따라 당시 SPD 지도자들이 전쟁 정당화로 입장을 바꾸었음을 설명하고 있는 (나)가 제시되는 것이 적절하다. 마지막으로는 SPD 지도자들의 입장 변화로 인한 SPD 내부 논란과 그 결과를 제시한 (다)가 오는 것이 자연스럽다.

18 정답 ③

정답 해설

③ '(다) - (라) - (나) - (가)'의 순서가 가장 자연스럽다. 지시문은 헤겔의 변증법을 비판하며 유기적 진화론을 제기한 베른슈타인의 견해를 설명하고 있다. 따라서 베른슈타인을 소개하면서 그의 주된 관심사가 헤겔의 변증법에 대한 비판임을 언급하고 있는 (다)가 첫 문단으로 오는 것이 적절하다. 그리고 (다)에서 헤겔의 주된 관심사로 제시된 '헤겔의 변증법'과 그에 대한 비판을 구체적으로 제시하는 (라)가 오고, 베른슈타인이 주장하는 유기적 진화론에 대한 설명이 제시되고 있는 (나)가 (라)에 이어 오는 것이 적절하다. 마지막으로 앞의 내용을 정리하는 지시어 '이를 통해'를 사용하여 유기적 진화론의 특징을 설명하는 (가)가 제시되는 것이 자연스럽다.

19 정답 ④

정답 해설

④ 'ㄹ - ㄷ - ㄴ - ㄱ'의 순서가 가장 자연스럽다. 지시문은 영역을 뛰어넘는 무한 경쟁 시대에서 경쟁이 점점 치열해진다고 하더라도 인생을 포기하지 말고 경쟁을 활용하여 자신을 발전시켜야 한다는 내용이다. 따라서 'ㄹ 무한 경쟁 시대의 개막' - 'ㄷ 경쟁이 점점 치열해짐' - 'ㄴ 경쟁의 포기는 인생의 포기임' - 'ㄱ 경쟁을 활용하여 자신을 발전시켜야 함'의 순서로 배열되는 것이 적절하다.

20 정답 ④

정답 해설

④ '(라) - (나) - (다) - (가)'의 순서가 가장 자연스럽다. 제시문의 중심 화제는 '키타이의 작품 세계'이므로 키타이를 소개하며 그의 초기 작품의 특징을 제시하고 있는 (라)가 첫 문단으로 오는 것이 적절하다. 그리고 (라)에 이어 키타이의 초기 회화의 특징 중 하나인 역사적 주제를 다루는 특징을 설명하고 있는 (나)가 오는 것이 자연스러우며, (나)와 관련하여 키타이 회화에서의 역사적 사건 재구성에 대해 설명하는 (다)가 이어 오는 것이 적절하다. 마지막으로는 추상화와 비구상적인 표현 방식이 우세한 시기에 구상회화를 고수한 키타이 작품의 또 다른 특징을 설명하고 있는 (가)가 제시되는 것이 자연스럽다.

21 정답 ②

정답 해설

② '(가) - (다) - (나)'의 순서가 가장 자연스럽다. 첫 문장에서 슐라이어마허를 소개하며 그의 종교론에 대해 언급하고 있으므로 슐라이어머허가 내린 종교에 대한 정의를 제시한 (가)가 먼저 오는 것이 적절하다. 그리고 (가)에 이어 앞의 내용을 정리하는 접속어인 '즉'을 사용하고, 앞 문장에서 제시한 '종교'에 대해 언급하고 있는 (다)가 오는 것이 자연스럽다. 그다음에 지시어 '이러한'을 통해 (다)에 언급된 '의존 감정'을 부연 설명하고 있는 (나)가 마지막으로 오는 것이 자연스럽다.

22 정답 ②

정답 해설

② 각 문단의 내용을 정리하면 다음과 같다.

(가)	이앙법으로 인한 광작이 다수의 부농을 만들었다는 일부 학자들의 주장을 A가 첫 번째 근거로 조선의 상속 제도 변화를 들어 반박함
(나)	조선 후기 이앙법의 확산이 다수의 부농을 만들었다는 일부 학자들의 주장
(다)	집약적 농업의 폐해
(라)	A는 자연재해로 인한 경작지 감소와 부세 증가로 인해 집약적 농업이 증가하였기 때문에 두 번째 근거로 조선 후기의 대다수 농민이 작은 땅을 소유한 소작인이라고 주장하며 반박함

제시문은 A가 일부 학자들의 의견에 크게 두 가지의 근거를 제시하면서 반박하는 글이다. 문맥의 흐름상 가장 첫 번째 순서로 올 내용은 일부 학자들의 주장을 담은 (나)가 적절하다. 이 뒤에는 A가 일부 학자들의 주장을 반박하면서 첫 번째 근거를 제시하는 (가)가 오는 것이 적절하며, 이 이후에는 A의 두 번째 근거인 (라)와 (라)의 내용과 이어지는 집약적 농업의 폐해를 설명하는 (다)가 오는 것이 적절하다. 따라서 '(나) - (가) - (라) - (다)'가 올바른 순서이다.

23 정답 ③

정답 해설

③ 각 문단의 내용을 정리하면 다음과 같다.

(A)	고전적 공리주의의 종류인 제레미 벤담의 양적 공리주의와 존 스튜어트 밀의 질적 공리주의를 비교하며 분석
(B)	도스토옙스키의 문학을 예시로 들면서 공리주의 소개
(C)	• 쾌락주의를 받아들이지 않는 비고전적 공리주의를 소개하며, 그중 선호 공리주의 설명 • 선호 공리주의는 사람들 각자가 지닌 선호의 만족을 모두 고려한다고 하면서 선호의 종류와 예시 설명
(D)	선호 공리주의는 사람들 각자가 지닌 선호의 만족을 모두 고려

문맥상 처음에 큰 개념인 공리주의를 소개하는 (B)가 첫 문단으로 등장하고, 다음으로 고전적 공리주의의 종류를 소개하는 (A), 이와 대조되는 비고전적 공리주의와 그중 선호 공리주의를 소개하는 (C), (C)에서 언급한 선호의 종류와 구체적인 예시를 설명하는 (D)가 마지막 문단에 배치되는 것이 적절하다. 따라서 '(B) - (A) - (C) - (D)'가 올바른 순서이다.

24 정답 ③

③ '(나) - (다) - (가) - (라)'의 순서가 가장 자연스럽다. 제시문은 어떠한 현상에 대한 원인을 찾는 방법을 지구의 조수 현상으로 예시를 들어 설명하고 있다. 따라서 현상에 대한 원인을 찾는 방법을 설명하는 (나)가 온 다음, 조수 현상의 예시와 가설을 설명하는 (다), 가설들을 다시 한번 언급하는 (가), 원인을 찾은 (라) 순이 되어야 한다.

25 정답 ④

④ '(나) - (라) - (가) - (다)'의 순서가 가장 자연스럽다. (라)는 '그러나 현대 사회로 접어들면서는 ~ 개인보다도 사회를 중심으로 운영되는 성격을'로 시작하는데, (라)의 앞에 올 내용은 옛날에는 개인이 사회보다 우선되었음을 알 수 있다. 이는 (나)에 해당한다. 따라서 (나) 이후 (라)가 와야 한다. 또한 (다)의 마지막은 '오늘날까지도 사회와 개인에 대한 대립된 견해는 여전히 지속되고 있다.'이므로 (라) 뒤에 (다)가 배치되어야 한다. 또 (가)와 (라)는 현대에는 사회가 개인보다 중시된다는 내용인데, (가) 뒤에 (라)가 배치되면 '그러나 현대 사회로 접어들면서는'이 어색해지므로 답은 ④이다.

실전 학습 문제 p. 76

01	02	03	04	05
①	②	①	①	④
06	07	08	09	10
①	①	③	③	④
11	12	13	14	15
②	④	②	②	④
16	17	18	19	20
①	④	②	③	③
21	22	23	24	25
④	④	④	④	③

01 정답 ①

① 1문단에서 사전트의 대표작인 <가스 희생자들>을 예로 들어 사전트의 전쟁기념화가 갖는 특징을 설명함으로써 독자의 이해를 돕고 있음을 확인할 수 있다.

② 사전트에 대한 전문가의 의견은 인용하지 않았다.

③ 사전트에 대한 논쟁도 언급되지 않았으며 보도 자료도 활용하지 않았다.

④ 사전트가 전쟁 기념화를 통해 구현하려는 것이 무엇인지는 설명하고 있으나 작품 창작 과정은 언급되지 않았다.

02 정답 ②

② 1문단에서 '통달한 사람이라 해서 어찌 사물마다 눈으로 직접 보았겠는가?'를 통해 속인과 통달한 사람은 단순히 경험의 많고 적음으로 나눌 수 있는 게 아님을 알 수 있다. 또한 제시문 전체를 읽으면 '속인'은 자신이 본 경험을 절대적 기준으로 여겨 기준에 어긋나는 것이 있으면 의심하고, '통달한 사람'은 자신이 본 경험을 절대적으로 여기지 않고 마음을 한가롭게 해 어떤 것도 괴이히 여기지 않음을 알 수 있다. 따라서 글의 논지 전개 방식으로 적절하지 않은 것은 ②이다.

① 1문단에서 '통달한 사람'과 '속인'을 대조하여 글을 시작했다.

③ 3문단에서 깃털의 색이 계속 변하는 까마귀를 예로 들어 사물에 대해 편견을 갖고 규정지어서는 안 된다는 주장을 강화했다.

④ 감탄이나 '-는가?'와 같은 의문을 여러 번 사용해서 감정적인 느낌과 설득하려는 의도를 드러냈다.

03

정답 해설

① 제시문은 신경성 식욕 부진증, 즉 거식증에 대한 의학적 정보 및 증상에 대한 설명을 담은 글의 일부이다. 거식증이 의학적으로 무엇이며 어떠한 병인지에 대한 개념을 정확히 설명하고 있다.

오답 분석

② 환자들의 증상을 설명하고는 있지만 이것은 통상적인 증상을 설명하는 것일 뿐, 글쓴이가 직접 조사하였다는 근거는 찾아볼 수 없다.

③ 각광받는 치료 방법에 대해서는 언급된 부분이 없다.

④ 질환의 증상을 자세히 설명하고는 있으나 개별적인 특징을 위주로 설명하고 있을 뿐, 다양한 증상을 유형화하거나 수치화한 부분은 찾아볼 수 없다.

04
정답 ①

정답 해설

① 4문단을 통해 전쟁의 승패 예측에는 계산적 전략 이외의 것도 고려해야 함을 확인할 수 있으며, 이는 계산적 전략이 무의미하다는 의미가 아니라, 계산적 전략만으로는 부족하다는 의미이므로 적절하지 않다.

오답 분석

② 2문단을 통해 전쟁의 일부는 군사 지도자들이 자신들의 목표를 이루기 위해 치밀하게 준비한 계획적 활동으로 나타남을 확인할 수 있다.

③ 3문단을 통해 전쟁을 수행하는 군인들의 감정적 반응이나 심리적 상태는 전투의 결과에 큰 영향을 미칠 수 있음을 확인할 수 있다. 이러한 요소들은 전쟁을 혼돈과 불확실성의 영역으로 만든다고 클라우제비츠는 설명한다.

④ 1문단을 통해 클라우제비츠가 전쟁을 두 개의 상반된 특성을 가진 복합적인 현상으로 바라봄을 확인할 수 있다.

05
정답 ④

정답 해설

④ 1문단에서 설명 대상인 '소피아 성당'은 각 시기별로 다채로운 역사와 특징, 고초를 겪었다고 소개한 다음, 2문단부터 '비잔틴 제국 – 오스만 제국 – 터키 공화국'의 순서로 소피아 성당의 변화 모습과 그 이유를 통시적, 즉 시간의 흐름에 따라 제시하고 있다.

오답 분석

① 소피아 성당의 시대별 흐름을 드러내지만 소피아 성당이 지켜 온 가치에 대해 설명하고 있지는 않다.

② 유스티니아누스 황제의 말을 인용하고는 있으나 황제는 성당 분야에 정통하고 탁월한 전문가라고 할 수 없으며, 황제의 말 하나만 인용되고 있다.

③ 4문단에서 터키 정부가 소피아 성당을 이슬람 사원으로 지정함으로써 논쟁이 촉발되었다고는 하였으나 논쟁들을 대비시켜 서술하고 있지는 않다.

06
정답 ①

정답 해설

① 독일과 소련의 배제, 일본과 이탈리아의 침략 등의 실제 사례를 통해 국제 연맹이 지닌 여러 한계를 부각하고 있음을 확인할 수 있다.

오답 분석

② 보도 자료는 확인할 수 없다.

③ 국제 연맹에 대한 비유는 확인할 수 없다.

④ 국제 연맹 창시자는 확인할 수 없다.

07
정답 ①

정답 해설

① 1문단에서 '아스피린', 2문단에서 '아르테미시닌'이라는 구체적인 사례를 먼저 제시한 다음, 3문단에서 천연물이 신약 개발의 강력한 원천이 될 수 있다는 필자의 견해를 제시하고 있다.

오답 분석

② 서로 대립되는 두 견해는 확인할 수 없다.

③ 질문을 통해 화제를 제시하지 않았다.

④ 전문 용어의 뜻을 풀이한 부분도 없고, 비유가 사용된 부분도 없다.

08
정답 ③

정답 해설

③ 1문단에서 '민족'의 의미를 먼저 정의한 후 민족주의의 학문적인 의미를 설명하고 있다.

오답 분석

① 민족주의 이론을 창시한 자의 생애는 확인할 수 없다.

② 2문단에서 민족 구성원들이 물리적으로 모두 만날 수는 없다고 하였으며, 한 민족이 공동체로 발전하는 과정도 언급하지 않았다.

④ 통계 수치는 사용하지 않았다.

09
정답 ③

정답 해설

③ 1문단에서 야스퍼스가 실존 철학을 대표하는 사람이라고 하였으므로 권위자라고 할 수 있다. 그리고 제시문은 야스퍼스의 말하는 '한계상황'의 개념과 특성을 설명하면서 한계상황이 인간에게 갖는 의의를 설명하고 있다.

18 본 교재 인강·공무원 무료 학습자료 gosi.Hackers.com

오답분석

① 1문단에서 한계상황은 자신의 한계와 존재의 본질을 자각하게 되는 순간이라고 한 것으로 보아 인간의 한계와 존재 본질 탐구를 다루고는 있으나 묻고 답하는 방식은 사용되지 않았다.

② 인간의 한계상황과 관련된 논쟁이 심화되는 과정을 확인할 수 없다.

④ 4문단의 '죽음을 포함한 한계상황이 물론 인간에게 고통스러운 경험이지만'은 통념에 해당한다고 볼 수 있으나 '이를 회피하지 않고 마주할 때 비로소 실존적 각성이 이루어진다고 보았다.'는 통념에 대한 약화에 해당한다고 볼 수 있다. 또한 구체적인 상황을 가정하고 있지도 않다.

10 정답 ④

정답해설

④ 1문단을 '나폴레옹의 중앙은행 제도는 현대 금융 시스템의 토대를 마련한 중요한 역사적 사건으로 평가된다.'와 같이 나폴레옹의 중앙은행 제도에 대한 평가로 시작함으로써 독자들에게 나폴레옹의 중앙은행 제도에 대한 호기심을 불러일으키고 있다.

오답분석

① 1문단에서 나폴레옹이 금융 및 경제 안정을 목적으로 중앙은행을 설립하였다고는 하였으나, 다른 관점에서 중앙은행 설립 목적을 분석하고 있지는 않다.

② 나폴레옹 시기 경제학자들의 견해는 제시되어 있지 않다.

③ 종래의 경제학에 대한 반론은 제시되어 있지 않다.

11 정답 ②

정답해설

② 예상 반론도 언급되어 있지 않고, 이를 반론하고 있지도 않다.

오답분석

① 2문단 '가령, 한 사람이 쉽게 화를 내고 충동적인 행동을 보인다면, 갈레노스는 그 사람의 황담즙이 과다한 상태라고 설명했다.' 등에서 확인할 수 있다.

③ 2문단에서 체액설을 바탕으로 충동성이나 우울함 등에 대해 분석하고 있다.

④ 1문단에서 고대인들은 인체의 건강과 성격이 어떻게 조절된다고 보았을지 질문하고, 이에 답을 하며 중심 화제인 '체액설'을 소개하고 있다.

12 정답 ④

정답해설

④ 제시문에서는 사회적 직관을 다른 대상에 빗대는 비유가 사용되지 않았으며, 2문단에서 사회적 직관론은 기존의 도덕적 이성주의 이론에 도전한다고 하였으므로 도덕적 이성주의를 강조한다는 것도 적절하지 않은 설명이다.

오답분석

① 3문단을 통해 사회적 직관론은 사람들이 도덕적 문제를 어떻게 사고하고 해결하는지를 이해하는 데 중요한 기초를 제공함을 확인할 수 있다.

② 1문단의 '인간이 내리는 도덕적 판단은 무엇에 기초하는가?'에서 질문을 통해 화제를 제시하고 있다.

③ 1문단에서 인간의 도덕적 판단에 대한 조너선 하이츠의 사회적 직관론을 소개하고 이후 2~3문단에 대해 이를 구체적으로 설명하고 있다.

13 정답 ②

정답해설

② 2문단에서 마야의 개념을 밧줄과 뱀에 빗대어 자세히 설명하고 있다.

오답분석

① 제시문은 우파니샤드 철학의 관점에서 마야에 대해 설명하고 있는 글로, 마야에 대한 다른 관점은 언급되어 있지 않다.

③ 제시문에는 통계가 사용되지 않았다. 또한 3문단의 마야를 넘어서기 위해서는 지혜와 자기 탐구가 필요하며, 이를 통해 진정한 실재를 깨달을 수 있다고 한 부분은 마야에 대한 해결책이라고 볼 수도 있다. 하지만 이는 우파니샤드의 가르침으로 마야에 대한 현대적 해결책이라고 할 수 없다.

④ 제시문에는 마야에 대한 인도인의 인식 변화 양상은 언급되지 않았다.

14 정답 ②

정답해설

② (나)에서 리코법은 범죄 조직 자체를 목표로 삼는다고 하였으나, 권위자의 견해는 드러나지 않았다.

오답분석

① (가)는 중심 화제인 리코법은 미국 역사상 조직범죄를 뿌리 뽑는 데 가장 강력한 도구 중 하나라는 평가를 글의 시작으로 제시함으로써 독자의 관심을 끌고 있다.

③ (다)는 '마피아 패밀리'라는 리코법의 주요 표적을 구체적으로 언급하면서, 이들과 관련한 리코법의 특징과 리코법의 의의를 설명하고 있다.

④ (라)는 리코법으로 뉴욕의 주요 마피아 패밀리들이 연이어 몰락의 길을 걸었음을 설명하면서 대표적인 사례로 감비노 패밀리와 제노베세 패밀리를 제시하고 있다.

15

정답 해설

④ 2문단에서 중세 후반 유럽 전쟁의 발생과 그 과정을 통해 영토 기반의 중앙집권적 국가로 발전하게 된 것을 설명하고 있으나 종전의 과정을 언급하고 있지 않고 있다.

오답 분석

① 1문단에서 현대 유럽 국가의 형성에 대해 권위자인 정치학자이자 사회학자인 찰스 틸리의 견해를 제시하고 있음을 확인할 수 있다.

② 3문단을 통해 관료제가 단순히 군사적 필요를 넘어서 정권 안정과 경제적 통제에도 기여했음을 확인할 수 있다.

③ 1문단에서 찰스 틸리는 국가는 정치적 차원을 넘어 군사적 충돌과 자원 동원의 과정에서 탄생한 것으로 설명하고 있음을 확인할 수 있다.

16
정답 ①

정답 해설

① 제시문은 근대 법치주의에 대해 설명하고 있으나 통념이나 이에 대한 반박이 제시되고 있지는 않다.

오답 분석

② 3문단의 '베버는 근대적 법치주의가 ~ 통해 발전했다고 주장했다.'가 베버가 주장한 근대 법치주의의 발전 과정에 해당하고 이어지는 '이러한 과정을 통해 ~ 체제의 근본적인 기초가 되었다.'가 근대 법치주의 발전 과정이 갖는 의의에 해당한다.

③ 2문단에서 근대 사회에서 법률은 기존과 달리 신의 뜻을 전달하는 신성한 명령이 아닌, 인간의 합리적인 이성과 사회적 합의에 근거한 규범으로 발전했다고 하였는데, 이를 통해 근대 사회에서 법률의 발전 방향성을 근대 이전의 사회와 대비하며 서술하고 있음을 알 수 있다.

④ 1문단의 '근대 법치주의는 어떻게 탄생하고 자라났는가? 막스 베버(Max Weber)는 근대 사회의 형성과 발전에 있어 종교적 요소가 중요한 역할을 했다고 주장했다.'에서 확인할 수 있다.

17
정답 ④

정답 해설

④ 제시문에는 영국의 개인주의에 대한 대립된 견해가 제시되어 있지 않다. 1문단으로 보아 앨런 맥팔레인의 견해를 중심으로 영국 사회의 독특한 법적, 문화적 특성을 분석하고 있음을 알 수 있다.

오답 분석

① 1문단을 통해 영국에서 개인주의는 중세 이후 커먼로(Common Law) 체계의 발전과 밀접하게 연관되어 있음을 확인할 수 있다.

② 4문단에서 맥팔레인은 재산의 자유 처분권과 자녀에 대한 비상속권 같은 제도가 영국 사회에서 개인주의의 발달을 촉진하고, 가족 및 사회 구조에 독특한 영향을 미쳤음을 주장한다고 하였다. 이로 볼 때 특정 학자인 맥팔레인의 견해를 중심으로 영국 사회에서 개인주의를 발달시킨 요소를 살펴보고 있음을 알 수 있다.

③ 2문단에서 재산의 자유 처분권의 개념이, 3문단에서 자녀에 대한 비상속권의 개념이 제시되어 있으며, 4문단에서 이 제도들은 영국 사회에서 개인주의의 발달을 촉진시켰다고 하였다.

18
정답 ②

정답 해설

② 제시문은 초음파 검사의 방법과 검사의 목적, 그리고 검사를 통해 아이의 성별을 어떻게 확인할 수 있는지에 대해 설명하고 있는 글이다. 따라서 초음파 검사 기술을 사용하는 방식과 그 목적을 쉽게 설명하고 있다는 내용이 가장 적절하다.

오답 분석

① 초음파 검사에 관한 설명은 있으나, 학술적 용어의 정의를 중심으로 글을 전개하고 있지 않다.

③ 양상이 비슷한 두 가지의 개념은 전혀 등장하지 않고 있다.

④ 요즘의 부모들은 초음파 검사가 의학적으로 필요하지 않을 때에도 아이의 성장을 위해 검사하기를 원한다는 내용을 통해 사회적인 현상을 언급하긴 했으나, 이에 대한 서술자의 주관이 들어간 부분은 찾기 어렵다.

19
정답 ③

정답 해설

③ 1문단을 통해 히피 문화와 반문화 운동의 확산에 따라 마약은 더욱 널리 소비되었음을 확인할 수 있다. 이는 히피 문화로 인해 마약 수요가 급증했다는 것을 의미하며 제시문에서 마약 수요의 급증으로 인하여 히피 문화를 비롯한 문화가 어떻게 변동되고 있는지에 대해서는 알 수 없다.

오답 분석

① 3문단을 통해 마약 밀매의 과정에서 조직된 무장 세력들은 자신이 속한 카르텔의 영향력을 넓히기 위해 폭력을 행사하며, 마약 밀매를 방해하는 자들에 대해 폭력적인 대응을 했음을 확인할 수 있다.

② 2문단을 통해 마약 밀매는 고수익을 가져다주는 사업으로 여겨졌기 때문에 카르텔들은 이 사업을 통해 빠르게 경제적, 정치적 영향력을 확장할 수 있었음을 확인할 수 있다.

④ 1문단을 통해 수요의 증가는 마약 생산국인 중남미 국가들에서 마약 밀매를 통한 거대한 이익을 추구하는 카르텔들이 성장할 수 있는 토대를 마련했음을 확인할 수 있다.

20
정답 ③

정답 해설

③ 제시문은 지구촌의 환경 사고에 대한 글의 일부로, 베트남 전쟁의 고엽제 참사에 대해 설명하고 있다. 정글에 뿌려진 고엽제의 구체적인 양, 피해를 입은 베트남인들의 수, 기형아 발생률, 피해를 입은 참전 한국군인들의 숫자 등을 구체적으로 제시해 사건의 설명을 뒷받침하고 있다.

20 본 교재 인강·공무원 무료 학습자료 gosi.Hackers.com

21   정답 ④

정답 해설

④ 제시문은 전자 심의와 대면 심의의 특성과 장단점을 비교하고 이들이 각각 우월하게 작용할 수 있는 상황 등을 제시하며 독자의 이해를 돕고 있다.

오답분석

① 제시문에 전자 심의와 대면 심의의 예시가 나타나지 않고 있다.

② 제시문이 크게 전자 심의와 대면 심의로 나누어진 것은 맞지만, 어떤 것의 하위 분류로 분류된 것은 아니다.

③ 제시문에 전자 심의와 대면 심의에 대한 설명이 있긴 하지만, 이는 가설에 대한 설명이 아니며 제시문 자체에 설정된 가설도 없다.

22   정답 ④

정답 해설

④ 1문단에서 네이션(nation) 개념의 등장은 국가와 민족의 관계를 새롭게 정의하는 중요한 전환점을 이룬다고 하며 네이션의 의의를 제시하고 있으나 대표 학자의 이론을 인용하고 있지는 않다.

오답분석

① 제시문은 '중세 유럽 - 16세기와 17세기 - 18세기 후반 - 19세기'의 순으로 네이션 개념의 등장과 발전을 나누어 설명하고 있다.

② 3문단에서 프랑스 혁명은 '국민'이라는 개념을 강조하며, 전통적인 군주제에서 벗어나 민중과 국가의 주권을 국민에게 부여하는 방식으로 근대 민주주의의 기틀을 다졌는데, '국민'은 공동의 역사와 문화를 공유하는 사람들의 집합으로 정의되기 시작했다고 하였다.

③ 2문단에서 왕권 강화와 함께 국가의 통합을 추진한 16세기 프랑스와 영국을 예로 들어 16~17세기, 근대 초기 국가들은 민족적 또는 언어적 배경이 아닌, 정치적 통합을 목표로 했음을 확인할 수 있다.

23   정답 ④

정답 해설

④ (다)로 보아 먼로주의에 따르면 미국은 유럽에 개입하지 않아야 한다. (라)에서는 먼로주의의 의의, 즉 아메리카 대륙에서 미국의 외교적 영향력을 확대하는 중요한 정책적 기초가 된 먼로주의에 대해 설명하고 있다.

오답분석

① (가)는 '먼로주의(Monroe Doctrine)는 1823년 제임스 먼로 대통령의 연설에서 처음 등장한 미국의 외교 정책'이라고 하며 먼로주의의 의미를 설명하며 중심 화제를 드러내고 있다.

② (나)에서는 먼로가 유럽의 군주제 국가들이 아메리카 대륙의 공화제 국가들에게 영향을 미치는 것을 방지하고자 했고 이는 아메리카 대륙의 국가들이 독립적으로 성장할 수 있도록 보장하는 의미가 있었다고 하였다.

③ (다)는 미국은 유럽 대륙의 전쟁이나 갈등에 휘말리지 않겠으며, 유럽 국가들이 아메리카 대륙에 간섭하지 않는 대신, 미국도 유럽의 문제에 관여하지 않겠다는 "먼로주의의 중립성"의 원칙에 대해 서술하고 있다.

24   정답 ④

정답 해설

④ (라)에서 이란 혁명 이후 급격히 국력이 강화된 이란을 이라크가 위협으로 여겼다고 하였다. 따라서 '이란 혁명 이후 급격히 국력이 약화된 이란'이라는 설명은 적절하지 않다.

오답분석

① (가): 중심 화제인 '이란-이라크 전쟁'의 의의, 원인, 피해 정도, 휴전에 대해 간략하게 언급하고 있다.

② (나): 영토 분쟁이 전쟁의 주요 원인 중 하나였다고 하면서 이란과 이라크는 주로 샤트 알 아랍 지역을 둘러싼 갈등을 겪었다고 하였다.

③ (다): 이란 혁명과 그로 인한 정치적 변화도 큰 영향을 미쳤다고 하면서 이라크의 독재자 사담 후세인은 자국 내 시아파의 반란 가능성을 우려하며, 이를 제압하기 위해 전쟁을 일으켰다고 하였다.

25   정답 ③

정답 해설

③ 제시문은 한국 구비문학의 갈래를 설명하는 글의 일부로, 구비문학이 가지는 민족 문화적 의의를 언급한 것으로 마무리되고 있다. 민요 안에 노동요, 의식요, 유희요 등이 있고, 노동요로는 농업 노동요와 길쌈 노동요, 의식요로는 장례 의식요, 유희요로는 '강강술래' 등이 있다고 설명하고 있다. 따라서 민요 안에 속한 또 다른 갈래를 예시를 통해 설명하고 있다는 것이 가장 적절하다.

오답분석

① 무가의 전승이 활발하게 이루어졌다고 언급은 되어 있으나 그 이유를 분석한 글은 아니다.

② 전설과 민담의 구분 방법을 문학사적으로 설명한 부분은 없다.

④ 신화가 설화 안에 속하게 된 계기를 설명한 부분은 없다.

05 추론하기

실전 학습 문제
p. 100

01	02	03	04	05
①	②	①	③	②
06	07	08	09	10
④	③	④	③	②
11	12	13	14	15
③	②	②	④	④
16	17	18	19	20
③	④	④	②	④
21	22	23	24	25
④	①	③	①	②

01
정답 ①

정답 해설

① 1문단에서 데블린은 '온전한 사람들의 도덕관'에 기반한 입법으로부터 보호할 도덕을 정해야 한다고 하였다. 이로 볼 때 데블린은 도덕이 법의 보호를 받아야 한다고 보았지 법이 도덕의 보호를 받아야 한다고 보지 않는다. 그러므로 법을 수호하는 도덕의 역할을 강조했다는 추론은 적절하지 않다.

오답 분석

② 2문단에서 밀은 법이 개인의 자유에 개입하는 것은 오직 타인에게 해를 끼칠 경우에만 정당화될 수 있다고 주장하며, '도덕적 관습이 사회 구성원 다수에게 혐오감을 불러일으키고, 사회의 결속을 해칠 우려가 있다면, 이를 법적으로 규제할 수 있다.'라고 했다. 그러므로 사회적 결속의 교란은 사회의 결속을 해칠 우려가 있는 것이고 이는 타인에게 해를 끼치는 경우에 포함된다.

③ 3문단에서 데블린은 동성애가 사적인 영역에서 이루어지더라도, 사회의 도덕 기반을 해칠 수 있으므로 법적으로 금지해야 한다고 하였다. 그러므로 동성애를 공통의 도덕적 신념을 배반한 행위로 본다고 할 수 있다.

④ 3문단에서 하트는 '온전한 사람들의 도덕관'에 따라 법이 형성된다면, 소수자의 권리를 침해할 수 있다고 지적했다. 이를 통해 '온전한 사람들의 도덕관'에 따른 입법의 부당한 인권 침해를 우려했음을 추론할 수 있다.

02
정답 ②

정답 해설

② 2문단에서 완전주의적 관점에서는 중립성이 오히려 국가의 역할을 축소시켜, 시민에 의한 궁극적 공공선의 실현을 방해한다고 본다고 하였다. 이를 통해 완전주의적 관점에서는 궁극적 공공선의 실현시키는 주체는 국가가 아니라 시민으로 보고 있음을 알 수 있다.

오답 분석

① 2문단에서 자유주의적 전통에서는 국가가 특정한 도덕적 가치를 법으로 강제하는 것이 개인의 자율성을 침해할 위험이 있다고 보고 있으며, 정치적 자유주의는 국가는 특정한 종교적·윤리적 신념을 강제하지 않고, 다양한 도덕적·철학적 신념을 가진 시민들이 공존할 수 있는 중립적인 틀을 제공해야 한다고 하였다.

③ 3문단에서 완전주의 국가관에서는 특정 행위에 대한 법적 규제는 도덕적으로 바람직한 삶의 방향을 제시하는 것이며, 이를 법적으로 보호하는 것은 개인의 자유와 공공선을 조화시키는 수단이라고 하였다.

④ 1문단에서 완전주의는 국가가 삶의 방식에 대한 특정한 견해를 장려하고 이를 법과 정책을 통해 실현해야 한다고 보는 정치·윤리적 입장이라고 하였고, 3문단에서 완전주의적 국가관에 따르면 공공도덕을 보호하는 법적 규제는 시민들이 더 나은 삶을 살 수 있도록 돕는 방식이라고 하였다.

03
정답 ①

정답 해설

① 2문단에 따르면 하이에크의 비의도적 축적에서 자유의 기초를 찾는 것은 버크의 보수주의 전통과 일맥상통하는 것은 옳다. 하지만 '자유를 특정한 정치적 구상 내에서 조망한 것은 버크가 아니라 홉스나 루소이므로 해당 추론은 잘못되었다.

오답 분석

② 1문단을 통해 의회파는 포르테스큐의 영국 헌법 사상을 내세워 국왕의 자의적 권력을 제한하려 했음을 확인할 수 있다. 2문단을 통해 하이에크는 자유가 왕과 의회의 역학 속에서 점진적으로 형성되었다고 보며 영국적 자유 개념을 강조함을 확인할 수 있다.

③ 2문단을 통해 루소는 자유를 특정한 정치적 구상 내에서 정의하고 그것을 실현하기 위한 의도적으로 설계된 구조를 상정하였음을 확인할 수 있다.

④ 1문단을 통해 로마법 사상은 국왕의 권력이 아니라 법적·도덕적 제약을 받아야 한다는 사고를 촉진했으며 이는 후일 법의 지배와 헌정주의적 전통으로 발전하는 기반이 되었음을 확인할 수 있다. 또, 2문단을 통해 하이에크는 자유가 왕과 의회의 역학 속에서 점진적으로 형성되었다고 보는 것을 확인할 수 있다.

04
정답 ③

정답 해설

③ 3문단에서 레닌은 마르크스와 달리 자본주의가 성숙함에 따라 자연스럽게 사회주의로 이행하는 것을 부정하고, 자본주의가 더욱 강고해지고 제국주의로 발전하면서 오히려 노동자 계급이 혁명적 의식을 가지기 어렵기 때문에 공산당이 노동자 계급을 지도해야 한다고 하였다. 이로 볼 때 레닌은 자본주의 사회의 '생산력 발전에 기반한 계급투쟁'이 실현된다고 보지 않을 것이다. 더욱 노동자 계급이 혁명적 의식을 가지기 어렵기 때문에 공산당의 지도에 따른 투쟁이 되어야 한다.

① 3문단에서 레닌은 노동자 계급이 자생적으로 혁명에 나설 수 없으므로 혁명적 전위조직인 공산당이 이를 지도해야 한다고 주장하였고 계획경제를 통해 사회주의로의 이행을 적극적으로 추진해야 한다고 보았다.

② 1문단에서 마르크스는 자본주의 사회에서 생산력의 발전과 노동자 계급의 성장이 필연적으로 사회주의 혁명을 가져올 것이라고 주장하였고, 3문단에서 자본주의가 성숙함에 따라 자연스럽게 사회주의로 이행한다고 예측한다고 하였다.

④ 2문단에서 마르크스는 개인의 자유를 비롯한 근대적 성취를 사회 전체까지 확대해야 한다고 보고 있다. 이는 마르크스가 근대 사회가 이룩한 성과가 소수 계급에 한정되어 있으며, 모든 계급이 이러한 성과를 평등하게 누리지 못하는 현실을 전제하고 있기 때문이다.

05   정답 ②

② 1, 2문단을 통해 건강보험 제도는 건강에 대한 개인의 책임을 강화시키는 것이 아니라 약화시키는 결과를 초래함을 확인할 수 있다.

① 1문단을 통해 건강보험 제도는 사람들을 사후 치료에 의존하게 만듦을 확인할 수 있고 3문단을 통해 건강보험 제도를 통해 제공되는 혜택을 당연한 것으로 여겨 개혁이 어려움을 확인할 수 있다.

③ 1문단을 통해 건강보험 제도는 개인의 건강 유지 동기를 약화시킴을 확인할 수 있고 2문단을 통해 건강보험 제도가 의료 서비스를 보편적으로 제공하려는 목적으로 설계되었음을 확인할 수 있다.

④ 1문단을 통해 현대 복지국가에서 운영되는 건강보험 제도는 개인의 건강 유지에 대한 책임감을 약화시키는 방향으로 작용할 가능성이 있음을 확인할 수 있다.

06   정답 ④

④ 1문단을 통해 탈노동화가 진행되면서 전통적 복지론의 한계가 나타나게 되었고, 신자유주의는 자율성과 경쟁을 극대화하여 노동의 자유화 및 경제 효율성을 강조한다고 하였기 때문에 경제적 성장에 몰두하였다는 것을 알 수 있다. 하지만 노동의 자유화는 신자유주의의 가치이고, 2문단을 통해 사회정의는 전통적 복지론자의 목표임을 알 수 있다. 즉, 노동의 자유화는 사회정의에 포함되는 것으로 보기 어렵기 때문에 '노동의 자유를 비롯한 사회정의'라는 서술은 적절하지 않다.

① 2문단을 통해 제3의 길에서는 교육 등에 대한 공공 지출을 강화하여 개인의 생산성을 높이고, 경제 성장과 사회 통합을 동시에 달성하는 정책을 설계하려고 함을 확인할 수 있다.

② 3문단을 통해 전통적 복지국가는 고용 유연성이 저하되는 결과를 초래했음과 제3의 길에서는 복지정책의 수혜자에게 노동시장 참여를 촉진하는 방식으로 해결하려 들었음을 확인할 수 있다.

③ 1문단에서 전통적 복지론자는 대규모 복지국가를 형성하려 했고, 신자유주의는 경쟁을 강조했으나 각각에 문제가 있음을 언급한 후 2문단에서 두 견해의 대안으로 제3의 길을 제안하고 있다.

07   정답 ③

③ 3문단에서 시에예스는 삼부회를 개혁하여 국민의회로 만드는 것이 아니라 기존의 삼부회를 해체하고 새로운 국민의회를 구성해야 한다고 주장하고 있다.

① 1문단을 통해 귀족과 성직자의 신분적 특권은 사회 전체에 도움이 되지 않음을 확인할 수 있으며 2문단을 통해 기존의 실정법적 질서는 국민 총의를 표현하기에는 부족함을 확인할 수 있다.

② 1문단에서 시에예스는 성직자와 귀족이 지배하는 대상인 제3신분(평민)을 사회의 본질적 요소로 보고, 루소의 일반의지 개념을 발전시켜, 신분적 특권이 존재하는 한 일반의지가 왜곡될 수밖에 없다고 보았다. 따라서 시에예스는 정치공동체의 정당성은 노동과 생산을 통해 실질적으로 사회에 기여하는 다수자의 의지에서 비롯되어야 한다고 보고 있다.

④ 2문단에서 시에예스는 기존의 실정법적 질서를 뛰어넘는 헌법 제정의 혁명성을 강조한 후 3문단에서 기존의 삼부회를 해체하고 새로운 국민의회를 구성해야 한다고 주장하였다. 그러면서 귀족과 성직자가 특권을 포기하면 국민의회에 참여할 수 있다고 보았다.

08   정답 ④

④ 2문단에서 구성적 경험론자들이 주장하는 '문자 그대로의 이해'의 첫째 조건은 이론의 주장이 진위 여부를 판단할 수 있는 진술이어야 한다는 것, 즉 주장의 진리성 판단 가능성을 말한다. 따라서 진리성을 충족해야 하는 것이 아니다.

① 3문단을 통해 구성적 경험론은 이론의 비관찰적인 측면에 대해서는 어떠한 진리도 주장하지 않음을 확인할 수 있다.

② 2문단을 통해 구성적 경험론자들이 주장하는 '문자 그대로의 이해'의 둘째 조건은 이론을 문자 그대로 해석할 때, 이론이 주장하는 존재들 사이의 논리적 관계가 변하지 않아야 한다는 것임을 확인할 수 있다.

③ 3문단을 통해 관념론자나 도구주의자들은 과학 이론을 실제 세계의 본질적인 진리에 대한 서술이 아니라, 그저 유용한 도구로 봄을 확인할 수 있다.

09

정답 해설

③ 역사는 '필연적으로 가치 판단을 수반하며, 해석하는 주체의 윤리적 책임이 요구된다.'고 하였다. 즉, 역사에서의 해석 주체(역사가)는 가치 판단을 배제하지 않아야 하며, 오히려 윤리적 책임이 강화하여 기록하여야 한다. 역사가가 '어떤 과거를 말하고, 어떤 과거를 침묵하는지가 공동체에 영향을 미친다'고 하였기 때문이다.

오답 분석

① 제시문에서는 역사 해석이 '현재의 정당성을 구성하는 담론 장치', '어떤 가치를 중심으로 과거를 재구성'하는 역할을 한다고 하였다. 즉, 역사는 선택적으로 과거를 배열하고 해석함으로써 현재의 정체성을 정당화할 수 있다.

② 제시문에서는 '공동체의 미래 방향성을 결정짓는 기준으로 기능'한다고 했으므로, 한 시대의 역사 서술은 그 시대가 미래를 어떻게 설계하는지를 반영할 수 있다. 미래에 대한 간접 지표가 될 수 있다는 이야기이다.

④ 제시문에는 과거는 기억의 형태로 불러와지며, 역사 해석은 어떤 가치를 중심으로 과거를 선택하고 재구성하는 작업이라고 하였다. 따라서 어떤 과거를 어떻게 회상하느냐는 사회적 목적이나 가치에 따라 달라질 수 있다.

10
정답 ②

정답 해설

② 자기인식은 '자기기만을 넘어서는 윤리적 마주함'을 통해 가능하다. 하지만 ②는 기만과 인식이 상호보완적 관계라고 주장하고 있으므로 제시문의 극복과 윤리적 실천 강조와 배치된다.

오답 분석

① 제시문에서 자기기만은 '전면 부정이 아닌 회피·해석 조절'이라고 하였으므로 적절하다.

③ 자기기만이 반복되면 '현실 재구성' 및 '관계 갈등 유발' 가능성이 있다고 언급하였다. 선택적 해석 강화가 이뤄지면, 대인 갈등이 증가한다는 흐름은 자연스러운 추론이다.

④ 자기기만이 '단기적으로는 안정, 장기적으로는 왜곡·판단 흐림'을 일으킬 수도 있는 구조를 충실히 반영하고 있다.

11
정답 ③

정답 해설

③ 취미 판단에는 대상에 대한 지식뿐 아니라, 실용적 유익성, 교훈적 내용 등 일체의 다른 맥락이 끼어들지 않아야 한다고 언급하고 있다. '이 소설은 액자식 구조로 이루어져 있다'는 '액자식 구조'라는 지식이 끼어들어 간 것이기 때문에 취미 판단에 해당한다고 볼 수 없다.

오답 분석

① 취미 판단이란 대상의 미·추를 판정하는 미감적 판단력의 행위라고 하면서 'S는 P이다'라는 명제의 술어 P와 관련하여 '규정적 판단'과 '취미 판단'의 차이를 설명하고 있으며, 이러한 명제의 적용 범위도 '규정적 판단'과 달리 '취미 판단'은 오로지 하나의 개별 대상에 국한된다고 하였다. 따라서 칸트는 규정적 판단력과 미감적 판단력을 동일하게 보지 않았다.

② 취미 판단에는 대상에 대한 지식뿐 아니라, 실용적 유익성, 교훈적 내용 등 일체의 다른 맥락이 끼어들지 않아야 한다고 언급하고 있다. '이 영화의 주제는 인과응보이어서 아름답다'에서 '인과응보'는 교훈적 내용이라는 다른 맥락이 끼어든 것으로 볼 수 있다. 따라서 '이 영화의 주제는 인과응보이어서 아름답다'는 취미 판단에 해당한다고 볼 수 없다.

④ 취미 판단은 오로지 대상의 형식적 국면을 관조하여 그것이 일으키는 감정에 따라 미·추를 판정하는 것 이외의 어떤 다른 목적도 배제하는 순수한 태도, 즉 미감적 태도를 전제로 한다고 언급하고 있다. 따라서 예술 작품에 대해 순수한 미감적 태도를 취하지 못하면 그 작품에 대한 취미 판단이 가능하지 않다고 할 수 있다.

12
정답 ②

정답 해설

② 'CPU의 코어에 비해서 저속으로 연산한다.'를 참고하면, 1개의 연산일 경우 'GPU'가 더 느리다.

오답 분석

① GPU는 동일한 연산을 여러 번 수행할 경우, 한 번의 연산에 쓰이는 데이터들을 순차적으로 각 코어에 전송한 후 전체 코어에 하나의 연산 명령어를 전달해 각 코어가 모든 데이터를 동시에 연산하도록 한다.

③ 'GPU는 한 번의 연산에 쓰이는 데이터들을 순차적으로 각 코어에 전송한 후, 전체 코어에 하나의 연산 명령어를 전달하면, 각 코어는 모든 데이터를 동시에 연산하여 연산 시간이 짧아지기 때문이다.'를 참고하면, 하나의 연산 명령어를 전달하는 과정이 있기 때문에 더 길다.

④ '전체 코어에 하나의 연산 명령어를 전달하면, 각 코어는 모든 데이터를 동시에 연산하여 연산 시간이 짧아지기 때문이다.'를 참고하면, 전송을 한 후 동시에 모든 데이터를 연산한다는 것과 처리 속도가 빠르다는 것은 모두 올바른 설명임을 확인할 수 있다.

13
정답 ②

정답 해설

② C국에서 인터넷 방송 감독 부서를 신설하는 데에 필요한 재원을 공표한 것은 예산 지출이 수반되므로 가시성이 높은 것이다. 그러므로 가시성이 낮다는 설명은 적절하지 않다.

오답 분석

① A국에서 제품의 생산 한도를 강제한 것은 개인이나 집단의 행위를 제한하는 정도가 높으므로 강제성이 높다고 할 수 있다.

24 본 교재 인강·공무원 무료 학습자료 gosi.Hackers.com

③ A국에서 생산 한도를 준수하는 기업에게 환경 포상금을 주는 것은 정부 기관에서 특정한 정책을 직접적으로 수행하는 정도가 높은 사례이므로 직접성이 높다고 할 수 있다.

④ B국에서 정책 수행을 위해 별도의 행정 기구를 설립하는 것이 아니라 기존의 조직을 활용한다는 것은 자동성이 높다고 할 수 있다.

14 정답 ④

정답 해설

④ 2문단에서 'B는 전통문화를 비판하고 근대화와 개화를 중시하며, 개인적 자유의 확립과 부강한 근대적 국민국가의 건설을 위해', 'C는 일본과 서양 문화를 비롯한 외세의 침략에 저항하고, 민중의 생존권을 확보하고'를 찾을 수 있다. B는 개인적 자유의 확립을, C는 민중의 생존권 확보를 강조한다.

오답 분석

① A는 전통 유가 이데올로기를 중시하는 반면, D는 근대 민주주의를 수용하자고 한다. 따라서 A는 왕에 의한 통치를 긍정하지만, D는 그렇지 않을 것이다.

② B는 서양 문화 전반을 적극적으로 수용하자고 하며, D 역시 시장경제 등 서양 제도의 수용이 필요하다고 본다. 따라서 B와 D 모두 시장경제 제도의 수용을 찬성할 것이다.

③ A는 전통 유가 이데올로기를 중시하므로 신분제를 긍정할 것이며, C는 만민평등권을 쟁취하려는 입장이므로 신분제를 부정할 것이다.

15 정답 ④

정답 해설

④ 밑줄 친 부분은 트랜스 지방을 섭취하면 LDL의 혈중 농도가 증가함을 주장하고 있다. 그러나 ④는 트랜스 지방이 많이 들어 있는 튀긴 음식 위주의 식단을 한 어린이가 그렇지 않은 어린이에 비해 LDL의 혈중 농도가 낮다는 주장이므로, 밑줄 친 부분과 상반된 내용을 언급하고 있다. 따라서 밑줄 친 주장을 뒷받침할 수 없으므로 적절하지 않다.

오답 분석

① 트랜스 지방이 심장병 발병률을 높인다는 결과는 밑줄 친 부분의 주장을 뒷받침하는 내용으로 적절하다.

② 마가린의 트랜스 지방 함량을 낮췄을 때, 동맥 경화의 발병률이 줄어든 것은 밑줄 친 부분의 주장을 뒷받침하는 내용으로 적절하다.

③ 트랜스 지방이 포함된 패스트푸드를 섭취했더니 혈관에 좋은 HDL 혈중 농도가 감소했다는 ③의 연구 결과는 주장을 뒷받침하는 내용으로 적절하다.

16 정답 ③

정답 해설

③ ⓒ: 3문단으로 보아 실제로 존재할 법한 구체적 인간의 삶과 경험을 통해 구체적 인간상이 구현되는 것이며, 예술은 구체적 인간상을 통해 어떤 인간이 처한 맥락을 깊이 있게 탐구한다는 데 의미가 있다고 하였다. 이로 볼 때 '가난 때문에 도둑질을 하는 주인공의 경험'은 구체적 인간상에 해당하지만 이를 통해 '빈곤과 부패, 정의와 구속의 문제를 추상화하고 관념화한다.'라는 서술은 루카치가 생각과 거리가 멀다.

오답 분석

① ㉠: 1문단에서 리얼리즘은 예술이 현실의 본질적 구조를 드러내는 방식이어야 한다는 개념이며, 사회적 관계와 역사적 조건을 제대로 포착하여 인간 존재의 의미와 사회적 모순을 밝히는 것이 중요하다고 보았다. 따라서 주인공의 심리적 갈등을 보여주어 사회적 모순과 인간 존재의 복잡함을 다룬 것은 ㉠의 사례로 적절하다.

② ㉡: 2문단에서 예술은 사회적 현실의 구조적 변화를 인식하고 이를 드러내는 중요한 역할을 하며, 사회적 현실의 모순과 갈등을 드러내는 방식으로 기능을 한다고 하였다. 따라서 대공황 시기의 모순과 갈등을 다룬 것은 ㉡의 사례로 적절하다.

④ ㉣: 4문단에서 대상화는 인간의 경험을 객관적인 형태로 변형시키는 과정이며, 이 과정에서 인간의 사회적 관계가 어떻게 왜곡되거나 물질화되는지를 드러낼 수 있다고 하였다. 따라서 노동자 계급으로서 겪었던 경험을 객관적인 형태로 변형시키는 과정이며 이를 통해 사회적 관계의 왜곡을 고찰하게 했다는 것은 ㉣의 사례로 적절하다.

17 정답 ④

정답 해설

④ ㉣: 4문단에서 시몽동은 개체는 처음에는 무의미한 행보를 보이지만, 주변에 대한 반복적인 학습을 통해 맥락을 인식하고 의미 있는 출력(정보)을 생성하는 과정이 정보의 개체화 과정이라고 하였다. 따라서 DNA 염기 서열 자체에 내재된 정보로 인해 개체화되었다면 이것은 맥락에 의한 것이 아니라 독립적인 실체로 인해 발생한 것이기 때문에 ㉣과 관련된 것으로 볼 수 없다.

오답 분석

① ㉠: 1문단에서 정신적 개체화는 개체가 환경과 관계를 맺으며 끊임없이 변형되고 자기조정을 하는 과정이라고 하였다. 따라서 인간이 성장하는 과정에서 부모, 친구, 교육 등 다양한 외부 환경과의 상호작용(환경과의 관계) 및 자기 내부(자기조정)에서의 변화와 선택을 통해 자신만의 특성을 만들어가는 것은 정신적 개체화로 볼 수 있다.

② ㉡: 2문단에서 형상화는 물질 내부의 속성과 환경적 요인이 함께 작용하면서 이루어지는 과정적 개념이라고 하였다. 따라서 눈 결정이 물 분자 내부의 속성과 주변의 습도와 온도, 응결 과정이 상호작용하며 형성된다면 형상화로 볼 수 있다.

③ ©: 3문단을 통해 자기 조직화는 개별자가 전체를 알고 있지 못하더라도, 개별 요소들의 단순한 행동 및 규칙들이 상호작용하면서 자발적으로 최적의 질서를 만들어낸다는 뜻임을 확인할 수 있다. 따라서 개미들이 먹이를 찾기 위해 이동할 때, 개별 개미는 페로몬 추종이라는 단순한 행동 규칙에 따라 움직이지만, 전체 군집은 점차적으로 최적의 경로를 스스로 형성한다면 자기 조직화로 볼 수 있다.

18
정답 ④

정답 해설

④ @: 4문단을 통해 주체화는 특정한 정치적·사회적 조건 속에서 일어남을 확인할 수 있다. 따라서 대대로 내려온 자유정신을 존중해 사회 질서에 저항하면서 자신의 정체성을 재구성했다면 발비라브가 말하는 '주체화'로 볼 수 없다.

오답 분석

① ①: 1문단을 통해 봉기는 기존의 정치적 질서와 법적 체계에 대한 심층적인 도전이며, 새로운 시민권의 가능성을 열어주는 주체적 형성·재구성의 과정임을 확인할 수 있다. 또한 봉기는 주체화의 순간을 의미한다고 하였다. 따라서 기존의 질서에 대해 도전한 프랑스 혁명의 순간, 사람들이 새로운 시민권 개념을 형성한 것은 봉기로 볼 수 있다.

② ©: 2문단을 통해 관계성은 관리적 기구와 법적 시스템에 의해 규정된 주체성을 의미하며, 국가의 규제와 정책은 개인의 존재와 행동을 제한하고 조직하는 방식으로 작용함을 확인할 수 있다. 청년층과 노년층 모두 국가 정책의 영향을 받았으므로, 이를 관계성으로 볼 수 있다.

③ ©: 3문단을 통해 시민문명성의 정치는 시민들이 사회적 연대와 협력을 통해 공동체를 재구성하고 발전시키는 능동적 주체로서 존재하는 것임을 확인할 수 있다. 따라서 시민들이 사회적 연대와 공공의 이익을 위해 만들어진 복지 시스템을 통해 권리를 누리고 공공선을 위한 의무를 잘 따른다면 시민문명성의 정치로 볼 수 있다.

19
정답 ②

정답 해설

② ©: 2문단에서 계통 표본추출은 일정한 간격을 두고 표본을 추출하며, 표본을 10개 뽑고자 한다면, 1번째 표본은 무작위로 선택하고, 나머지 9개는 간격을 두고 계속해서 표본을 추출한다고 하였다. 이로 볼 때 계통 표본추출의 2번째 표본 선출부터는 특정한 규칙이 적용되므로 첫 번째 환자를 선택한 이후 무작위적으로 환자들을 표본으로 선정하여 조사하는 것은 계통 표본추출로 볼 수 없다.

오답 분석

① ①: 1문단을 통해 단순 무작위 표본추출은 연구 대상이 되는 모집단의 모든 구성원이 동일한 확률로 선택될 수 있도록 하는 방법임을 확인할 수 있다. 따라서 지역 주민 10,000명 중 500명을 무작위로 선택하여 혈액 검사를 진행하는 것은 단순 무작위 표본추출로 볼 수 있다.

③ ©: 3문단을 통해 층화 표본추출의 각 층은 동일한 특성을 가진 단위들로 구성되므로, 각 층에서 적절한 표본을 추출하여 모집단을 보다 정확하게 반영할 수 있음을 확인할 수 있다. 따라서 고령자에게 잘 발생하는 당뇨병에 걸린 자를 대상으로 신장 질환 발생률을 조사할 때 모집단을 연령별로 나눈 뒤 각 층에서 표본을 추출하는 것은 층화 표본추출로 볼 수 있다.

④ @: 4문단을 통해 집락 표본추출은 모집단을 여러 개의 집락으로 나누고, 일부 집락을 표본으로 선정하여 조사하는 방법임을 확인할 수 있다. 따라서 국가 차원에서 고혈압 유병률을 조사할 때, 전국을 여러 단위로 나눈 후, 몇 개의 지역을 무작위로 선택하여 해당 지역의 주민을 대상으로 혈압을 측정하는 것은 집락 표본추출로 볼 수 있다.

20
정답 ④

정답 해설

④ @: 3문단에서 폐쇄형 연속설계는 연구 시작 전에 설정한 종료 기준에 따라 연구를 완료한다고 했으므로 연구 중 중간 분석으로 종료 기준이 결정되지 않는다. 따라서 연구 종료 시점을 중간 분석을 통해 정해진 시간에 따라 결정한다는 것은 폐쇄형 연속설계에 해당하지 않는다.

오답 분석

① ①: 1문단에서 평행설계는 각 군에 서로 다른 치료를 병렬로 적용하여 독립적인 효과를 비교하는 방식으로, 무작위 배정과 환자와 의사 모두 어떤 약을 사용하는지 알지 못하는 이중 눈가림 등의 엄격한 절차를 통해 내재적 편향을 최소화한다고 하였다. 따라서 제시된 사례는 평행설계로 볼 수 있다.

② ©: 2문단에서 교차설계란 동일한 피험자가 충분한 휴약기를 두고 두 가지 이상의 치료를 순차적으로 경험하여 개체 내 비교를 가능하게 하는 설계라고 하였다. 따라서 제시된 사례는 교차설계로 볼 수 있다.

③ ©: 3문단에서 개방형 연속설계에서는 연구 진행 도중 데이터가 특정 범위를 이탈하면, 연구를 조기 종료하거나 다음 단계로 진행라고 하였다. 따라서 중간 분석으로 실험 지속 여부를 결정하는 제시된 사례는 개방형 연속설계로 볼 수 있다.

21
정답 ④

정답 해설

④ 제시문에서 '이는 경제가 단순한 수치나 효율의 문제가 아니라, 공동체가 어떤 가치를 우선시하느냐의 문제임을 보여준다.'고 한 점을 미루어, 윤리를 효율성 위에 놓인 판단 기준이자 실천의 중심 가치로 제시한다. 따라서 경제의 윤리적 해석은 효율성 추구를 전제로 한다는 것은 경제와 윤리의 관계를 주객이 전도된 방식으로 오해하는 표현이므로 적절하지 않다.

오답 분석

① 제시문에서 '공동체 가치가 경제 판단 기준이 된다'고 하였다. 윤리적 성격을 띠는 경제 활동이므로 적절하다.

② '일정 손실을 감수하며 장기적 안정, 정체성 확보'하는 것은 미래 지향적 선택이다. 경제적 손실도 합리성의 범주로 포함 가능하다.

③ 가시적인 수익 없음이 비효율로 연결되지 않는다. 장기 신뢰, 공동체 안정 등은 숫자로 환산되지 않아도 실질적 이익일 수 있다.

22　　　　　　　　　　　　　　　정답 ①

정답 해설

① 제시문에서 나타나는 쌍둥이 연구의 핵심 개념은 유전적으로 유사한 두 사람이 다른 환경에서 성장할 때 나타나는 차이를 연구하는 것이다. 이를 토대로 볼 때 2문단 '일란성 쌍둥이와 이란성 쌍둥이를 비교한 결과, 지능지수(IQ)나 성격 특성이 일란성 쌍둥이 사이에서 더 높은 유사성을 보였다.'는 점은, 일반적인 형제자매보다 일란성 쌍둥이가 지능지수나 성격 특성이 더 유사할 것임을 시사한다는 점에서 본문과 가장 유사한 사례로 볼 수 있다.

오답 분석

② 1문단 '일란성 쌍둥이는 동일한 유전자를 가지므로, 서로 다른 환경에서 자랄 경우 나타나는 차이를 비교함으로써 환경 요인의 영향을 분석할 수 있다.'를 통해 어떤 환경적 요인이 지능지수나 성격에 영향을 주는지를 알 수 있다고 하였다. 그런데 ②는 동일한 환경을 지닌 일란성 쌍둥이를 제시한 것으로 유전이나 환경이 동일한데도 개인의 특징이 달라질 수 있음을 보여주는 사례이지 '유전과 환경의 영향을 비교하는 연구'와는 거리가 있다.

③ 유전자와 환경의 상호 작용을 분석하는 연구지만, 쌍둥이 연구 자체와 직접적인 연관은 없다.

④ 유전적으로도 다르고, 환경적으로도 다른 아이들의 학업 성취도에 대한 연구는 쌍둥이 연구의 핵심 개념과 거리가 멀다.

23　　　　　　　　　　　　　　　정답 ③

정답 해설

③ 정박 효과는 초기에 제시된 정보(숫자, 가격, 기준점 등)가 이후 판단에 영향을 미치는 현상이다. 중고차를 구매할 때, 판매자가 높은 가격을 먼저 제시하면, 구매자는 이를 기준으로 협상하게 된다. 즉, 최초 제시된 가격이 기준점(앵커)이 되어 이후 협상의 방향을 결정짓는다는 점에서 정박 효과와 일치한다.

오답 분석

① 이 사례에서는 고객이 메뉴의 모든 가격 정보를 충분히 확인한 뒤, 의식적으로 가장 비싼 요리를 기준점으로 삼아 두 번째로 비싼 요리를 선택하고 있다. 즉, 초기에 제시된 정보나 무의식적 기준점에 의한 판단이 아니라, 충분한 정보 수집과 합리적 비교를 바탕으로 한 의사 결정이므로 정박 효과와는 관련이 없다.

② 이는 정박 효과가 아니라, 동조 효과로 설명할 수 있다. 동조 효과는 개인이 타인의 의견이나 행동에 영향을 받아 자신의 생각이나 행동을 수정하는 심리적 현상이다. 정박 효과는 초기 정보가 기준점이 되어 판단에 영향을 미치는 것이지만, 이 사례에서는 타인의 의견이 영향을 미친다는 점에서 동조 효과와 관련이 있다.

④ 이는 합리적 의사 결정 사례이지, 정박 효과와 관련이 없다. 이 사례에서는 소비자가 신중하게 다양한 정보를 수집하고 분석하여 결정을 내리고 있으므로 정박 효과가 적용되지 않는다.

24　　　　　　　　　　　　　　　정답 ①

정답 해설

① 두 항공사가 서로의 행동을 고려할 때 가격을 유지하는 것이 최선의 선택이 되는 상태는 내쉬 균형의 전형적인 사례이다. 만약 한 항공사만 가격을 낮추면 시장 점유율을 얻을 수 있지만, 상대 항공사도 가격을 낮출 경우 모두 손해를 보게 된다. 결과적으로 가격을 유지하는 것이 서로에게 최적의 선택이 되어 전략을 변경할 유인이 없는 상태가 된다.

오답 분석

② R&D 투자 중단은 전략적 대응 사례이지만, 내쉬 균형과는 다소 차이가 있다. 한 기업이 경쟁사의 움직임을 고려하여 전략을 바꾸는 것은 전략적 의사 결정이지만, 경쟁사의 전략 변경 가능성을 고려한 단일 기업의 결정이라는 점에서 양측이 모두 최적의 선택을 유지하는 내쉬 균형과는 다르다.

③ 군축 협정은 협력적 균형의 사례이며, 죄수의 딜레마와 차이가 있다. 죄수의 딜레마에서는 개별적으로 최적의 선택을 하면 협력이 어려워진다. 하지만 군축 협정은 상호 신뢰를 기반으로 협력을 선택하는 사례이므로 협력적 균형에 더 가깝다.

④ 무작위적 전략 선택은 유사하지만 차이가 있다. 본문의 내쉬 균형은 각자가 상대방의 전략을 고려했을 때 전략을 바꿀 유인이 없는 상태를 의미한다. 무작위 전략 선택은 정보 비대칭이 존재하는 경우의 대응 방식이며, 일반적인 내쉬 균형과 다소 차이가 있다.

25　　　　　　　　　　　　　　　정답 ②

정답 해설

② 2문단 8~10번째 줄에서 초기 진압을 위한 인력과 장비 보급의 정당성을 추론할 수 있다. 다만, 산림 수종을 소나무에서 활엽수로 전면 교체해야 한다는 것은 다소 비약적이다. 소나무가 수지 성분 때문에 산불에 취약하기는 하지만, 소나무의 다른 장점이나 교체에 따른 비용 등을 감안하지 않고 전면 교체해야 한다는 주장 자체에 다소 비약이 있으며, 교체하는 수종이 왜 활엽수여야 하는지에 대한 근거도 알 수 없다.

오답 분석

① 1문단 1~5번째 줄에서 추론할 수 있다. 최근 10년간 산불 발생 건수는 5,460건이고, 인간 활동에 의한 산불 발생은 최소 55%(31%+13%+11%)이다. 산불 발생 건수의 절반(50%)가 2,730건이므로, 55%라면 2,730건보다 당연히 더 많다.

③ 1문단 2~6번째 줄에서 추론할 수 있다. 최근 10년간 산불로 인한 산림 소실 면적은 40,030헥타르이다. 24,797헥타르는 40,030헥타르의 절반(20,015)보다 훨씬 크다.

④ 제시문 끝에서 4번째 줄 이하에서 추론할 수 있다. 우리나라는 산불 대응 기관이 산림청과 소방청으로 나뉘어 있어서 지휘권이 불분명한 경우가 발생하기 쉽고, 산불 진압이 쉽지 않고 초기 진화가 어려운 조건에서는 대형 산불로 번지기도 쉽다고 하였다. 따라서 대형 산불로 번진 뒤에 소방청이 개입하는 구조에서는 신속한 통합 대응이 어려울 것이라 해석할 수 있다.

유형 05 추론하기　27

실전 학습 문제

p. 122

01	02	03	04	05
③	①	④	①	①
06	**07**	**08**	**09**	**10**
③	③	④	③	①
11	**12**	**13**	**14**	**15**
②	②	③	④	①
16	**17**	**18**	**19**	**20**
①	②	①	④	②
21	**22**	**23**	**24**	**25**
②	③	②	④	①

01

정답 ③

정답 해설

③ 2문단에서 소칼과 브리크몽은 일부 포스트모던 철학자들이 과학
개념을 왜곡하여, 실제로는 무의미한 말을 그럴듯하게 포장했다
고 하였고 특히 소칼은 논문 투고 사건을 바탕으로 비판적 검토 없
이 수용되는 포스트모더니즘 담론에 대해 언급하고 있다. 따라서
그들은 포스트모더니즘을 원칙이 정해져 있지 않고 이렇게도 저
렇게도 둘러대기에 달렸다는 의미인 '귀에 걸면 귀걸이, 코에 걸면
코걸이'라는 속담으로 비판한 것이라고 할 수 있다.

오답 분석

① 내 코가 석 자: 자기의 상황이 더 긴박해서 남에게 신경 쓸 수가 없
음을 비유적으로 이르는 말

② 꽃 본 나비 불을 헤아리랴: 남녀 간의 정이 깊으면 죽음을 무릅쓰
고서라도 찾아가서 함께 사랑을 나눔을 비유적으로 이르는 말

④ 나무를 잘 오르는 놈은 떨어져 죽고 헤엄을 잘 치는 놈은 빠져 죽
는다: 사람은 흔히 자기가 지닌 재주 때문에 실수하거나 죽게 됨
을 비유적으로 이르는 말

02

정답 ①

정답 해설

① 4문단을 보면 볼커식 긴축재정은 단기적으로는 높은 실업률과 경
제적 고통을 초래했지만, 장기적으로는 미국 경제의 거시적 안정
성을 회복하는 데 기여한 것으로 평가받고 있다. 이는 당장은 안
좋아 보이지만 나중에는 이롭게 된다는 의미이므로 효과가 뛰어
난 약일수록 쓰기 마련이라는 '좋은 약은 입에 쓰다'의 속담과 연
결 지을 수 있다.

오답 분석

② 코 아래 구멍이 제일 무섭다: 입을 마구 놀리다가는 큰 화를 입게
된다는 말

③ 남의 욕이 한 개이면 내 욕은 열 개이다: 악담은 결국 익담한 사람
에게 돌아오게 된다는 말

④ 죄는 지은 곳으로 가고 덕은 닦은 곳으로 간다: 착한 일을 권장하
고 악한 일을 징계한다는 말

03

정답 ④

정답 해설

④ 아이히만은 유대인을 학살하고도 변명으로 일관하였다. '콩밭에
소 풀어놓고도 할 말이 있다'는 남의 콩밭에 소를 풀어놓아 온통
못 쓰게 만들어 놓고도 변명을 한다는 뜻으로, 잘못을 저질러 놓
고도 잘했다고 변명을 늘어놓는 경우를 비유적으로 이르는 말이므
로 아이히만의 태도를 나타내는 속담으로 적절하다.

오답 분석

① 낙숫물이 댓돌을 뚫는다: 작은 힘이라도 인내심을 갖고 꾸준히 계
속 하다 보면 큰일을 이룰 수 있다는 말

② 가난과 거지는 사촌 간이다: 가난과 거지는 가깝다는 뜻으로 가난
이 심해지면 결국에는 거지가 된다는 말

③ 가까운 집 며느리일수록 흉이 많다: 가깝고 잘 아는 사람일수록 안
좋은 점이 더 보인다는 말

04

정답 ①

정답 해설

① ㉠ 바로 앞 문장에서 법률적 불법을 법이 합법적인 절차에 의해 제
정되었지만 그 내용이 도덕적으로 부당하거나 정의롭지 않게 된
것이라고 정의하였다. 따라서 이를 재진술하며 결론을 내리고 있
는 주어진 문장은 ㉠에 들어가는 것이 적절하다.

오답 분석

② ㉡ 바로 앞 문장은 라드브루흐가 법률적 불법 개념을 도입한 배경
으로 나치 치하의 일련 사건을 제시한 후 ㉡ 뒤 문장에서 '일련의
법적 사건'에 대해 설명하고 있어, 법의 제정 방식과 절차의 정당
성이라는 내용이 제시될 필요가 없다.

③ ㉢ 뒤 문장은 ㉢ 바로 앞 문장에서 다룬 나치 정권하에서 제정된
법률, 즉 인권을 침해하고 무고한 사람들을 박해한 법률의 구체적
인 사례를 제시하고 있다. 따라서 ㉢에 법의 제정 방식과 절차의
정당성이라는 내용을 제시할 필요가 없다.

④ ㉣ 바로 앞 문장의 초법률적 법률은 주어진 문장에서 제시한 문제
에 대한 해결책이다. 즉, '법은 단순히 제정된 방식이나 절차가 정
당하다고 해서 정의롭거나 도덕적이라고 할 수 없다(P)'는 근거로
부터 '초법률적 법률 제시(Q)'라는 해결책이 나온 것이다. 다시 말
해 'P→Q'이다. 만약 ㉣에 주어진 문장 P가 들어간다면, 'Q→P'라
고 진술하는 것이 된다. 그러나 '초법률적 법률(Q)'로부터 '법은 단
순히 제정된 방식이나 절차가 정당하다고 해서 정의롭거나 도덕
적이라고 할 수 없다(P)'는 주장이 도출된 것이 아니므로 적절하지
않다.

05
정답 ①

정답 해설

① ⑦ 바로 뒤 문장은 '이런 상태에서는'으로 시작하고 있다. 즉 '조석
고정의 상태에서는'으로 시작하면서 조석고정으로 인해 발생하는
문제점을 설명하고 있으므로 조석고정이 어떤 현상인지에 대한
정의가 ⑦에 오는 것이 가장 적절하다.

오답 분석

② ⑥ 바로 앞 문장은 조석고정의 결과로 생기는 문제점을 말하고 있
는데, 그에 대한 정의가 결과 뒤에 제시되는 것은 적절하지 않다.

③ ⑥ 바로 뒤 문장에서 조석고정이 발생한다고 서술하고 있는데, 주
어진 문장이 ⑥에 온다면 조석고정이 조석고정의 원인이 된다는
서술이 되므로 적절하지 않다.

④ ② 바로 앞 문장에서 조석고정의 예외적 경우도 존재한다고 서술
하고 있는데, 주어진 문장이 ②에 온다면 조석고정이 조석고정의
예외가 된다는 서술이 되므로 적절하지 않다.

06
정답 ③

정답 해설

③ ⑥ 바로 뒤 문장에서 '추(악)' 개념은 신의 창조질서 내에서 부분들
의 불완전한 존재라는 의미라고 서술하면서 아우구스티누스의
'추(악)' 개념이 지니는 신의 창조질서 내에서 존재의 의미에 대해
상세하게 설명하고 있으므로 주어진 문장은 ⑥에 들어가는 것이
적절하다.

오답 분석

① ② ⑦과 ⑥ 앞뒤 문장에서는 창조질서와 신의 관련성에 대해 언급
하고 있지 않다.

④ 주어진 문장에는 '한편'이 있으므로 ② 전후에는 다른 내용이 와야
한다. 그런데 ② 전후 문장은 창조된 세계의 선악에 대해 논하고
있으므로 주어진 문장은 ②에 올 수 없다.

07
정답 ③

정답 해설

③ 1문단에서는 규칙 공리주의를 비판한 스마트의 주장을 설명하고
있다. 특히 ⑥ 바로 앞 문장에서 스마트는 규칙을 맹목적으로 따르
는 것이 때로는 비합리적이며, 상황에 따라 규칙을 어기는 것이 더
큰 행복을 가져올 수 있다고 하였다. 주어진 문장은 규칙을 비판하
는 스마트의 주장을 정리한 문장이므로 ⑥에 오는 것이 타당하다.

오답 분석

① 첫 문장으로 '따라서'라는 접속어로 시작하는 문장이 올 수 없으므
로 ⑦에는 주어진 문장이 올 수 없다.

② ⑥ 바로 앞에는 행위 공리주의에 대해 설명하고 있는데 스마트가
규칙 숭배를 비판했다는 문장이 오는 것은 부적절하다. 이 부분에
서는 스마트가 규칙 공리주의를 공격한 지점이 아직 불명확하기
때문이다.

④ ② 바로 앞 문장은 스마트와 벤담의 쾌락주의가 구분되는 지점을
설명하고 있으며 ②에 주어진 문장이 온다면 ②의 '그는'이 벤담이
되므로, ②에는 주어진 문장이 올 수 없다.

08
정답 ④

정답 해설

④ ⑦ 1문단에서 경제적 삶은 특정한 제도적 배경과 사회적 관행 속
에서 형성된다고 보는 베블런의 관점을 소개하며 부의 분배가
계층적 질서에 의해 구조적으로 고정된다고 주장하였다. 그리
고 2문단에서 이 주장을 부연하여 설명하고 있다. 즉 앞의 내용
중에 좀 더 강조하고자 하는 부분을 설명하고 있으므로 '특히'가
오는 것이 적절하다.

⑥ 3문단에서는 2문단에서 설명하고 있는 차별적 배분 원리가 더
욱 정교해지고 복잡해지는 것에 대해 설명하고 있다. 즉 2문단
의 내용에서 좀 더 심화된 내용을 다루고 있으므로 '더 나아가'
가 적절하다.

⑥ ⑥에 이어지는 문장은 ⑥ 앞에서 설명한 베블런의 견해를 정리
하고 있으므로 앞의 내용을 정리하는 성격의 '결국'이 적절하다.

09
정답 ③

정답 해설

③ ⑦ ⑦ 앞 문장에서는 이스라엘 정치인들은 팔레스타인의 존재 자
체를 부정했다는 내용이 제시되어 있고, ⑦ 뒤 문장에서는 팔레
스타인의 존재 자체를 부정하는 맥락에서 팔레스타인 사람들
의 기록이 말소되었다는 내용이 제시되어 있다. 따라서 '더욱
심하다 못하여 나중에는'이라는 의미를 지닌 '심지어'가 가장 적
절하다.

⑥ 2문단의 첫 문장에서 팔레스타인인들이 끊임없이 자신들의 이
야기를 반복해야 했다고 한 후 계속 말하지 않으면 이야기가 사
라진다는 에드워드 사이드의 말을 인용하여 뒷받침하고 있다.
그리고 ⑥ 뒤에서 이에 대한 의미를 재정리하여 강조하고 있으
므로 '다시 말해'가 오는 것이 적절하다. 만약 '그럼에도 불구하
고'가 옳으려면, ⑥ 앞에는 '팔레스타인 사람들이 패배만 거듭하
는 대의를 오랜 시간 지켜낸다는 것은 쉽다'는 진술이 나와야
한다.

⑥ 3문단에서는 팔레스타인 문제를 기억과 망각, 기록과 삭제의
문제로 보는 것을 근거로 하여 ⑥ 뒤에서 팔레스타인의 존재의
이유를 제시하고 있으므로 인과의 접속어 '따라서'가 오는 것이
적절하다.

10
정답 ①

정답 해설

① ⑦ ⑦ 앞 문장들에서 피히테의 철학에서 인간의 궁극적인 목적은
비이성적인 모든 것을 자신에게 종속시키고 고유의 법칙에 따
라 지배하는 것임을 제시하였고, ⑦ 뒤 문장에서는 이 목표를
달성하는 것이 불가능하다고 하였다. 즉 앞뒤의 내용이 서로 반
대가 되므로 역접의 접속어 '그러나'가 적절하다.

ⓛ ⓛ 바로 앞 문장에서는 '완전성'의 의미를 제시하였는데 ⓛ 뒤 문장에서는 '완전성'은 인간이 절대로 도달할 수 없는 최종 목표 이므로, 인간의 진정한 사명은 이 목표를 향해 계속해서 나아가는 것이라는 내용을 제시하고 있다. 이로 볼 때 ⓛ 앞뒤 문장은 화제가 전환되고 있으므로 화제를 앞의 내용과 관련시키면서 다른 방향으로 이끌어 나갈 때 쓰는 접속어 '그런데'가 ⓛ에 들어가는 것이 적절하다.

ⓒ 3문단은 피히테가 바라보는 인간에 대한 관점을 설명하고 있다. 이는 2문단에서 다룬 피히테의 철학에서 인간의 존재 목적을 이어받아 첨가하고 있는 내용이므로 ⓒ에는 첨가의 접속어 '또한'이 오는 것이 적절하다.

11   정답 ②

정답해설

② 1문단에서 9.11 테러와 2015년 파리 테러는 모두 미국 정보기관의 감시망을 벗어난 테러 집단에 의해 일어났고, 2문단에서 현대의 테러 조직들이 고잉 다크로 활동하면서, 정보기관은 이들을 추적할 수 없고, 사전에 테러를 예방하는 데 실패하게 된다고 하였다. 그리고 3문단에서 '불균형적인 공포'는 단순히 눈에 보이는 폭력적인 사건이 아니라, 정보와 소통의 단절에서 비롯되는 심리적 공포를 의미한다고 하며, 고잉 다크 상태에서의 위협은 그 존재조차 파악할 수 없다는 점에서 불안감을 증대시킨다고 하였다. 따라서 빈칸에 들어갈 말은 '물리적인 폭력 자체보다는 정보기관에 의한 정보 수집이 난해해졌다는'이 적절하다.

오답분석

① 3문단을 통해 전통적인 테러는 적을 식별하고 대응할 수 있는 일정한 규칙과 구조를 가지고 있음을 확인할 수 있다.

③ 2문단으로 보아 정보기관은 감시망을 회피하는 현대의 테러 조직들을 추적할 수 없고, 사전에 테러를 예방하는 데 실패하게 된 것일 뿐 정보기관이 감시를 완화한 것이 아니다.

④ 2문단의 '유령 같은 적'은 그 존재를 추적하거나 감시하기 어려운 존재로 '고잉 다크(Going Dark)' 상태를 통해 감시망을 회피한다고 하였다. 따라서 적은 선명하게 드러나지 않음을 확인할 수 있다.

12   정답 ②

정답해설

② 3문단에서 정치는 제도적 차원이 아닌, 끊임없이 생성되고 도전받는 실천이고, 불화는 감각적인 것의 분할을 뒤흔드는 정치적 행위로 기존의 질서 속에서 인정받지 못하던 사람들이 자신을 새로운 방식으로 드러내며, 평등의 원칙을 현실화하려는 시도라고 하였다. 따라서 정치는 '기존의 감각적인 분할을 고수하려는 합의에 저항하며, 새로운 평등의 세계를 열어가는 과정'으로 정리하는 것이 적절하다.

오답분석

① 2문단에서 공공의 장에서 배제된 노예는 단순히 정치적으로 권리를 박탈당한 것이 아니라, 그들의 존재 자체가 공공의 장에서 발언권을 가질 수 없는 것으로 간주되었다. 정치는 이러한 기존의 질서를 거부하는 순간에서 실현된다고 하였으므로 정치를 '공공의 장에 포함되었으나 발언권을 부여받지 못하여 정치적 권리는 사실상 박탈당하는' 과정으로 보는 것은 글의 내용과도 어긋나고 랑시에르가 생각하는 정치와도 거리가 멀다.

③ 3문단에서 불화는 기존의 질서 속에서 인정받지 못하던 사람들이 자신을 새로운 방식으로 드러내며, 평등의 원칙을 현실화하려는 시도라고 하였으므로 배제자들이 불화를 통해 평등을 현실화한다고 보아야 한다. 따라서 정치를 '배제된 자들이 불화를 없앰으로써 그들의 가시성을 인정받으며 평등을 현실화하려는' 과정으로 보는 것은 적절하지 않다.

④ 2문단에서 감각적인 것의 분할은 어떤 목소리가 합법적 권위를 지니는지를 미리 결정하는 무언의 질서라고 하였으므로 '합법적 권위를 지니는 의견을 사후에 결정하는'이라는 서술은 적절하지 않다.

13   정답 ③

정답해설

③ 3문단에서 미국 「국제문제연구소」는 저개발 국가들의 근대화를 이끌 주체로서 군부를 강조하는 주장을 펼쳤고, 그 내용은 민주주의가 안정적인 경제 성장을 보장하지 않는다고 보고, 경제 성장을 촉진하는 가장 유효한 방법은 군사 독재 체제를 통해 정치적 안정과 통제를 강화한다는 것이라고 하였다. 따라서 미국 「국제문제연구소」의 핵심 주장은 '유능한 군부의 독재에 의한 경제적 발전 과정에서 민주주의는 후순위로 미뤄질 수 있다는' 것이라 할 수 있다.

오답분석

① 2문단에서 근대화이론이 단순히 학문적 논의에 그친 것은 아니었다고 하였으므로, 근대화이론을 수용한 미국 「국제문제연구소」의 주장으로 '근대화이론에서 제시한 사회 발전 경로가 이론적 차원에 그친다'는 것은 적절하지 않다.

② 3문단의 마지막 문장으로 보아 식민 열강들이 새롭게 독립한 국가들에 자본을 남기지 않았음을 확인할 수 있다. 따라서 미국 「국제문제연구소」가 '식민 열강은 신생 독립국에 남긴 자본을 군부가 이용하여 경제 발전을 추동할 수 있다'는 주장을 했다는 것은 적절하지 않다.

④ 2문단에서 미국은 소련의 영향력 확산을 막기 위해 제3세계 국가들에게 정치적 안정과 경제 성장을 지원하는 방식으로 개입했음을 확인할 수 있다. 따라서 '소련의 영향력 확산을 위해'라는 서술은 적절하지 않다.

정답 해설

④ 2문단에서 봉건제는 분권적이고 상호 의존적인 정치 구조를 특징으로 하는데 시간이 지나면서 경제적, 사회적 변화에 의해 그 불안정성이 드러나고 중앙집권적인 통치 시스템의 필요성이 대두되면서 국가가 생겨났다고 하였다. 또한 3문단에서 국가의 성립은 정치적, 경제적, 사회적 변화를 통해 지속적으로 재편성되는 과정으로 국가의 본질은 복합적이라고 하였다. 따라서 바디와 비른봄은 국가의 출현을 '봉건제의 불안정성에 의한 권력의 재편성과 그로 인한 변화를 수반하는 복합적' 개념으로 이해하고 있다는 것이 적절하다.

오답분석

① 1문단에서 바디와 비른봄은 국가를 단순한 정치적 조직이 아닌, 특정한 역사적 맥락에서 형성된 사회적 사실로 분석하였다고 하였지만, 국가가 정치적 조직이라는 점 자체를 부정한 것은 아니므로 적절하지 않다.

② 2문단에서 바디와 비른봄은 봉건제의 불안정성이 드러나면서 중앙집권적인 통치 시스템의 필요성이 대두되었고, 이것이 국가라는 제도의 형성으로 이어졌다고 하였다. 따라서 '중앙집권적인 통치 시스템이 확립된 시점'이라는 서술은 적절하지 않다.

③ 2문단에서 봉건제는 상호 의존적인 정치 구조를 특징으로 하며, 이는 중앙집권적인 국가 형태와는 상반되는 구조로 이 봉건제의 불안정성으로 인해 중앙집권적인 국가라는 제도의 형성으로 이어졌다고 하였다. 따라서 봉건제가 '상호 독립적인 정치 구조'라는 서술은 적절하지 않다.

정답 해설

① X는 염증 매개체를 차단하여 혈관 평활근 이완을 막는다. 따라서 백혈구가 혈관 밖으로 이동하는 것을 막는다. X는 또한 면역 조절 기능의 실조를 유발하는데, 이 기능은 T 세포의 역할이다.

오답분석

② X는 염증 매개체를 차단하여 혈관 평활근 이완을 막는다. 따라서 백혈구가 혈관 밖으로 이동하는 것을 막는다. 그러나 조절 기능은 B 세포가 아닌 T 세포의 역할이다.

③ 혈관 평활근이 이완돼야 백혈구가 혈관 내피에 달라붙게 된다.

④ X는 호중구와 대식세포보다 느리게 반응하는 T 세포의 기능 실조에도 관여한다. 2문단을 통해 대식세포는 염증 후기 단계에 활성화된다고 하였으므로 이보다 느리게 반응하는 T 세포가 염증 초기단계에만 작용한다는 설명은 적절하지 않다.

정답 해설

① 제시문은 언어의 세계와 실재 세계에 대해 서술한 글의 일부로, 사고하는 방식에 따라 언어가 개인에게 각자 다르게 이해된다는 것이 중심 내용이다. 따라서 언어가 달라도 같은 생각을 할 수 있고 같은 언어를 사용해도 생각이 서로 다를 수 있다는 문장이 ㉠에 가장 적합하다.

오답분석

② 언어가 기호로서 인간의 삶에 영향을 주는 것은 일반적으로 익히 아는 내용이지만 제시문의 핵심 내용은 아니다.

③ 과학적 사고에 대한 언급은 있지만, 이를 언어를 오류 없이 받아들이기 위한 조건으로 제시하지는 않았다. ㉠에는 언어의 의미를 다 다르게 받아들일 수 있다는 내용이 있어야 하므로 적절하지 않다.

④ 언어가 우리의 사고를 지배한다는 것은 제시문의 시각과는 전혀 다른 이야기이다.

정답 해설

② 제시문에 따르면 진단은 절후성 좌측 호너 증후군이다. 절후성 호너 증후군은 경부 수술에 의해 주로 발생하며, 목(경부)에 위치한 기관지 암종 제거 수술 당시 발생한 경부 자율신경섬유의 손상이 그 원인이 될 수 있다.

오답분석

① 절후성 호너 증후군이므로 중추 신경계인 뇌의 문제를 언급하는 것은 부적절하다.

③ 절후성 호너 증후군이므로 중추 신경계인 척수의 문제를 언급하는 것은 부적절하다. 검사 결과 암종도 발견되지 않았다.

④ 수술 후 흉강에 관을 삽입하는 과정에서 절전성 호너 증후군은 발생할 수 있다. 그러나 환자의 증상에 대해 의사는 '절후성 호너 증후군'이라고 진단하였으므로 적절하지 않다.

정답 해설

① 미국제 미사일은 플레어가 관측되면 미사일 추적 시스템이 일시적으로 추적을 중단하고 경로 예측만으로 적기를 추적한다. 그러므로 플레어를 투발하여 미사일 추적 시스템의 추적을 중단시키는 한편, 경로를 정반대로 바꾸면 미사일은 쫓아오지 못할 것이다.

오답분석

② 짧은 시간에만 적은 양의 플레어를 투발한다면 플레어가 사라졌을 때 미사일이 다시 추적을 시작해 자신의 기체를 향해 날아올 것이다.

③ 미국제 미사일은 적기(X국 공군기)의 엔진에서 방출되는 적외선 에너지에만 특이적으로 반응한다. 따라서 적외선 시커 교란을 위해 태양 방향으로 비행하더라도 시커는 교란되지 않는다.

④ 적의 미사일이 자신의 기체에 접근할 때까지 기다렸다 IRCM을 사용하는 것은 소련제 미사일에 대한 대응에 해당한다.

19

정답 해설

④ 2문단에서 헌팅턴은 국가가 다양한 사회적 집단을 정치적 체계 안에 통합하는 '정치적 통합'을 정치 발전의 주요 개념으로 보고 있으며, 이 통합이 이루어지지 않으면 국가 내의 다양한 집단들이 서로 충돌하거나, 사회적 갈등이 지속된다고 보았다. 이로 볼 때 정치적 통합이 이루어지면 사회적 갈등이 감소될 것임을 추론할 수 있다. 따라서 헌팅턴의 정치 발전이란 '국가의 주도로 여러 사회 집단이 정치 체계에 참여함으로써 갈등을 줄일 수 있는' 과정이라는 것이 가장 적절하다.

오답 분석

① 1문단에서 헌팅턴의 견해는 정치 발전을 경제 성장의 결과로서 이해하는 것과는 별개라고 하였다. 따라서 정치 발전을 '경제적 발전의 결과'로 보는 것은 적절하지 않다.

② 3문단에서 헌팅턴은 정치 발전이 시간에 따라 발생하는 특정한 패턴을 따른다고 주장하며 정부의 합법성이 의심받는 상황이 발생할 수 있다고 보았다. 따라서 정치 발전을 '정부의 합법성에 대한 의심이 일소되는'으로 보는 것은 적절하지 않다.

③ 2문단에서 정치적 통합이 이루어지지 않으면, 정부는 지속적인 위협과 불안정에 직면하게 된다고 하였다. 이는 정치적 통합이 이루어지면 정부에 대한 위협이 없어진다는 것을 의미하므로 정부가 지속적으로 위협한다는 것, 즉 '정부의 지속적인 위협'은 적절하지 않다.

20

정답 해설

① (가) 영속적·맹목적인 성격을 지니며, 개인의 행복이나 평안을 위한 것이 아니라 끝없는 충동 (○): (가) 뒤에서 쇼펜하우어는 인간은 의지의 특성에 따라 목적 없이 끊임없이 욕망하고 갈구하며, 이러한 과정에서 피할 수 없는 고통을 직면하게 된다고 하였다. 따라서 (가)에는 인간을 고통에 직면하게 하는 의지의 특성, 즉 의지의 맹목성과 끝없는 욕망과 관련된 내용이 들어가야 한다.

(나) 욕망 충족 과정에서 타인의 고통이나 희생이 불가피하다는 (○): (나) 앞에서 쇼펜하우어는 인간 존재의 부조리를 부각시켰다고 하였고, (나) 뒤에서 삶이 본질적으로 잔혹하다고 보면서 사회적 성공을 위한 경쟁은 타인의 실패를 전제로 한다고 하였다.

오답 분석

(가) 그에 내재된 목적에 인간을 순응하도록 만듦으로써 인간에게 불가피하고 영속적인 고통을 부여하는 개념 (×): 의지의 특성에 따라 목적 없이 끊임없이 욕망하고 갈구한다는 점에서 의지는 목적이 없다고 하였음을 알 수 있다.

(나) 의지 자체를 부정할 수 없으므로 기본적 욕구를 충족하는 과정에서 허무를 전제한다는 (×): 쇼펜하우어는 의지 자체를 부정하거나 억제하는 태도를 강조하고 있다.

21

정답 해설

② (가) 상위 권력이 사회 질서와 법을 강제적으로 설계하려 했다는 (○): 1문단에서 구성주의란 특정 입법자가 사회의 문제를 이성적으로 분석하고 해결책을 제시하며, 이를 법률로 만들어내는 것이라고 하였고, 하이에크는 2문단에서 이런 구성주의가 사실을 오도해 왔다고 주장하면서 그 원인으로 프랑스 계몽사상들을 꼽았다. 그런 다음 (가) 앞에서 그들의 혁명은 정치권력이 하향식으로 사회를 재구성하려 했던 대표적인 시도라고 하였다.

(나) 어떤 중앙집중적인 행위자도 사회의 전체적인 움직임을 이해하거나 그것을 재구성할 수 있을 만큼의 지식을 가질 수 없다 (○): (나) 앞에서 하이에크는 중앙집중적인 권력이나 입법자가 사회 전체를 이해하고 이를 설계할 수 있다는 주장에 대해 반박하고 있다고 하였고, (나)의 뒤에서 사회는 지나치게 복잡하고 분산적이며, 이를 모두 파악할 수 있는 방법은 존재하지 않는다고 하였다.

오답 분석

(가) 지식의 분산적 구조를 도외시하고 이성의 해체로써 신질서를 구축하려 든 (×): 2문단을 통해 계몽사상가들은 이성만으로 사회를 이해하고 이를 바탕으로 사회의 질서를 합리적으로 설계할 수 있다고 보고 있으므로 그들은 이성의 강화를 통해 질서를 세우려 든 것이라 할 수 있다. 따라서 '이성의 해체로써 신질서를 구축하려 든'다는 것은 적절하지 않다.

(나) 탈중앙적 권력구조가 낳은 창조적 설계자만이 사회의 발전 과정을 이해하여 효율적인 입법을 단행할 수 있다 (×): 3문단에서 하이에크는 법이 창조적인 설계자나 입법자의 의도에 의해 형성되는 것이 아니라고 하였다.

22

정답 해설

③ (가) 국가가 공법 질서를 유지하는 한편 그것을 적극적으로 보호·실현할 책임이 있다는 (○): (가) 뒤의 내용을 보면 옐리네크는 국가가 단순히 법을 제정하고 그 법을 실행하는 것을 넘어서, 법적 질서가 실제로 사회적 현실에서 구현될 수 있도록 지속적으로 보호해야 한다고 보고 있다.

(나) 국가의 주권적 권한과 밀접하게 연결되므로 국가 권력을 정당화 (○): (나) 뒤에서 공법이 제대로 보장되지 않으면, 국가 자체가 법적 정당성을 상실할 위험에 처하게 되므로, 공법의 보장은 국가 권력의 정당성을 유지하는 필수적인 조건으로 작용한다고 하였다.

(가) 국가에 의해 제정된 공법규범의 실질적 효력은 법문 자체로 완결성을 가진다는 (×): 3문단에서 옐리네크는 국가가 공법의 완결을 위한 구체적 보장을 할 것을 주장하고 있다.

(나) 국가 권력이 개인 삶에 법적으로 간섭하는 것을 방지하여 개인의 자유를 보장 (×): 4문단에서 옐리네크는 국가의 공법 보장의 실현이 단지 법적 권리의 보호에 그치지 않고, 공공의 이익을 위한 국가의 적극적인 개입을 요구한다고 하였다.

23 정답 ②

② (가) 정치적 기회가 열려 있는 상황에서는 사회운동이나 혁명이 일어날 가능성이 더 크다는 (O): (가) 앞에서 기회구조는 사회적 변화나 혁명이 일어날 수 있는 정치적, 경제적 환경을 의미하며, 이러한 기회구조는 개인들이 집단행동에 참여하도록 만드는 외부적인 조건을 형성한다고 하였다.

(나) 특정한 사회적 네트워크와 그 네트워크로써 상호작용하는 개인들의 관계에 따라 결정된다 (O): (나) 뒤에서 틸리는 개인들의 집단행동이 단순한 개인의 결단이 아니라, 상호작용과 네트워크를 통해 강화되거나 변형된다고 하였다.

(가) 지도자의 부재가 기회구조로써 작용하여 개인들이 집합하여 집단적 혁명을 만들어낸다는 (×): 1문단에서 틸리는 동원의 과정은 정치적, 경제적 자원의 축적, 지도자의 존재, 그리고 사회적 네트워크의 활성화에 의해 강화된다고 보았다. 따라서 지도자의 부재가 혁명을 만들어낸다고 볼 수 없다.

(나) 우발적으로 모인 네트워크 속 개인들의 견해를 배제하고 맥락적 요소에 집중하게 만든다 (×): 3문단에서 개인들의 집단행동이 단순한 개인의 결단이 아니라, 상호작용과 네트워크를 통해 강화되거나 변형된다는 점을 강조하고 있는데 이는 개인들의 결단을 인정하면서도 상호작용과 네트워크 강화를 말하는 것이므로 적절하지 않다.

24 정답 ④

④ (가) 노동자들이 생산한 가치의 일부가 자본가에 의해 불공정하게 취해짐 (O): 마르크스는 자본주의가 계급 갈등과 착취를 내재적으로 가지고 있다고 보았다.

(나) 핵심 국가가 주변 국가를 착취함 (O): 월러스틴은 핵심국의 주변국에 대한 착취 구조를 분석하였다.

① (가) 계급 갈등을 내포하고 있음 (O): 마르크스는 계급 갈등에 주목했으므로 적절하다.

(나) 핵심국이 반주변국의 자원을 저렴하게 확보함으로써 이익을 얻음 (×): 월러스틴은 핵심국의 주변국에 대한 착취 구조를 분석하였다. 주변국과 반주변국은 다르므로 적절하지 않다.

② (가) 세계 시스템 속에서의 자본주의 착취 체계임 (×): 마르크스는 세계 시스템이라는 분석 단위를 사용하지 않았다.

(나) 노동자들이 생산한 가치의 일부가 자본가에 의해 불공정하게 취해짐 (×): 노동 착취에 주목한 것은 마르크스이다.

③ (가) 핵심국이 주변국의 자원을 저렴하게 확보함으로써 이익을 얻음 (×): 핵심국이 주변국의 자원을 갈취한다고 본 것은 월러스틴이다.

(나) 노동 착취가 플랜테이션의 핵심적인 특징임 (×): 노동 착취에 주목한 것은 마르크스이다.

25 정답 ①

① (가) 인간의 타락성이 극단적으로 드러난 사건 (O): 니버는 인간 본성인 타락성이 극단적으로 드러났다고 보았을 것이다.

(나) 인간의 자유와 책임에 대한 배신 (O): 아렌트는 인간의 자유와 책임을 강조하는 정치철학을 제시하였다.

② (가) 인간 본성에 따랐다면 막을 수 있었던 사건 (×): 니버는 인간 본성은 타락의 방향을 나타낸다고 보았으므로, 인간 본성이 오히려 드러난 사건이라고 보았을 것이다.

(나) 나치 정권과 개인 모두 유책한 사건 (O): 아렌트는 인간은 자신의 행동에 책임이 있다고 보았으므로 나치 정권뿐 아니라 개인도 책임이 있다고 보았을 것이다.

③ (가) 인간의 자기중심적 욕망에 사로잡힌 사건 (O): 니버는 인간 본성은 자기중심적이라 보았으므로 니버의 견해로 적절하다.

(나) 독일인 개인은 나치 정권과 달리 책임을 물을 수 없는 사건 (×): 아렌트는 인간은 자신의 행동에 책임이 있다고 보았으므로 나치 정권뿐 아니라 개인도 책임이 있다고 보았을 것이다.

④ (가) 자유를 저버리며 존엄성마저 포기한 사건 (×): 자유로부터 파생된 존엄성을 중시한 것은 니버가 아닌 아렌트이다.

(나) 신정통주의적 관점에서 죄악에 빠진 사건 (×): 신정통주의를 강조한 것은 아렌트가 아니라 니버이다.

실전 학습 문제
p. 142

01	02	03	04	05
④	②	③	④	②
06	07	08	09	10
④	④	③	②	③
11	12	13	14	15
③	④	④	②	②
16	17	18	19	20
④	④	②	④	③
21	22	23	24	25
④	③	③	③	③

01
정답 ④

정답 해설
④ 3문단에서 화자는 자신의 소망이 좌절된 채, 현실로 돌아와 '주저앉는다'고 하였다. 따라서 주저앉은 것은 '화자'임을 확인할 수 있다.

오답분석
① 2문단에서 새들의 자유로운 비행은 당시 사회의 억압적인 분위기 속에서 자유를 갈망하는 개인의 심정을 대변한다고 하였기 때문에 '흰 새떼들'은 '자유로운 존재'를 상징한다고 볼 수 있다.
② 1문단에서 '애국가를 경청한다'가 '자신의 생각과 반대되는 표현을 통해 자신의 견해를 강조하려는 의도'라고 설명한 부분을 통해 반어적 표현이 사용되었음을 알 수 있다.
③ 3문단을 통해 애국가가 끝나고 자유는 손에 닿지 않음을 깨닫고 좌절함을 확인할 수 있다.

02
정답 ②

정답 해설
② 3문단에서 "아—이 벌판은 어쩌라고 이렇게 한이 없이 늘어놓였을꼬?"라는 독백을 통해 끝없이 펼쳐진 벌판에는 아무것도 존재하지 않음을 드러내고 있는데 이는 작가의 내면에 자리한 공허함과 삶에 대한 탈출 욕망을 암시한다고 하였다. 이를 통해 벌판은 현재의 삶에 대한 안주가 아니라 탈출 욕망을 암시함을 확인할 수 있다.

오답분석
① 4문단에서 이상은 농촌 풍경을 묘사하는 동시에 그것을 인간의 심리 상태와 연결 지었다고 하며, 자연의 단조로움과 무의미한 반복 속에서 작가의 내면은 권태와 공허로 물든다고 하였다.

③ 1문단에서 작가는 자연 풍경의 단조로움을 지적하며, 이는 곧 자신의 심리적 상태를 암시하고 있다고 하였다.
④ 2문단에서 농촌 사람들의 일상이 아무 의미 없는 반복으로 그려지며, 이러한 시각은 현대인의 일상에서 느껴지는 무기력함과 회의감을 상징적으로 드러낸다고 하였다.

03
정답 ③

정답 해설
③ 2문단의 '북한에서 월남하여 반공산주의 사상이 투철했던 아버지'로 보아 북한에서 월남한 것은 아버지이다. 1문단의 '아재비는 공산주의 정당의 간부였으나, 한국 경찰에 검거되어 호송되던 중'으로 보아 아재비는 월남한 것이 아니라 한국 경찰에 잡혀 호송된 것이다.

오답분석
① 1문단의 '나'가 아재비가 만날 수 없는 그의 가족들에게 보내는 편지의 심부름을 했다는 것에서 확인할 수 있다.
② 1문단에서 어린 시절의 '나'는 아재비의 지극한 사랑을 받으며 자랐고, '나'에게 화분을 하나 주고 사라진 뒤 다시 나타나지 않았다는 내용을 통해 볼 때 '아재비'가 '나'에게 마지막 인사를 하면서 사랑의 마음을 표현한 것으로 이해할 수 있다.
④ 2문단을 통해 아버지와 아재비의 대화를 하나의 속삭임이라고 표현했음을 알 수 있고, 3문단을 통해 다른 하나의 '속삭임'은 주인공이 자신의 딸에게 전달하고 싶어 하는 속삭임을 확인할 수 있다.

04
정답 ④

정답 해설
④ 2문단을 통해 '시'와 '소설'을 읽은 바 없이 '돈'과 '높은 자리'에 오른 것을 비판하는 내용임을 알 수 있다. 이를 통해 볼 때, '시'와 '소설'은 긍정적인 것 즉, 정신적인 가치를 말하고, '돈'과 '자리'는 부정적인 것 즉 '세속적인 성공'임을 추론할 수 있다.

오답분석
① 2문단에서 '시의 전반부는 표면적으로는 인물을 칭송하고 있는 것으로 보이지만, 이면적으로는 현대 사회에서 물질적 성공을 삶의 가장 중요한 목표로 생각한 인물을 비판하고 있는 것이다.'라고 하였기 때문에, 올바르지 않은 설명이다.
② 2문단 '표면적으로는 인물을 칭송하고 있는 것으로 보이지만, 이면적으로는 현대 사회에서 물질적 성공을 삶의 가장 중요한 목표로 생각한 인물을 비판하고 있는 것이다.'를 통해 볼 때, 여기서 사용된 표현 방식은 반어법이다. '크게 버리는 사람만이 크게 얻는다'는 모순되거나 논리에 맞지 않은 표현으로 역설법에 해당한다.
③ 3문단을 통해 볼 때, 화자는 궁극적으로 물질적 성공을 추구하며 정신적 성장을 무시한 '묘'의 주인을 비판하고 있는 것이다. '물질적'과 '정신적'이 바뀌어야 한다.

05 정답 ②

정답 해설

② 1문단에서 주인공의 어머니는 월북한 남편 대신 홀로 네 아이를 키우며 재봉일로 생계를 이어간다고 하였으므로 주인공의 아버지는 전사한 것이 아니라 월북했음을 알 수 있다.

오답 분석

① 1문단을 통해 동생 길수는 가난과 영양실조로 인해 병을 앓다가 약 한 번 써보지 못하고 생을 마감함을 확인할 수 있다.

③ 1문단을 통해 경기댁 가족은 경기도 연백군에서 피난 온 가족이며, 평양댁의 아들 정태는 공산주의 사상을 지닌 인물로 월북을 시도하다 체포되어 감옥에 갇히게 됨을 확인할 수 있다.

④ 2문단을 통해 「마당 깊은 집」은 전쟁이 개인의 삶을 얼마나 파괴할 수 있는지를 탐색하면서도 그 속에서 피어나는 희망과 인간의 연대를 놓치지 않았음을 확인할 수 있다.

06 정답 ④

정답 해설

④ 1문단에서 고재종의 「나무 속엔 물관이 있다」는 인간과 자연의 관계를 성찰하는 메시지를 전달하고 있다고 하였다. 이를 통해 인간과 인간의 관계에 대한 시가 아니라 인간과 자연의 관계에 대한 시임을 알 수 있다.

오답 분석

① 유사한 통사 구조의 반복이란 유사한 문장 구조가 반복되는 형태를 말한다. '~는 것이나'와 '~나'의 반복이 있으므로 유사한 통사 구조의 반복이라 볼 수 있다. 또한 1문단에서 "잦은 바람 속의 겨울 ~ 숨결을 지키며 산다."라는 구절은 나무의 가지들이 각각의 위치에서 조화를 이루는 모습을 담고 있다고 하였다.

② 3문단에서 '그 실가지 하나에 앉은~뻗은 실뿌리의 흙살에까지 미쳐'는 나무의 모든 부분이 상호작용하는 것이며 생명체 간의 연쇄적인 연결성을 상징적으로 나타낸다고 하였다.

③ 4문단에서 '아, 우린 너무 감동을 모르고 살아왔느니.'는 자연의 내밀한 아름다움에 주의를 기울이도록 요구하고 있는 것인데, 자연의 내밀한 아름다움이 전제되어야 이러한 요구가 가능한 것이다.

07 정답 ④

정답 해설

④ ㉠ ~ ㉢에 들어갈 말로 적절한 것은 ④이다.

- ㉠ 2문단 '작품과 현실의 관계에 중점을 두는 방법을 '반영론적 관점'이라고 한다.'를 통해 볼 때, 일제강점기 시대를 바탕으로 작품을 평가하고 있기 때문에 ㉠에 들어갈 말은 '반영론적 관점'이다.

- ㉡ 2문단 '작품과 독자의 관계에 중점을 둔 방법을 '효용론적 관점'이라고 한 부분을 통해 볼 때 김첨지의 모습을 통해 독자의 감정이나 깨달음을 등에 대해서 말하는 ㉡에 들어갈 말은 '효용론적 관점'이다.

- ㉢ 2문단 '작품과 작가의 관계에 중점을 두는 방법을 '표현론적 관점'이라고 하고'를 통해 볼 때, 현진건의 고달픈 경험이 작품 속에 그대로 표현된 점을 언급하고 있는 ㉢에 들어갈 말은 '표현론적 관점'이다.

08 정답 ③

정답 해설

③ 1문단 4~5번째 줄을 통해 작품에서 '선귤자가 스승임을 알 수 있다. 또한 2문단 끝 '스승의 이런 설명을 듣고 자목이 아무런 대답도 하지 못했다.'를 통해 볼 때, 스승의 이야기를 듣고 있는 '자목'이 바로 제자임을 추론할 수 있다.

오답 분석

① 1문단 3번째 줄 '선귤자가 인분(人糞)을 나르는 엄 행수'라는 부분을 통해 엄 행수는 재자가인형 인물이 아님을 추론할 수 있기 때문에 ①의 설명은 적절하지 않다. 참고로 재자가인형 인물은 '외모와 재주가 뛰어난 사람'을 말한다.

② 2문단 2~3번째 줄을 통해 당시 양반들은 외모를 가꾸는 것을 중시하였음을 알 수 있고, 2문단 마지막 부분에서 부유함과 권력을 가진 자는 오히려 더럽다고 하였기 때문에 그들은 내면을 중시하지 않는다고 생각할 수 있다. 당시 부유함과 권력을 가진 자는 양반이었을 것으로 추론할 수 있기 때문에, 이를 종합하면 양반들은 내면보다는 외면을 더 중시했음을 생각할 수 있다.

④ 1문단 끝 '잇속이나 아첨으로 사귀는 세상의 사귐을 비판한 후, 마음으로 사귀는 덕(德)과 벗 사이의 도의(道義)를 강조한다.'를 통해 볼 때, 세상 사람들의 사귐에 대해 부정적으로 평가하고, 마음으로 사귀는 방식을 긍정적으로 생각하고 있다. 즉, 선귤자는 엄 행수와 진실된 마음으로 사귀고자 함을 추론할 수 있다.

09 정답 ②

정답 해설

② '-입니다' '-습니다' 등의 종결어미를 통해 볼 때, 경어체를 사용하고 있음을 알 수 있으며, 이로 인해 여성적 어조가 나타남을 알 수 있다.

오답 분석

① 2문단에서 마지막 문장을 통해 이별을 통해 더 높은 수준의 새로운 아름다움이 창조된다는 시인의 관점을 확인할 수 있다.

③ 2문단에서 화자는 이별을 미의 창조로 정의하는 것으로 시작했음을 알 수 있다. 또한 2문단 중간 부분 '마지막 연에서는 다시 처음의 선언으로 돌아가며 시가 마무리된다. 즉 미를 이별의 창조로 시의 첫 부분을 반전시킴으로써'라는 부분을 통해 미는 이별의 창조로 마무리되고 있음도 확인된다. 그러므로 유사한 구조가 처음과 끝을 사용했었기 때문에 수미상관의 표현을 사용했다고 볼 수 있다.

④ 2문단 중간 부분에서 '시들지 않는 푸른 꽃'과 같은 서로 모순되는 개념을 통해 이별의 아름다움을 강조하고 있다고 설명하고 있으므로 역설적 표현이 사용되었음을 알 수 있다.

10 정답 ③

③ 〈사미인곡〉의 '범나비'와 〈속미인곡〉의 '궂은 비' 모두 임을 향한 화자의 그리움과 사랑을 내포한 소재이다. 따라서 ③에서 '궂은 비'가 화자의 절망감을 내포한다는 추론은 적절하지 않다.

오답 분석

① 2문단 3~6번째 줄, 3문단 2~5번째 줄을 통해 '여성'은 '신하', '임'은 '임금'을 상징함을 알 수 있다.

② 2문단, 3문단 각각 마지막 문장을 통해 〈사미인곡〉, 〈속미인곡〉은 임에 대한 그리움과 임과 함께 있고 싶은 감정을 토로하고 있음을 알 수 있으므로, 두 작품이 '논리적 설득'보다 '정서적인 공감'을 얻는 것에 치중하였음을 추론할 수 있다.

④ 1문단 마지막 줄과 2문단 4번째 줄, 3문단 2번째 줄을 통해〈사미인곡〉, 〈속미인곡〉의 공통점은 우리말 표현과 여성이 화자인 점을 알 수 있다.

11 정답 ③

정답 해설

③ 3문단에서 주인공이 전쟁에서 겪은 고통은 단지 육체적인 상처를 넘어, 인간 존재의 의미와 삶의 진실에 대한 질문을 남긴다고 하였다. 이는 정신적 고통을 겪으며 인간의 존재 의미와 삶에 대한 진실에 대해 생각하게 된다는 것이지 사람들에게 집착하게 된다는 것은 아니다.

오답 분석

① 3문단을 통해 살모사는 전쟁 중 만날 수밖에 없는 위험과 죽음, 그리고 그로 인한 인간 본성의 어두운 면을 상징하는 존재임을 확인할 수 있다.

② 1문단을 통해 주인공이 살모사에게 물리는 사건은 단순한 신체적 상처 이상의 심리적 충격을 주며, 전쟁의 비극적인 현실을 더욱 뚜렷하게 각인시킴을 확인할 수 있다.

④ 4문단을 통해 전쟁 중 주인공이 겪은 고통은 전쟁의 잔혹함 속에서 인간의 내면이 어떻게 변화할 수 있는지를 보여줌으로써 전쟁이 단순히 외적인 전투뿐만 아니라, 사람들의 마음속에서 일어나는 심리적 전투를 포함하고 있다는 메시지를 전함을 확인할 수 있다.

12 정답 ④

정답 해설

④ 3문단을 통해 진희는 자신의 또래는 물론 가족과 마을 사람들의 비밀을 알고 있었지만, 어른스러움을 숨기고 있음을 확인할 수 있기 때문에 ④는 적절하지 않은 설명이다.

오답 분석

① ③ 2문단에서 '한 번 비림받은 기억이 있는 아이는 세상이 자신에게 호의적이지 않다는 사실을 일찍 깨닫고 스스로를 보호하기 위해 성장을 멈추고 가짜 자아를 만들어 낸다.' 등을 통해 진희는 자신의 본모습을 드러내지 않으며, 주인공 '나'가 자신의 이야기를 주관적으로 전달하고 있음을 알 수 있다.

② 3문단 마지막에서, 하모니카 부는 사내가 실은 더러운 낯빛을 한 구부정한 아저씨였음을 알게 된 충격으로 운 것이기 때문에 적절한 설명이다.

13 정답 ④

정답 해설

④ 2~3문단에 따르면,「화랑의 후예」는 1인칭 관찰자 시점이고,「날개」는 1인칭 주인공 시점이다. 또한, 4문단 마지막 문장에 따르면, 1인칭 주인공 시점에서 서술자와 독자 사이의 심적 거리는 가깝지만, 1인칭 관찰자 시점에서는 멀다. 따라서「화랑의 후예」에서의 '나'와 독자 사이의 거리는「날개」에서의 '나'와 독자 사이의 거리보다 멀다는 ④의 추론은 적절하다.

오답 분석

① 2문단 끝부분에 따르면, 인물의 생각이나 감정을 직접적으로 전달할 수 있다는 것이 1인칭 주인공 시점(「날개」)의 특징이다. 또한 3문단 마지막 문장에 따르면 1인칭 관찰자 시점은 서술자가 주인공의 심리를 말이나 행동을 통해 표현한다고 하였고, 이로 인해 독자들은 주인공의 심리를 상상하게 된다고 하였다. 그러므로 1인칭 주인공 시점인 날개의 '나'가 주인공들의 상상력을 자극한다는 것은 적절하지 않은 설명이다.

② 1문단 마지막 문장에 따르면, 1인칭 관찰자 시점의 '나'는 주인공의 이야기를 전달하는 관찰자로서의 역할을 한다. 이는「화랑의 후예」에서 이야기의 초점은 관찰자인 '나'가 아닌 주인공인 '황 진사'에 맞춰져 있는 것이므로 적절하지 않다.

③ 1문단 마지막 문장에 따르면, 1인칭 주인공 시점의 '나'는 소설 속 이야기의 주인공으로서 이야기를 이끌지만, 1인칭 관찰자 시점의 '나'는 관찰자의 시선에서 주인공의 이야기를 전달한다. 따라서「날개」의 '나'는 주인공이 맞지만,「화랑의 후예」의 '나'는 관찰자이므로 작품의 주인공이 아니므로 적절하지 않다.

14 정답 ②

정답 해설

② 2, 3문단으로 보아 최요한의 결혼 이후에 양명숙은 그와 다시 만나고 있으며 그에 대해 애정을 품고 있었다. 따라서 양명숙이 최요한에 대한 애정을 포기했다는 설명은 적절하지 않다.

오답 분석

① 1문단을 통해 최요한은 자신의 삶에서 중요한 선택을 할 때마다 신념에 갇혀, 자신의 감정과 욕망을 억제한 채로 결정을 내림을 확인할 수 있다.

③ 3문단을 통해 종교적 신념과 사회 규범에 얽매여 자신의 본성과 감정을 억제한 피해자였음을 깨닫는 것을 통해 알 수 있다.

④ 3문단을 통해 최요한 또한 피해자임을 밝힌 것으로 보아, 양명숙의 죽음은 자신이 양명숙의 사랑에 대한 거절로 인한 것이 아니라, 종교와 사회적 규범에 의한 것임을 알 수 있다.

15 정답 ②

② 1문단에서 사랑을 위해서는 푸른 은핫물이 필요하다는 표현을 통해 그리움의 감정을 은은한 물빛으로 형상화하여, 그리움이 깊고 지속적인 감정임을 나타낸다고 하였으나, 푸른 은핫물은 시각적 심상이며 하나의 감각이 다른 영역의 감각으로 전이되는 공감적 심상은 아니다.

① 2문단의 '직녀에게 보내는 메시지를 통해 견우와 직녀의 이야기를 연상하게 한다. 즉 화자는 직녀에게 모래밭에 돋아나는 풀싹을 세는 자신의 일상을 전하고, 직녀에게는 베틀 작업을 하라는 당부'라는 구절을 통해, 화자는 '나'이고 청자는 '직녀'로 설정되어 있음을 알 수 있다.

③ 1문단 '전통적인 견우와 직녀의 설화를 통해 사랑과 이별, 기다림의 의미를 깊이 있게 탐구한다.'는 구절과 2문단 '직녀에게 보내는 메시지를 통해 견우와 직녀의 이야기를 연상하게 한다.' 그리고 3문단 '전통적인 설화를 현대적인 감각으로 재해석하였다.'를 통해 설화를 차용하여 사랑과 이별에 대한 감정을 현대적으로 재해석하고 있음을 확인할 수 있다.

④ 1문단 '화자는 사랑을 위해서는 이별이 있어야 한다는 논리적 이치에 맞지 않는 모순된 표현'이라는 부분을 통해 역설법을 사용하였음을 확인할 수 있다.

16 정답 ④

④ 2문단 마지막 문장에 따르면, 입체적 인물은 그의 성격 변화에 있어서 사건의 인과관계가 요구된다. 2문단에 따르면 장화는 계모에 의해 부정적 행실을 했다는 죄목을 뒤집어쓰고 죽음을 당하게 되자 귀신이 되어 원님에게 나타나면서부터는 그 성격이 변화하게 된다. 계모의 모함은 그녀의 성격이 변화하는 배경이 되며, 이것은 그녀의 성격이 변화하는 것에 대해 사건의 인과관계를 지니게 하는 요소이다. 따라서 계모의 모함으로 인해 '장화'의 성격이 변화했기에 「장화홍련전」은 인과 관계를 지니고 있다는 ④의 추론은 적절하다.

① 2~3문단에 따르면, 「장화홍련전」의 '장화'는 입체적 인물이고, 「심청전」의 '심청'은 평면적 인물이다. 하지만 「장화홍련전」에 입체적 인물만이 등장한다거나 「심청전」에 평면적 인물과 입체적 인물이 함께 등장한다는 것은 제시문에서 찾을 수 없으므로 ①의 추론은 적절하지 않다.

② 2문단 끝부분에 따르면, 입체적 인물은 복잡한 성격 때문에 평면적 인물에 비해 현실에서 볼 수 있는 유형이다. 「심청전」의 '심청'은 평면적 인물이고, 「장화홍련전」의 '장화'는 입체적 인물이므로 '장화'가 '심청'보다 현실에 더 있음직한 인물의 유형이다. 따라서 ②의 추론은 적절하지 않다.

③ 3문단 끝부분에 따르면, 평면적 인물은 독자들에게 쉽게 기억된다는 점에서 장점이 있다. 「장화홍련전」의 '장화'는 입체적 인물이고, 「심청전」의 '심청'은 평면적 인물이므로 독자들에게 각인될 가능성이 큰 것은 '심청'이다. 따라서 ③의 추론은 적절하지 않다.

17 정답 ④

④ 5문단을 통해 허 노인이 아니라 허운의 죽음을 통해 예술가의 순수한 열정이 현실의 욕망과 충돌할 때 발생하는 비극을 묘사함을 확인할 수 있다.

① 4문단을 통해 허운은 아버지인 허 노인의 가르침을 따라 줄 위에서 재주를 부리지 않고 순수한 줄타기를 추구하나 한 여인을 사랑하게 되면서 결국 줄 위에서 재주를 부리기 시작함을 확인할 수 있다.

② 1문단 '이 소설은 외부 이야기 안에 또 다른 내부 이야기가 있는 형식을 취'한다는 것을 통해 이 소설이 '나'가 기사를 취재하는 내용인 외부 이야기와 허 노인과 허운의 내부 이야기로 구성된 액자식 구성 방식임을 확인할 수 있다.

③ 4문단 '여인은 허운이 보여주는 예술적 순수성을 사랑한 것인데, 이를 깨닫지 못한 허운은 그녀와의 인간적 사랑을 꿈꾼다.'를 통해 볼 때, 여인은 허운의 줄타기에서 대리적 만족을 느낀 것이지 허운을 사랑한 것이 아님을 확인할 수 있다.

18 정답 ②

② 2문단을 통해 소작농인 들깨와 마을의 다른 농민들은 흉년으로 인해 소작료 납부를 못 해 보광사의 압박을 받고 있는 상황에 처했음을 확인할 수 있다. 따라서 소작농들은 일본이 아니라 보광사에 낼 수 없는 상황에 처해 있다.

① 1문단을 통해 성동리 마을에 극심한 가뭄이 찾아왔으나 보광사 중들은 자신들의 논에만 물을 대며, 성동리 주민들의 고통에는 무관심함을 확인할 수 있다.

③ 3문단에서 성동리 주민들이 보광사에 불을 지른 것은 그들의 생존을 위한 최후의 몸부림이라고 하였으며, 자신들의 권리를 되찾기 위한 필사의 노력과 희망을 담고 있다고 하였다.

④ 3문단 '그들은 보광사의 착취와 억압에 저항하기 위해'를 통해 저항의식이 있음을 알 수 있고, '밤중에 모여 공동으로 대책을 논의하고 함께 단결하면서'를 통해 성동리 주민들이 연대 의식을 가졌음을 알 수 있다.

19 정답 ④

④ 1문단을 통해 시의 첫 연에서 화자는 '플라타너스의 순들도 아직 돋아나지 않은 봄'을 묘사하며, 봄의 절정이 아니라 봄이 막 시작되었음을 드러내고 있음을 알 수 있다.

오답 분석

① 2문단에서 '먼 북녘에까지 해동(解凍)의 기적이 울리이면'이라는 구절은 희망과 기대의 감정을 강하게 전달한다고 하였다.

② 1문단에서 '개구리의 숨통도 지금쯤은 어느 땅 밑에서 불룩거릴 게다.'라는 구절을 통해, 겨울의 침묵 속에서 봄의 생명력이 움트는 모습을 그려 자연의 순환과 생명의 회복력을 강조한다고 하였다.

③ 2문단에서 '추억도 절반, 희망도 절반이어 / 사월은 언제나 어설프지만.'이라는 구절을 통해, 화자는 사월이 과거와 미래, 고통과 희망이 공존하는 복잡한 시기임을 인식하고 있으며 이는 사월이라는 달이 가지는 이중적인 성격을 잘 드러낸다고 하였다.

20 정답 ③

정답 해설

③ 2문단에 따르면, 연시조는 평시조의 형식과 내용을 그대로 갖춘 형태에 두 수 이상이 연결된 것이라고 하였기 때문에 평민들의 이야기가 아니라 양반들의 이야기가 담긴 작품임을 추론할 수 있다.

오답 분석

① 2~3문단을 통해 연시조와 사설시조는 평시조의 형태에서 변화하였음을 알 수 있다. 그러므로 ①은 제시문에 대한 이해로 적절하다.

② 1문단에 따르면, 평시조는 3장 6구 45자 내외의 기본을 갖춘 시이며, 대표적인 작품은 정몽주의 〈단심가〉라고 했으므로 ②은 제시문에 대한 이해로 적절하다.

④ 3문단에 따르면, 사설시조는 평시조에서 초·중장이 6구에서 제한 없이 길어지는 형태를 말하며 〈논밭 갈아 김 매고~〉는 사설시조의 대표 작품이라고 하였기 때문에 ④는 제시문에 대한 이해로 적절하다.

21 정답 ④

정답 해설

④ 3문단에서 화자는 더 이상 고향에 머무를 수 없다고 여기고, 앞으로도 고향에 머무르지 못하고 '나그네'처럼 떠돌이 생활을 할 것이라고 생각한다고 하였다. 그러므로 도시로 떠나는 자신의 처지를 나그네를 통해 드러내고 있다는 것은 적절한 설명이다.

오답 분석

① 3문단에서 두레박으로 우물물을 먹는 고향에서의 소박한 일상적 삶을 떠올리며 고향을 그리워하는 마음을 표현한다고 하였기 때문에 '특별한 추억을 떠올린다'는 설명은 적절하지 않다.

② 1문단 끝을 보면 '어쩔 수 없이 고향을 등져야만 했던 화자의 비애감이 잘 나타나 있다.'고 말하고 있으나 고향을 떠난 것을 후회한다는 말은 언급하지 않았기 때문에 적절하지 않다.

③ 2문단에서 '이 고향은 정답고 아름다운 곳이 아니라 초라한 고향의 현실임을 상기한다.'고 하였다. 하지만 화자가 초라한 고향 현실을 외면하며 자책하는 모습은 드러나 있지 않다.

22 정답 ③

정답 해설

③ 4문단으로 보아 화자는 '옛날의 들창마다 눈동자엔 짜운 소금이 저려'라는 구절을 통해, 고향의 변한 모습이 아니라 고향의 변하지 않는 모습을 떠올리며 떠나온 고향에 대한 애틋한 마음을 드러내고 있음을 알 수 있다.

오답 분석

① 2문단을 통해 화자는 '수만 호 빛이래야 할 내 고향이언만'이라는 표현에서 수많은 불빛으로 빛나는 고향, 즉 밝고 활기찬 고향을 기대하고 있음을 확인할 수 있다.

② 3문단을 통해 '슬픔도 자랑도 집어삼키는 검은 꿈'이라는 표현은 화자가 고향을 떠나면서 겪는 내적 갈등과 고통을 나타냄을 확인할 수 있다. 또한 '검은 꿈'이라는 색깔 표현을 통해 시각적 이미지가 나타나고 있다.

④ 5문단을 통해 '숨 막힐 마음속에 어데 강물이 흐르느뇨'라는 구절은 고향을 떠나야만 하는 현실과 그로 인한 비애를 강조함을 확인할 수 있다.

23 정답 ③

정답 해설

③ 3문단을 통해 '차가움'과 '아름다움'이라는 모순된 표현을 활용하고 있음을 볼 수 있는데, 모순된 표현을 사용하는 것은 화자의 의도를 강조하기 위한 역설적 표현으로 반어법이 아니라 역설법을 사용하고 있음을 알 수 있다. 반어법은 실제로 하고자 하는 말과 반대로 표현하는 것이다.

오답 분석

① 2문단에서 화자는 엄동 혹한일수록 선명하게 피어나는 '성에꽃'의 모습을 묘사함으로써 군사 독재의 억압 속에서도 희망이 있음을 드러낸다고 하였다.

② 3문단에서 화자가 자리를 옮겨 다니며 성에꽃을 보는 행위는 버스의 승객들이었던 서민들의 삶을 이해하려는 행동이라고 하였으며, 1문단에서 화자는 성에꽃을 통해, 암울한 사회적 현실 속에서도 피어나는 인간의 따뜻한 숨결과 연대감을 노래하고 있다고 하였다.

④ 4문단을 통해 같은 길을 걸었으나 지금은 면회가 금지된 친구를 생각하는 것은 민주화 운동의 동지였으나 현재는 감옥에 갇혀 있는 친구에 대한 그리움과 안타까움을 표현하고 있다는 것을 알 수 있다. 이를 통해 민주화 운동을 하다가 잡혀가 면회마저 금지되는 삭막하고 어두운 사회 현실을 표현하고 있음을 추론할 수 있다.

정답 ③

정답해설

③ 2문단에 의하면 「구운몽」은 주인공이 입신양명과 부귀영화를 누리는 결말 구조 속에서 깨달음을 얻게 된다. 반면 「조선 설화」는 주인공이 개인적 욕망 성취를 한 이후 온갖 고통스러운 삶 속에서 깨달음을 얻게 된다. 따라서 「구운몽」과 「조선 설화」 속의 각 주인공은 깨달음을 얻는 과정이 서로 대조적임을 확인할 수 있다.

오답분석

① 1문단 끝에서 「구운몽」이 「조선 설화」의 영향을 받은 것임을 알 수 있다. 따라서 「조선 설화」가 「구운몽」의 영향을 받아 창작되었다는 설명은 제시문에 대한 이해로 적절하지 않다.

② 2문단 1~2번째 줄을 통해 「조선 설화」와 「구운몽」 모두 꿈이라는 형식을 통해 작품 내에서 현실적 욕망을 드러내었음을 알 수 있다. 따라서 「구운몽」과 달리 「조선 설화」가 작품 내에서 현실적인 욕망을 드러내지 않는다는 설명은 제시문에 대한 이해로 적절하지 않다.

④ 2문단 끝에서 작가 김만중은 유배 생활을 하는 도중에 구운몽을 집필했음을 알 수 있다. 하지만 구운몽의 주인공은 욕망 실현 이후 부귀영화 속에서 얻는 인생무상의 깨달음을 얻고 있음을 확인할 수 있기 때문에, 「구운몽」 속의 주인공의 깨달음은 고통스러운 삶의 연속 속에서 얻게 된 교훈이 아니다.

---

25   정답 ③

정답해설

③ 제시문 7~8번째 줄을 통해 '나'는 점순이를 '감참외'에 비유하면서 점순이에 대한 호감을 표시하고 있기 때문에 ③은 제시문에 대한 이해로 적절하다.

오답분석

① '나'와 '장인'이 겪는 갈등의 궁극적인 원인은 혼례임을 알 수 있다. 점순이의 키는 장인이 혼례를 미루기 위한 핑계일 뿐이기 때문에 ①은 제시문에 대한 이해로 적절하지 않다.

② 제시문을 통해 「봄·봄」은 '나'와 점순이와의 혼인을 빌미로 임금을 주지 않고 노동력을 착취하는 장인 간의 갈등이 주된 갈등의 원인이다. 따라서 ②는 제시문에 대한 이해로 적절하지 않다.

④ 제시문의 마지막 부분을 통해 독자들은 장인이 주인공에게 가을에 혼례시켜주겠다는 약속은 지켜지지 않을 것임을 추론하게 되고 '나'의 상황 판단을 어수룩하게 느끼면서 신뢰성을 가지지 못한다고 하였다. 이에 독자가 '나'를 믿음직한 서술자로 판단하게 된다는 ④는 제시문에 대한 이해로 적절하지 않다.

실전 학습 문제   p. 166

01	02	03	04	05
④	④	②	①	③
06	**07**	**08**	**09**	**10**
④	③	③	④	①
11	**12**	**13**	**14**	**15**
④	③	③	④	②
16	**17**	**18**	**19**	**20**
④	④	④	②	③
21	**22**	**23**	**24**	**25**
③	④	③	④	①

---

01   정답 ④

정답해설

④ ⓔ의 '그려진'은 '그려지다'의 활용형으로 '그리-'와 '-어지다'가 결합한 것이다. 이때 피동 표현은 '-어지다' 한 번만 사용되었기 때문에 이중 피동이 아니다.

오답분석

① ⓒ의 '김치국'은 잘못된 표기로 '김칫국'이 적절하다. '김칫국'은 '김치'와 '국'이 결합하여 만들어진 말로, '국'이 [꾹]으로 소리하는 사잇소리 현상이 일어나기 때문에 사이시옷을 받쳐 적는 것이 적절하다.

② ⓒ은 '경주가 사과와 배를 각각 두 개씩 줬어'라는 의미일 수도 있고, '경주가 사과와 배를 합쳐서 두 개를 줬어.'라는 의미일 수도 있는 중의적 문장이다. 그러므로 명확한 한 가지의 의미로 수정하는 것은 적절하다.

③ ⓒ의 부사어 '아마'는 '단정할 수 없고 미루어 짐작할 때 가능성이 크다.'라는 뜻을 담고 있는 단어로, 단정적 표현과 호응하지 않고 '-일 거야'와 같은 추측의 표현과 호응한다. 따라서 '우리뿐이야.'는 '우리뿐일 거야.'로 고쳐 쓰는 것이 적절하다.

---

02   정답 ④

정답해설

④ ⓔ의 '고안하다'는 '연구하여 새로운 안을 생각해 내다.'의 의미이기 때문에 단어의 쓰임이 적절한 문장이다. 또한 '발견하다'는 '미처 찾아내지 못하였거나 아직 알려지지 아니한 사물이나 현상, 사실 따위를 찾아내다.'의 의미이기 때문에 '고안하다' 대신에 쓰이기는 적절하지 않다.

① ㉠의 '과용'은 '정도에 지나치게 씀'이라는 의미의 단어이므로 '너무 많이'라는 의미를 내포하고 있다. 그러므로 의미의 중복을 피하기 위해 '약물을 과용해서'로 수정하는 것은 적절하다.

② ㉡의 '들어가다'는 '~에'나 '~(으)로'와 결합하는 서술어로 목적어가 아니라 부사어를 필요로 한다. 그러므로 '물속에 들어가다'로 수정 하는 것은 조사와 서술어의 호응을 위해 적절하다.

③ ㉢은 '손님들이 모두 오지는 않았어. 조금은 왔어.'라는 의미와 '손 님들이 아무도 오지 않았어.', 즉 '한 명도 온 사람이 없어.'라는 두 가지 의미를 갖는다. 그러므로 문장의 의미가 한 가지로 해석되도 록 '손님들이 모두 오지는 않았어.'로 수정하는 것은 적절하다.

03 정답 ②

② ㉡의 '삼가해 주시길'에서 '삼가해'는 동사 '삼가다'를 '삼가하다'로 잘못 사용하는 예이다. '삼가다'는 이미 그 자체로 동사이므로 동사 를 만드는 접미사인 '-하(다)'가 붙을 필요가 없다. 그러므로 '삼가 주시길'로 수정해야 하며, '삼가하시길'은 적절하지 않다.

① 문장의 주어 '이번 전시회는'은 스스로 행위를 하는 능동사 '준비하 다'가 서술어로 호응하지 않는다. 그러므로 서술어 ⓐ를 피동 접 미사인 '-되(다)'가 결합한 '준비되었습니다'로 수정하는 것이 적 절하다.

③ '맞추다'는 '서로 떨어져 있는 부분을 제자리에 맞게 대어 붙이다.' 또는 '둘 이상의 일정한 대상들을 나란히 놓고 비교하여 살피다.' 등의 의미를 지닌 단어이고, '맞히다'는 '문제에 대한 답을 틀리지 않게 하다.'라는 의미를 지닌 단어이다. 따라서 퀴즈의 정답은 맞히 는 것이므로 ㉢를 '맞혀'로 수정하는 것은 적절하다.

④ ⓓ'가장 높은 최고점'은 '가장 높다'와 '최고'라는 의미가 중복되고 있으므로 '가장 높은 점수'로 고치는 것은 적절하다.

04 정답 ①

① ⓐ에서 '비만율'은 적절한 표현이다. 한글 맞춤법에서 모음이나 'ㄴ' 받침 뒤에 이어지는 '렬, 률'은 '열, 율'로 적는다고 명시하고 있 으므로 '비만률'로 고친다는 것은 적절하지 않다.

② '반증'은 '어떤 사실이나 주장이 옳지 아니함을 그에 반대되는 근거 를 들어 증명함. 또는 그런 증거'를 의미하는데 앞 문장에 대한 반 대의 증거를 제시할 때 적절하고, '방증'은 '사실을 직접 증명할 수 있는 증거가 되지는 않지만, 주변의 상황을 밝힘으로써 간접적으 로 증명에 도움을 줌. 또는 그 증거'를 의미하는데 앞 문장에 대한 보충하는 근거를 제시할 때 적절하다. ⓑ 앞 문장은 최근 사회에서 사람들의 건강이 위험에 치해있으며 삶의 질이 떨어지고 있음을 밝히고 있고, ⓑ는 최근 ○○시가 전국 시도군 암 발생률 1위임을 밝히고 있다. 이로 볼 때 ⓑ는 앞 문장의 내용을 보충하며 증명에 도움을 주는 문장이므로 '반증'을 '방증'으로 수정한다는 설명은 적 절하다.

③ ㉢에서 목적어와 서술어의 호응을 고려할 때 '시민들의 풍요로운 삶을 증진한다'는 표현은 적절하지 않으므로 '시민들의 풍요로운 삶'에 맞는 서술어가 필요하다. 그러므로 '시민들의 풍요로운 삶을 만들고 건강을 증진하는 일'로 수정하는 것은 적절하다.

④ ⓓ '행복한 가족들의 삶'은 '행복한'이 수식하는 범위가 '가족들'인 지 '가족들의 삶'인지가 모호한 표현이다. 그러므로 수식 받는 범위 를 분명히 하기 위해 '가족들의 행복한 삶'으로 수정하는 것은 적 절하다.

05 정답 ③

③ '정비'는 '흐트러진 체계를 정리하여 제대로 갖춤'이라는 의미를 지 닌 단어인데, 장난감과 공간을 정비한다는 것은 문맥상 부자연스 럽다. 앞부분의 내용으로 보아 '있어야 할 것을 빠짐없이 다 갖추 다.'라는 의미의 '구비'가 더 자연스러우며, '미리 마련하여 갖추다.' 라는 의미의 '준비'도 어울린다.

① ⓐ에서는 **고등학교 오케스트라를 소개하고 있는데, 이는 지역 주민들을 음악회에 초청하는 글의 흐름에 맞지 않는다. 즉 통일성 을 해치는 문장이므로 삭제하는 것은 적절하다.

② '주민'은 '일정한 지역에 살고 있는 사람'이라는 의미이므로 '우리 지역에 살고 계신 주민'에는 동일한 의미를 가진 단어가 중복되고 있다. 그러므로 '우리 지역 주민'으로 수정하는 것은 적절하다.

④ '닫혀져'는 '닫히다'라는 피동사에 '-어지다'가 결합된 이중 피동 표 현이다. 그러므로 이를 '닫혀'로 수정하는 것은 적절하다.

06 정답 ④

④ ㉣에서 '상처를'에 필요한 문장 성분이 생략되었는데 여기에 필요 한 서술어는 '줄 수도 있고'가 적절하다.

① ㉠은 실험 방식을 말하고 있기 때문에, 실험의 결과를 말하는 앞 문장과 바꿔서 제시하는 것이 적절하다.

② ㉡은 앞말 '시들해지고'와 중복되므로 삭제하는 것이 적절하다.

③ ㉢ '이로써 ~ 미친다'는 호응되지 않는 문장이기 때문에 '이로써'와 호응하는 문장 성분을 고려하여 ㉢을 '미친다는 것을 알 수 있었 다'로 고치는 것은 적절하다.

07 정답 ③

③ '작동하다'는 '기계 따위가 작용을 받아 움직이다.' 또는 '기계 따위 를 움직이게 하다.'라는 의미를 지닌 단어로 이미 '에어컨을 움직이 게 하다.'라는 사동의 의미를 갖고 있다. 따라서 '-시키다'와 결합해 서 사동 표현으로 쓰는 것은 불필요한 사동 표현의 사용이 되므로 적절하지 않다.

오답 분석

① '누수'에 '물이 새는 일'이라는 의미가 포함되어 있으므로 '물이 새는 누수'는 의미가 중복되는 표현이다. 따라서 한 단어를 삭제하여 '누수'로 수정하는 것은 적절하다.

② '호도하다'는 '명확하게 결말을 내지 않고 일시적으로 감추거나 흐지부지 덮어 버리다.'의 의미이고, '호소하다'는 '억울하거나 딱한 사정을 남에게 간곡히 알리다.'는 의미이다. 따라서 도서실 사용에 대한 불안을 알리는 글의 맥락상 '호도하는'이 아니라 '호소하는'으로 수정하는 것은 적절하다.

④ '보여지는'은 피동사인 '보이다'에 피동 표현 '-어지다'가 붙은 이중 피동 표현으로 올바른 피동 표현이 아니다. 따라서 피동 표현을 하나 삭제하고 '보이는'으로 수정하는 것은 적절하다.

오답 분석

① '공용'은 '공동으로 사용함'을 의미하기 때문에 '공용으로 사용하는 공간'은 의미가 중복되는 표현이다. 그러므로 '공용 공간'으로 수정하는 것은 적절하다.

② '버려주길 바랍니다.'의 목적어가 생략되었으므로 문장 성분을 분명히 하기 위해서 '담배꽁초를'을 추가하는 것은 적절하다.

③ '지금 바로'를 뜻하는 '금시에'가 줄어든 말은 '금세'이므로 '금세'로 수정해야 한다.

08 정답 ③

정답 해설

③ '개과천선'은 '지난날의 잘못이나 허물을 고쳐 올바르고 착하게 됨.'의 의미이고, '후회막급'은 '이미 잘못된 뒤에 아무리 후회하여도 다시 어찌할 수가 없음.'의 의미이다. 문장의 맥락을 볼 때 잘못을 깨닫고 나쁜 소비 습관을 고치고자 노력하고 있다는 내용이므로 '후회막급'이 아니라 '개과천선'이 적절하다.

오답 분석

① '-든'은 '-든지'의 준말로 물건이나 일의 내용을 가리지 않는 뜻을 나타내는 선택의 어미이고 '-던'은 과거의 상태를 나타내는 어미이다. 따라서 '무엇을 중요하다고 생각하더라도 결국 지갑이 열리는 곳이 여러분의 진심이다.'라는 내용을 담고 있는 ⓐ에서는 과거의 상태를 나타내는 어미가 아니라 '가리지 않는'의 의미인 선택의 어미 '-든'이 쓰여야 하므로 '생각하든'이 적절하다.

② '들렸다는'은 '들리었다는'의 준말로 기본형은 '들리다'이다. 이때 '들리다'는 '사람이나 동물의 감각 기관을 통해 소리가 알아차려지다.'라는 의미를 지닌 단어이다. 이에 반해 '들렀다는'은 '들르었다는'의 준말로 기본형은 '들르다'이다. 이때 '들르다'는 '지나는 길에 잠깐 들어가 머무르다.'라는 의미를 지닌 단어이다. ⓑ는 야식을 먹으려고 음식점에 잠깐 들어가 머물렀다는 의미이므로 '들렀다는'으로 고치는 것이 적절하다.

④ '바래요'는 '바래다'의 활용형으로 '볕이나 습기를 받아 색이 변하다.'라는 의미를 갖는다. 그런데 '생각이나 바람대로 어떤 일이나 상태가 이루어지거나 그렇게 되었으면 하고 생각하다.'라는 의미를 가지려면 '바라다'의 활용형인 '바라요'를 쓰는 것이 적절하다.

10 정답 ①

정답 해설

① 글의 문맥상 명시적 규정은 아니지만 학생들의 건강을 위해 마스크 착용을 권유하는 것이기 때문에 '내키지 아니한 것을 억지로 권하다.'의 의미를 지닌 '강권하다'를 사용하는 것을 적절하지 않다. 그러므로 '어떤 일을 하도록 권하다.'라는 의미를 가진 '권고하다'를 그대로 사용하는 것이 적절하다.

오답 분석

② '환기하다'는 '탁한 공기를 맑은 공기로 바꾸다.'라는 의미로 '공기'라는 뜻을 내포하고 있다. 따라서 '교실 공기를 꼭 환기해 주세요'로 쓰면 의미가 중복되므로 '교실을 꼭 환기해 주세요'로 수정하는 것은 적절하다.

③ '비치되어져'는 '-되다'와 '-어지다'가 결합된 이중 피동 표현이므로 '비치되어'로 수정하는 것은 적절하다.

④ '로써'는 어떤 물건의 재료나 원료 혹은 어떤 일의 수단이나 도구를 나타내는 조사이다. 그런데 문맥상 햇살고의 일원이라는 자격을 뜻하고 있으므로 지위나 신분 또는 자격을 나타내는 조사인 '로서'를 사용해야 한다. 그러므로 조사의 적절한 쓰임을 위해 '일원으로서'로 수정하는 것은 적절하다.

09 정답 ④

정답 해설

④ '3'은 층간 소음 및 벽간 소음에 주의해 달라는 내용을 전달하고 있다. 따라서 두 번째 문장은 주제에서 벗어나는 문장이 아니므로 통일성을 위해 삭제할 필요는 없다. 다만 글의 흐름상 '층간 소음 및 벽간 소음으로 인한 많은 민원 발생 - 밤 9시 이후의 가전제품 사용 자제 - 아이들의 발소리와 크게 떠드는 소리 주의'로 서술되는 것이 자연스러우므로 두 번째 문장과 첫 번째 문장의 순서를 바꾸는 것이 수정 사항으로 적절하다.

11 정답 ④

정답 해설

④ ⓔ은 문장의 호응이 어색하지 않다. '필요성이 절감되어'로 고치면 피동 표현이 되어 오히려 어색한 문장이 된다.

오답 분석

① ⓐ의 '편협한데'는 '한쪽으로 치우쳐 도량이 좁고 너그럽지 못하다'의 의미로, 사람의 태도나 생각을 묘사할 때 사용한다. 따라서 앞에 나온 '길이'와 문맥적으로 어울리지 않으므로 '공간이 좁고 작다.'의 의미를 지닌 '협소한데'로 수정하는 것이 적절하다.

② ⓑ의 '쓸모없는'과 '무용지물'은 중복된 표현이기 때문에 '쓸모없는'을 삭제하는 것은 적절하다.

③ 앞 문장에서 단속원의 효과가 일시적이라고 하였고, 뒤 문장에는 그에 따른 대책이 제시되어 있다. 그러나 ⓒ '그럼에도 불구하고'는 앞의 내용과 반대되는 내용이 나올 때 사용하는 접속어이므로 결과나 대책을 나타내는 '그래서'로 수정하는 것은 적절하다.

12 정답 ③

③ ⓒ은 '1-가'에서 언급한 '주요 과목에 대한 학업 부담으로 인한 문화·예술 활동량 부족'을 해결하는 내용이 제시되어야 하는데, '주요 과목에 대한 사교육 금지 정책 도입으로 문화·예술 활동 시간 확보'는 적절한 해결 방안이 아니다. 사교육 금지는 학업 부담 해소를 위한 직접적인 해결책이 아니며, 문화·예술 활동 시간 확보로 이어진다고 보장할 수 없기 때문이다.

오답분석

① <조건>에서 청소년들의 문화·예술 활동 부족 문제를 정확하게 인지하고 그 문제의식에 공감할 수 있도록 해야 한다고 했으므로 서론에서 '청소년들의 문화·예술 활동 부족 실태'를 밝히는 것은 적절하다.

② '2-나'의 내용과 대응된다고 할 때, '문화·예술의 가치와 중요성에 대한 사회적 인식 제고'를 해결 방안으로 하는 문제점으로 ⓛ에 '문화·예술의 가치와 중요성에 대한 사회적 인식 부족'이 들어가는 것은 적절하다.

④ '1-다'의 내용과 대응된다고 할 때, '문화·예술을 직접 경험할 수 있는 교육 시스템 부족' 문제를 해결할 수 있는 방안으로 ⓔ에 '문화·예술 활동을 실제적으로 제공하는 교육 과정 구축'이 들어가는 것은 적절하다.

13 정답 ③

정답해설

③ '1-가'에서 '가정 및 학교 내의 인성 교육 부족'을 학교 폭력 문제의 원인으로 제시하고 있으므로, '2-가'에는 이에 대응하는 해결책으로 가정 및 학교 차원에서의 해결책을 제시해야 한다. 따라서 '국가적 차원에서의 인성 교육 제도 마련'은 적절하지 않다.

오답분석

① <조건>에서 독자가 학교 폭력 문제의 실태를 구체적으로 이해하고 그 심각성에 공감할 수 있도록 한다고 했으므로 서론에서 '학교 폭력 문제의 실태 및 사례'를 밝히는 것은 적절하다.

② '2-나'의 내용과 대응되어야 하므로 '학교 폭력 가해자에 대한 엄격한 법적 조치'를 해결 방안으로 하는 문제점으로 ⓛ에 '학교 폭력 가해자에 대한 미흡한 처벌'이 들어가는 것은 적절하다.

④ <조건>에서 결론에서는 학교 폭력 문제가 해결되지 않을 시 닥칠 위험성을 언급하고, 빠른 해결을 촉구하며 마무리한다고 했으므로 ⓔ에 '학교 폭력 문제의 심각성 및 긴급한 해결 촉구'가 들어가는 것은 적절하다.

14 정답 ④

정답해설

④ '생활고 및 사기 피해 등 청년들의 경제적 어려움'은 <조건>에서 요구하는 '청년 신용불량자 문제가 가져올 부정적인 결과를 언급하며 마무리한다.'라는 데에 부합하지 않는다. 오히려 '생활고 및 사기 피해 등 청년들의 경제적 어려움'은 청년 신용불량자가 급증하게 된 문제의 원인이라고 할 수 있다.

오답분석

① <조건>에서 서론에서는 독자가 청년 신용불량자 문제의 심각성을 인지할 수 있도록 한다고 했으므로 ⓣ에서 '청년 신용불량자 현황 및 급증 실태'를 밝히는 것은 적절하다.

② '2-다'의 내용과 대응되어야 하므로 '정부와 대학교 간의 연계 경제 교육 프로그램 구축'을 해결 방안으로 하는 문제점으로 ⓛ에 '청년들에 대한 건전한 경제 교육의 부재'가 들어가는 것은 적절하다.

③ '1-가'에서 청년 신용불량자 급증의 원인으로 '학자금 대출 등 청년들의 교육비 부담'을 제시했으므로 이에 대응하는 해결책으로 ⓒ에 '교육비 부담을 줄이기 위한 제도적 장치 마련'이 들어가는 것은 적절하다.

15 정답 ②

정답해설

② '2-가'의 내용과 대응되어야 하므로 ⓛ에는 '독서 습관화를 위한 사회적 분위기 형성'을 해결 방안으로 하는 문제의 원인이 제시되어야 한다. 그러나 '독서의 필요성에 대한 개인적 이해 부족'은 개인적 차원에 대한 내용이며, 독서 습관화를 위한 사회적 분위기가 형성된다고 하여 독서의 필요성에 관한 개인적 차원의 문제가 해결될 것이라고 기대할 수는 없기 때문에 적절하지 않다. 즉 개인적 이해 부족과 사회적 분위기 형성은 별개의 문제인 것이다.

오답분석

① <조건>에서 독자가 성인 독서 실태에 대해 모호하지 않게 이해할 수 있도록 해야 한다고 했으므로 서론에서 '최근 성인들의 독서 실태 결과'를 밝혀 성인 독서 실태를 구체적으로 제시하는 것은 적절하다.

③ '1-나'에서 '스마트폰 등 디지털 매체 활용의 증가'를 문제의 원인으로 제시했으므로 이에 대응하는 ⓒ에서 'E-book(이북) 등 디지털과 결합한 다양한 독서 방안 제시'를 해결책으로 제시하는 것은 적절하다.

④ <조건>에서 결론에서는 문제 해결을 위해 필요한 다양한 노력들을 언급하며 마무리해야 한다고 했으므로 ⓔ에 '성인 독서율을 높이기 위한 개인 및 단체의 노력 촉구'를 제시하는 것은 적절하다.

16 정답 ④

정답해설

④ 대형마트 규제의 찬반 논쟁이라는 주제와 관련지어 '대형마트 규제의 실효성 논의와 적절한 방향성의 필요' 등의 결론이 올바르다.

오답분석

① 대형마트 규제의 목적은 서론에서 제시된 내용으로 결론에 들어가기에 적절하지 않다.

② 대형 마트 규제에 대한 찬반에 대해 언급하고 있기 때문에 결론으로 규제 약화의 필요성을 제기하는 것은 적절한 결론이 아니다.

③ 대형마트 규제가 전체 경제에 미치는 영향이 미미한 것은 규제에 대해 반대하는 측만의 입장을 말하는 것으로 결론에 들어가기에 적절하지 않다.

17
정답 ④

정답 해설

④ ⓔ은 '낮은 사회적 관심으로 인한 계승자 부족'에 대한 해결 방안이 위치해야 하는데, '무형문화재 교육 지원금 확보를 통한 교육시설 마련'은 내용과 연관성이 없으므로 적절하지 않다.

오답 분석

① Ⅱ는 무형문화재 전승의 한계를 이야기하는 부분이므로, 현황은 서론에 제시하는 것이 적절하다.

② Ⅱ에 제시된 한계점에 대한 방안을 언급하여야 글의 완성도가 높아지기 때문에 적절하다.

③ '직계가족 중심의 폐쇄적 전승 방식'은 해결 방안으로 볼 수 없으며 '비판' 내용은 불필요하기 때문에 삭제해야 한다.

18
정답 ④

정답 해설

④ 'Ⅲ-3'을 고려했을 때, 물의 혼탁성과 양파의 생장 정도를 모두 관찰해야 하기에 ⓔ을 삭제하면 개요의 흐름에 맞지 않는다.

19
정답 ②

정답 해설

② '불공정성이 심할 경우 이직을 택함'은 '변화를 가져오지 못할 때, 공정성을 평가하는 본인의 인식 변경'과는 다른 내용으로 하위항목으로 포함시킬 수 없다. 본인의 인식을 변경하는 것은 생각을 바꾸는 것으로, 이직은 환경의 변화를 가져오는 것이다.

오답 분석

① 공정성 이론의 발생 배경, 사례 등은 아담스의 공정성 이론의 내용과 특징을 구체화하기에 적절하다.

③ '평가 및 보상기준의 사전 공개'와 같은 내용은 조직 내의 공정성을 제고하기 위한 방법으로 적절하다.

④ '공정성 이론을 바탕으로 한 공정성 제고를 통한 의욕 강화의 필요성 제기'와 같은 내용은 본문의 결론으로 적절하다.

20
정답 ③

정답 해설

③ '다양해진 청소년 범죄 유형에 대한 교육'은 청소년 범죄 유형의 다양한 실태를 파악하지 못하는 문제에 대한 해결책으로, '1-나'에서 제시한 '청소년 범죄에 대한 미흡한 처벌'의 해결책으로 적절하지 않다. 이에 대한 해결책으로는 '촉법 소년 제도 폐지', '청소년 범죄 처벌 강화' 등이 적절하다.

오답 분석

① 청소년 범죄의 실태를 밝히고 이에 따른 문제점과 해결책을 찾는 개요의 흐름을 볼 때 '청소년 범죄의 심각성과 해결 방안'을 제목으로 하는 것은 적절하다.

② '2-가'는 '학교 내 인성 교육 프로그램 운영'을 제시하고 있으므로 이에 대응하는 원인으로 '청소년들의 윤리 의식 부족' 문제를 제시하는 것은 적절하다.

④ 청소년 윤리 의식 부족, 미흡한 처벌 제도 등으로 인한 청소년 범죄 문제는 개인, 가정, 학교, 정부 기관을 비롯한 모든 사회의 노력을 필요로 한다. 그러므로 '학교 폭력 문제 해결을 위한 학생, 학교, 정부 등 여러 사회 주체들의 노력 촉구'를 결론으로 넣는 것은 적절하다.

21
정답 ③

정답 해설

③ '자가용 중심의 도로 교통 정책'은 대중교통 이용 활성화의 문제점이라고 할 수 있기 때문에 삭제하지 않아도 된다.

오답 분석

① 자전거 이용률과 주제문은 관련이 없으므로 삭제해야 한다.

② ⓛ은 대중교통 이용 활성화 방안으로 적절하다.

④ ⓔ은 글을 결론 짓기엔 부족하므로 추가하는 것이 적절하다.

22
정답 ④

정답 해설

④ 탄탄한 경제를 위한 중소기업의 중요성을 이야기하고 있으므로 '경제 발전의 기초가 되는 중소기업의 중요성'이라는 내용을 포함하고 있다. 또한 앞부분과 뒷부분이 대구를 이루고 있다.

오답 분석

① ② ③ ①, ③은 앞부분과 뒷부분이 대구를 이루고 있지 않으며, ②는 '경제 발전의 기초가 되는 중소기업의 중요성'이라는 내용을 포함하고 있지 않다.

23

정답 해설

③ '명필은 붓을 가리지 않는다'는 속담을 사용해 조건 1을 만족하였고, 묵묵히 본인의 자리를 지키는 모습을 자연에 비유해 조건 2를 만족하였다. 그리고 본인의 능력 안에서 최선을 다해야 한다는 내용을 담으며 조건 3 역시 만족하였다.

오답 분석

① '작은 것을 탐하다가 큰 것을 잃게 된다'는 뜻의 사자성어 '소탐대실'을 사용해 조건 1을 만족하였고, 끝없는 욕심을 불이 번지는 것에 비유해 조건 2 역시 만족하였다. 하지만 욕심을 억제해야 한다는 내용만을 담으며 조건 3을 만족하지 못했다.

② '산토끼 잡으려다 집토끼 놓친다'는 속담을 사용해 조건 1을 만족하였고, 본인이 가진 것과 위치에 최선을 다하는 것이 중요하다는 내용을 담으며 조건 3을 만족하였다. 하지만 비유법을 사용하지 않아 조건 2를 만족하지 못했다.

③ '정도를 지나침은 미치지 못함과 같다'는 뜻의 사자성어 '과유불급'을 사용해 조건 1을 만족하였고, 본인의 한도를 넘는 욕심을 부리지 말고 본인의 위치에서 할 수 있는 일을 열심히 해야한다는 내용을 담으며 조건 3을 만족하였다. 하지만 비유법을 사용하지 않아 조건 2를 만족하지 못했다.

24

정답 해설

④ '가볍고 망령되게 행동한다.'라는 사자성어 '경거망동'을 사용하였고, 문화재가 웃고 눈물을 흘린다는 의인법을 사용해 조건 1을 만족했고, 문화재를 아끼고 사랑해야한다는 내용을 담아 조건 2를 만족했다.

오답 분석

① '문화'를 '친구'로 표현해 손을 잡고 걸어간다는 의인법을 사용했으나, 문화재가 아닌 '문화'에 관련된 내용만을 서술해 조건 2를 만족하지 못했다.

② 문화재의 소중함과 중요시 여겨야 한다는 주제를 담아 조건 2를 만족했으나, 의인법이나 사자성어를 사용하지 않아 조건 1을 만족하지 못했다.

③ '불철주야'라는 '조금도 쉴 사이 없이 일에 힘씀'이라는 뜻의 사자성어를 사용해 조건 1을 만족했으나, 문화재가 아닌 '문화와 학문에 최선을 다하자'는 내용의 글을 작성하여 조건 2를 만족하지 못했다.

25

정답 해설

① '꽃과 새, 바람과 달, 즉 자연의 아름다운 모습'이라는 뜻의 사자성어 '화조풍월'을 사용해 조건 1을 만족하였고, 인간의 욕심을 한낱 불꽃에 비유해 조건 2를 만족하였다. 그리고 자연과 공존하고 균형을 이룰 때, 우리의 삶 역시 온전해진다는 내용을 담으며 조건 3 역시 만족하였다.

오답 분석

② 자연스럽게 돌아가는 생태계를 '맞물리는 퍼즐'에 비유해 조건 2를 만족하였으며, 생태계와 조화를 이뤄야 인간 역시 조화로운 삶을 누릴 수 있다는 내용을 담으며 조건 3을 만족하였다. 하지만 속담이나 사자성어를 사용하지 않아 조건 1을 만족하지 못했다.

③ '삼라만상'이라는 '우주 안에 있는 온갖 사물과 현상'이라는 사자성어를 사용하여 조건 1을 만족하였고, 인간이 생태계의 조화를 부수는 일은 옳지 않으며, 발맞춰 살아가야 하는 존재라는 내용을 담으며 조건 3을 만족하였다. 하지만 비유법을 사용하지 않아 조건 2를 만족하지 못했다.

④ '강물도 쓰면 준다'는 속담을 사용하여 조건 1을 만족하였고, 자연을 '마르지 않는 샘물'에 비유해 조건 2를 만족하였다. 하지만 생태계의 조화가 아닌, 자연의 소중함과 관련된 내용만을 담아 조건 3을 만족하지 못했다.

해커스공무원 **단기 합격생**이 말하는

공무원 합격의 비밀!

해커스공무원과 함께라면
다음 합격의 주인공은 바로 여러분입니다.

대학교 재학 중,
7개월 만에 국가직 합격!

김*석 합격생

영어 단어 암기를 하프모의고사로!

하프모의고사의 도움을 많이 얻었습니다. **모의고사의 5일 치 단어를 일주일에 한 번씩 외웠고**, 영어 단어 **100개씩은 하루에** 외우려고 노력했습니다.

가산점 없이
6개월 만에 지방직 합격!

김*영 합격생

국어 고득점 비법은 기출과 오답노트!

이론 강의를 두 달간 들으면서 **이론을 제대로 잡고 바로 기출문제로** 들어갔습니다. 문제를 풀어보고 기출강의를 들으며 **틀렸던 부분을 필기하며 머리에 새겼습니다.**

직렬 관련학과 전공,
6개월 만에 서울시 합격!

최*숙 합격생

한국사 공부법은 기출문제 통한 복습!

한국사는 휘발성이 큰 과목이기 때문에 **반복 복습이 중요하다고 생각**했습니다. 선생님의 강의를 듣고 나서 바로 내용에 해당되는 기출문제를 풀면서 복습했습니다.

더 많은 합격수기가 궁금하다면 ▶